湘鄂山地研究书系

山川纵横

宋至清时期湘鄂山区
政区与军事地理研究

周妮 著

人民出版社

序

　　得知周妮的大作即将修改后出版,我感到非常激动与高兴。一则为她取得的学术成就得到专家们的肯定而感到欣喜,二则也为区域历史地理研究得到学界的高度关注而感到十分振奋。在即将交付出版社之前,她恳切地希望我写个序言。我本人并非南方区域史研究的专家或名人,有点诚惶诚恐。但是,作为负有指导责任并熟悉她写作过程的导师,我实在也无法推辞。在篇首写下一些文字,权当一个导读吧。

　　湘鄂山区地处中国第二阶梯与第三阶梯之间,是连接云贵高原与长江中下游平原及东南丘陵的过渡地带,具有相对的独立性与特殊性,因而形成了区别于周边地区的独特自然与人文特征。周妮本人又生长于与湘鄂武陵山区一脉相承的重庆市武陵山区,对于湘鄂山区在历史时期的发展、变迁问题有着特殊的兴趣。因此,我积极鼓励她将湘鄂山区(博士论文写作时以"湖广苗疆"为对象,修改出版时以湘鄂山区代替"湖广苗疆",研究区域未变。因此,为方便阅读,此序写作以其最新修改为参考)历史地理研究作为博士论文的主攻方向。

　　我本人在历史人文地理研究中,自感最为得力的地方,是将历史地理学的理论与方法以及丰富的研究成果,与中国民族史等相关研究充分结合。这一点也得到导师葛剑雄先生的肯定。因此,无论是作为博士生研究工作的基本训练,还是为夯实区域历史人文地理的研究基础,我以为重视与发挥历史地理研究的原有优势都是必不可少的。因而在指导周妮进行写作时,建议她将政区变迁的探讨作为湘鄂山区历史地理研究的重要内容与基础。

在湘鄂山区行政区划变迁中，羁縻州县与土司政区是两项重点研究内容，周妮在这两个方面均用功很深。在宋代羁縻州县的研究中，她特别关注其地域分区与自然地理特征，在翔实考据的基础上，对羁縻州县的方位进行了全面的说明与分析。其中，在一些州县的考证过程中，作为一位年轻学者，她敢于提出自认为更为合理的推断，也是非常难能可贵的。同样，以往土司的研究通常聚焦于土司割据危害与违法活动的探讨，对土司地区内部的矛盾斗争没有过多涉及。周妮认真摸索土司地区的历史地理发展状况，并将土司政区变化作为两湖地区行政区划整体变迁的一部分，提出了其阶段性递进的时空特征。同时，她在土司问题研究中，积累大量证据，说明当时土司在诸多方面错综复杂的矛盾，强调了"改土归流"政策的成功，实为"内因"与"外因"交互作用的结果。相关研究成果已部分发表于《中国边疆史地研究》《社会科学》与《青海民族研究》等重要刊物上，得到了学界的认可。此外，湘鄂山区所属大部分区域之所以发展成为今苗族、土家族、瑶族、侗族聚居区域，并长期成为人们的关注焦点，离不开独特的区域自然地理环境与民族人口构成，周妮在这方面也倾注了大量心血，进行了大量调查资料的整理与多次实地考察，深切感知地域环境与区域人群之间的联系，进而在研究与写作中更多地展现出"现场感"与"认同感"。

历史军事地理研究是周妮论文内容的另一大重点。尽管我本人在复旦大学历史地理研究中心开设过"历史军事地理"课程，但是，历史军事地理作为历史地理的一个重要分支，其学科建设并不成熟。周妮根据湘鄂山区历史地理变迁的实际情况，认为其中不少研究内容都可以划入历史军事地理的研究范畴。我个人认为，在以往政区地理研究中，学者们时常将政区建置与军事地理格局相脱离，这样，政区演变的研究便显得呆板而孤立。我在川西松潘地区的研究中，便有意识地弥补这一点。周妮则在本书中全面展现了她在这方面的努力。

周妮在本书中并没有过多地探讨历史军事地理的相关理论，而是对宋至清时期湘鄂山区基层军事系统进行了全面的考订与探讨。无论是从聚落地貌形态而言,还是就军事体制而言,历史时期湘鄂山区基层军事系统的演变都是相当复杂的。从两宋时代的寨堡,到明代的卫所、清代的汛塘,不同时代的基层军事管理系统使湘鄂山区历史地理变迁显现出丰富的样态,也为周妮的研究工作提供了深厚的资源。一方面,周妮能够听从导师的建议,用很大的功夫从事具体地名的考证,从而展现出历史地理研究工作的价值与特征;另一方面,她不满足于孤立的地名及方位考证,努力从军事制度与基层社会治理问题上寻求问题的答案(相关成果发表于《中央民族大学学报(哲学社会科学版)》《原生态民族文化学刊》),这无疑使军事地理研究跃上了一个新台阶。可以说,周妮将政区地理与军事地理研究进行了更好更密切的结合,在区域性历史军事地理研究上取得了令人欣喜的成绩,这对于历史军事地理学科建设以及日后的具体研究工作都有重要的启示意义。

周妮对于地名学研究情有独钟,从硕士阶段开始,她已有不少地名学方面的文章发表。留存下来的古地名是历史文化的"活化石",一个历史悠久而较为封闭的区域对于地名研究者而言是可贵的"宝藏"。湘鄂山区大量古地名的留存,即为区域历史地理研究的"宝藏",周妮也是如鱼得水,对大量地名丰富的历史内涵进行了整理与阐释,努力与自己其他研究内容相结合、相补充,取得了很好的效果。

在极为扎实的基础研究工作之后,周妮并没有陷入拘泥保守的束缚。因此,在本书的"结语"部分,周妮对于湘鄂山区历史地理的变迁进行了整体性的回顾与总结。这应该也是我在研究生论文评论中看到的最为丰富的"结语"。这种理论性的探索,对于她的成长是极有价值的。其中,她对于湘鄂山区作为"界域"或"过渡带"的研究,又是本书的一个亮点。我在以往的区域民族地理研究中指出:民族分布区的"界限"或"界线"不可能是单纯线条状的,而通常存在着一个"界域"(或可称为"过渡带"),如川西松潘地区便是一个界于汉族居住区与藏区之间的"界域",民族构成复杂,极有研究价值。周妮受到启发,在湘鄂山区的研究中,同样发现了过渡地带的存在。且不谈其正确与否,这种求真求实的态度就值得充分肯定。同时,她看到了湘鄂山区历史军事地理对于西南边疆治理所起的军事保障作用,以及保证这一作用过程中所呈现的湘鄂山区治理重点由整个湘鄂山区集中至湘西武陵山区的现象,并提出这一系列军事体系建置对于民族地区社会转型的重大意义与历史时期民族交往交流交融的促进作用。

自博士生入学以来,周妮为人谦和,勤勉努力,且讲求效率,深得师友们称道。在我主持的不少研究项目中,她承担了不少任务,发挥了重要作用。在她本人的专业学习中更是刻苦奋进,从不自满。记得第三学年结束之际,这也是研究生学习过程最为困苦的阶段,周妮完成的论文初稿当时已达 30 万字之多,然而,她并没有表现出丝毫倦怠或焦急的情绪,而是依然非常谦逊地听取导师及同学们的意见,反复修改,精益求精。这种稳健踏实的态度与精神让我感到相当欣慰,并坚信这种态度与努力会让她在今后的事业与工作中取得更大的成绩。

此为序。

安介生

复旦大学历史地理研究中心教授、博士生导师

辛丑岁末于上海寓舍

目　　录

表 目 录

绪　　论

　　本书所言湘鄂山区是指由湖北、湖南二省境内武陵山、雪峰山、五岭、阳明山、九嶷山、诸广山等主要山脉所在及辐射区域构成的相对独立,又具有明显自然与人文特征的地理单元。① 山区辐射范围涉及今湖北省恩施土家族苗族自治州所辖恩施市、利川市、咸丰县、宣恩县、来凤县、鹤峰县及宜昌市所辖五峰县、长阳县;湖南省湘西土家族苗族自治州所辖吉首市、龙山县、永顺县、保靖县、古丈县、花垣县、凤凰县、泸溪县,怀化市所辖怀化市、沅陵县、辰溪县、溆浦县、麻阳县、洪江市、新晃县、会同县、靖州,张家界市所辖张家界市、桑植县、慈利县、武陵源区,常德市所辖石门县、澧县、临澧,郴州市所属宜章县、临武县、桂阳县、桂东县、嘉禾县,永州市所属蓝山县、江华县、江永县、道县、宁远县,邵阳市所辖武冈市、城步县、绥宁县、新宁县。此范围地处我国第二阶梯与第三阶梯交界地域,是云贵高原至长江中下游平原及东南丘陵的过渡地带,也是历史时期连接西南边疆与“内地”的过渡地带,对历代中央王朝而言,是进入西南边疆的重要通道。但受自然地理形势、人口构成等的影响,对其地之控制与治理用了相当长的时间,也耗费了相当大的精力。因此,宋至清时期中央王朝如何进入与控制湘鄂山区,使湘鄂山区的治理重点最后缩至湘西武陵山区,又如何治理湘西武陵山区,将其纳入“一体化”进程中,对基层产生了什么样的影响,是湘鄂山区历史研究应该而且必须明确的问题,也是两湖区域研究及区域

---

　　① 在行文中,笔者根据各山脉辐射区域范围的大小与山脉名称,又将湘鄂山区划分为湖北山区与湖南山区,湖北山区又称为湖北武陵山区,湖南山区又分为湖南武陵山区(与湖北武陵山区统称湘鄂武陵山区)、雪峰山—八十里大南山区、五岭—阳明山—九嶷山—诸广山区。

内苗族、土家族、侗族、瑶族等少数民族历史研究的重点,具有深远的学术意义与现实意义。

在学术方面,本书从学科属性而言,涉及历史学、民族学、地理学等多个学科;从各学科分支层面而言,又涉及历史民族地理研究、历史军事地理研究、土司研究、苗族研究、土家族研究等多个方面。因此,在研究中,注重"长时段""全域性""界域"("过渡地带")等基本理论应用,推动多个学科分支发展。

第一,湘鄂山区是两湖少数民族聚居区域,深入这一地区的研究,可推动历史民族地理整体研究。历史民族地理研究为历史地理学的分支学科,与历史地理学其他分支学科紧密联系。但相对于其他分支学科如历史政治地理、历史经济地理、历史文化地理、历史人口地理、历史城市地理、历史自然地理等的发展而言,还十分薄弱——系统研究历史民族地理者甚少,成果亦不多见。从全国视角出发研究"长时段"历史民族地理的有郭声波、安介生;[1]从区域出发研究历史民族地理的有冯季昌、张勇、郑维宽;[2]从民族出发研究单一民族历史地理的有杨林军[3]等。显然,湘鄂山区历史民族地理的研究成果有限。因此,研究湘鄂山区历史时期各民族时空分布、政区及军事建置,进一步论证历史民族地理学中"界域"("过渡地带")的存在与影响因素,可弥补历史民族地理研究在这一区域的不足,推动历史民族地理研究的发展。

第二,就边疆史目前研究而言,学界更多关注今日边疆地区的历史研究,较少关注内地与边疆的中间过渡地带在历史时期边疆治理中的作用与影响。通过湘鄂山区军事地理格局的变化,笔者发现湘鄂山区的军事建置与治理进程,深受历代尤其是明代中央王朝西南边疆治理策略的影响,其地方军备承担

---

[1] 郭声波:《圈层结构视阈下的中国古代羁縻政区与部族》,中国社会科学出版社 2018 年版;《彝族地区历史地理研究:以唐代乌蛮等族羁縻州为中心》,四川大学出版社 2009 年版;安介生:《历史民族地理》,山东教育出版社 2007 年版。

[2] 冯季昌:《东北历史民族地理》,辽宁大学历史学院 2009 年版;张勇:《历史时期西南区域民族地理观研究》,中国文史出版社 2014 年版;郑维宽:《广西历史民族地理》,广西师范大学出版社 2018 年版。

[3] 杨林军:《明至民国时期纳西族文化地理研究》,中国社会科学出版社 2016 年版。

了维护和保障由中原进入云南的重要通道"一线道"的畅通与安全之责,为边疆史研究提供新的视角,丰富边疆史研究。

第三,目前历史军事地理研究成果较多,但仍然薄弱。如对于湘鄂山区历史军事地理的研究相当匮乏,且未形成系统。① 本研究从"长时段""全域性"视角出发,全面思考与研究湘鄂山区"寨堡""卫所""汛塘"三大军事体系建置与时空分布格局,深化湘鄂山区历史军事地理研究,弥补历史军事地理研究的区域不足。

第四,土司历史研究近年来已进入一个相对成熟的阶段,无论研究者还是研究内容与成果数量都甚为可观。本书所涉的"湖广土司"②,是土司研究重要对象,已有成果众多。但对本书所探究的土司之间辖域纷争与政区界限变迁问题、各土司"改土归流"具体时间及秩序问题等几乎没有深入研究,因此,本书对这些问题的探讨,对土司历史研究而言具有重要意义。

第五,丰富与推动地名学研究。传统历史地理学注重对地名的考证与研究,著名历史地理学家谭其骧先生不仅注重地名考证,还注重地名与语言学、民族学等之间的关系研究。继谭先生之后,华林甫长期专注于地名学研究,另亦有不少学者结合地名进行历史、地理、文化、人口等方面研究,成果丰硕。但目前两湖区域研究中,进行地名学研究或运用地名进行研究者甚少,笔者利用地名进行历史地理研究,动态呈现出湘鄂山区军事建置与治理重心的阶段性变化,丰富了区域地名学研究。

在现实方面,本书既可为地方民众熟悉与理解区域历史文化提供便利,也可为地方经济开发提供参考。从区域文化整体而言,是对区域历史文化的丰富与补充。从区域基层而言,生活在基层的民众大多对于地方、民族等历史文化缺乏了解。历史文献的直接记载,对于他们而言理解甚难。本书对历史时期湘鄂山区军事据点的考证、地名的研究,以具体的形式,将历史文献记载与

---

① 详见后文研究综述。
② 包括明时施州卫所辖各土司,永顺、保靖、桑植土司等,详见正文第一章第三节。

他们所生活的地域紧密联系在一起,一方面推动了少数民族地区的历史文化研究,另一方面,也为各民族民众了解所处地域文化提供便利。

随着经济发展,旅游经济成为不少资源贫乏地区经济创收的重要途径。湘鄂山区经济较为落后,在"乡村振兴"大战略下,可抓住机会,以特有历史民族文化,打造家乡历史文化旅游名片,以吸引游客,促进当地经济发展。本书虽不能直接作用于湘鄂山区旅游经济的发展,但通过对区域的进一步深入研究,能够强化区域历史文化,进而为历史文化旅游提供一些参考。如湖北省恩施土家族苗族自治州利川市正大力开发乡村旅游资源,发展乡村经济,其中宋代南坪寨(明为堡、清为巡检)所在南坪乡,明时忠路土司所在忠路镇,建南土司所在建南镇均为重点开发区域,①本书对这些乡镇历史的梳理与考证,可成为其历史文化资源的一部分。

一、关于湘鄂山区政区与军事地理问题的研究

行政区划是历史地理学研究的重要方面。周宏伟、张伟然等学者在已有研究中,均从"长时段"视角出发,对湘鄂山区所属两湖地区的行政区划进行了较为深入的研究与讨论。如周宏伟根据历史文献的记载梳理了湖南自先楚时代以来,楚国、秦、汉、吴晋南朝、隋唐五代、宋、元、明、清、民国等各个时代的行政区划建置概况,对湖南政区沿革进行了全面的研究,②是目前所见关于湖南政区研究最为集中与全面的成果之一。张伟然在研究湘(湖南)、鄂(湖北)两省历史文化地理时,亦对两省政区沿革进行了提纲挈领式的总结与探讨,认为湘鄂地区在历史时期行政区划的设置与人口构成是两省区域文化发展的重要背景。③

陆韧、凌永忠则将清代湘鄂山区所属湘西武陵山区的"湘西苗疆""四厅"

---

① 利川市人民政府:《利川民宿发展项目招商广告》,www.lichuan.gov.cn,2018 年 12 月 21 日。

② 周宏伟:《湖南政区沿革》,湖南师范大学出版社 2009 年版。

③ 张伟然:《湖南历史文化地理研究》,复旦大学出版社 1995 年版;《湖北历史文化地理研究》,湖北教育出版社 2000 年版。

纳入特殊政区的研究之中,对其政区、管理体制、经济发展进行了深入研究,涉及政区与军事两方面,突出"四厅"在内的"苗疆十厅"政区地理要素的分析,并从地名角度进行考证。① 较之周宏伟、张伟然两位学者的研究,更加突出湘西武陵山区在历史时期政区建置的特殊性。

土司作为特殊政区的一种,在湘鄂山区亦有较为广泛的设置。因其在两湖地区的设置,集中于湘鄂山区,因此也成为目前有关湘鄂山区政区研究最为集中的一个方面,研究较为成熟。②《土家族土司简史》《土家族土司兴亡史》《湘西土司辑略》等区域性土司著作,对湘鄂山区所属土司的发展及设置都有较为深入和全面的研究。

就论文成果而言,湘鄂山区土司专门研究始于 20 世纪 80 年代。如 1982年,在为数不多的全国土司研究中,《湘西土司》《土家族地区土司制度概况》《湖广土司制度初探》③ 3 篇均涉及湘鄂山区土司研究。随后出现的专一土司考证,又深化了这一地域的土司研究。④ 同时,随着文物工作的展开,出土文物成为土司研究的重要方面,也拓展了这一区域土司研究。⑤ 但已有研究仅张振兴关注到明廷在治理湘鄂山区过程中对于土司的利用,认为明前中期湘西的稳定与其周边土司的控制有着不可分割的联系,而萧授主政湘西时期,成功借助土司和土官力量,通过一次战役便控制全局,张岳亦大量起用土官、土弁,并充分信任永顺、保靖土司,以土司为依托治理地方。⑥ 大多存在以土司

---

① 陆韧、凌永忠:《元明清西南边疆特殊政区研究》,人民出版社 2013 年版。
② 具体可参见李良品等相继推出的 1908—2012、2014、2015、2016、2017、2018 等年度《中国土司制度与土司文化研究年度报告》,其对近年来全国范围内土司研究成果进行了较为全面的梳理与总结。
③ 谢心宁:《湘西土司》,《吉首大学学报(社会科学版)》1982 年第 2 期;彭秀枢、刘文武:《土家族地区土司制度概况》,《吉首大学学报(社会科学版)》1982 年第 1 期;张雄、彭英明:《湖广土司制度初探》,《江汉论坛》1982 年第 6 期。
④ 胡挠:《关于羁縻珍州、高州及高罗土司的考证》,《中央民族学院学报》1983 年第 1 期。
⑤ 邓辉:《介绍恩施的几枚土司印章》,《江汉考古》1983 年第 1 期;向渊泉:《湖南永顺出土土司官印》,《文物》1984 年第 7 期。
⑥ 张振兴:《从哨堡到边墙:明代对湘西苗疆治策的演递——兼论明代治苗与土司制度的关系》,《吉首大学学报(社会科学版)》2014 年第 2 期。

论土司的状况,较少将作为特殊政区的土司与王朝地方军事系统卫所共同置于地方治理的大环境中进行研究,忽略了二者在区域治理中的共同作用,也忽略了周边土司与卫所系统对其形成的军事兼制作用。同时,未将土司有关的纷争问题纳入地方治理研究。

此外,关于湘鄂山区政区的研究还散见于一些关于湖南或湖北的具体研究之中。① 总体而言,对湘鄂山区政区的专门研究较为薄弱,缺乏专门性的研究。而目前湘鄂山区研究中直接涉及军事地理问题的亦仅有石邦彦、石亚洲。石邦彦提出"苗区"军事建筑设施的设立萌芽于北宋,广泛出现于明朝,盛于清朝。具体而言,在北宋广泛设置寨堡,在明朝修建边墙并建设完善卫所体系,清则形成以"汛塘"为中心的营防、屯防、苗防三防体系。② 石亚洲按历史研究方法分为唐以前、唐宋、元明、清四个时期对土家族地区军事活动进行了较为全面的研究,③虽谈及军事地理较少,但与石邦彦一样,将宋代寨堡、明代卫所与土司、清代汛塘作为主要方面,不足之处在于未详细深入这些方面的研究,仅将其作为军事活动之一部分。

因此本书从历史时期湘鄂山区军事建置较为成熟的寨堡谈起,全面梳理考证对湘鄂山区历史与社会发展影响最为广泛与重大的寨堡、卫所、汛塘三大军事防御体系,厘清其历史军事地理格局与历史发展脉络。就以上湘鄂山区军事地理问题直接相关的各方面研究而言:

第一,关于湘鄂山区寨堡的研究。寨堡研究自20世纪80年代以来得到了很好的发展。罗权梳理建筑学、历史学有关寨堡的研究,认为建筑学寨堡研究缺乏足够史料支撑,难免存在不足,因而详细梳理自汉晋坞堡始,至宋、明、清三代寨堡研究状况,总结各时期寨堡研究特点,提出北宋寨堡研究集中于陕

---

① 薛正超:《唐宋湖南移民史研究》,中国社会科学出版社2015年版;王义:《明清湖北县级政区变动研究》,江西师范大学硕士学位论文,2021年等均不同程度地涉及了对湘鄂山区所属区域不同时段政区的研究。

② 石邦彦:《明清时期湘西苗族史论集》,中央民族大学出版社1994年版,第38—45页。所言"苗区"为今苗族聚居的湘西地区,即湖南武陵山区。

③ 石亚洲:《土家族军事史研究》,民族出版社2003年版。

西、甘肃地区,注重建置、沿革、地址、空间布局;明代偏重长城沿边寨堡研究;明清山陕寨堡研究则偏重从社会学角度出发,讨论寨堡与社会之间的关系。①其所梳理研究成果即部分地涉及湘鄂山区寨堡研究。

具体而言,湘鄂山区所属湖北区域寨堡研究散见于杨国安②、徐斌③、张建民④等关于明清湖北地方社会的研究中,他们从社会学视角切入,探讨社会发展过程中寨堡与社会之关系,研究重点基本集中于寨堡数量较多的川(包括今重庆市)、陕、楚(湖北)交界地区(鄂西北地区)与鄂东地区,极少涉及湘鄂山区所属鄂西南地区。仅裴洞毫考证云安军与施州寨堡时空演变时涉及宋代这一区域寨堡研究,梳理与探讨了寨堡名称、建置与沿革等,⑤为本书宋代湖北武陵山区寨堡研究提供了一定的参考。

与湖北武陵山区寨堡研究状况不同,湘鄂山区所属湖南区域的寨堡研究成果丰富。如杨果、郭祥文,一方面梳理了"湘西"所包含政区,另一方面从地貌、行政区划对"界"做了简单的划分;详细爬梳了北宋湘西城寨的兴废情形,认为城寨的兴废与宋廷"蛮乱"治理局势密切相关,且伴随"蛮乱"局势变化,湘西寨堡分布呈现出明显的流域差异性,即北宋湘西诸寨的设置以澧水流域较沅水流域为早,而沅、澧流域中上游的城寨明显多于下游,且不同时期又存在置废差异。⑥但在具体讨论寨堡时,作者仅考证了寨堡置废时间与大致分布(流域),缺乏翔实的考证与深究,也缺乏相互间差异变化的比较。

廖幼华通过考证湘、桂、黔三省交界地域寨堡今址,分析寨堡与交通开发之关系及其在宋代不同时期废置状况与原因,认为这一区域寨堡多分布于道

---

① 罗权:《清代四川寨堡研究》,西南大学博士学位论文,2015 年;《明清时期四川寨堡研究》,社会科学文献出版社,2023 年版。

② 杨国安:《明清两湖地区基层组织与乡村社会研究》,武汉大学出版社 2004 年版。

③ 徐斌:《明清鄂东宗族与地方社会》,武汉大学出版社 2010 年版。

④ 张建民主编:《历史时期长江中游地区人类活动与环境变迁研究》,武汉大学出版社 2010 年版。

⑤ 裴洞毫:《宋代夔州路砦堡地理考》,西南大学硕士学位论文,2009 年。

⑥ 杨果、郭祥文:《北宋湘西"寨"的兴替及其与区域开发的关系》,载《漆侠先生纪念文集》,河北大学出版社 2002 年版。

路两旁及河流沿岸,是为了阻遏贵州及湖南西部大部分地区聚居的土著民族东出侵扰郡县。① 所探讨湘、桂、黔交界地区均为山区,区域自然地理形势、民族状况与湘鄂山区其他地域颇为相似,为湘鄂山区其他区域寨堡研究提供了参考。

陈曦认为"寨"为宋朝在南江地区所设一级地方机构,宋廷以其为基础向"边缘"地区渗透,进而置立州县,逐步将原羁縻州纳入中央政权管辖。深入分析了湘鄂山区寨堡设置环境与政策,提出在谢麟经制湘鄂山区"蛮"的措施中,以修筑寨堡来招怀溪洞、控扼险要、弹压"峒民"最为有效。以沅州上游创筑寨堡为例,认为河流作为交通要道,在其附近设立寨堡是必需的,尤其是沟通"生蛮"地域之河流尤为防御重点。② 显然,陈曦所述宋代湖南寨堡建置的大环境因素,对于理解宋代湘鄂山区寨堡设置与区位选择具有重要参考作用。

此外,有关湘鄂山区寨堡的研究还散见于民族通史中,如《瑶族通史》言"寨或堡,置于险扼控御之处,设寨目的为捍御、戍防瑶民,也是镇压瑶民的军事据点。"③但作者在列举瑶族聚居区所设寨堡时只言其名,未作具体考证。

第二,关于湘鄂山区卫所的研究。卫所既具有行政职能,又具有军事职能,本书将其纳入湘鄂山区军事地理范畴,主要讨论其在湘鄂山区治理过程中的军事职能及作用。就目前卫所研究而言,顾诚④、李新峰⑤、张金奎⑥等均素有研究,但所论多以政区职能为主,军事职能为辅,且较少涉及湘鄂山区。湘鄂山区卫所问题的专门研究始于 20 世纪 90 年代,具体可分为区域性卫所研究与卫所个案研究。

① 廖幼华:《宋代湘桂黔相邻地区寨堡及交通》,载《荆楚历史地理与长江中游开发——2008 年中国历史地理国际学术研讨会论文集》,湖北人民出版社 2009 年版。
② 陈曦:《虚实之间:北宋对南江诸"蛮"的治理与文献记载》,《宋史研究论丛》2015 年第 1 期。
③ 奉恒高主编:《瑶族通史》第二篇《秦汉至唐宋时期的瑶族先民》,民族出版社 2007 年版。
④ 顾诚:《隐匿的疆土——卫所制度与明帝国》,光明日报出版社 2012 年版。
⑤ 李新峰:《明代卫所政区研究》,北京大学出版社 2016 年版。
⑥ 张金奎:《明代卫所军户研究》,线装书局 2007 年版。

首先,关于区域性卫所的研究。20 世纪 90 年代,戴楚洲相继发表 3 篇关于湘鄂山区所属土家族地区土司与卫所制度的文章,对元明清时期土家族地区、张家界地区所存土司与卫所分布及建制沿革做了初步探讨,涉及方面较多。对湘鄂川黔土家族地区卫所制度的专门探讨从历史渊源着手,详细呈现了区域内各卫所设置基本状况,并对卫所机构、兵制作了深入探讨,是较早提及湘鄂山区卫所兵制的学者。①

田敏对土家族卫所设置时间、地点、名目等情况作了详细的考证与描述。② 罗维庆、罗中对土家族地区卫所制度亦十分关注,认为明初建于武陵山区的羁縻卫所为典型的内地型卫所,对其设立、疆域、承袭、职责、社会影响等多方面进行了详细而扎实的论述,但所列举卫所仅为羁縻卫所(即由原土司更设之卫所),而非土家族地区全部卫所,具有特殊性。③ 后又对卫所设置对土家族土司社会的影响作了专门研究,认为明代卫所设置是对土家族土司社会构建影响最为深远的方面。④

孟凡松梳理明洪武年间湖南境内所有新设卫所,分析明初湖南全境卫所设置时空特征,认为从时间上看,湖南卫所的设置集中在洪武前期和洪武后期;从空间上看,湖南西南、西北、南部等不同区域因各自地理环境和民族分布差异而表现出相应的空间特征。将明代湖南卫所划分为腹地卫所和边地卫所两大类型,而边地卫所,又可进一步区分为交通型、控御土司型、防瑶型。⑤ 其所言湖南西南、西北、南部均为湘鄂山区,反映出明初卫所在湘鄂山区的广泛设置与区域特性,对明代湘鄂山区卫所军事体系研究而言具有重要参考

---

① 戴楚洲:《浅论湖南土家族地区的土司和卫所制度》,《民族论坛》1992 年第 4 期;《湘鄂川黔土家族地区卫所制度初探》,《湖北民族学院学报(社会科学版)》1994 年第 3 期;《元明清时期张家界地区土司及卫所机构初探》,《民族论坛》1995 年第 1 期。

② 田敏:《明初土家族地区卫所设置考》,《吉首大学学报(社会科学版)》2004 年第 4 期。

③ 罗维庆、罗中:《明代土家族地区羁縻卫所研究》,《中国边疆民族研究》(第三辑),2010 年。

④ 罗维庆、罗中:《明代卫所设置对土家族土司社会构建的影响》,《青海民族研究》2013 年第 1 期。

⑤ 孟凡松:《明洪武年间湖南卫所设置的时空特征》,《中国历史地理论丛》2007 年第 4 期。

价值。

孙炜、段超则从湖广土司及周边地区的卫所设置历程、分布格局及职责履行情况,对卫所在湖广土司(主要集中于湘鄂武陵山区)的军事管治职能做了系统的梳理与探讨,认为分布于湖广土司周边的卫所及所辖关、隘、堡等共同构成了渗透、包围湖广土司的网络格局,达到镇守经制府县地区,防止土司或寇盗侵扰滋乱;招徕"蛮民",引导土司区民众投诚、朝贡;震慑土司,防止或镇压土司反抗的目的。① 文章较之此前这一区域的卫所研究,更加关注卫所军事职能在湖广土司治理中的作用。

其次,关于卫所个案的研究。20 世纪 80 年代,杨昌沅与范植清即对施州卫所军屯进行了细致梳理与探讨,②虽未对卫所本身的设置及管理等作过多论述,但有关军屯发展及影响的讨论十分精彩。在此基础上,范植清又深入施州卫所研究,在讨论明代施州卫所世袭建制及其制约机制演变中提出施州卫所大田所在军事上震慑鄂西各级土司,在行政上管理鄂西内地边远山区,③但因偏重于卫所官军研究,除对置卫前后过程有简单描述外,对其他方面未作过多讨论。杨洪林在讨论明末清初施州卫的政治选择及历史影响时也叙及了施州卫之建置、建制及其与鄂西南之关系。④

孟凡松以澧州所辖永定、九溪二卫为例,提出明廷在澧州地区设置九溪、永定二卫,既为控御湘鄂山区桑植、永顺、保靖等土司,又为屏障州县,在土司与州县之间形成一个缓冲地带,实质是一种特殊的地方军事管理体制。后又在前文基础上,扩大地域,增加对区域内土司与卫所共同研究,进一步深入思

① 孙炜、段超:《以卫治功:明朝对湖广土司的军事管治》,《中央民族大学学报(哲学社会科学版)》2020 年第 4 期。
② 杨昌沅、范植清:《略述明代军屯制度在鄂西山地的实施》,《史学月刊》1989 年第 6 期。
③ 范植清:《试析明代施州卫所世袭建制及其制约机制之演变》,《中南民族学院学报(哲学社会科学版)》1990 年第 3 期。
④ 杨洪林:《论明末清初施州卫的政治选择及其历史影响》,《西南民族大学学报(人文社会科学版)》2014 年第 5 期。

考与分析,较为全面地探讨了武陵山区的历史政区地理。① 但具体行文中以容美土司、永定卫、九溪卫等为例,有不及全面之处,所涉及军事地理问题较少。

彭立平以九溪卫为个案,对九溪卫设置背景与过程、改土归流设县过程、军屯至民屯转换过程及这些过程中的移民做了深入的研究。② 唐珊则关注湘南地区卫所设置,认为湘南地区特殊的地理环境与复杂的民族问题是明代在其地设立卫所的主要原因,而受其地少数民族是否安稳的影响,自洪武初期至后期,卫所存在稳定性与不稳定性的转换与变化。详细梳理了湘南地区卫所名称、设置时间、官员设置、兵员数量、非卫所兵员数量等。③

相较于其他方面的研究,关于湘鄂山区卫所研究的成果数量明显较多,但缺乏整体性的研究,未探讨湘鄂山区所形成的几大卫所体系之间的联系。

第三,关于汛塘的研究。就目前研究而言,学术界对汛塘所属绿营兵制的研究成果较多,也较为成熟,如罗尔纲《绿营兵制》对绿营兵做了较为全面的研究,秦树才、陈平亦对此作了较为全面的总结。④

秦树才梳理 2002 年以前汛塘研究状况,认为彼时学术界没有将汛塘作为一个绿营基层整体,深入、全面地探讨其起源和发展、设置与分布、影响与作用,因此,他从汛塘制的形成与发展谈起,探讨清代绿营兵汛塘设置基本情况,进而研究云南汛塘的设置与分布变化,⑤文献全面,分析精彩,启发了本书关于汛塘的研究。

总体而言,有关汛塘的专门研究成果不多。与湘鄂山区汛塘直接相关的成果则更为少见。江培燕关于清代湖北汛塘分布的研究有所涉及——其在研

---

① 孟凡松:《郡县的历程——明清武陵山区地方行政管理体制研究》,陕西师范大学博士学位论文,2009 年。
② 彭立平:《明清九溪卫变迁研究》,吉首大学硕士学位论文,2015 年。
③ 唐珊:《明代湘南地区卫所考略》,《学理论》2012 年第 12 期。
④ 秦树才、陈平:《绿营兵研究述评》,《学术探索》2010 年第 1 期;《绿营兵研究的回顾与前瞻》,《中国史研究动态》2010 年第 1 期。
⑤ 秦树才:《清代云南绿营兵研究——以汛塘为中心》,云南大学博士学位论文,2002 年。

究湖北全省汛塘时,探讨了湘鄂山区所属湖北武陵山区(即鄂西南地区)的汛塘分布。一方面,在讨论湖北省汛塘分布时空特征时,对"改土归流"前后鄂西南地区汛塘设置情形进行了分析,认为雍正到乾隆前期,鄂西南地区是湖北省汛塘发展的主要区域,也是湖北省设塘密度最高的地区;另一方面,梳理和考证了鄂西南各汛塘兵额及今址等。① 基础工作扎实,但未全面分析文中所言时空差异出现的原因,没有将各区域汛塘分布格局具体化,存在可深入之处。

谢晓辉在研究傅鼐练兵与镇竿兵勇时对湘西绿营体系亦有所涉及,认为在"凤凰、乾州建厅后,只有绿营体系才在境内民村和苗寨中较普遍展开",而"苗寨所设寨长、头人,直接分管于绿营营汛",直接指出以汛塘为中心的绿营体系在湘西"苗疆"治理中的重要性与特征,②是目前较为少见的有关湘西汛塘研究的直接相关成果。

第四,关于边墙的研究。边墙是明代修建于湖南武陵山区(湘西)的军事工程,后来以此形成"生、熟苗""民、苗"界线,是苗族研究的热点专题。黄伟梳理1996年至2016年间"苗疆"边墙研究的相关成果,认为"苗疆"边墙研究主要集中在边墙的政治军事、经济社会、文化旅游三大方面,又以政治军事方面研究最为集中。③ 显然,边墙的政治军事研究是发轫最早,也最为根本与传统的方面,经济社会与文化旅游是其衍生的主要方面。

具体而言,石邦彦、吴曦云④等从较为传统的角度研究边墙本身,后之比较具有代表性的学者如暨爱民、赵月耀以边墙所设墟场为例揭示边墙在国家边疆治理中的作用,⑤张应强通过对不同历史时期边墙兴筑过程的梳理,澄清

---

① 江培燕:《清代湖北汛塘分布研究》,复旦大学硕士学位论文,2014年。

② 谢晓辉:《傅鼐练兵成法与镇竿兵勇的兴起:清代地方军事制度变革之肇始》,《近代史研究》2020年第1期。

③ 黄伟:《近二十年苗疆边墙研究综述》,《人口·社会·法制研究》2016年第C1期。

④ 石邦彦:《苗疆边墙试析》,《吉首大学学报》1990年第1期;吴曦云:《边墙与湘西苗疆》,《中南民族大学学报》1993年第6期。

⑤ 暨爱民、赵月耀:《"国家权力"的"地方"运作——以清代湘西苗疆"边墙—墟场"结构为例》,《吉首大学学报》2009年第1期。

以往相关问题认识和理解中存在的一些舛误或偏颇,讨论了不同社会历史背景下"苗疆"边墙兴废折射出的明清数百年间"苗疆"社会变迁的某些重要侧面。① 谭必友将湘西"苗疆"放在民族关系和民族政策中,认为清代边墙与明代边墙相比,其意义已发生重大变化,认为它是国家实现多民族社区近代重构的重要工程。②

第五,关于湘鄂山区地名文化的研究。黄宏姣③、王晓洁④、陈惠⑤、李雪莲⑥等从综合角度讨论湘鄂山区所属地域的地名文化,涉及地名与宗教、民族、生活等诸多方面,但较少以地方治理与军事建置为中心进行探讨。符永、韦晓晨⑦以地名为线索强调"苗疆"边墙对湘西"苗疆"地名的影响,是对地方治理与地名关系的微观研究。笔者曾从地名出发探讨湘鄂渝黔交界地区的土司军事活动与土司所建防御体系,认为土司是王朝地方治理的重要力量,也是王朝治理的重点。⑧ 但总体成果数量较少,所涉及内容亦十分有限,因此,目前已有关于湘鄂山区治理地名文化的研究远不能完整呈现与反映湘鄂山区治理的全部过程与军事建置。

综合上述已有湘鄂山区军事地理问题研究成果,笔者认为目前已有成果基本全面覆盖了军事地理的各个方面,但整体而言,缺乏全域性、系统性,总体数量亦较少,需要从"长时段""全域性"视角进行拓展性、整体性的深入研究。

① 张应强:《边墙兴废与明清苗疆社会》,《中山大学学报》2001 年第 2 期。
② 谭必友:《苗疆边墙与清代湘西民族事务的深层对话》,《中南民族大学学报(人文社会科学版)》2007 年第 1 期。
③ 黄宏姣:《湖南湘西土家语地名的文化内涵》,《船山学刊》2003 年第 3 期。
④ 王晓洁:《湖南省靖州县地名研究》,湘潭大学硕士学位论文,2007 年。
⑤ 陈惠:《湘西北村落名称及其区域分布研究》,湖南师范大学硕士学位论文,2012 年。
⑥ 李雪莲:《从黔阳县地名看湘西南地域文化特色》,《铜仁学院学报》2012 年第 5 期。
⑦ 符永、韦晓晨:《苗疆边墙对湘西地名影响调查——以凤凰县苗、汉晒金塘村地名为例》,《民族论坛》2009 年第 5 期。
⑧ 周妮:《从现代地名看苗疆地区土司军事活动——兼论苗疆地区土司军事建制及防御系统》,《贵州文史丛刊》2016 年第 2 期。

二、研究思路与方法

(一)研究思路

通过对相关研究成果的梳理,笔者发现湘鄂山区政区与军事地理问题研究均存在可继续开拓与深入之处。

首先,湘鄂山区政区研究缺乏专门、系统的研究。目前关于湘鄂山区政区的研究散见于有关湖南、湖北政区、文化地理等方面的研究之中,除周宏伟《湖南政区沿革》一书着力较多外,其余均涉及较少。有待在前人研究基础上,以湘鄂山区作为整体,深入探析这一地区政区的设置与发展问题。

其次,湘鄂山区军事地理问题研究散见于地方研究,数量有限且内容分散。又主要集中于军事制度建设研究,忽略了军事建置的空间性与系统性。具体而言,存在四个方面的问题与不足:

第一,寨堡研究在研究时段与区域上存在明显差异。在研究时段上,已有成果集中于宋代,极少涉及元、明、清时期;在研究区域上,宋代湘鄂山区寨堡研究集中于湖南,明清时期则集中于川陕鄂交界区域,极少涉及湘鄂山区。

第二,卫所研究缺乏"全域性"。一方面,研究区域集中在土家族地区;另一方面,个案研究集中于湘西北九溪卫、永定卫及鄂西南施州卫,对其他区域卫所研究相对缺乏,存在明显的区域不平衡性。此外,就研究内容而言,概括性研究较多,且多从行政职能角度研究。

第三,湘鄂山区汛塘研究成果极少。研究过程中,将其放入"全域性""长时段"视角,探究其历史发展进程及在湘鄂山区"一体化"进程中的作用与时空差异及原因,是湘鄂山区研究中十分必要而有意义的。

第四,对军事地理相关地名的研究极为不足,未充分利用和挖掘地名作为"活化石"的作用。

基于已有研究存在的问题与不足,本书以湘鄂山区政区与军事地理问题为切入点,从"全域性""长时段"视角重新审视并考察历史时期湘鄂山区的形成与发展,通过对寨堡、卫所、汛塘三大军事体系空间格局的分析,厘清湘鄂山区治理空间的变化过程及这一过程中地方与国家之间的关系及军事建置本身对地方的影响,以期从历史地理角度更为直观、深入地理解与认识湘鄂山区。包括:

第一,梳理与研究湘鄂山区政区建置。通过梳理"二十四史"、各地方志、地理总志、实录、奏折等历史文献,明晰湘鄂山区各州县在整个历史时期的政区建置。详细分析宋代羁縻州、明及清前期土司建置及其"改土归流"。

首先,根据历史文献考证各羁縻州政区归属,确定其与明代所置土司、州县政区之关系,探讨羁縻州制度与土司制度的关系;其次,分析明清湘鄂山区土司设置原因、具体分布及利弊,探讨土司与中央王朝在湘鄂山区治理中的双重关系;最后,分析州县制度的最终确立,呈现明清中央王朝对土司治理的阶段性应对过程,同时对历史文献及已有研究成果中存在的对湘鄂武陵山区土司"改土归流"时间认知不一致问题进行梳理研究。通过整个政区建置过程,把握湘鄂山区历史发展进程,明晰历史时期湘鄂山区与湘鄂平原区、丘陵区之间政区设置过程中政治制度实施、州县设置数量与时间先后等各方面的差异。

第二,明确湘鄂山区自然地理形势。任何一种区域的形成都受其自然与人文环境的影响,对于"小生境"而言,最重要的自然因素为自然地理形势,地理环境又以地形地貌为主要表现形式;而最重要的人文因素以人为主体,离不开区域内生活着的人。因此,通过梳理不同时期各地方志所载舆图及山川具体信息,将各自分散的点连成线,再合成面,获取湘鄂山区各州县内部地形地貌,观察相互间地形地貌差异,反映在湘鄂山区不同区域之间、湘鄂山区与湘鄂平原区及丘陵区之间存在的地形地貌差异。

第三,明晰湘鄂山区历史时期人口构成状况。梳理"二十四史"地理志、《明实录》《清实录》、档案、奏折、地方志等文献所载湘鄂山区各州县户口数,分析各州县人口构成情况,区分各户口数中所记载民族户口数量及分布,探讨湘鄂山区不同区域、湘鄂山区与湘鄂平原区及丘陵区之间民族人口类别、数量与分布差异。

第四,考证与分析宋代至清代湘鄂山区寨堡的设置与变迁。首先,通过《续资治通鉴长编》《武经总要》《宋史》《宋会要辑稿》及明清地方志、总志、碑刻、20 世纪 80 年代地名志(录)、现代地图软件等考证宋代寨堡今址,确定宋代湘鄂山区寨堡具体分布格局,考察其分布特点;其次,探究明、清两代寨堡建置与分布,将之与宋代比较,分析不同时期湘鄂山区寨堡分布格局、设置目的、性质等方面的变化及其原因,以此探讨中央王朝地方治理重心的变化、中央王朝与地方族群关系的变化、地方所面临社会问题的变化。

第五,研究明代湘鄂山区卫所体系。首先,以《明实录》、湖广各州县明代方志为核心史料,分析湘鄂山区内部各卫所设置原因、过程、形制与其在地方治理中的实际作用,考察围绕湘鄂山区形成的鄂西南卫所体系、湘西北卫所体系、湘西南卫所体系、湘南卫所体系。其次,探讨明代在湘鄂山区边缘形成的西部边缘卫所体系、北部边缘卫所体系、东部边缘卫所兼制体系,明晰其设置与湘鄂山区治理间的关系。

第六,深入探讨湖南武陵山区(湘西)汛塘体系。在收集与整理湘鄂山区各州县汛塘设置基本信息后,发现除湘西地区外,湘鄂山区其他区域在汛塘设置上无明显变化,因而选取湘西地区作为清代汛塘研究的主要区域。首先,分析湘西地区土司"改土归流"前后及"乾嘉动乱"前后三个时期所置汛塘情形,考察不同时期湘西地区汛塘设置差异及其原因与本质;其次,以《平苗序》《湖南省例成案》为例探讨营汛(塘)设置与湘西地区村寨管理的关系,同时以汛塘的具体设置变化考证嘉庆时期"民苗界限"与营汛调整的关系,反映军事设置对湘西地区地方治理的重要性;最后,统计所有湘西地区集场设置信息,分析其与历史时期寨堡、卫所、汛塘等军事设施间的关系,以古铜溪、张家坝、茶洞为例,反映清代湘西地区集场设立与汛塘之密切关系。

第七,以 20 世纪 80 年代各区县市地名录(原为内部资料)所载地名来源、含义、典故等为基础,探讨地名学视野下军事为主导的湘鄂山区地方治理。地名是历史的"活化石",通过对各州县地名梳理,了解历史时期湘鄂山区治理大体过程,考察地名学视野下以寨堡、卫所、汛塘为中心的军事体系对地方基层的影响,分析各类地名分布区域,反映地名所记录湘鄂山区地方治理的历史发展进程与历史文献所载一致,存在时空差异。

最后得出结论。第一,通过对湘鄂山区地理形势、民族人口、政区建置的全面梳理,分析湘鄂山区与湘鄂平原区及丘陵区的差异性及空间表现,确定湘鄂山区与湘鄂平原区及丘陵区之间的"界域"("过渡地带")。第二,对寨堡、卫所、汛塘三大军事体系分布格局进行全面总结,通过分析分布格局,分析中央与湘鄂山区关系变化与不同时期治理重心变化,及变化过程中"湘鄂山区"对由中原通往西南的交通要道的军事保障与区域治理重点从湘鄂山区南部区域转移到湘鄂山区中北部湘西武陵山区域的必然结果。第三,从地方社会角度,分析三大军事体系对湘鄂山区地域各州县政治、经济、文化的影响,提出三大军事体系实为湘鄂山区完成最后转型的最重要媒介。

（二）研究方法

本书以历史地理学研究方法为主,注重把握时空进程及其变化发展,具体包括以下几个方面：

第一,历史文献分析法。首先,注重官方文献的全面收集与整理。全面梳理"二十四史"地理志中有关湘鄂山区的史料,了解湘鄂山区历史发展脉络,形成基础认识;逐页翻阅《明实录》《明代档案史料汇编》,摘录出与湘鄂山区相关的所有史料,为土司、卫所研究奠定基础;逐页查阅清代雍正、乾隆时期硃批奏折,摘录与湘鄂山区相关史料,加深对清朝湘鄂山区治理的认识;翻阅湘鄂山区各州县所留存明清时期地方志,如天一阁藏明代方志选刊、续刊所收录明代湘鄂山区地方志,《中国地方志集成》湖南、湖北省志辑、府县志辑所辑录与故宫博物院、国家图书馆、北京大学、南京大学等单位影印的清代湘鄂山区地方志、总志,《四库全书》所收录万历《湖广总志》、雍正《湖广通志》等,加深对各州县的熟悉程度,确定具体研究专题;注重《元和郡县图志》《太平寰宇记》《舆地广记》《元丰九域志》《舆地纪胜》《方舆胜览》等地理文献所记载湘鄂山区政区、军事、民族、地理、生活、环境等内容的收集与整理。

其次,重视明清私人著述,包括专门的著述,也包括散见于明清地方志中的艺文,如明代《苗地屯粮议》《边防议》《边哨说》《边哨疆域考》《抚治苗疆议》《新建五寨城记》等记载湘鄂山区民族、交通、环境、生活,反映中央朝廷对湘鄂山区治理与管理的著述;清代《苗防备览》《苗疆屯防实录》《苗疆闻见录》《苗疆指掌》《苗疆全图》《湖南苗防屯政考》等专门记载湘鄂山区军事、屯防、险要等的著述。

最后,充分发掘和利用碑刻、族谱、家谱等地方性历史文献。充分利用已出版碑刻类书籍,如《湖湘碑刻》《永顺土司金石录》《湘西土家族苗族自治州金石通纂》等。加强对前人实地调查资料如《苗族调查报告》《湘西苗族调查报告》《湘西苗族实地调查报告》等的分析。

第二,地理空间分析法。首先,本书注重对古地图的应用与分析,在分析各州县自然地理形势时,结合历史文献中所绘舆图或县境全图等对山体的描绘;讨论卫所建置原因及周边形势时,利用文献所载各卫所图进行分析与对证。

其次,在具体军事据点,尤其是寨堡考证中,除利用古地图外,还利用20世纪 80 年代各县市地名录、中国国家地名信息库、《中国历史地图集》、现代分省详细地图、Google 地球定位系统等进行考证与确定。

第三,田野考察与个案研究法。田野考察法是历史地理研究的重要方法之一。一方面,通过田野考察感知与证实地形地貌、人文历史的真实性与差异性;另一方面,通过田野考查获取地方文献,如家谱、族谱、碑刻等。本书写作过程中选取湖北武陵山区作为个案,进行了深入田野考察:

首先,从田野考察中,感知湖北武陵山区中高丘陵地带与江汉平原地带(即湖北山区到湖北平原区)之间地形地貌差异与变化。

其次,选取宋代置寨,明代置堡且为荆罶守备治所,清代置巡检、汛塘的南坪以及明清时期在湘鄂山区地方影响较大的容美土司为考察重点,从现实出发探讨地理环境、民族人口因素对军事建置的影响。

最后,在田野考察中查阅与土司有关的《田氏族谱》《向氏族谱》《中华覃氏志》(利川卷)等地方文献。其中《田氏族谱》记载了田氏土司各世主要事迹及各土司册籍等多方面内容。① 其所载一世祖"使居施州，永镇苗疆"直接道出土司在地方治理中的重要作用。同时查得明清时期容美土司以宗教信仰、制度公约、疆域版图、诰封加爵等为主要内容的碑刻43幅。

三、学术创新点

本书创新点在于突破以往两湖（今湖北省、湖南省）区域研究中以政区、流域、单一山脉为区域单位（如以武陵山脉为中心的武陵山区、武陵地区）的研究，选择多山脉、多流域汇集的湘鄂山区作为地理单元，通过军事建置空间分布格局的变化探究湘鄂山区在历史时期不同阶段的治理特征及空间变化，分析湖南武陵山地区（"湘西苗疆"）在清代地方治理中凸显，并成为清廷西南治理最为重要区域之一的历史因素。具体包括：

第一，通过对历史时期湘鄂山区自然地理形势、政区设置、人口构成等的分析，明确湘、鄂两省西部、南部山区与中东部低山丘陵及平原地区间的"界域"（过渡地带）——这种"界域"是构成历史地理学、民族地理学等研究的基础理论之一。

第二，提出湘鄂山区所属湖北西南一带、湖南西南及南部一带与湘西地区一样，均曾被称为"苗疆"，是历代王朝重点治理区域，在历史时期具有同等重要的地位。并将其作为整体，以军事建置为切入点，直观地呈现王朝治理重点从湘鄂山区南部逐渐转移至湖南北部武陵山区之过程，呈现湘鄂山区作为连接中东部汉族地区与西南（少数）民族地区的中间地带，在历史时期民族交往交流交融与中华民族共同体最终形成过程中所作出的努力、贡献、价值与地位。

第三，通过考证湘鄂山区在宋、元、明、清时期的军事建置，得到其具体分布格局及特点，发现这些军事建置分布空间与历史时期地方集场、村寨、交通等的设置与选址存在紧密联系，通过对这些联系的进一步研究，提出并深化古

---

① 各土司册籍记载了田氏各土司坐房、田土及所在地。

代国家治理体系中西南山区"军政兼理体制"。

　　第四,系统梳理十余万条湘鄂山区所属各州县地名,通过本身既具有空间特征,又与历史时期湘鄂山区军事治理(寨堡、卫所、汛塘)及政治治理(羁縻州制度、土司制度、州县制度)等相关的地名呈现历史时期王朝治理的成效、走向及政治与军事发展的演进历程。

第一章　郡县制度的全面推行：秦至清时期湘鄂山区的政区建置

第一节　郡县的推广：秦至唐时期湘鄂山区政区建置

　　湘鄂山区正式政区的设置最早可追溯至秦汉时期。《史记》记载，秦时分天下为三十六郡，"三川、河东、南阳、南郡、九江、鄣郡、会稽、颍川、砀郡、泗水、薛郡、东郡、琅邪、齐郡、上谷、渔阳、右北平、辽西、辽东、代郡、巨鹿、邯郸、上党、太原、云中、九原、雁门、上郡、陇西、北地、汉中、巴郡、蜀郡、黔中、长沙凡三十五，与内史为三十六郡。"①湘鄂山区分属南郡、巴郡、黔中郡、长沙郡。

　　西汉时期，湘鄂山区政区设置较之秦时期，有所变化，分其境设置了南郡、武陵、零陵与桂阳等郡。南郡辖域包括今沙市、荆门、宜昌及其以西之秭归、恩施州大片区域，但仅在湖北武陵山区邻近置秭归、夷陵二县，腹地内无州县建置；武陵郡之置基于黔中郡，在湘鄂山区内置有佷山（今长阳境内）、充县（今桑植县）、零阳（今慈利县）、临沅（今常德市）、索县（临近今常德市）、沅陵（今沅陵县）、酉阳（今永顺、保靖、古丈三县之间）、迁陵（今保靖县）、辰阳（今辰溪县）、义陵（今溆浦）、无阳（今芷江）、镡成（今靖县南）等州县，其辖域内鹤峰、来凤、龙山、张家界（原名大庸）、石门、澧县、桃源、永顺、古丈、花垣、吉首

(清代乾州厅)、泸溪、洪江(原名黔阳)、新晃等未置州县;①新置零陵郡,辖县十,属湘鄂山区的州县有夫夷(今邵阳县)、都梁(今武冈县)、泉陵(今零陵县)、营浦(今道县)、营道与泠道(今宁远县)等县,辖域内城步、祁阳、新宁未置县;新置桂阳郡,辖县十一,属湘鄂山区的州县有郴县(今郴州市)、临武(今临武县)、桂阳(今广西连县)、南平(今蓝山县)、便县(今永兴县),辖域内新田、嘉禾、桂东、宜章未置县。②

东汉时期政区设置与西汉时期大体相同,置有南郡、武陵郡、零陵郡、桂阳郡。不同之处在于将原属武陵郡之佷山改归南郡;在武陵郡内新增沅南(治今桃源县)、作唐(治今安乡县)二县,索县更名为汉寿县,同时撤销义陵县;零陵郡东北区域有所扩大。③

三国时期,湘鄂山区多属吴国,分南郡置建平郡与宜都郡,建平郡治巫县(今巫山县),下辖秭归、信陵(二县相近)、兴山(今兴山县)、沙渠(今恩施县),辖域内建始、利川、宣恩、咸丰时未置县,恩施为湖北武陵山区最早置县之地;宜都郡治夷道(今宜都县),下辖佷山、西陵(今宜昌市)等县,辖域内湖北武陵山区所属长阳、五峰未置郡县。武陵郡治临沅(今常德市),辖境内增置溇中县(今慈利县境内),分出作唐县,无阳县更名为舞阳,其余与汉时所辖州县相同,辖域内湖南山区之鹤峰、来凤、龙山、张家界、石门、澧县、桃源、永顺、古丈、花垣、吉首、凤凰、麻阳、怀化、会同、泸溪、洪江、新晃、通道、绥宁、溆浦等地未建置州县;零陵郡治泉陵(今零陵),其郡境北部区域有所扩大,州县建置与西汉同;桂阳郡治郴县(今郴州),州县建置同西汉。④

东晋十六国时期,湘鄂山区基本属荆州,内置有建平、宜都、天门、武陵、邵陵、零陵、营阳、桂阳八郡。建平郡治巫县(今巫山县),下辖巫、北井、秦昌(今巫溪县大宁河沿岸)、信陵、兴山、建始、秭归、沙渠八县,至此,湖北武陵山

---

① 本部分以湘鄂山区所涉今州、市、区、县与历史时期政区设置比较。
② 参见《汉书》卷 28 上《地理志上》第 8。
③ 参见《后汉书》卷 112《郡国志四》。
④ 参见《三国志·吴书》。

区辖域内置有恩施、建始两县,其余利川、宣恩、咸丰、巴东仍未置县;宜都郡政区建置与三国时期相同,无太大变化;天门郡治澧阳(今石门),下辖零阳、溇中(均在今慈利县境内)、充、临澧(均在今桑植县境)、澧阳五县,境域内鹤峰、张家界、澧县、临澧未置县;武陵郡治临沅(今常德市),下辖临沅、龙阳(今汉寿县)、汉寿(今常德市境)、沅陵、黚阳(今龙山南境)、酉阳(今永、保、古三县之间)、镡城(今靖县南)、沅南(今桃源县)、迁陵(今保靖县)、舞阳(今怀化县)十县;邵陵郡(治今邵阳市),下辖邵陵、都梁(今隆回县)、夫夷(今邵阳县)、建兴(今武冈县北)、邵阳、高平六县;零陵郡治泉陵(今零陵),下辖泉陵、祁阳、零陵、营浦(今道县)、洮阳、永昌(今祁阳县北)、观阳、营道、春阳、泠道(今宁远县东西南三面)、应阳十一县。后又从零陵郡分置营阳郡,治今道县;桂阳郡治郴县(今郴州市),下辖郴、耒阳、便(今永兴县)、临武、晋宁、南平(蓝山)六县。①

隋时期,湘鄂山区内置有清江、澧阳、武陵、沅陵、长沙、零陵、桂阳七郡。清江郡(治盐水)置有巴山(今长阳县西)、盐水(今长阳、巴东二县交界地域)、建始、开夷(今恩施市北)、清江(今恩施市)五县,湖北武陵山区之利川、咸丰、来凤、鹤峰、五峰属郡管辖,未置县;澧阳郡(治澧阳),置有澧阳(今澧县、临澧东)、石门、慈利、崇义(桑植)、屡陵、安乡六县,属域内张家界未置县;武陵郡(治武陵),辖武陵(常德市)、龙阳二县,原所设桃源县取消建置,其区域较武陵郡初设时范围大为缩小;沅陵郡(治沅陵),置有大乡(今永顺县东)、沅陵、辰溪、龙标(今黔阳县西南)五县,辖域内湖南山区所属龙山、保靖、花垣、古丈、吉首、泸溪、凤凰、麻阳、溆浦、怀化、芷江、新晃、会同、靖县、通道等均未置县;长沙郡(治长沙),辖长沙、益阳、浏阳、邵阳(今邵阳市)、衡山、醴陵六县,辖域内邵阳以西南之湖南山区洞口、隆回、邵阳县、武冈、新宁、城步等均未置县;零陵郡(治零陵),置有零陵、湘源(今广西全州县)、冯乘(今江华县西南)、营道(今宁远县)、永阳(今道县)五县,其境祁阳、东安、双牌、江永、新田

_____

① 参见《晋书》卷15《地理志下》。

未置县;桂阳郡(治郴县),辖郴县(今郴州市)、平阳(今桂阳县)、南平(今蓝山县)、临武、晋兴(今资兴县)、卢阳(今汝城县)九县,境内桂东、永兴、宜章、嘉禾未置县。①

　　唐时期,湘鄂山区主要分属黔中道与江南西道。黔中道下辖施、溪、辰、锦、业、巫等州。施州,治清江,辖域内置清江(今恩施市)、建始(今建始县东)二县,辖境内利川、五峰、宣恩、鹤峰、咸丰、来凤均未置县;溪州,治大乡,辖大乡(永顺东)、三亭(保靖)二县,境属龙山、古丈未置县;辰州,治沅陵,辖沅陵、卢溪(今泸溪县东南)、辰溪、溆浦、麻阳(今麻阳县东)五县,境属吉首(即清乾州厅)未置县;锦州,治卢阳,辖卢阳(今麻阳县西南)、渭阳(今凤凰东南落潮井乡)、招谕(今麻阳县北)、洛浦(今保靖县南)五县,境属今花垣(清永绥厅)未置县;业州,治夜郎,辖夜郎、渭溪(皆在今新晃县境内)二县;巫州,治龙标,辖龙标(今黔阳县西南)、潭阳(今芷江县)、郎溪(今黔阳县西南)三县,境属会同、靖县、绥宁、通道均未置县。

　　江南西道下辖澧、朗、邵、永、道、郴六州,均属湘鄂山区。澧州,治澧阳,辖澧阳、石门、慈利、安乡四县,原设桑植县撤销,张家界未置县;朗州,治武陵,辖武陵(今常德市)、龙阳(今汉寿县)二县,境属桃源未置县;邵州,治邵阳,辖邵阳(今邵阳市)、武冈(今城步县)二县,境属新化、洞口、隆回、邵阳、武冈、新宁均未置县;永州,治零陵,辖零陵、祁阳二县,境属祁东、东安未置县;道州,治营道,辖营道、唐兴(今宁远县)、江华、永阳(今江永县)、永明五县,境属新田未置县;郴州,治郴县,辖郴县(今郴州市)、平阳(今桂阳县)、南平(今蓝山县)、临武、义章(今宜章县)、庐阳(今汝城县)、资兴七县。②

　　显然,随着朝代更替,历代政权对于湘鄂山区之管理日益细化,所置郡县逐代增多。以武陵郡为例,从最初由"一郡"分管湘鄂山区大部区域之"大郡",逐渐分置为多郡,最后演变成为仅辖二县之"小郡",说明州县制度在湘

---

① 参见《隋书》卷31《地理志下》。
② 参见《旧唐书》卷40《地理志》。

鄂山区存在逐步完善的过程,这一过程意味着中央王权的介入与大一统趋势的加强。但同时,自秦汉至唐,如此长时期,湘鄂山区却自始至终存在着未置州县管理区域,或所置一县幅员广大,存在政权虚化,并不能实际管理之地,最终发展成为宋、明、清时期湘鄂山区治理最为棘手的区域,其州县制度的建立又经历了漫长复杂的过程。

第二节　宋代湘鄂山区的"特殊政区":羁縻州

宋代湘鄂山区羁縻州是秦汉以来,虽置有郡县却难以直接管理之区域。[①]这一时期,湘鄂山区内羁縻州基本处于中央朝廷所设寨堡体系控制下,通过这一体系渐进性地引入州县制度,在小部分地区建立州县,但并没有完全将其直接纳入管理,因此,宋以后,这些羁縻州部分转换为土司政区,继续羁縻,也有一部分完成向州县的转化,在其地设置新的州县政区或将其纳入附近州县。这些羁縻州分布于何处? 又各自经历了怎样的发展历程呢?

一、湖北武陵山区羁縻州

宋代,湖北武陵山区分属夔州路与荆湖北路管辖,所置羁縻州有(西)高州、顺州、保顺州、富州、天赐州、奉化州,皆位于当时荆湖北路境内,地处辰州北与夔州路交界区域,实属"五溪十洞"之要区,"富州刺史向通汉上言,圣人郊祀,恩浃天壤,况五溪诸州连接十洞,控西南夷戎之地。惟臣州自昔至今,为辰州墙壁,障护辰州五邑,王民安居"[②]即反映了这一羁縻区域战略位置之重要。具体而言:

---

①　此处言其难以管理,是这些地区自秦汉以来所设郡县幅员广大,与此区域以外郡县,特别是县之政区设置密度相比尤低。这种区域范围大、设置政区少的状况,必然导致控制薄弱,因而导致朝廷难以全面直接控制这一区域,最终不得不设置羁縻州进行管理。

②　《宋史》卷493《蛮夷列传一》,第14174页。

西高州,《舆地广记》《元丰九域志》均记为夔州所属化外州,《武经总要》
(以下简称《总要》)记为施州羁縻州,乾隆《贵州通志》认为其为正安州(今贵
州省道真、正安、绥阳、凤冈地)。顾祖禹考元明所置高罗安抚司"本蛮地,宋
初为羁縻珍州,开宝初改曰高州,寻曰西高州。元更置石溪洞长官司,寻为高
罗寨长官司,又升为宣抚司。明玉珍改为安抚司,明初废。洪武六年(1373
年)复置高罗安抚司,明年叛废,寻计平之。永乐四年(1406年)改置安抚司,
分领木册长官司,隶忠建宣抚司。"①按此,忠孝安抚司与高罗安抚司在宋时均
为羁縻西高州地,又考明代高罗安抚司位于今宣恩县南高罗乡境内,因此认为
西高州在今宣恩县南,与《总要》所言相符。

富州,宋代湖北武陵山区与湖南山区均有羁縻州名富州,此处所言湖北武
陵山区富州原为"蛮地",据顾祖禹考证,为后之散毛宣抚司,明时曾分领龙
潭、大旺二安抚司,隶施州卫。②则富州与散毛宣抚司一样,在今来凤县境内,
宋时其边设有七女寨。

顺州,天禧二年(1018年)时,夔州路转运使言"顺州蛮"田彦宴"哀诉求
归顺",宋朝廷准其归顺并加以录用,以此招降高州等处"蛮人"。③说明其地
与高州相近,在宣恩县南,即明时所置忠峒安抚司、忠建宣抚司一带。

保顺州、天赐州,从"施州、溪洞、安远、天赐、保顺州、南州、顺州等蛮入贡
京师,道路辽远,自今听以所贡物留施州,其当施物,就给之"④可知,保顺州、
天赐州均与顺州相邻,明时属高罗宣抚司、忠建宣抚司。

奉化州,《总要》记其为施州所属羁縻州。又另有言"故知溪洞奉化州田
忠猛男洪万为银青光禄大夫、检校国子祭酒、知溪洞奉化州,兼监察御史武骑
尉"⑤,可知奉化州确实存在,并属溪洞地方,但因无其他文献记载其前后所属
与变化,致使今地无法考证。而施州所属羁縻顺州、富州、保顺州、高州皆位于

---

① 《读史方舆纪要》卷82《湖广八》,第3865页。
② 《读史方舆纪要》卷82,第3863页。
③ 《续资治通鉴长编》卷92,第2116页。
④ 《续资治通鉴长编》卷104,第2420页。
⑤ 《续资治通鉴长编》卷465,第11111页。

施州南部今龙山、来凤、咸丰、宣恩、鹤峰几县交界处,推断奉化州亦位于这一区域,但其在明时为何土司辖域无法推断。

二、湖南山区之北江羁縻州

据《总要》载,北江羁縻州下辖上溪州、来化州、忠彭州、南州、谓州、永顺州、溪宁州、感化州、溶州、狷州、溪监州、新府州、永州、顺州、保静州、古州、万州、远州、费州、奉州、襄州、许赐州、越州、宁化州、向化州、归明州、新定州、归信州、保安州、顺现州、保富州、永安州、新化州、远富州、新赐州等三十六州,与《宋史》言"初北江蛮酋最大者曰彭氏,世有溪州,州有三,曰上、中、下溪,又有龙赐、天赐、忠顺、保静、感化、永顺州六,懿、安、远、新、给、富、来、宁、南、顺、高州十一,总二十州。"[1]羁縻州总数不同,州名亦有所不同,《宋史》所言包含了湖北武陵山区羁縻州。可见当时湘鄂山区羁縻州较为混乱,没有统一的记载。马力通过考证,认为北江地区羁縻州前后有 60 余所,41 所可考,20 余无考。[2]但大多以其所属姓氏为考证结果,未考出这些羁縻州所处大致位置,《中国历史地图集》中宋代部分又仅标注几个大州的位置。因此笔者希望通过梳理推断更多羁縻州所处地域,以明确其羁縻州政区性质之变化与归属。

上溪州,宋时为羁縻州,曾多次上贡,如景德三年(1006 年)二月"甲戌朔,上溪州刺史彭文庆率溪洞蛮六十二人来朝,且献方物"[3];皇祐三年(1051 年)正月"戊寅,以辰州溪洞彭师宝知上溪州,仍令乾元节贡献如旧。师宝,仕羲之子也,盖自咸平以来始听溪洞二十州贡献,岁有常赐,蛮人以为利,有罪即绝之。"[4]至元丰四年(1081 年),"招怀辰州上溪州蛮,当渐筑城堡,缘本属生蛮地,全藉兵威弹压,辰州雄略指挥今成桂州,乞追回,应副防托。上批,荆湖北路作应副,沅州谢麟于归明蛮界置寨堡,民力已困,远输岂堪,更有作兴转运

---

① 《宋史》卷 493《蛮夷列传一》,第 14177 页。
② 马力:《北宋北江羁縻州》,《史学月刊》1988 年第 1 期。
③ 《续资治通鉴长编》卷 62,第 1385 页。
④ 《续资治通鉴长编》卷 170,第 4077 页。

司,既止承准,朝命招安,遂乃妄意谋立城栅,若不严与诚约,则希功小人浸淫越职,为国生事,宜令高镈分析,后镈上言:昨与转运使孙颀权、知荆南王临同乞招谕上溪诸蛮,量益戍兵,所贵诸蛮即降,遂谋筑寨,缘前奏已开陈,故有此请,诏释之。"①即自元丰四年始,在其境修筑寨堡控制地方,开始以军事力量控制其地。

其地为"古灵溪郡,分辰州大乡县置,州东至辰州三百六十里,西至黔南五百里,南至锦州五百六十里。"②与明时所置上溪州所在地域大致相同,可确定宋时羁縻上溪州在明代属永顺宣慰司管辖。

忠彭州,景德二年(1005年)十一月"己亥,荆湖北路转运使言:溪洞团练使彭文绾部送澧、朗等州,先陷汉口,五十人来归,请加恩,命赐牌印及许其岁贡方物,诏授文绾检校官,知忠彭州事,余从其请。"③天圣三年(1025年)七月"丁未,荆湖北路转运使孙冲言:下溪州刺史彭儒猛攻杀知忠彭州彭天绾,其子儒素率其党九十二人来归,欲补儒素为复州都知兵马使余官,并月给钱粮,从之。忠彭州今忠顺州也。"④显然,忠彭州在宋时与朝廷之间有朝贡往来,接受宋朝廷的封赐,但其具体所在不可考。由彭文绾为溪洞团练使,又遭下溪州刺史攻杀,推断其应邻近上溪州。又据上溪州所属,推断其在明时亦属永顺宣慰司管辖。

来化州,《溪州铜柱记》仅记知来化州军州事者为彭允会,未明其所在。据《元史》载,元代所置思州军民安抚司下辖"契锄洞、腊惹洞、劳岩洞、驴迟洞、来化州、客团等处"⑤,而明代永顺军民宣慰司下辖即包括腊惹洞、麦着洞、驴迟洞等长官司,皆属溪洞,因此推断来化州应与驴迟洞长官司近,属永顺宣慰司管辖。

---

① 《续资治通鉴长编》卷350,第7619页。
② (宋)曾公亮等撰,郑诚整理:《武经总要前集》卷20,湖南科学技术出版社2017年版,第1227页。
③ 《续资治通鉴长编》卷61,第1379页。
④ 《续资治通鉴长编》卷103,第2386页。
⑤ 《元史》卷63《地理志六》,第1550页。

南州,天圣四年(1026 年)八月"己丑,诏施州溪洞、安远、天赐、保顺州、南州、顺州等蛮入贡,京师道路辽远,自今听以所贡物留施州,其当赐物就给之,愿自入贡者,每十人许三两人至京师,其首领听三年一至。"①即南州等地贡赐均以施州为中转,则其应位于上溪州北,又此处将其与天赐州、保顺州、顺州等一起对待,那么此几州极可能为相邻州。据前考证,保顺州、天赐州、顺州在明时皆属土司管辖,南州虽不明确具体所在,可以确定其在明时亦属土司管辖。

谓州,即南谓州,谓亦记为"渭"。《总要》仅记其名,《续资治通鉴长编》(以下简称《长编》)亦无记载。从元祐四年(1089 年)"知誓下保静州彭儒武、知永顺州彭儒同、知谓州彭思聪……各同其州押案副使进奉,兴龙节及冬至、正旦,溪布有差"②可知其所处与保静州、永顺州近,则应与明时永顺宣慰司下设之南谓州(靠近保静州)地理位置相同。

永州、顺州应为永顺州之误,《长编》《总要》《宋会要》均未言具体位置。按顾祖禹考证,明时永顺军民宣慰使司"宋初为羁縻永顺州"③,则羁縻永顺州为明代永顺军民宣慰司地。

保静州,据《明史》考证为保靖宣慰司,"唐溪州地,宋置保静州,元为保靖州安抚司"。洪武元年(1368 年)升为保靖宣慰司。④

感化州,《长编》《总要》《宋史》《宋会要》均未言具体位置。后有"……曰会溪、施容,曰感化州,曰客团(自德胜寨以下,史皆以等处系衔),以上凡不称等处者,所领者狭,故得专举其名,其各设长官则一也。"⑤按前文南谓州之推断,此感化州在明时亦应在永顺宣慰司境内,近永顺麦着洞长官司、施溶州、腊惹峒长官司与驴迟峒长官司。

溶州,宋天圣元年(1023 年)九月"乙卯,以下溪州刺史检校右仆射彭儒猛为检校左仆射,其子仕端为检校国子祭酒知溶州。儒猛自言仕汉逃归,诱蛮人

① 《续资治通鉴长编》卷 104,第 2420 页。
② 《宋史》卷 493《蛮夷列传一》,第 14180 页。
③ 《读史方舆纪要》卷 82,第 3868 页。
④ 《明史》卷 310《湖广土司列传》,第 7995 页。
⑤ (清)嵇璜:《续文献通考》卷 233《舆地考》,《景印文渊阁四库全书》第 631 册,第 454 页。

作乱,遣仕端等杀之,故有是命。仍降敕书奖谕,赐以盐二百斤,彩三十匹。"①未言溶州具体位置,但从彭氏父子任职状况可推断溶州与下溪州距离不远。因此认为宋之溶州即在明代所置施溶州附近,明时属永顺宣慰司管辖。

狝州,"庆历中改为赐州"②,《溪州铜柱记》言有彭君庸知狝州军州事③,具体所在何处无可考,疑与溶州近。

古州,天禧四年(1018 年)"闰十二月庚戌,知辰州史方言,溪洞蛮知古州向光普,以钱银诣鼎州梁山观音院,会僧祝圣寿。"④所言鼎州治今常德市,辰州治今怀化市沅陵县,按此,结合文献表述,认为此处所言古州应位于永顺东南近沅陵之地,明时属永顺宣慰司管辖。

万州,建隆四年(963 年)"知溪州彭允林、前溪州刺史田洪赟等列状归顺,诏以允林为溪州刺史,洪赟为万州刺史,允林卒,以其子师皎代为刺史。"⑤未言万州具体位于何地,从文献记载只能推断其近溪州地。

费州,"庆历中改为天赐州,东至蒋州六百里"⑥,按前考证元时属石溪洞司,明属高罗宣抚司。《元丰九域志》卷10 载夔州路下有费州为化外州,荆湖路下有费州为羁縻州,可见此费州与《通典》所记理涪川县之费州非同一地⑦。

奉州,从文献言黔州在"周武帝保定四年(564 年),蛮帅田思鹤以地内附,置奉州","为武陵五溪蛮之西界",⑧推断奉州应位于黔州与北江羁縻州交界地,即湘鄂山区之边缘地。

---

① 《续资治通鉴长编》卷 101,第 2338—2339 页。
② 《武经总要前集》卷 20,第 1228 页。
③ 谢华:《湘西土司辑略》第三章《彭士愁与马希范盟于溪州立铜柱为界》,岳麓书社 2008 年版,第 285 页。
④ 《续资治通鉴长编》卷 96,第 2231 页。
⑤ 《宋史》卷 493《蛮夷列传一》,第 14172 页。
⑥ 《武经总要前集》卷 20,第 1228 页。
⑦ 参见(唐)杜佑:《通典》卷 183《州郡十三》,中华书局 1988 年点校本,第 4888 页。"费州,今理涪川县。古蛮夷之国,汉属牂牁郡,山川险阻,为俚獠所居,多不宾附。至后周始置费州,因水为名,大唐初属务州,贞观初复置费州,或为涪川郡,领县四。"
⑧ (宋)李昉:《太平御览》卷 171,中华书局 2006 年点校本,第 835 页。

归明州,文献仅记载元祐六年(1091年)九月"甲寅,故溪洞归明州都巡检向永明男万辛为银青光禄大夫、检校国子祭酒,溪洞归明巡检兼监察御史、武骑尉,诏知麟州孙咸宁以斥候不明,致西贼攻扰,令先次冲替。"①对其具体地理位置及周边地理实体均未提及,因而无法判断其具体位置。

远州,文献仅记"故知溪洞新远州军州事田忠利长男洪佑,可依前知溪洞新远州军州事"②,因此,疑远州即为新远州,属溪洞。

新化州,《元丰九域志》有新化位于邵州"东北二百三十五里,六乡"③,与此处所指,非同一地。

溪监州、溪宁州、新府州、许赐州、越州、宁化州、向化州、新定州、保安州、归信州、顺现州、保富州、永安州、远富州、新赐州,仅记其为羁縻州,今地不可考。襄州,史载襄州为湖北襄州,无荆湖南路襄州记载。

三、湖南山区之南江羁縻州

"南江,本唐叙州,五代失守,群蛮擅其地,虚立州名十六。"至宋熙宁年间"隶辰州,许令贡奉,则给以驿券,其后有硖州舒光秀者为之酋领。提点刑狱赵鼎言:硖州峒酋刻剥无度,蛮众愿内属,时熙宁三年(1070年)也。明年,辰州布衣张翘上书论:南江蛮虽有十六州,惟富、峡、叙州仅有千户余,各户不满百,土广无兵。"④虽然南江为唐代所置叙州地域,至五代时为"蛮"割据,各设"州"进行管理,至宋时隶辰州。熙宁年间,硖州首先内附。所设十六州中,仅富州、峡(硖)州、叙州户口较多,其余各州户口不足百户,且无兵。由此,则知这一区域羁縻州虽数量众多,但相对集中。具体而言:

富州⑤,考麻阳县内有"西溪,在县东北六十里,发源于苗巢杉木寨,出岩

---

① 《续资治通鉴长编》卷466,第11140页。
② (宋)苏颂:《苏魏公文集》卷32,中华书局1988年点校本,第475页。
③ (宋)王存:《元丰九域志》卷6,中华书局1984年点校本,第264页。
④ 《续资治通鉴长编》卷236,第5727页。
⑤ 此处所言富州与湖北武陵山区之富州非同一地。

口,过鸟枭江、大石羊哨,经古富州入辰河"①。所言古富州应即为宋时所置羁縻南江富州,"在麻阳县东北高村,蛮地"②。地理位置十分重要,刺史向通汉言"五溪诸州连接十洞,控西南夷戎之地,惟臣州自古至今为辰州墙壁,障护辰州五邑,王民安居。"③

叙州,"秦为黔中,汉武阳地,在武水之阳。唐贞观中分辰州龙标县置巫州"④,后"以巫山不在州界,改为沅州,以沅江水为郡名,开元十三年(725年)仍旧为巫州,至大历五年(770年)为叙州"⑤,后又复名为沅州。因此羁縻叙州在明时仍为沅州。

懿州,乾德三年(965年)六月丁酉"诏洽州复为懿州,时五溪团练使洽州刺史田处崇言:先是湖南节度使马希范以叙州潭阳县为懿州,命臣叔万盈为刺史,希范死,其弟希萼改为洽州,愿复旧名,从之,仍铸印以赐处崇。"⑥可知洽州与懿州为同一地,旧属叙州。按前考证叙州为沅州地,则懿州亦在沅州境内。熙宁七年(1074年)"诏荆湖路察访章惇具建懿州,四至地里,所管户口,置官屯兵,次第以闻,时惇言南江州峒悉已平定,请建州县城寨故也。"⑦"诏置沅州,以懿州新城为治所,县以卢阳为名,从章惇请也。"⑧则自熙宁时起,懿州便建立城寨,成为治理之中心。

元州,疑即为沅州之误。

鹤州,有二,一为舞州,"开元十三年改为鹤州,十四年(726年)复为珍州。至皇朝乾德四年(966年),刺史田迁上言:'自给赐珍州郡名以来,连罹火灾,乞改州名。'因改为高州。寻以岭南有高州,故加'西'字⑨;一为奖州,"历代

---

① 康熙《麻阳县志》卷1,清康熙刻本。
② 《大清一统志》卷369,第637页。
③ 道光《凤凰厅志》卷12,第209页。
④ 《武经总要前集》卷20,第1229页。
⑤ 《太平御览》卷171,第836页。
⑥ 《续资治通鉴长编》卷6,第156页。
⑦ 《续资治通鉴长编》卷249,第6070页。
⑧ 《续资治通鉴长编》卷252,第6170页。
⑨ (宋)乐史撰,王文楚等点校:《太平寰宇记》卷122,中华书局2007年点校本,第2425页。

地理与辰州同,唐天授二年(691年)析沅州之夜郎、渭溪二县置舞州,开元十三年(725年)以舞、武声相近,更名鹤州,二十年曰业州。天宝元年(742年)曰龙溪郡,大历五年(770年)改为奖州,统县三。"①两者均为开元十三年改为鹤州,始有鹤州之名。但据前文考证,西高州位于今湖北境内,应在南江羁縻州以北,因此认为此处所指鹤州应在下奖州区域内,下奖州原属沅州,则此处鹤州应在沅州境内。

黔州,"禹贡荆州之域,战国为楚黔中地,秦昭王伐楚置黔中郡,其地又属焉。汉武陵郡之酉阳县地,武陵五溪蛮之西界也。"②按此,则此处所言黔州羁縻州非唐代所置黔州(治今重庆市彭水县),而位于辰州境内。

衡州,有"衡阳郡,隋置,以衡山为名……蛮瑶错居山谷间,庆历中置二寨控之。"③显然,其时衡州已设郡,与其他羁縻州存在根本的差异。文献将其记为羁縻州,应与其境内"蛮瑶"错居山谷相关。

波州,芷江县在清代时仍存波州地名,并设有"腰站一处"④,又有波州塘(属晃州汛)、波州渡。而今新晃县内有波洲镇,在"县东二十五里,濒抚水北岸。当通芷江县之孔道。"⑤因此认为波州即今新晃县波洲镇所在地域。

晃州,"令相度沅州所乞,于宜、洽州地分修寨,波、晃州地分建堡,经久稳便,伏望依沅州所乞施行。"⑥明代沅州境内置有晃州驿,清代设有晃州汛、晃州站、晃州哨,地理位置重要,疑即为宋时地名沿用,为晃州所在。

奖州,"唐天授二年(691年)析沅州之夜郎、渭溪二县置舞州,开元十三年(725年)以舞、武声相近,更名鹤州。二十年(732年)曰业州,天宝元年(742年)曰龙溪郡,大历五年(770年)改为奖州。"⑦下辖三县,治羁山县。清代羁

---

① (宋)欧阳忞撰,李勇先等点校:《舆地广记》卷28,四川大学出版社2005年点校本,第819页。
② 《太平御览》卷171,第835页。
③ 《武经总要前集》卷20,第1248页。
④ 同治《沅州府志》卷22,岳麓书社2011年影印本,第266页。
⑤ 段木干主编:《中外地名大辞典》,人文出版社1981年版,第2039页。
⑥ 《续资治通鉴长编》卷358,第8574页。
⑦ 《舆地广记》卷28,第819页。

山废县位于沅州"西百里"，其时沅州"西至贵州思州府一百九十里"①，按此计算，则奖州位于沅州与思州府之间晃州一带。

锦州，一说为"唐武德初以辰州之地析置"②，一说为"唐垂拱二年（686年）析辰州麻阳县地及开山洞置"③，两说设置时间不一致，但可肯定其为辰州析置，在麻阳县一带。

辰州，"禹贡荆州之域，春秋时属楚，其地即古蛮夷之地。秦昭王使白起伐楚，略取蛮夷置黔中郡，汉改黔中为武陵郡，隋开皇平陈，改为辰州沅陵，记曰五溪十洞，颇为边患。自马伏波征南之后虽为郡县，其民叛扰，代或有之，盖恃山险所致。"④说明辰州设郡县时间较早，但其地邻五溪十洞，亦被认为是羁縻州之一。

峡（硖）州，熙宁六年诏"硖州新城为安江寨"⑤，考安江寨在今洪江市安江镇，应即为硖州所在，明代属辰州府黔阳县。

其他如允州、泠州、保胜州、显州、绣州，仅记其为荆湖北路所辖南江羁縻州，今地无考。

四、从羁縻州到土司

有宋一代湘鄂山区羁縻州刺史多次"纳疆土""交赋税"的请求均遭拒绝，如自宋初至道年间至熙宁年间羁縻富州首领就多次向宋廷表达内附心意，甚至献上地图以求归附版图。

景德元年（1004年）"丙戌，荆湖转运使言：富州刺史向通汉遣人于潭州营佛事，以报朝廷存恤之意。"⑥天禧二年（1018年）二月丁丑，"富州刺史向通汉

---

① 《读史方舆纪要》卷81，第3827页。
② 《太平御览》卷171，第835页。
③ 《舆地广记》卷28，第817页。
④ 《太平御览》卷第171，第835页。
⑤ 《续资治通鉴长编》卷245，第5951页。
⑥ 《续资治通鉴长编》卷57，第1255页。

状请纳疆土,举宗赴阙。"①五月,"富州刺史向通汉率所部九十二人来朝,贡名马、丹砂、银装剑、兜鍪、彩牌等物。"六月壬寅"富州刺史向通汉以五州地图来上。"②三年十二月丙戌"富州蛮酋向光泽表纳疆土。"③熙宁六年(1073 年)癸巳,"富州向永晤亦欲构变,以百姓不从,遂止。详此,乃知内附蛮酋以其不能擅诛剥之利,大底皆怀怏怏,所乐归化者独部民耳。"④

从富州刺史与宋廷之间的往来可见,宋廷对这一地区羁縻州并无纳入版图之心,相反偏重招抚,注重羁縻州区域内部的稳定。在控制其州内事务方面,以刺史为主导,从富州刺史与宋朝的关系来看,双方往来主要为不定期朝贡。又羁縻州"皆置刺史,而以下溪州刺史兼都誓主,十九州皆隶焉,谓之誓下州将承袭都誓主,率群酋合议。"⑤可知宋代湖南山区羁縻州亦皆设刺史以治,与朝廷之间并无实质性权利与义务。

刺史,《历代兵制》言"某军节度、某州军管内观察等使、某州刺史必具此三者,言军则专制兵旅,言管内则总察风俗,言刺史则治其州军。"⑥而从文献所载富州刺史与朝廷之间往来活动看,朝廷对于羁縻州刺史并无直接干涉与管理,其是否治其州军无从得知,能够明确的是对于宋廷而言,富州刺史更像是一个封号,而非正式兵制所称刺史,两者之间存在本质差别,如"辽南面诸州各有州刺史"⑦中所言各州就未包括羁縻州刺史。宋廷未接受其"纳税""纳疆土"之请求,也即意味着宋廷对这一羁縻区域并无直接控制与管理。至元代,"以州次于郡,刺史不设,其官仍详于州下……边远之地有诸军各统属县,其秩如下州,其设官置吏亦如之。又蛮夷长官司于西南夷诸溪洞各置秩如

---

① 《续资治通鉴长编》卷 91,第 2100 页。
② 《续资治通鉴长编》卷 92,第 2118 页。
③ 《续资治通鉴长编》卷 94,第 2173 页。
④ 《续资治通鉴长编》卷 242,第 5903 页。
⑤ 《宋史》卷 493《蛮夷列传一》,第 14177—14178 页。
⑥ (宋)陈傅良撰,史丽君译注:《历代兵制》卷 8,中华书局 2017 年点校本,第 260 页。
⑦ (明)王圻:《续文献通考》卷 99,现代出版社 1986 年影印本,第 1508 页。

下州,达鲁花赤长官、副长官参用土人为之。"①由此,宋所置羁縻州刺史在元时发生变化。

自元初始置沿边溪洞招讨司,至明时分设宣慰司、安抚司及各长官司。如西高州在元初属大奴管勾长官司,后更为高罗宣抚司;富州属散毛宣抚司;顺州初仍为细沙寨兼制,后建为忠建军,属石溪洞长官司。

宣抚司,"按唐、宋宣抚皆大将军之任,以武臣为之,宋间有一二文臣任者。元之宣抚,职在询民疾苦,体察官吏贤否,以行省官或诸部尚书与诸院使充之,此即唐巡察、按察、巡抚等使,且至元元和之间亦有诸道宣抚使,审此则不宜入宣抚类矣。至正时,复置平缅宣抚使,则其职又似宋之招抚使,故附于其后云。皇明仿元制设宣抚司,皆土官世袭。其正官有宣抚、有同知、有副使、有佥事,其经历司有经历、有知事,则用流官,亦不常设。"明"洪武元年(1368年)六月癸巳朔戊戌,湖广安定等处宣抚使向思明等遣其溪洞长官硬彻津等,以元所授宣抚敕及印章来上,请改授官,命仍置安定等处宣抚司。"②则宣抚司在元早期时并无羁縻之意,与明时所言宣抚司存在本质区别,至正时方表现出招抚地方羁縻之意。明代初立,元所设溪洞长官司、宣抚司等纷纷来属,因而仿照元制,仍设置宣抚司,有所管制。如对于土官的世袭有了明确的规定,并提出"正官有宣抚、有同知、有副使、有佥事,其经历司有经历、有知事,则用流官",这与宋所设羁縻州刺史以及元所置长官司、宣抚司相比,都发生了较大变化,尤其是在土司官职的规定上明确提出机构设置,规定"设安抚司,正官有安抚同知、副使、佥事各一员,首领官有知事一员,皆系土官袭替。"③

综上所述,则湖北武陵山区所属宋代羁縻州至元明时期,均纳入土司管辖。而湖南山区羁縻州除一小部分纳入州县体制外,大部分州域亦属土司管辖。宋代羁縻州与明代土司相较而言,两者最大的区别在于对地方的主动控制力。从前文可见,宋代对于羁縻州的态度更多是"放任"、朝贡与封赐,面对

---

① 《续文献通考》卷99,第1509页。
② 《续文献通考》卷96,第1467页。
③ 《续文献通考》卷97,第1477页。

羁縻州的主动归附亦表现出招抚态度,没有将其纳入版图的心意,仅在其周边设置具有政治、经济、军事多重功能的寨堡进行控扼,此时,寨堡的军事管控功能是有限的,没有形成或表现出朝廷的军事管理政体性质。至元明时期设置土司,尤其到明代,以土司代替羁縻州,对土官的世袭有了明确的规定,同时利用土司军事力量对原羁縻州之"蛮夷"进行有效控制,甚至置流官参与土司管理,与宋代相比,其对土司的控制更加强势。一方面土司成为其控制湘鄂山区的重要力量;另一方面,围绕土司统治地域,明廷又建立了较为完整的卫所体系,以控制土司并拱卫湘鄂山区。

第三节　明至清前期湘鄂山区的"特殊政区":土司的建置与分布

宋代所置羁縻州,至元、明及清前期多属土司管辖。何以在这一区域设置土司? 笔者认为这是明清两朝面对层出不穷的地方治理问题,所提出的有效管理和控制湘鄂山区的应对策略。

一、建置的必然性:明廷对土司在湘鄂山区及其周边地区治理中的角色认定

土司制度实质仍为羁縻,是中央王朝利用地方"豪酋"控制和管理地方的一种方式,在西南民族地区设置最为广泛。张廷玉等言"西南诸蛮……自巴、夔以东及湖、湘、岭峤,盘踞数千里,种类殊别。历代以来,自相君长。原其为王朝役使……及楚庄蹻王滇,而秦开五尺道,置吏,沿及汉武,置都尉县属,仍令自保,此即土官、土吏之所始欤。"[1]认为自秦汉时期开始,土司制度已萌芽,并广泛实施于西南民族地区。与张廷玉等不同,万斯同则认为"西南诸蛮"在

---

[1]　《明史》卷310《湖广土司列传》,第7981页。

宋代以前,大都属于羁縻统治,未设郡县,亦未编户齐民,纳入户籍制度,认为自宋代开始利用瑶民秦再雄治理辰州为土司制度之始,入元以后,广泛设置土司以实现"以蛮治蛮"之目的。二者虽对土司制度起始时间认知不同,但都强调入明以后土司管理的加强。

明洪武初年,"西南夷来归者,即用原官授之。其土官衔号曰宣慰司,曰宣抚司,曰诏讨司,曰安抚司,曰长官司。以劳绩之多寡,分尊卑之等差,而府州县之名亦往往有之。袭替必奉朝命,虽在万里外,皆赴阙受职。天顺末,许土官缴呈勘奏,则威柄渐弛。成化中,令纳粟备振,则规取日陋。孝宗虽发愤厘革,而因循未改。嘉靖九年(1530年)始复旧制,以府州县等官隶验封,宣慰、招讨等官隶武选。隶验封者,布政司领之;隶武选者,都指挥领之。于是文武相维,比于中土矣。其间叛服不常,诛赏互见。"①

显然,明朝沿袭了元代的土司制度,对土司所承担的赋税、差役、承袭、任命、朝贡、征调、奖惩等多方面进行明确规定,一定程度上实现了利用土司治理地方、维持地方稳定的目的。但是也明显地表现出随着时间推移,原本所定部分规则发生变化,或与实际不符,或没有严格实施,出现土司与明朝廷"离畔日生"的状况。湘鄂山区土司的建置与发展与此一致,在发挥作用的同时,也出现"离畔日生"状况,在这种情况下,为何明廷还要一如既往地以土司治理地方呢?

湘鄂山区土司自元时已基本设置,如湖北武陵山区之容美、施南、忠孝、忠洞、高罗、木册、散毛等土司,湖南山区之桑植、永顺、新添葛蛮、五寨等土司均为元时所置。入明后,这些土司渐次归顺,部分因动乱而废置的土司也先后恢复,出现此种局面的原因与明廷对这一区域土司存在的重要性认知密切相关。

首先,就湘鄂山区所处地理位置而言,其地"东抵荆、湘,西通巴、蜀,南近辰、阳,北距归、峡"②,为四通五达之地,也是交通要道。其次,历史时期,"溪

① 《明史》卷310《湖广土司列传》,第7982页。
② 《大明一统志》卷66,第1031页。

州西接牂牁、两林,南通桂林、象郡"①,"为控御群蛮之地",是紧邻"群蛮"的边缘地带,具有控御"群蛮"的地理优势,是重要的军事据点。因此,明初面对这一地区土司的归顺,采取了吸收、招抚政策。万历中廖道南建议言"国家肇平南土,即设永顺、保靖于湖,酉阳于川,而施、夔、贵、竹各有安抚、宣抚长官诸司,兼收并蓄,纳污包荒,治之以不治,继而经制渐疏,苗酋倡乱,谓宜设重臣以镇抚之,如南、赣之兼闽,郧、襄之兼蜀,以制永、保、酉、竹诸司,则蛮僚、傜、僮有所顾忌,而不敢肆矣。"②虽未直言土司在湘鄂山区治理中的角色,但所言永顺、保靖、酉阳、施州等地土司的设置均为控制地方的主力。

在湖北武陵山区,洪武十七年(1384年)七月,容美、管勾、沿边、大旺、散毛等"洞蛮"时出劫掠为民患,"令施州卫及施南宣抚覃大胜招之"③,说明自洪武初明朝廷招抚土司并准其沿袭元代官职开始,土司就承担了参与地方治理之责任,此为明朝廷对土司义务的规定。另一方面也是土司维护自身地方统治与地位的需要,从这一点出发,镇压"洞蛮"对于明朝廷与土司而言具有利益上的一致性。

至宣德七年(1432年)三月,贵州总兵官都督金事萧授奏,"贵州所属治古、答意等长官司、新郎等寨残苗吴不尔等出没清浪卫地方劫掠,杀守堡镇抚叶受。已令湖广备御都指挥张名领兵擒捕,而吴不尔等遁入算子坪,结生苗龙不登等,及纠合镇溪、梢里顺苗贼众,攻劫湖广五寨长官司民寨、白崖等处,为患滋甚。又令辰沅等卫添兵防御,缘算子坪、治古、答意与贵州、湖广、四川接境,今请量调湖广、贵州官军并贵州所属附近乌罗、铜仁、思南三府,湖广永顺、保靖二宣慰司、五寨长官司同四川所属酉阳宣抚司、石耶、平茶二长官司、重庆

---

① (宋)欧阳修撰,徐无党注:《新五代史》卷66《楚世家第六》,中华书局1974年点校本,第826页。
② 《读史方舆纪要》卷82,第3868页。"僚"原为"獠",为表示对古代非汉族群的尊重,本书写作统一将反犬旁的校称为单人旁或其他不带歧视信义的偏旁。
③ 《明太祖实录》卷163,第2531—2532页。

卫邑梅长官司土兵,分路并进,并力攻剿以除边患。"①从所奏内容看,其间地方动乱较为严重,涉及贵州、湖广、四川三省接壤区域,而这一区域内部及边缘地区多为土司,因此要解除"边患"就必须利用区域内湖南永顺、保靖与四川酉阳、石耶、平茶、邑梅诸土司所领"土兵"。这反映出面对区域内频发的"动乱",明廷对于土司及其所领土兵存在较强的依赖性。

嘉靖十六年(1537年)六月,"贵州土苗王聪复以凯口囤贩(反),诏贵州总兵官李璋等统湖广保靖宣慰司土兵一万,及酉阳、清浪等处土、汉官军五万讨之。"②仍以调动土司土兵为主力镇压地方"叛乱"。

然而,至嘉靖二十五年(1546年)九月,贵州平头司及湖广镇算所辖苗民再次动乱,巡抚王学益条陈经略事宜以应对地方动乱,维护地方社会稳定,提出"……一禁党匪,言永、保、酉、平诸土司,实环诸苗境外,正德以来诸土司赴调,多倩此苗为先锋,而土人且与苗为婚姻,故今日进剿诸苗,无所捕获,不得已而抚。则诸苗恃土司之庇,索求非分,或向或背,至(致)使近苗之民畏苗,而或为之用矣。今不重禁土司之党匪,不可以靖苗,宜令戴罪勉立,后功不悛,听参奏处治"③"镇算、铜平苗贼屡抚屡叛,流毒地方。推原祸本,皆各土官故纵漏殄所致,宜严行宣慰彭荩臣、彭明辅、土指挥田应朝等督令土兵会官抚剿。"④反映嘉靖时期,土司在明廷地方治理的角色发生了变化,其与湘鄂山区苗民互为婚姻,对参与制造地方动乱的部分苗民进行包庇,在治理地方动乱的过程中,与明廷"以蛮治蛮"策略背道而驰。

嘉靖二十七年(1548年)十月,巡按湖广御史贾大亨奏,"湖广十年之内两举征苗,师疲于久役,财匮于供亿,而卒未奏荡平之绩者,则由土官、土军不用命故也。且各土官先非大勋劳于国也,特以颇习夷情,力能制御,故世之爵土,藉为外藩,乃今享富贵而忘其所,自居官守而旷其职业,不唯不能治苗,且纵苗

---

① 《明宣宗实录》卷88,第2030—2031页。
② 《明世宗实录》卷201,第4221页。
③ 《明世宗实录》卷315,第5896页。
④ 《明世宗实录》卷315,第5897页。

为恶,挟苗为重,剿苗则不克,抚苗则即听舞智罔利,非一日矣。臣巡行地方,见闻颇真,盖土官之力实能制苗死命,今欲使苗驯服不叛,唯宜于土官责之。臣谨与各该守臣计议,拟以篁子坪各寨苗夷分属保靖宣慰彭荩臣约束,镇溪各寨苗夷分属永顺宣慰彭明辅督同土指挥田应朝约束,以后各苗或有不靖,即勘系何寨,分将该管土官坐以故纵之罪,而易置黜削之,则苗患当自此鲜矣。"①一方面反映土司纵容地方苗民叛乱的事实;另一方面,拟定对策,将苗民叛乱区域明确分属土司管辖与约束,实行"责任制",凸显土司在控制湘鄂山区"苗患"上的重要性。

一直到万历三十八年(1610 年),兵部回复贵州抚按官胡桂芳等条陈六款时,仍有言"楚、蜀、黔三省,在在有苗,治苗各有土司,御苗各有营哨。自法寝弛,土司不能管束,且与交通;营哨不能御贼,专习欺隐,戎心用长。今议通行湖北辰沅、川东、思石、思仁各道,将所辖土司定其封域,所督营哨明其疆界,傥有失事,各查所辖信地,明正其罪。其土司若湖广之篁子坪、五寨等司,四川之酉阳、平茶、石耶、邑梅等司,贵州之乌罗、平头、提溪、省溪等司俱有责任。如有桀骜,不遵明旨,纵容恶苗戕害官民者,许抚按官据法参奏。"②认为土司为治理叛乱苗民的主要力量,并延续嘉靖时期"责任制",明确各土司所辖疆域,严督各土司负责管理境内之苗民、治理地方,以防"苗乱"。正统十四年(1449年)三月"清浪、镇远等处近为五开苗贼及广西僮蛮劫掠。"亦"率守哨旗军及永顺、保靖、镇溪土兵往捕。"③严如熤则直接提出永顺、保靖二宣慰司及篁子坪长官司、五寨司为"内地"之藩篱,遇"苗(叛)变",其土司可捍卫沅陵边境,保障泸溪、麻阳之安稳。④

显然,在政权初建时期,明朝廷需要依靠地方势力控制地方。尤其在明初,明朝廷着力征成云南,为保证中原进入云南道路之通畅,对湘鄂山区的治

---

① 《明世宗实录》卷 341,第 6202—6203 页。
② 《明神宗实录》卷 472,第 8914—8917 页。
③ 《明英宗实录》卷 176,第 3394 页。
④ (清)严如熤:《苗防备览》卷 17"要略",黄守红标点,朱树人校订,岳麓书社 2013 年版,第 723 页。

理集中在雪峰山—八十里大南山区由荆湘通往贵州的交通驿道沿线,对湘鄂山区非汉族群集中的武陵山地区基本无暇顾及,因而依托土司进行管理。至明中晚期,湖南武陵山区(湘西)"苗患"频发,成为明朝廷湘鄂山区治理的重点区域,代表朝廷进入地方的官员,更加明显地认识到土司在湘鄂山区治理中所充当角色的重要性。与过去只是征调不同,认为土司是控制湘鄂山区非汉族群的主要力量,一方面,肯定土司与非汉族群建立利益关系是地方动乱不断并难以平息的主要原因,另一方面,严责土司治理非汉族群,划定区域界限,将非汉族群分区域归属土司管辖治理,实行明确的责任制,使得土司成为明中晚期湖南武陵山区治理的主要力量,①也显示出这一区域土司设置与存续的必然性。

二、湘鄂山区土司建置与分布

明代湘鄂山区所置土司在湖北有施南、容美、散毛、沙溪、漫水五宣抚司,东乡五路、忠孝、忠路、金峒、忠峒、大旺、高罗、龙潭八安抚司,唐崖、西坪、支罗峒、东流、木册、上下爱茶峒、镇远、隆奉、五峰石宝、石梁下峒、水尽源通塔平、椒山玛瑙、卯洞、百户、忠路、漫水、龙潭、摇把峒、腊壁峒、剑南二十长官司;在湖南有永顺、保靖二宣慰司与桑植安抚司及茅岗、腊惹洞、上下二峒、麦着黄洞、驴迟洞、施溶溪、白崖洞、田家洞、五寨、筸子坪十一长官司。按各土司从属关系,分属于施州卫军民指挥使司与永顺、保靖二宣慰司,就各所辖大小土司数量与种类而言,施州卫军民指挥使司所辖众多,有宣抚司、安抚司、长官司3类。

(一) 湖北武陵山区土司

湖北武陵山区土司皆属施州卫军民指挥使司,其地"东北入南郡,西北入

---

① 张振兴:《从哨堡到边墙:明代对湘西苗疆治策的演递——兼论明代治苗与土司制度的关系》一文深刻地反映了明代派驻地方官员对于土司在地方控制与治理中的角色有着非常清晰的认知。

巴郡",东连荆楚,西抵巴蜀,为"巴、荆之会",实为"西南重镇"。因此,仅从其
所处地理位置而言,对其地的控制与管理便是中央朝廷治理的重点。而其地
又"民杂夷僚"①,土司在明前期出现众多受当地"夷僚"影响而被迫废除的状
况。因此,治理过程中必须面对复杂的人口环境,并处理不同族群之间的矛盾
与问题。

容美宣抚司,洪武七年(1374年)十一月诏置,初设为容美洞宣抚司,下领
"家乡寨、五里自崖、椒山玛瑙等处,水尽原(源)通塔坪、石梁下洞、五峰宝寨
六长官司"②,辖境在今湖北五峰、鹤峰、长阳、巴东、建始、恩施等市县。椒山
玛瑙长官司、水尽源通塔平长官司、石梁下峒长官司一度因"蛮民梗化"而废
置,一直到永乐五年(1407年),故长官唐思文、刘再贵、向潮文之子佺入朝奏
请复设,才又得以复置。③

龙潭安抚司,明玉珍时为长官司,洪武四年(1371年)更为安抚司,二十三
年(1390年)因"峒蛮作乱",遂废。至永乐四年(1406年),其土官后代田应虎
入朝,"言其祖父自宋元来,俱为龙潭宣抚,洪武初官治如旧,后因峒蛮作乱遂
废。永乐二年(1404年),并其地入散毛长官司,应虎为散毛副长官,龙潭距散
毛甚远,乞复置龙潭安抚司,以治夷民为便,故有是命。"④因而复设龙潭安
抚司。

高罗安抚司,元为宣抚司,后废,明洪武六年(1373年)复置,不久即"以民
少革罢",如后代子孙言,其"祖父田中敬等在元之时任高罗宣抚司宣抚,洪武
初以民少革罢。"永乐四年三月"招复蛮民四百余户,乞仍置治所。"⑤因而又
复置高罗安抚司。

木册长官司与唐崖长官司均为元代始设,因"洪武四年(1371年)大军平
蜀,蛮民惊溃,"治所被废,以致长官司废置,洪武六年(1373年)复置长官司,

---

① 《大明一统志》卷66,第1028页。此段引文均来源与此。
② 《明太祖实录》卷94,第1640页。
③ 《明太宗实录》卷65,第915页。
④ 《明太宗实录》卷52,第784—785页。
⑤ 《明太宗实录》卷52,第787页。

而后又废。至永乐四年(1406年),故土官之后谷佐等,"复招集蛮民三百余户",向明廷请示复置长官司,得到同意,才再复设二长官司。①

东乡五路安抚司,原为细沙寨,明玉珍时始置为宣抚司,明洪武六年(1373年)更为安抚司,二十三年(1390年),因境内"蛮民梗化,遂废"②。永乐五年(1407年)三月,故土官子佺入朝奏请复设,于是复置。③ 至宣德三年(1428年),领摇把峒以下长官司三,镇远、隆奉蛮夷长官司二。

忠路、忠孝安抚司,均为明洪武四年(1371年)所设,二十三年(1390年)废,永乐五年(1407年)又复置。金峒安抚司,一说明玉珍时为镇边五路总管府,洪武中,"金峒蛮叛",二十三年平定叛乱后,永乐五年始置。④ 一说永乐五年四月"复设忠路、忠孝、金峒三安抚司,隶湖广施州卫。初土酋向天福构兵,蛮民溃散,安抚司遂废。至是故土官子覃英等来朝,乞复旧治,以抚夷民,从之。"⑤显然,顾祖禹所言金峒安抚司为永乐五年始置,与《明实录》所言其为"复设"存在不一致,笔者认为《明实录》作为明代官方史料更具有可靠性,因此金峒安抚司应如《明会要》《续通典》等所言为元置,明洪武四年改为长官司,后与忠路、忠孝安抚司一样因"蛮乱"而废置。

从以上湖北武陵山区所辖较大土司的废置可见其土司均分布于"蛮民"聚居之地,因"蛮乱"而导致的一度废置是对湖北武陵山区所面临问题的真实写照,侧面显示了明朝廷利用土司控制地方的需求。

(二) 湖南山区土司

永顺宣慰司,明洪武二年(1369年)内附,下领上溪、南渭、施溶三土州与腊惹洞、麦着黄洞、驴迟洞、施溶溪、白崖洞、田家洞六长官司。其地为"四通

① 《明太宗实录》卷52,第787—788页。
② 《明太宗实录》卷65,第915页。
③ 《明太宗实录》卷65,第915页。
④ 《读史方舆纪要》卷82,第3863页。
⑤ 《明太宗实录》卷66,第932页。为行文方便,对原文中有误部分如"全峒"应为"金峒","王官"应为"土官"做了直接修改。

八达之地,东抵荆湘,西通巴蜀,南近辰阳,北距归峡"①,是交通要道。境内西北有纱帽山、奇峰山、万福山、高立山、摩天岭,东南有福石山、寿德山、禄德山、太平山、羊峰山(曾置羊峰城于山上②)、高峰山、大青山,形成"重冈复岭,陡壁悬崖"③之形势。又有灵溪河、猛洞河等自然河流,形成"山为障,水为池"④之整体格局。

光绪《湖南通志》记载,麦着黄洞长官司在永顺南王家保地,施溶州在永顺县施溶保,腊惹洞、驴迟洞长官司在永顺县东南六七十里下榔保、大小龙村,南渭州在永顺县南白沙保,白崖洞长官司在龙山县白崖里地,田家洞长官司在永顺县南一百里田家保地。⑤ 经考证,认为上溪州位于今龙山县境洗车河流域,交通便利;南渭州有古城,位于今永顺县泽家镇南渭村董家组,三面环水,依山而建,境内南有野猪山,东有岩屋山,为永顺土官与土民出入酉水的西南大门,曾为三州之首;施溶州位于酉水沿岸,为永顺土司南大门,是酉水航道上的交通要隘;腊惹洞、驴迟洞、麦着黄洞、施溶洞均濒临酉水,互为掎角,亦为永顺南大门。驴迟洞长官司辖境有和尚山、苏木山、岩蜂山、黄连山、岩人山;腊惹洞长官司辖境有鸦噪山、兰惠苦山,有泉出腊惹洞中;麦着黄洞长官司辖境有桂竹山、水田山、骆驼山。

从山川形势而言,永顺宣慰司所辖除上溪州、白崖洞长官司外,均位于永顺县南,且沿酉水分布,大部分位于酉水以北。从境域内部所辖土司分布格局而言,明显呈南多北少格局,且南部十分集中,宣慰司位于境东,境西则未置土司,中部区域亦未置土司。这种分布格局形成的原因应与其"接壤诸峒,又连汉地,苗土杂居"⑥,人口构成较为复杂相关,也明显与对外交通相关。

---

① 《大明一统志》卷66,第1031页。

② 嘉庆《大清一统志》卷372,第8册第695页。

③ 同治《永顺府志》卷1,第43页。

④ 湘西自治州文物管理处、永顺县文物局、永顺县老司城遗址管理处编著:《老司城遗址、周边遗存调查报告》,岳麓书社2013年版,第1页。

⑤ 光绪《湖南通志》卷3,第397页。

⑥ 光绪《湖南通志》卷3,第397页。

保靖宣慰司,明初置保靖州安抚司,洪武六年(1373年)升宣慰司,领五寨长官司与筸子坪长官司。其地"四山环抱,酉水中流"①,为形势险要之地,"控御苗蛮,与川、黔之酉阳、铜仁相为表里"②。

筸子坪长官司,《明实录》言其为永乐三年(1405年)七月置。以"辰州卫指挥佥事龚能等招谕筸子等处三十五寨,生苗龙廖彪等四百五十三户向化,廖彪等各遣子来朝,请设官抚治。上曰:苗蛮能慕义来内属,宜从其意,遂命设长官司,以廖彪为筸子坪长官……给印章,赐冠带,袭衣钞币,仍命蠲其民租徭,复设阴隆江、滑石江二巡检司,隶筸子坪长官司,以苗首廖桥胜等为巡检。"③说明筸子坪原即为"生苗"聚居地,因"向化",明廷顺其意设长官司,以其"苗首"为长官,"羁縻四十八寨苗僚"④,同时设置二巡检司以控扼。就筸子坪所处地理位置而言,地处当时"生、熟苗"与"民、苗"分界地带,境内"生苗"是明廷主要控制对象,是维护"内地"安全的重要保障。

五寨长官司,"唐为宋沱洞、鸟引洞、芦荻洞、杜望洞、白岩洞五寨",置以"控蛮夷"⑤,"管辖上下各五洞土民"⑥。嘉靖三十四年(1555年),以五寨长官司为湖广接壤,"寸土皆苗",且"苗情间作不靖",又地处麻阳、乾州适中之地,东有蜜峰寨,西有牛拗脚,为"诸苗"出入咽喉,因此令麻阳参将移入驻扎,且于蜜峰、牛拗脚两处各立哨堡,分兵防守,以便控制。⑦

可见保靖宣慰司下辖虽仅有筸子坪与五寨二长官司,但两司均处于保靖宣慰司与经制州县交界地带,一方面是"生苗"聚居地,另一方面又是"生、熟苗"与"民、苗"交界地,具有非常重要的军事战略地位。

桑植安抚司,永乐四年(1406年)置,"正东抵麻寮所,正南抵安福所(即

---

① 《大明一统志》卷67,第1032页。
② 《读史方舆纪要》卷82,第3870页。
③ 《明太宗实录》卷44,第689页。
④ 《苗防备览》卷15《述往录》,第681页。
⑤ 《大明一统志》卷67,第1031页。
⑥ 《苗防备览》卷15《述往录》,第681页。
⑦ (明)申时行:《明会典》卷131,中华书局1989年影印本,第672页。

十九都、十四都地方),正西抵永顺司并上、下峒,正北抵容美司。峒一十有八,曰桑植(即司地)、美坪、朝那、郡步、阿者、谢家、鱼龙、夹石、苦竹、捍坪、蚕辽、金藏、柘山、烂岩、黄家、铺板、山達、那孟迷,以上各设土酋一人钤束,名曰峒长。"①地处卫所与永顺宣慰司之间,始设即为"约束苗民"②,位于澧水沿岸,交通便利,属九溪卫管辖。

因此,湘鄂山区所设土司主要分布于今湖北武陵山区(鄂西南)与湖南武陵山区(湘西),就两区域所置土司数量而言,鄂西南土司数量较湘西土司数量为多,其中施州卫与永顺宣慰司、永顺宣慰司与岳州府、永顺宣慰司与保靖宣慰司交界地带最为集中,或处于形势险要的冲要之地,或处于交通便利之地。就自然环境而言,基本共处武陵山系;就人口构成而言,为"蛮民""苗民"聚居区域,深受其活动影响。结合前文所言,明代,尤其是明前中期,"苗患"问题主要集中在湘西南地区,受王朝开拓政策的影响,其治理的重点亦在湘西南区域,对这一区域的涉及较少,或者说是无暇顾及,因此在这一地区广置土司以治理地方。

三、一把锋利的"双刃剑":湘鄂山区土司之利弊

土司既是朝廷治理地方的主要力量,又是朝廷需要治理的主要对象。其作为具有相对自治权利的地方行政实体,不断寻求自身利益最大化,在各自力量强大时企图侵蚀和劫掠周边其他土司辖域或经制州县辖域,造成社会动乱,因此,明王朝在处理湘鄂山区"苗患"问题的同时,也必须处理这一地区"土司"问题。在此,以《明实录》所载具体事件为例,分析土司对明廷地方治理的影响,认知土司的"双刃剑"角色。

(一)《明实录》所见土司动乱

据《明实录》记载,明代湘鄂山区由土司挑起或参与的较大动乱主要有以

---

① 万历《慈利县志》卷17。
② 同治《永顺府志》卷9,第343页。

下三种类型。

第一，土司引诱或带头作乱。洪武三年（1370年）四月"湖广慈利县土酋覃垕构连诸洞蛮为乱"，"蛮贼恃山溪险阻，乘时窃发，出没无常。"①为慈利土酋以其所处天然地利环境，不时"掳掠"、挑起动乱，当时正值明朝初定，鉴于财政与军力考虑，并未彻底打击。因而至十月，其又复出为乱，使慈利县"户口为蛮贼剽掠，流亡者众，田多荒芜"②，其动乱历时长、影响大。

十四年（1381年）九月"水尽源通塔平、散毛诸洞长官作乱"③；二十二年（1389年）"湖广安福千户所千户夏得忠诱九溪洞蛮作乱"④；二十三年（1390年）闰四月，施南、忠建二宣抚司叛⑤；六月，施南宣抚司土官覃大胜作乱⑥。

从具体记载可见，作乱土司包括慈利、水尽源通塔平、散毛、施南、忠建等土司及安福千户所土千户等，这些土司（官）集中分布于湖北山区及其与湖南山区交界地带（即湘鄂武陵山区），侧面反映出这一地区土司与明廷之间关系的不稳定性，也反映这一地区"蛮民"的反复性与不可控性。而区域内土司曾多因"蛮乱"废置，也可能是其"叛乱"的原因之一。

第二，土司间相互争斗与仇杀。宣德四年（1429年）"行在兵部奏：湖广保靖军民宣慰司旧有二宣慰，一为人所杀，一以杀人，今当死。其同知、副使、佥事皆缺，请命流官往治之。上曰：蛮夷之性难驯，流官不谙土俗，治之尤难，必其同类乃能相安。其令都督萧授就土人中择其素有恩信，众所推服，可任用者，具名奏来，更令授从公选择，不可滥举。"⑦七年（1432年）二月"湖广施南宣抚司忠路长官司奏，盘顺峒长向墨构耸为仰墨施前虎备等所杀，下散毛纳主峒土民驴拔送为田大旺送等所杀，悉虏掠人口、家财，请罪之。"⑧

---

① 《明太祖实录》卷51，第1009页。
② 《明太祖实录》卷61，第1191页。
③ 《明太祖实录》卷139，第2192页。
④ 《明太祖实录》卷195，第2933页。
⑤ 《明太祖实录》卷201，第3014页。
⑥ 《明太祖实录》卷202，第3029页。
⑦ 《明宣宗实录》卷56，第1329—1330页。
⑧ 《明宣宗实录》卷87，第2003页。

此类事件虽未涉及统辖地域内民众,但对地方秩序造成不同程度的影响,若稍有不慎则可能造成地方动乱,即如明廷所言"蛮夷之性难驯",地方土司间的仇杀对朝廷对土司官的任命而言亦为难题,其间相互的仇杀,实属不可控范围。

第三,土司及其所领土兵无故劫掠、杀伤无辜。如宣德九年(1434年)八月"四川酉阳宣抚司奏所属后溪里洞,数被湖广施州卫大田军民千户所剌惹洞蛮向剌惹等侵暴,杀人掠财"①;成化二年(1466年)六月"湖广忠路安抚司摇坝(把)峒峒长向麦苔哩奏,邻近洗罗峒长麦苔洗楮等窥知本峒土兵调征两广,村寨无备,扇诱本峒原管上、中、下打撒蛮贼等,攻围村寨,杀虏土民,劫掠财产"②。

即使在朝廷征调途中,亦存在明显的表现,"所至残害又甚于贼",③"沿途杀掳,惨不可言"④,成化二年十二月"国子监生邓瑛言,荆襄等处贼寇生发,起调永顺等宣慰司、添平等千户所土兵从征,其土兵经过澧州、石门等处,沿途宰食接递马,抢掠财畜,奸污妇女,稍有不从,即用弓弩射死,所虏人口动经千百,往往转卖与人。缘土兵生居山箐,性习不常,喜人怒兽"⑤。而在地方治理中,尤其是面对"苗患"时,明廷又不得不征调土兵。

(二) 湘鄂山区土司与"流官"政区之矛盾与冲突:以辖域纷争为例

土司辖域纷争是土司扰乱地方秩序的最主要表现之一,其任何辖域的拓展都必然影响到一个地方民众的基本生活环境,破坏一地的基本生活秩序,因此,也是明廷所要面对与处理的基本问题之一。在湘鄂山区及其周边地区,土司参与及发起的辖域纷争大致包括以下两类:

①　《明宣宗实录》卷112,第2512页。
②　《明宪宗实录》卷31,第620页。
③　《明武宗实录》卷87,第1872页。
④　《明神宗实录》卷126,第2358页。
⑤　《明宪宗实录》卷37,第724—725页。

1. 土司与经制州县间的辖域纷争

(1) 湖广土司的西拓:侵占经制州县黔江辖域

黔江位于今重庆市东南,现为黔江区。其在历史时期建县时间可上溯至后汉建安六年(201年)丹兴县之设置。① 后丹兴县废,至隋代改置石城县,唐代更名为黔江。《旧唐书·地理志》"黔州"下记载:"黔江,隋分黔阳县置石城县。天宝元年(742年),改为黔江。"② 为该地区最早建置的县级政区之一。宋元时期,绍庆府下仅置彭水、黔江二县。值得特别注意的是,黔江等县自设置始,即处于羁縻州及土司政区的包围之下。如据《新唐书·地理志》,黔江县所在的黔州都督府下辖有51个"诸蛮州"③。又据《宋史·地理志》,绍庆府除辖彭水、黔江二县之外,还辖有49个羁縻州(南渡后增为56个)。④

至明清时期,黔江县之邻境,除彭水县为流官建制政区外,其东、南、北三面皆为土司地,这种状况下,不同政区间的疆界冲突十分普遍。"又所属黔江、武隆、彭水、忠(州)、涪(州)、建始、奉节、巫山、云阳等州县界,与湖广施州卫所辖散毛、施南、唐崖、中(忠)路等夷司犬牙交错,加之播(州)、酉(阳)、石砫等司,土汉相杂,争斗劫害,无岁无之。"⑤明清黔江县地方志又对此进行了总结,如同治《黔江县志》指出:"黔江自汉及今为县,其元(原)境甚宽,唐、宋后三面环接土司,侵去洞口(今黔江区舟白街道)、中塘(今黔江区中塘乡)、后坝(今黔江区中塘乡、小南海镇一带)、酸枣(今黔江区白石乡、杉岭乡一带)、正谊(今黔江区冯家街道)、五里(今黔江区五里乡)各处地界,境遂狭矣。"⑥可以说,黔江县的沿革过程明确指出了与土司的疆界纷争问题,其疆界范围被

---

① (晋)常璩撰,刘琳校注:《华阳国志校注》卷1,巴蜀书社1984年点校本,第87页。

② 《旧唐书》卷40《地理志三》,第1621页。

③ (宋)欧阳修、宋祁撰:《新唐书》卷43下《地理志七下》,中华书局1975年点校本,第1143—1144页。

④ 《宋史》卷89《地理志五》,第2226—2227页。

⑤ 雍正《四川通志》卷18(上),《景印文渊阁四库全书》第560册,台湾商务印书馆1986年影印本,第50页。

⑥ 同治《增修黔江县志》卷1,转引自黔江土家族苗族自治县县志办公室编:《黔江旧志类编·清光绪以前》(内部资料),1985年版,第1页。

逐渐削减,也是不争的事实。光绪《黔江县志》的作者也证实:"(黔江县)累代为石柱、忠路、唐崖、酉阳、大旺众土司所侵占。"① 除前面提到的石柱宣抚司、酉阳宣抚司、忠路安抚司外,与黔江邻近的还有唐崖长官司、大旺安抚司等,都对黔江县辖境有越界侵占之举。

据记载,黔江东部边缘区域大多为唐崖长官司侵占。如其在明朝弘治年间侵占黔江峡口等地②,共占去黔江所属洞口、峡口、中塘、后坝、酸枣各乡地五十九处,忠路安抚司亦占去酸枣地十三处。③ 所占各地均为黔江与土司交界区域,这与当时黔江县至湖广施南所辖唐崖、忠路等土司相距不过几十里关系密切。④ 根据万历《重庆府志》所载《黔江县图》中所绘"峡口堡、中塘堡、后坝堡"位置及光绪《黔江县志》所载《黔江县疆域图》推断,被唐崖土司所占去之洞口、峡口均在今舟白街道境内,中塘在今中塘乡附近,后坝大致在今中塘、小南海镇一带,酸枣乡在今白石乡、杉岭乡一带。又结合前引文献所言,可以推知:自今黔江区所辖最北之黎水镇至中部东南的五里乡,几乎所有靠近湖广施南土司的东部地带皆被当时土司所侵占,使得黔江县东部和南部大部均被侵占,故原本宽敞之县域范围变得极其狭小。

(2)容美土司的北拓

容美土司,元至正十一年(1351年)立为四川容美洞军民总管府,明洪武四年(1371年),置宣抚司,后废。永乐四年(1406年)又复置,隶于施州卫。清沿明制,仍为宣抚司。雍正十三年(1735年),改置鹤峰州,属宜昌府。⑤ 治今湖北鹤峰县。"窃查湖广南、北两省,界连苗疆,而湖北所属,惟容美司为大。"⑥

---

① 光绪《黔江县志》卷1,《中国地方志集成·四川府县志辑》第49册,第22页。

② (明)童昶:《拟奏制夷四款》,载同治《咸丰县志》卷19,第127页。

③ 同治《增修酉阳直隶州总志》卷1,《中国地方志集成·四川府县志辑》第48册,第492页。

④ 雍正《四川通志》卷3(上),《景印文渊阁四库全书》第559册,第110页。

⑤ 嘉庆《大清一统志》卷350,第8册第352页。

⑥ 《署湖北巡抚徐鼎奏容美土司、舍把勾结省城胥役作弊情形折》,雍正七年七月二十二日,《雍正朝汉文硃批奏折汇编》第15册,江苏古籍出版社1991年影印版,第833页。原文所言"接连苗疆"指接连"贵州苗疆",而实质上湖广南、北两省所辖部分政区亦为"苗疆"。

可谓湖北武陵山区最大的土司。其地西为施南宣抚司,南为桑植安抚司,东南为麻寮所、添平所,北为建始、巴东、长阳三县,因此,其与经制州县间的辖域及疆界纷争,集中在其北区域,特别是与巴东、长阳两县交界地带。

容美土司与巴东县之间的辖域纷争,主要集中在巴东县南与容美土司交界区域。容美土司以其势力强大,时常侵略相邻地区,为此,巴东县在明时期便设置了防御措施。洪武十七年(1384年)己酉,湖广左布政使靳奎称:"归州所辖长阳、巴东二县居大江之南,地连容美诸洞,其蛮人常由石柱、响洞等关至巴东劫掠",提出:"若于蛮人出没要路,如椒山寨、连天关、石柱、响洞、塞家园等处选土民为众推服,如天富者,授以巡检,俾集乡丁,自为保障,则蛮人不敢窃发矣。"朝廷批复"从之"。① 但是,此举并未能完全抵御住容美土司的北拓。

明嘉靖年间,连天关巡检又上奏言容美土司田九龙有"杀掠边民"之事,自天启之后,连天关、红砂堡均为土司占有。这些地方,即《巴东县志》所记容美土司侵占之"巴(东)属连天关以北、桃符口以南一十三图土地。"②至明末,巴东人谭黄等奏请捐复关堡,但在崇祯十四年(1641年)行勘未结,而明朝已经灭亡。清朝初年,清廷"甫平诸寇,即于各关堡拨兵防守,而后都之故物复还,土人无敢踰连天关一步者。"③可见容美土司对巴东县南部交界区域之地的占据,一直持续至明代晚期。

容美土司与长阳县之间的辖域纷争,亦集中在长阳县南与容美交界区域。雍正五年(1727年)正月十九日,《湖北巡抚宪德奏报容美土司已将侵占长阳县土地退归折》称:"荆州府属之长阳县与容美土司界限接壤,自明末兵燹之后,田土荒弃,汉、土淆杂,附近于土司者不无被其侵占。"④同时也有地方官员

---

① 《明太祖实录》卷159,第2455页。
② 康熙《巴东县志》卷4,第373页。
③ 同治《巴东县志》卷16,《中国地方志集成·湖北府县志辑》第56册,第342页。
④ 《湖北巡抚宪德奏报容美土司已将侵占长阳县土地退归折》,雍正五年正月十九日,《雍正朝汉文硃批奏折汇编》第8册,第874—875页。

诉苦称:"昔长阳等处之地,为土司所蚕食者,亦多矣!"①又如光绪《长乐县志·疆域志》记载,容美土司"改土归流"后设置长乐县,其所辖之原土司地,便多为旧长阳县地,这些原属长阳县的地界,多经邻近土司侵夺或"买管"所得。②

2. 土司与土司间辖域纷争

湘鄂山区及其相邻地区所置土司众多,除前所言湖广土司外,其周边还有四川所属酉阳宣抚司与秀山平茶、邑梅、石耶三长官司,贵州所属播州宣慰司与沿河佑溪、乌罗、郎溪、铜仁四长官司,各土司彼此相邻,时有争端发生,辖域纷争表现明显。尤以酉阳土司与永顺土司"鲁碧潭之争"最为显著。

崇祯七年(1634年),《为黔省酉阳、永顺二司干戈相向事宜题稿》③记载两土司相互在"此强彼弱"④时侵略彼此领地,相争相杀。其所争领地为交界之鲁碧潭、椒园、玉木冲、颇答湖、明溪地方,酉阳土司以有版图、黄册及各姓吐退文约证其为酉属地,永顺土司以有重庆府委官赵推官告示及该司采木上纳申报地方各文案证其为永顺属地。又《为调处永宁、酉阳二司因鲁碧潭等土地争执问题的题稿》⑤言"速速蒙此该本府知府韩谦看得永、酉二司辖,虽两□□犬牙,先年永强酉弱,将酉之鲁碧潭、玉木冲、明溪、颇答湖等地尽行侵占,招苗住种,占为己有。嗣后酉阳以祖业不可据失,遂至相仇杀,永司奏行会勘,二司彼此饰词,屡提屡抗,悬案不结。"⑥则言鲁碧潭、玉木冲、明溪、颇答湖等地原为酉阳土司地,后被永顺土司占为己有,彼此相争数年。从"执称鲁碧潭

---

① 光绪《长乐县志》卷2,第125页。

② 关于容美土司与周边州县的土地纠纷,详见孟凡松:《赋役制度与政区边界——基于明清湘鄂西的考察》一文中的相关内容。

③ 中国第一历史档案馆、辽宁省档案馆编:《为黔省酉阳、永顺二司干戈相向事宜题稿》,《中国明朝档案总汇》第18册,广西师范大学出版社2001年影印版,第259—273页。此处黔省疑为笔误。

④ 即在各自势力强大,对方势力弱小时。

⑤ 根据档案所载具体内容及地域关系认为此处永宁为"永顺"之误。

⑥ 《为调处永宁、酉阳二司因鲁碧潭等土地争执问题的题稿》,《中国明朝档案总汇》第101册,第453—454页。

等地系永司世业,被永强屡占屡退,今椒园、玉木冲、明溪、颇答湖已凭安抚向位议愿退还,惟鲁碧潭久假不归,宁为闲田等语"①可知,鲁碧潭为两司争夺重点。

据考证,鲁碧潭"居隆头镇上游,通四川酉阳,水陆要道,河北保靖县界。"②所言"河北保靖县界"有误,按龙山与保靖县之南北方位,应为"河南保靖县界"。隆头镇,据《清雍正隆头重修永镇庵碑》言"龙头之地,界当川楚",为两江口长官司六码头之一,"自绿湖而下,山势委蛇,右□大江,左抱溪水……南望保靖,东分大喇,舟帆之所往来,货财之所屯积,阛阓喧嚷,莫不交匝于此。"③则隆头镇坐拥酉水交通之利,上可入四川,下可顺酉水入沅江,进入辰州、常德等府,为酉水河段重要的物资集转地,具有较好的经济基础。又"由二梭、明溪以至鲁碧潭百余里皆与四川之酉阳、秀山交界,其间绵亘二百余里,地势稍为平衍。"④说明酉阳土司与永顺土司所争夺地域一方面有交通、商业之利,另一方面亦有自然地理优势,以至两土司为此争纷不断。

可见,土司作为地方特殊势力存在,并非全心全意为朝廷所用。一方面,土司作为"蛮酋"首领,在自身势力增长的同时,兼受外部影响,带头制造或参与地方动乱,扰乱明朝地方统治秩序,威胁地方统治与治理;另一方面,伴随其自身势力的增强与扩张,不断向周边地区进行拓展、掳掠,杀伤周边民众,破坏民众生存环境,扰乱地方基本秩序,造成地方局部的动乱与破坏。而土司与土司之间由于实力悬殊,或祖辈恩怨,相互仇杀,影响朝廷对土司长官的任命与选择,打乱土司秩序。又在服从征调的同时,沿途掳掠,扰乱地方秩序,给地方社会带来严重损失。

因此,土司既是明朝廷治理湘鄂山区的主要力量,又是需要加强控制的地方势力。然而,就文献记载而言,其在湘鄂山区治理中,充当的角色更多的是

---

① 《中国明朝档案总汇》第101册,第445页。
② 光绪《龙山县志》卷1,第24页。
③ 田仁利等校点、编著:《湘西土家族苗族自治州金石通纂》,湖南人民出版社2015年版,第219页。
④ 光绪《龙山县志》卷16,第180页。

前者。而朝廷对湘鄂山区土司辖域纷争的处理更多的是坚持"以俗而治",对土司采取"宽容"态度,以"拉拢"土司。可以说明廷在湘鄂山区土司系统的建设是明朝湘鄂山区治理的基础力量之一,对于维持湘鄂山区的相对稳定具有相当重要的作用,并与卫所系统一起构成了治理湘鄂山区的两大"法器"。

第四节　府州县制度的全面建立:清中期湘鄂山区"改土归流"

一、"改土归流":大势所趋

土司是一把锋利的"双刃剑",为明清两朝所用,也为明清两朝所忧。笔者看到,历史上西南地区土司之间辖域纷争的解决方式,除极少部分为出资购买外,基本都以武力相拼为主。其结果往往以强者为胜,如在龚滩的争夺上,最终以酉阳土司的胜利而改变了其归属,整个过程没有体现朝廷及地方官府的参与,完全以土司之间力量强弱而决定。但是,土司与经制州县间的疆域纷争,不仅关系到朝廷对地方的控制力,也影响到行政区划发展之趋势以及王朝经济利益,如徐霞客在游历西南时曾说道:"土司糜烂人民,乃其本性,而紊及朝廷之封疆,不可长也。"①因此,中央朝廷及各级官府再无法袖手旁观。而朝廷如何回应与解决,深刻地反映着不同时期王朝权力与土司势力之间的争执及平衡关系。分析材料发现,明清时期在处置湘鄂山区土司辖域纷争过程中,中央朝廷及各级地方官府的应对举措,有着阶段性的差异与递进。

第一阶段:面对土司对流官州县辖域的侵占,朝廷明显表现出不同程度的宽容甚至"袒护纵容"态度。在酉阳土司侵占黔江濯水镇及其以南区域事件上,朝廷委任官员将黔江大堆坝、穿户、高碛口、两河口等地判给酉阳土司。将已属流官州县之地随性判给土司,无疑是中央朝廷对于土司势力的"骄纵"策

---

① 《徐霞客游记》第5册上《滇游日记二》,清嘉庆十三年叶廷甲增校本。

略,实际上与中央朝廷"大一统"体制相矛盾。然而,这与当时西阳土司实力之强大以及朝廷对其依赖密切相关,由当时"时势"所决定。在动乱时期,中央朝廷通过对西阳土兵的征调来平定西南甚至更远地区的叛乱、动乱等,是朝廷控制西南地区强有力的帮手。如景泰六年(1455 年),调征西阳土兵参与平叛五开铜鼓苗;弘治十二年(1499 年),调西阳土兵协助平息"米鲁之乱";又在万历四十六年(1618 年)调遣西阳土兵援辽。① 又如成化元年(1465 年),四川叙州府戎县山都掌各寨蛮人勾引九姓长官管下"土僚"为乱,甚为民患,明廷特命黔蜀会剿,以西阳土司"素效勤能,多有成绩",于是调遣西阳土兵助剿。② 宣抚使冉廷辅以奉调助剿有功,屡受赏。成化十一年(1475 年),第十五代土司冉云又"统领官军深入九甫塘、茅坪、排洞、杨洞、清水江、白崖塘等处劫杀苗寇……身先奋勇,杀败贼众"。③ 从乾隆《酉阳土家族冉土司家谱》记载可看出,明朝廷对其第十四代土司冉廷辅在任时的"忠孝之心"十分认可,在服从征调、协助中央处理地方动乱方面作出了不小贡献。在此基础上,面对西阳土司领地扩张问题,中央朝廷出于稳定地方,以及借助土司力量助剿地方的现实需要,并没有采取强硬的态度解决此问题;相反,采取妥协让步的态度,作为对西阳土司的安抚与笼络。自此,这一区域在相当长时间内皆属西阳土司管辖。

同样,对于容美土司所作所为,清朝官府也显示出优容态度。雍正曾指出:"朕思容美土司自本朝定鼎以来,颇为恭顺,大兵进讨吴逆之时,著有劳绩。"④而地方官员对土司往来文书中所显"骄蛮"之气,虽感诧异,但亦常常显示出优容态度。如雍正七年(1729 年)七月,湖北巡抚布政使徐鼎上奏时提

---

① (清)龙文彬:《明会要》卷 59,中华书局 1956 年点校本,第 1143 页。

② 影印乾隆庚戌《酉阳土家族冉土司家谱·忠孝谱》,重庆市彭水县档案馆藏 2009 年版,第 93—95 页。

③ 影印乾隆庚戌《酉阳土家族冉土司家谱·忠孝谱》,重庆市彭水县档案馆藏 2009 年版,第 95—96 页。

④ 《湖广总督迈柱奏报容美土司田旻如禀复悔改情由折》,雍正七年七月二十七日,《雍正朝汉文硃批奏折汇编》第 15 册,第 908 页。

到:"频年以来,汉土相安。该(容美)土司田旻如未尝不知感戴皇恩,畏服天威,独与各上司文书,往往似有骄抗之处。"但是,他马上为之辩解称:"讵料此等事,半由于舍把、汉奸勾串为之也。"[1]有时,中央朝廷为了笼络有功土司,甚至随意改变属境大小,缺乏必要的地域勘测与相关方充分的协商,终埋祸端。如洪武二十五年(1392年),以酉阳土兵平定散毛司叛乱有功,遂将大旺土司所辖九灵地(今酉阳县兴隆镇境域)等划属酉阳,[2]为后来此地归属纷争埋下了隐患。

中央朝廷的这种处理方式深刻显现了明清时期中央与地方关系的症结所在。土司侵占"流官"(经制)州县辖域之举,与中央王朝的疆域观及政区体制相冲突,但是,朝廷及地方官府并没有立即采取强硬措施,夺回州县辖域,看似在折损州县利益,实质上体现了朝廷的整体控御原则。在需要土司大力支持时,更多地表现出让步与宽慰的面向。这种让步包括将州县土地勘断给土司,也包括对土司相互间侵占土地的默认和调和,以此求得湘鄂山区与其邻近地区的整体安定。

第二阶段:准军事性管控。朝廷对于土司辖域的任意拓展不会熟视无睹,毫无作为,为了遏制土司的越界拓展,中央朝廷加派官员进行管控,在地方增建关堡进行防御。《蜀中广记》引《经略志》称:"重(庆)、夔(州)二府所辖播(州)、酉(阳)、石砫等土司及黔江、武隆、彭水、忠(州)、涪(州)、建始、奉节、巫山、云(阳)、万(州)等十州县,皆称关徼,与湖广施州卫所辖散毛、施南、唐崖、忠路、忠建、忠孝、容美等土司之地,鸡鸣相闻,犬牙交制。弘治元年(1488年),于达州设兵备副使,统辖重、夔、黔江等地及湖广瞿塘、施州等卫所。正德间,蓝鄢作乱,调各土司征剿,因而觇知蜀道险易、居民村落,不时出没行劫。施卫官旗贪其子女财帛之遗,相与表里为奸,违例婚媾,故诸夷得逞焉。嘉靖十年(1531年),于黔江千户所、散毛宣抚司中界,设立老膺等三关五堡。二十

①　《署湖北巡抚徐鼎奏容美土司、舍把勾结省城胥役作弊情形折》,雍正七年七月二十二日,《雍正朝汉文硃批奏折汇编》第15册,第833页。
②　光绪《黔江县志》卷1,第23页。

年(1541年),川湖会题,设九永守备官一员,于施卫驻扎,俾其约束两省徼上夷司,川湖守巡得胥节制之。"①为了平息事端,从明朝开始,官府特别在纷争多发地区增置关堡等,派驻军队守护。"嘉靖十年,于黔江千户所与散毛宣抚等司交界处,设立老鹰等三关五堡,就于该所分拨官军防守。"②又据记载:"枝江守御千户所,防容美洞蛮,创筑土城。成化四年(1468年),指挥李震、许英筑砖城,周千有余丈,高一丈五尺,为门五,各建有楼池,东临大江,西临峻岭。"③

第三阶段:"改土归流"式的处置。湘鄂山区土司势力的过分膨胀,尾大不掉,势必引起朝廷的特别关注。在疆界拓展之外,湘鄂山区土司的其他一些不法及不羁行止,也会让朝廷官员产生警觉。如土司疆界拓展的目的,不仅为了扩大属地面积,更是为了增加户口,征敛赋税,这自然引起包括最高统治者在内的各级官府的警惕与强烈不满。这些因素正是促使清中期雍正等人决意"改土归流"的关键因素。如"据鄂弥达奏称:重庆府所辖之酉阳,并酉阳所属之邑梅、平茶、石耶、地把(坝)等土司,离府十八站,离黔属之思南府仅五站,地界相连。因离川窎远,以致该土司等匿犯藏奸,横行不法。且地方辽阔,土脉肥沃。每有铜仁等府贫窘百姓,彼处开垦,完纳土司租赋,稍不遂意,百般凌虐。考之《黔志》,思南府属之甫南图地方,久被该土司占去,以致国赋亏缩,似此侵课害民,亟宜钤束清理。"又"其酉阳土司冉元龄因离川省窎远,夜郎自大,无恶不作,擅敢设立五营,副将五人,守备五人,千总二十人,把总四十人,衙门大旗书'崇文振武'四大字,地分十二里,恣意征派,邻司受其压制,土民被其苛虐。间有赴省控诉者,即遣土弁半路截杀,其余横肆,尤难枚举。"④又如四川提督黄廷桂奏称:"(容美土司)田旻如勒索土民,科敛丝花。因其地接川省,与建始县所属之粟谷坝等处连界,每年滥遣土目,勒收春花二丝银两,越

---

① (明)曹学佺:《蜀中广记》卷39,《景印文渊阁四库全书》第591册,第495页。

② 雍正《四川通志》卷18上,《景印文渊阁四库全书》第560册,第50页。

③ 雍正《湖广通志》卷15,《景印文渊阁四库全书》第531册,第485—486页。

④ 《云南总督鄂尔泰奏奏覆酌议鄂弥达条陈苗疆事务情形折》,雍正八年十一月二十八日,《雍正朝汉文硃批奏折汇编》第19册,第516—517页。

界滋扰,所差之人有副将、千把之称,滥假名器,任意妄为。臣不敢隐蔽,据实奏闻。"①

征收赋税,自设官职与公堂,容纳犯法汉民以及掳掠人口等,湘鄂山区土司的种种行径直接冒犯与冲击了清朝正统权威与行政管理体制,当然不能被长期容忍。如湖广总督迈柱指出:"(田旻如)口称改悔,而仍然奸恶,其所恃者,以众土司作羽翼,众土司以田旻如为领袖。从前土司之构怨兴兵,皆听命于容美。现今土、汉之犯法奸民,多潜藏于容美,是以各土司积案累累,终难完结。田旻如实为土司之罪魁、土民之大害,此官一日不除,众土民一日不得安枕……"②提出将楚北(鄂西南)土司一并改土归流。"上谕田旻如议处一案:'朕已降宽免之旨。今迈柱既奏该土司劣迹种种,实为地方之害,难以姑容,自应改土归流'"③,因而降旨迈柱妥善办理,反映出雍正帝"改土归流"之决心,正与土司不法行径之猖獗直接相关。虽然容美土司不服"改土"之议,但几经周折,最终以土司田旻如自缢,土民恳请,"改土归流"顺利完成。并派曾于湖南山区办理土司事务的王柔前往容美处理善后事宜,于雍正十三年(1735年)在容美土司地置鹤峰州,属宜昌府,辖归州、长乐、长阳、兴山、巴东等州县。④

显然,中央专制政权的权威是不容冒犯的,土司最终为自身的"恣意妄为"付出代价。征收赋税,自设官职与公堂,掳掠人口,都将土司推向了危险

---

①　《湖广总督迈柱奏报容美土司田旻如禀复悔改情由折》,雍正七年七月二十七日,《雍正朝汉文硃批奏折汇编》第15册,第908页。

②　《湖广总督迈柱奏陈容美土司田旻如劣迹,请勅部调京给职并将土司改土归流折》,雍正十一年五月二十二日,《雍正朝汉文硃批奏折汇编》第24册,第563页。

③　《湖广总督迈柱奏报遵旨妥协办理容美土司改土归流等情折》,雍正十一年八月二十九日,《雍正朝汉文硃批奏折汇编》第25册,第2页。

④　参见《湖北夷陵总兵冶大雄奏陈容美土司田旻如抗旨不遵、狂悖不法折》《湖广提督张正兴奏报容美土司田旻如举止回测,密令防范折》《湖北夷陵总兵冶大雄奏报容美土司田旻如负恩谋叛,极请收补并妥善抚恤土民折》《湖北巡抚德龄奏报安抚容美土司逃出土民并密查防备田旻如抗违不法折》《湖北巡抚德龄奏报容美土司田旻如自缢,土民恳请归流并委王柔前往料理折》《署湖南巡抚钟保奏报湖北容美土司田旻如自缢身死及土民帖然安静折》等,《雍正朝汉文硃批奏折汇编》第25册。

的"独立王国"境地,"改土归流"成为彻底解决相关问题的最终方案。"统一"大势不可逆转,"改土归流"之举代表了历史演化的必然趋势。

二、湘鄂山区"改土归流"时间与秩序考论:以保靖、桑植、永顺三土司为例

"改土归流"于清朝而言是完成国家"一体化"进程,实现了对湘鄂山区的直接控制;于湘鄂山区而言,是政治、社会、文化等多方面的改变。在社会控制差异性方面,《改土归流前后湘西社会控制的变迁研究》①一文论述了湘西地区在"改土归流"前后的社会控制状况,认为"改土归流"前湘西地区的社会秩序维护是通过国家控制土司与土司控制地方的方式进行的,在土司制度的实施中,土司辖区内之土民与苗民尚能控制。但如前所言,土司伴随自身势力的消长,成为湘鄂山区动乱的主要势力之一,也成为朝廷治理湘鄂山区与其邻近地区的主要对象之一,关于当时土司问题的严重性,雍正指出:"夫今之土司,无异古之封建。但古制:公侯不过百里。今土司之大者,延袤数百里,部落数万余,抢劫村寨,欺压平民。地方官莫之敢指。如遇投诚归化之生番,辄议令其管辖,一则曰以土治土,再则曰素所畏服。不知日积月累,渐成尾大不掉之势。"②"改土归流"势在必行。

然而,"改土归流"是一个复杂的过程。就方式而言,首先是通过政策引导各地土司主动归流,如"土司辞职'改土归流',给千总、把总职衔,颁给敕书,准其世袭。遇袭替时,定限六月,令地方官查明咨部,汇题给札。如愿随营者,准其食俸效力,才长优长者,按缺题补,照例升转。"③然后对于未主动归流的土司进行战略性把控,利用各方面力量促其"改土归流"。

① 邱科:《改土归流前后湘西社会控制的变迁研究——以中央、地方政府的社会控制为主要内容》,吉首大学硕士学位论文,2013年。

② 《世宗宪皇帝硃批谕旨》卷89,雍正五年闰三月二十日,《景印文渊阁四库全书》第419册,第593页。

③ 《钦定大清会典》卷47,《续修四库全书》第794册,上海古籍出版社2002年影印版,第462页。

"改土归流"后,国家正统规范与秩序理念在中央及地方官府的主导下直接推广到基层地方,使湘鄂山区自明以来的持续混乱状态最终得到扭转,社会秩序基本稳定。可以说,"改土归流"是清朝在湘鄂山区建立政治、完善军事,并促使其社会最终转型的关键因素,是国家完全控制湘鄂山区(湘西与鄂西南)地方社会的开始,也是国家面对和处理湘鄂山区复杂民族问题的开始。因此,全面梳理湖南武陵山区(湘西)土司"改土归流"相关奏折,明确各土司"改土归流"时间,分析统治者与地方官员对"改土归流"工作的提出、准备、考察与进行、善后的全过程对于整个湖广历史研究至关重要。

(一) 保靖宣慰司"改土归流"

保靖宣慰司,宋为羁縻州(保静州),元属葛蛮安抚司,明初置保靖州安抚司,洪武六年(1373 年)升为保靖军民宣慰司,领有五寨、筸子坪二长官司,清初因之,雍正时期"改土归流"置保靖县。①

然而,关于保靖宣慰司"改土归流"时间,文献记载有雍正七年(1729年)、雍正五年(1727 年)等不同说法②,雍正七年说以其设县时间为标志,今之学者多从此说;雍正五年说则以清朝廷完全进入与控制土司为标志。两种说法孰对孰错,考保靖宣慰司"改土归流"之始末:

首先,保靖宣慰司"改土归流"与永顺宣慰司"改土归流"一样,共同面对清廷"改土归流"的整体政策,如雍正五年十二月,雍正谕兵部言:土司"僻在边隅,肆为不法,扰害地方,剽掠行旅,且彼此互相仇杀,争夺不休。而于所辖苗蛮,尤复任意残害,草菅民命,罪恶多端,不可悉数。"③

而在雍正谕兵部"改土归流"之事以前,雍正五年三月十六日,时任湖北总督傅敏曾两次上奏湖北武陵山区土司相关事宜。先是上奏言,雍正帝对于湘鄂山区诸事尤加整饬,对于邻近湘鄂山区湘西地域之要地绥宁县的营汛

---

① 嘉庆《大清一统志》卷 372,第 8 册第 690 页。
② 嘉庆《大清一统志》卷 372,第 8 册第 690 页;雍正《保靖县志》卷 1,第 347 页。
③ 《世宗宪皇帝实录》卷 64,雍正五年十二月,第 6841 页。

设置亦十分关怀,突出雍正朝对于湘鄂山区治理之重视。① 随之,又另起详折,言保靖土司所辖六里"生苗"区久未归化,初使保靖土司负责管束,但保靖土司疏于管制,或与其勾结②致使地方为乱,其地之"生苗"野性不驯,仍为朝廷屡屡征剿。虽于康熙四十九年(1710 年)划归乾州同知管辖,表面归化,而实质上仍为保靖土司管辖。说明就当时湘鄂山区治理而言,对其地土司及其所辖地域的治理是清廷湘鄂山区湘西地域治理的首要任务与主要目标。③ 两奏折一方面强调湘鄂山区治理之重要性,另一方面提出保靖司"改土归流"为治理红苗之良策,将二者结合,即认为土司"改土归流"为湘鄂山区治理重要措施,此应为保靖土司"改土归流"提出之始。

此后,又上奏言保靖土司内部情形,以请朝廷及早"改土归流"。如雍正五年(1727 年)闰三月,湖南巡抚布兰泰奏报保靖、永顺土司不法情形,言"土司沿袭世职,远在边陲,恐其骄悍自恣,不循礼法……保靖土司较诸司颇为强大,其土官彭御彬年少纵恣,众心不服,前于请斥婪监等事。案内经臣题参,奉旨将彭御彬革职提审在案,臣查该土司中,汉、土交构,上下猜疑,残杀有年。目今官参印摘,人心涣散之时,据土人等愿请改流,若乘此时更置,此等事番势为较易"。④

四月,湖北总督傅敏又奏覆保靖、桑植"改土归流"等三事,言保靖、桑植"内衅已生,人心涣散,土众苦其残虐,无有不欲改流而仰沐圣朝之雨露者……遵将地形之险易,苗情之向背以及布置善后之方现在周咨密访……"⑤

---

① 《署湖北总督傅敏奏报会同黔省预筹擒捕不法花苗情由折》,雍正五年三月十六日,《雍正朝汉文硃批奏折汇编》第 9 册,第 268 页。

② 前文关于土司角色认知研究中亦叙及湘西土司对于镇苗、筸苗等的管束任务,亦有文献证明两者之间因相互交往或婚姻、利益往来而往往纵容作乱。

③ 《署湖北总督傅敏奏陈土司情形,请改土归流折》,雍正五年三月十六日,《雍正朝汉文硃批奏折汇编》第 9 册,第 269—270 页。

④ 《湖南巡抚布兰泰奏报保靖、永顺土司不法情形折》,雍正五年闰三月十二日,《雍正朝汉文硃批奏折汇编》第 9 册,第 439—440 页。

⑤ 《署湖北总督傅敏奏覆保靖、桑植改土归流等三事折》,雍正五年四月二十一日,《雍正朝汉文硃批奏折汇编》第 9 册,第 709 页。

从雍正五年(1727年)闰三月与四月布兰泰、傅敏所上呈两折看,均言保靖土司之地方管理不力,一方面土司内部上下猜疑,动乱不断;另一方面又恣意掳掠,不循礼法,残害土民,使土民身处水深火热之中,人心涣散,地方动荡不安,皆呈请"改土归流"。且在雍正四年(1726年)时,已将土司经历改设为同知。而保靖土司"改土归流"实为大事,必经详细斟酌,因而傅敏提出先"将地形之险易,苗情之向背以及布置善后之方,现在周咨密访",而后再做具体打算。较之三月所上奏折,更加强调保靖土司内部统治之弊端,与所统治土民之不满,及由此萌生的向化心声——土人皆愿"改土归流",以此说明保靖土司"改土归流"势在必行,但其过程并不可一蹴而就。

至雍正五年七月,傅敏等又上奏言:

> 保靖司彭御彬贪淫凶暴,罪恶贯盈,邻近土司无不离心,近因谋官夺印一案,经臣兰泰题参革职,现在提审,改流尤易。其地界连乾州,向系乾州同知管辖,但离州治四百余里,声援不及,今已新设保靖司同知,应令该丞刘自唐会同守备一员,带兵三百名,镇抚分汛,亦可立定,即驻扎其地,招徕开垦,庶计出万全。[1]

又一次提出彭御彬因谋官夺印案提审在案,人心相离,为保靖司"改土归流"最佳时期,在前期熟悉地方情形的基础上,令同知带兵驻扎并招徕开垦,作为"改土归流"前期准备工作,"改土归流"之心显而易见。

两月后(九月),傅敏呈《调遣官兵抚辑土司情形折》,言:

> 密拨镇筸镇兵三百名,令王进昌统领,同保靖同知刘自唐前往保靖。再以该镇守备一员,带兵一百名随后策应。一面飞行衡州副将周一德暂署九溪协事,并照会夷陵、镇筸两镇各于边界密加防范,整理兵械,以备应援。……再查彭御彬、向国栋先已羁候省城,而其妻、子仍留原地,恐其暗以资财买结党羽,别生事端。臣令该将等将伊妻、子好为护送至长沙收

管，并面同封贮家资，不许丝毫侵隐，俟事结之日，听候给还，安插至邻近各土司。①

砾批"不甚妥协"。较之七月，其所调动用于保障保靖土司"改土归流"之军事规模扩大，除加入前文所言军事重镇镇箪兵力外，九溪、夷陵亦加入这一行动之中，对"改土归流"可能影响到的"边界"地区之军备做了充分的考虑，说明清廷对保靖土司的"改土归流"有详细的计划与布置。对于保靖土司彭御彬之妻、子亦严加防范，为防止其勾结党羽而别生事端，将其护送至长沙看管，由此亦可看出清廷要彻底将保靖土司改流之决心。

又经两月(十一月)，傅敏奏：

> 各官兵于十月十二日已抵桑、保二司，地方土、苗男妇载道欢迎，感颂皇上除暴安民之德，从此边疆黎庶得以永享太平，并据向氏缴印归诚缘由，经臣具疏题报在案。臣伏念土众新归，地方初定，善后之图，事不宜缓。查桑植、保靖二司原系宣慰使世职，幅员广阔，于土司中号为强大远难，以控制、抚辑、招徕不能兼顾，臣请改为二县，各设知县一员、典史一员。②

即雍正五年十月十二日其所派出镇箪之兵力已进入保靖土司地，地方土苗均载道欢迎，其"改土归流"至此基本完成，因而以保靖土司原幅员广阔，难以控制，提出以其地设为二县，并设知县、典史。

至十二月，湖广总督迈柱又奏"桑植、保靖二司土民先因土官凌虐难堪，愿入版籍，蒙我皇上天恩，准其改土归流，俾出水火而登衽席，土众欢呼响附，各土司亦感戴圣恩，闻风向化。"③是对"改土归流"完成之总结，一方面感皇恩浩荡之于土民，另一方面认为保靖土司"改土归流"对于其他土司归流具有

---

① 《署湖北总督傅敏奏报调遣官兵抚辑土司情形折》，雍正五年九月二十二日，《雍正朝汉文砾批奏折汇编》第 10 册，第 700 页。

② 《署湖北总督傅敏奏楚南土苗感恩向化，极请设县立营以定久安折》，雍正五年十一月初十日，《雍正朝汉文砾批奏折汇编》第 10 册，第 959—960 页。

③ 《湖广总督迈柱奏报桑植、保靖两土司自愿归流折》，雍正五年十二月十八日，《雍正朝汉文砾批奏折汇编》第 11 册，第 268 页。

"风向标"之作用。

综上所述,经过雍正五年闰三月布兰泰奏报保靖、永顺土司不法情形;① 四月,傅敏又奏覆保靖、桑植"改土归流"等三事,言"事关重大,必须详慎。"雍正帝以保靖土司之"改土归流"实为大事,必经详细斟酌,未实施。七月,傅敏等又奏请"改土归流",多次上奏言保靖土司之内部情形,以请朝廷及早"改土归流"。②

至雍正五年九月,才始拨兵向保靖行进,③并于十月十二日抵达其境,地方官员言其为"土众新归,地方初定。"④十二月,迈柱上奏,对"改土归流"完成进行总结。⑤ 因此认为保靖宣慰司"改土归流"时间应为雍正五年更加准确。

除保靖宣慰司本身外,其所辖筸子坪、五寨二长官司"改土归流"时间亦存在争议。如筸子坪长官司"改土归流"时间,仅乾隆与道光《凤凰厅志》就分别出现康熙四十六年(1707年)与四十三年(1704年)两种观点。对此,文献记载,康熙二十三年(1684年)苗民赴镇溪投见,愿归版籍,二十七年(1688年)永顺、保靖二土司互相争斗,三十二年(1693年)苗民希望改归永顺司管理,但朝廷并未改变其归属,仍使保靖宣慰司管理。至四十二年(1703年),始皆输诚纳粮,设百户、寨长;四十九年,以乾州同知管辖,即完成"改土归流"。⑥很显然,此处亦与《凤凰厅志》所言有差,若以纳粮为标志,则其"改土归流"时

---

① 《湖南巡抚布兰泰奏报保靖、永顺土司不法情形折》,雍正五年闰三月十二日,《雍正朝汉文硃批奏折汇编》第9册,第439—440页。

② 《署湖北总督傅敏等奏密陈湖南桑植、保靖改土归流事宜折》,雍正五年七月初九日,《雍正朝汉文硃批奏折汇编》第10册,第160—161页。

③ 《署湖北总督傅敏奏报调遣官兵抚辑土司情形折》,雍正五年九月二十二日,《雍正朝汉文硃批奏折汇编》第10册,第700页。

④ 《署湖北总督傅敏奏楚南土苗感恩向化,极请设县立营以定久安折》,雍正五年十一月初十日,《雍正朝汉文硃批奏折汇编》第10册,第959—960页。

⑤ 《湖广总督迈柱奏报桑植、保靖两土司自愿归流折》,雍正五年十二月十八日,《雍正朝汉文硃批奏折汇编》第11册,第268页。

⑥ 《湖广提督俞益谟奏陈所属苗民情况及抚剿之法折》,康熙四十七年闰三月十五日,《康熙朝汉文硃批奏折汇编》第1册,第913—917页。

间应为四十二年,而以设官为标志则为四十九年(1710年)。然而据康熙四十七年(1708年)湖广提督所呈奏折言,其虽已设流官,但实质未变,[1]因而至雍正六年(1728年)八月迈柱上奏查勘红苗地方招民开垦及开矿等事宜时,言其"改土归流"之完成应为保靖土司"改土归流"之时。[2] 因此,就名义上言,算子坪长官司"改土归流"应为康熙四十六年,而实质上却与保靖土司相同。

五寨长官司,嘉庆《大清一统志》言为康熙四十三年(1704年)苗人向化后裁土司而设通判与吏目,雍正四年(1726年)裁吏目,改设凤凰营五寨司巡司。然而,《清实录》记载,早在顺治十六年(1659年)五寨即已设学[3],可见五寨长官司"改土归流"早已埋下种子。康熙四十三年又疏言将五寨长官司管辖权从保靖宣慰司转移至乾州厅,将麻阳县儒学移至五寨司并设立义学。[4]因此,就政治归属而言,至康熙四十三年(1704年),五寨长官司已由朝廷所派官员直接参与地方治理,但保留土官,未完全完成"改土归流"。至康熙四十六年七月,偏沅巡抚赵申乔上奏陈列五寨土司在地方管理中的罪状,言"五寨长官司田弘天恃其上官,不遵法纪,滥征虐民",直接提出废除五寨土司,使其完全"改土归流",纳入邻近之泸溪、麻阳二县管辖。[5] 因此,认为嘉庆《大清一统志》所言五寨长官司为康熙四十三年(1704年)"改土归流"有误,应为康熙四十六年(1707年)。

(二) 桑植安抚司"改土归流"

桑植安抚司,元置,洪武二十三年(1390年)附于明,永乐四年(1406年)设安抚司隶九溪卫,至雍正时期始"改土归流"。地处湖南武陵山土司集中区

---

① 赵申乔:《题明六里苗民归镇溪所乾州同知管抚疏》,载《苗防备览》卷19《艺文志》,第766页。

② 《湖广总督迈柱奏报查勘红苗地方招民开垦及开矿等事折》,雍正六年八月十八日,《雍正朝汉文硃批奏折汇编》第13册,第214页。

③ 《世祖章皇帝实录》卷126,顺治十六年己亥五月,《清实录》第3册,第2470页。

④ 《圣祖仁皇帝实录》卷218,康熙四十三年十一月,第5151页。

⑤ 《偏远巡抚赵申乔奏报地方雨水、米价并土官苗民情形折》,康熙四十六年七月二十六日,《康熙朝汉文硃批奏折汇编》第1册,第695—696页。

与经制州县之间,为过渡地带,其北、西、南三面均为土司,可谓湖南武陵山区(湘西)的"东大门"。明代,其地以东区域置有九溪、永定、麻寮、安福、大庸等卫所牵制与控御,应是湘鄂山区土司中受"正统"影响最大也最深之地。因而认为其对于清廷深入治理武陵山区所属湘西与鄂西南地区土司均具有重大军事价值,似有"牵一发而动全身"之作用,这也是清廷为何选择其作为湘、鄂、川(包括今重庆市)、黔四省交界之湘鄂山区土司最早进行"改土归流"的关键性因素。

据《清实录》记载,"改土归流"前,康熙四十五年(1706年)四月,容美土司田旻如贪庸恶劣,被参革职拿问,逃往桑植,湖广总督石文晟屡次檄行解审,桑植土司向长庚不仅不起解,反而捏称田旻如卧病,以袒护。① 七月,命都察院左都御史梅涓等前往会审,审后奏称石文晟所言为实,应将桑植土司向长庚降四级留任。② 康熙五十四年(1715年)七月,散毛土司覃煊,因不准承袭,而携印逃匿桑植地方,桑植土司向国栋藏匿不解。兵部题,应将向国栋革职。上从之。③ 从两代桑植土司分别包庇容美土司与散毛土司的事件可以看出,桑植土司与周边土司之间有着密切的联系,这种联系无疑加大了清廷地方统治的威胁,而公开藏匿清廷命令拿解之土司,实难为统治者所容纳。因此可以说,自康熙中后期始,桑植土司的所作所为已使其成为清廷的"眼中钉",为其成为"改土归流"先行者埋下了伏笔。

然而关于其"改土归流"时间的记载与说法存在诸多差异,如嘉庆《大清一统志》、同治《永顺府志》均言其为雍正七年(1729年)"改土归流"置县,《改土拨粮纪略》④言其为雍正五年(1727年)"改土归流",同治《桑植县志》则言其为雍正四年(1726年)土司向国栋及其弟国柄纳土所改。显然,几处所言"改土归流"及设县时间均有所不同,基于多种文献对其"改土归流"时间认知差异,梳理有关桑植土司"改土归流"奏折如下:

---

① 参见《圣祖仁皇帝实录》卷225,康熙四十五年四月。
② 参见《圣祖仁皇帝实录》卷226,康熙四十五年七月。
③ 参见《圣祖仁皇帝实录》卷264,康熙五十四年七月。
④ 乾隆《桑植县志》卷1,第217页。

雍正五年(1727年)三月,当时任湖北总督的傅敏上奏言"桑植土民男妇逃至边境,据称国栋仍旧掌印,操权威逼凌虐,是以逃奔伸冤,情愿改土归流等语……应如土民所请,改土归流,似于弭患安边之计实有裨益也。"①最早提出桑植土司"改土归流"之事,傅敏并未言桑植土司"改土归流"与周边关系,只言其被革职后仍掌旧印,凌虐土民,致土民奔逃边地,一方面表现其对清朝廷下令革职,以其妻掌印务之命令的欺罔;另一方面表现其对于境内统治之不利,不能安抚境内土民,使之安居乐业,致土民自愿请求"改土归流";并提出其妻或子护理印务或承袭土职均有"隐患",提议革除桑植土司的承袭。同日,傅敏奏保靖、桑植土司情形,雍正帝硃批已派为人小心操守之布兰泰前往。

闰三月,湖南巡抚布兰泰奏报保靖、永顺土司不法情形,"以土官扰害,不特有干国典,且恐流毒边疆。而改流之举又事关重大,容俟两案审结之日,会同督臣具题。"②再次提请"改土归流",但事关重大,应为慎重考虑之事,言语之中较傅敏更为小心谨慎。可见雍正五年三月至闰三月,提出桑植土司"改土归流"的一月间,按前奏呈所得雍正帝关于桑植土司"改土归流"之硃批为"谨慎料理,钦此",因此自提出之后的一段时间均为其地方调查、权衡与商议时期。

至七月,经过几个月的调查与权衡,总督、巡抚、布政使三方共同会商得出桑植土司"改土归流"具体方案与情形。③

首先,三方一致认为桑植土司向国栋已然失去人心,处于众叛亲离状态,为"改土归流"提供了相当好的时机。

其次,从其西、北、南三面皆为势力强大土司地出发分析其周边形势并提出解决方案。土司之间虽各有利益之争,但往来亦为密切,相互之间多有联姻

---

① 《署湖北总督傅敏奏陈土司情形,请旨改土归流折》,雍正五年三月十六日,《雍正朝汉文硃批奏折汇编》第9册,第269页。
② 《湖南巡抚布兰泰奏报保靖、永顺土司不法情形折》,雍正五年闰三月十二日,《雍正朝汉文硃批奏折汇编》第9册,第439—440页。
③ 《署湖北总督傅敏等奏密陈湖南桑植、保靖改土归流事宜折》,雍正五年七月初九日,《雍正朝汉文硃批奏折汇编》第10册,第160页。

关系,如康熙中后期,桑植土司即曾帮助藏匿容美土司与散毛土司。与其相距最近,势力最为强大的土司主要为容美土司与永顺土司,两土司相较,永顺土司被认为是向来温顺,遵守法度,服从清王朝管治之土司①;容美土司则不同,康熙四十五年(1706年),其土司田旻如即因贪庸恶劣被参革拿问。如《容美司改土记略》言,田旻如自承袭土职以后,阻险自雄、私派滥罚、侵邻土司等②。面对桑植土司"改土归流",虽不敢直接帮助桑植土司,但傅敏等认为田旻如为人桀骜徂诈,或表面装着若无其事,背地里则煽惑邻近土、苗生事以阻挠"改土归流",因此不得不对其有所防备,以保证桑植土司"改土归流"。根据容美、桑植两土司所处地理位置,认为夷陵为诸土司之前路,九溪为后路,使此两处之官兵整顿营伍、兵马,就近弹压,严加防范,以备不虞,使容美土司及其他邻近有心助力桑植之土司无计可施。

最后,提出内部设置建议,为"改土归流"后桑植地方治理出谋划策。一方面,提出另设桑植同知一员,由熟悉苗情之原石门县知县担任,在原土司衙署办公,弹压土、苗;另一方面,委熟悉苗情之参游协同,令官兵直入桑植以抚绥,并设汛防。待一切安定之后,再根据形势确定是否设立州县管辖。可以说这是提出桑植土司"改土归流"意见后,地方经过多方会商与调查所提出之方案,反映了地方官员对于其地"改土归流"具体情况的思量,是周密思考之后的结果,与雍正帝所言"谨慎料理"相符。有此周密考量与准备,"改土归流"随之进行。

九月,拨兵进入,并对土司家属作出安置,"改土归流"付诸行动。"密拨辰州协兵二百五十名,九溪协兵二百五十名,令杨凯统领,带同九、辰二协备弁以及新设同知铁显祖前往桑植。并令平日恭顺之永顺土司彭肇槐,率土兵二百名,随营听候调遣……"(硃批"不甚妥协")③即时隔两月之后,傅敏言其拨

① 具体可参照下文永顺土司改土归流部分各引文中对永顺土司彭肇槐之描述。
② 参见乾隆《鹤峰州志》卷首。
③ 《署湖北总督傅敏奏报调遣官兵抚辑土司情形折》,雍正五年九月二十二日,《雍正朝汉文硃批奏折汇编》第10册,第699—700页。

辰州协兵、九溪协兵及备弁与新设同知共同前往桑植，同时令永顺土司彭肇槐率土兵随营听候调遣，意味着桑植"改土归流"由此开始。与七月时奏折所言相比较，前折侧重于其周边军事防备工作的安排，此折则以桑植本土军备为中心，派出兵马直入桑植境内，并以永顺土兵为其西境之军力保障，听候调遣，反映前虽言土民自愿请求"改土归流"，是"改土归流"的好时机，但仍不可无军事武装助其威慑一方。而桑植土司向国栋已羁候省城，为防止其妻、子以资勾结党羽，亦令将其送至长沙收管，并封贮其家资，以断其妻、子勾结党羽与任何企图改变结果之希望，一方面是使土司家族自身对"改土归流"之阻碍减到最小，另一方面也是杜绝"改土归流"后土司家族留下"后患"。

十一月，官兵抵达桑植，地方土民与苗民载道欢迎，向氏亦缴印归诚，进展十分顺利，提出善后措施。即"各官兵于十月十二日已抵桑、保二司，地方土、苗男妇载道欢迎……伏念土众新归，地方初定，善后之图，事不宜缓。查桑植、保靖二司原系宣慰使世职，幅员广阔，于土司中号为强大远难，以控制、抚辑、招徕不能兼顾。臣请改为二县，各设知县一员、典史一员。"①从奏呈具体内容看，所派官兵于十月十二日抵达桑植，即自九月二十二日傅敏密拨官兵前往桑植，共历时二十日，方抵达桑植土司地，基本完成桑植土司"改土归流"。

因此，自三月提出桑植土司"改土归流"，至基本完成，共历时十个月。按此奏折所言，桑植"改土归流"似与前折所言较为一致，进行得十分顺利，而分析其原因，仍与其前期对周边兵防的设置密切相关。而对于"改土归流"后，桑植土司之管理，在七月"改土归流"未完成前，曾提出待"改土归流"完成后度量形势分属邻境或另建州县。十一月，"改土归流"基本完成，根据形势度量，认为桑植幅员广阔，较为强大，离其他府州县治均较远，恐其难以控制抚辑，因而提出就其地单独设县管理，并设知县、典史等官。

因此，桑植土司"改土归流"时间应为雍正五年（1727年）十一月，而设县

---

① 《署湖北总督傅敏奏楚南土苗感恩向化，极请设县立营以定久安折》，雍正五年十一月初十日，《雍正朝汉文硃批奏折汇编》第10册，第959—960页。

时间为雍正七年(1729 年)五月,同治《桑植县志》实为误将雍正四年(1726年)在其境设同知作为其"改土归流"时间。而"改土归流"完成时间与其官制设置存在时间差异,因而谈论"改土归流"时间应与其设县时间相区分。①

同时,桑植土司所辖上、下峒长官司"改土归流"时间,亦存在记载不一状况。《大清会典则例》言为雍正十三年(1735 年)一并编入各县版籍,②嘉庆《大清一统志》则言为雍正七年"改土归流"③。《土司制度与彭氏土司历史文献资料辑录》④《鄂西民族地区发展史》⑤等遵循《大清会典则例》记载,均认为两土司为雍正十三年"改土归流"。《中国行政区划通史》(清代卷)则认为上、下峒长官司"改土归流"时间并不一致,上峒长官司"改土归流"时间为雍正七年,而下峒长官司"改土归流"时间为雍正十三年。

经查阅发现,雍正六年(1728 年)九月,湖广总督迈柱曾递交过关于下峒长官司"改土归流"的折子,奏报土民为告发下峒土司向鼎晟贪淫残暴,应于审案内并请改流,言"下峒土民田士义呈告土官向鼎晟贪淫残暴、过恶百端,致令土民含冤莫诉,请饬法司提审究治等情到臣……所管下峒地方,虽止百里,然接连之桑植、永顺俱已改流,四面皆为内地,若留下峒夹杂其中,恐有藏奸生事,似应于审案内并请改流,庶地方一气相通,事属妥便。"⑥此奏折所涉包括两个方面,一是关于土民控告土司之事,一是关于其"改土归流"之事。

对此,雍正六年十月十四日,上谕"不必改土为流,始为向化。"⑦从雍正帝

---

① 在目前已有研究中,大多将土司地区之设县时间作为其"改土归流"的时间,如周振鹤主编,傅林祥等著《中国行政区划通史》(清代卷)(复旦大学出版社 2013 年版,第 356 页)亦认为桑植司为雍正七年"改土归流"。

② 《钦定大清会典则例》卷 110,《景印文渊阁四库全书》第 623 册,第 280 页。另同治《桑植县志》《永顺府志》所载时间均与此一致,亦为雍正十三年。

③ 嘉庆《大清一统志》卷 372,第 8 册第 691 页。

④ 参见游俊主编,罗维庆、罗中编:《土司制度与彭氏土司历史文献资料辑录》(上册),民族出版社 2014 年版。

⑤ 参见吴永章、田敏著:《鄂西民族地区发展史》,民族出版社 2007 年版。

⑥ 《湖广总督迈柱奏报土民告发下峒土司向鼎晟贪淫残暴,应于审案内并请改流折》,雍正六年九月初八日,《雍正朝汉文硃批奏折汇编》第 13 册,第 411 页。

⑦ 《雍正上谕内阁》卷 74,《景印文渊阁四库全书》第 415 册,第 145 页。

谕旨来看,一方面否定了其"改土归流"之请,另一方面认为所谓土民之呈告未必为实情,而可能为其希图"改土归流"之谋略或为"汉奸"唆使,因而下旨严查,并提出土司若守土奉法,则不必"改土归流",因而并未在雍正六年对下峒进行"改土归流"。

至雍正十二年(1734 年),先是九月十五日,湖广总督迈柱奏报湖南上、下峒及茅峒各土司呈请"改土归流"缘由折,后十月十七日,湖南巡抚钟保又奏报茅峒并上峒、下峒各土官恳请"改土归流"缘由折,言三土司恳请"改土归流""实出于心之诚然,并非因他处改流不得已而为之相率仿效,亦非别有汉奸滋扰,因土民之控告而为之勉强从事,观其情意诚笃,似可俯如所请,以顺苗情者也。除将茅峒等三土司版图、户口并一切改土事宜,现在委员查勘。"①在鄂西南施南、忠建等十五土司呈请"改土归流"并得到允许后,下峒土司及上峒土司、茅峒土司均又一次呈请"改土归流",表达其"改土归流"诚心与决心。

后未有奏折直言其"改土归流"实施与否,但可以肯定上峒、下峒两土司之"改土归流"时间均应为雍正十二年十月以后。乾隆《桑植县志》载"雍正十二年,上、下峒归并(桑植县)"②,因此认为以雍正十二年为其"改土归流"之时间更为准确。

(三) 永顺宣慰司"改土归流"

永顺宣慰司,《明实录》载其初为宣抚司,洪武二年(1369 年),向明朝廷朝贡马及方物,明廷诏以为军民安抚司。洪武六年(1373 年)升为宣慰司,辖三州、六长官司。清顺治十三年(1656 年)十月,土司永顺总兵彭弘澍,率其部下官吏,并籍所属三州、六长官司、三百八十洞户口以降。③ 清廷于"顺治十四年(1657 年)颁给宣慰使及六长官印信,并设流官经历一员。雍正四年(1726

---

① 《署湖南巡抚钟保奏报茅峒并上峒、下峒各土官恳请改土归流缘由折》,雍正十二年十月十七日,《雍正朝硃批奏折汇编》第 27 册,第 143 页。
② 乾隆《桑植县志》卷 2,第 302 页。
③ 《世祖章皇帝实录》卷 104,第 2305 页。

年)设同知一员,经历一员。"①即自永顺土司接受清朝廷印信始,便设置流官参与管理,但彼时所谓管理并非真正直接参与管理,而更像是清朝廷派驻土司地域之"侦察者",关注土司动向,同时也收集相关信息,以便朝廷之整体控制。至雍正四年(1726 年),设同知与经历,表明清朝廷对永顺土司的控制有了进一步深入,为永顺土司"改土归流"奠定了基础。

关于其"改土归流"时间,《皇清职贡图》记为雍正二年(1724 年),《清通典》、乾隆《府厅州县图志》、嘉庆《大清一统志》等均记为雍正七年(1729 年)(苗人向化设流官)。今之学者多沿用后说,以雍正七年(1729 年)为永顺宣慰司"改土归流"时间。据奏折记载:

雍正五年(1727 年)十二月,署湖广提督刘世明奏报永顺土司彭肇槐恳请"改土归流"情由,彭肇槐率其子彭景燧呈称:

> 生长边地,毫无知识……带土兵二百名随宪台行营,听候调遣。卑职凛遵……令卑职带兵至桑、永交界处所扎营,听候调用,不必同至桑植地方。亲见桑植土民扶老携幼出境迎接,更见宪台纪律严明,抚绥有术,桑植土众,人人悦服,欢声震地。向化归诚者,深恨观天日之晚也。卑职幸际盛事,精神倍于往日。因思……谨将卑职永顺司户口、册籍、地舆全图查造清册……题达改土归流。②

结合前文桑植土司"改土归流"相关奏折,可明确永顺土司参与桑植土司"改土归流"过程,然而清廷虽将永顺土司所领土兵作为桑植土司"改土归流"后备武装,但并没有令其与九溪协等兵备共同进入桑植境内,而令其驻扎边界,听候调遣。这实质是清廷希图一举两得之计划,一方面确以永顺土兵为桑植土司"改土归流"之西部边缘后备武装,以备不虞;另一方面,令永顺土兵驻扎边境,使其"围观"清廷对桑植土司的"改土归流",进而使其明白"改土归流"为大势所趋,使其主动归流。清廷也达到了这一目的,永顺土司主动将所

---

① 乾隆《永顺县志》卷 1,第 39 页。

② 《署湖广提督刘世明奏报永顺土司彭肇槐恳请改土归流情由折》,雍正五年十二月十九日,《雍正朝汉文硃批奏折汇编》第 11 册,第 275—277 页。

辖户口、册籍、地舆全图等查造清册,请求"改土归流"。

至雍正六年(1728年)七月,湖广总督迈柱奏呈抚绥料理永顺土司彭肇槐归流事宜,言"据该弁呈缴印信、号纸。臣查该土司地方二千余里,人口有十万之多,必须官兵弹压。"①八月,湖广提督刘世明又奏:

> 随咨商督臣迈柱抽拨镇筸镇标兵丁一百名,又令辰沅靖道王柔檄调乾、凤两厅兵丁一百名驻扎永顺司城在案。续准督臣咨臣酌□□标弁兵前去弹压贴防,于湖南藩司公项内支取给赏路费等因,臣即委令臣标右营游击马腾蛟带领千总一员、把总四员,挑选马步兵丁二百名,严饬约束,前诣永顺,听辰沅靖道王柔相度形势要隘分驻贴防,俟安设营制,奏请钦定后再行撤回。②

对此,雍正帝硃批"好"。可见,永顺土司自愿呈请"改土归流"后,雍正六年(1728年)即已完成"改土归流"工作,至六年七月、八月已开始料理"改土归流"善后事宜。包括以其地广阔,人口亦多,拨兵暂往防守,从镇筸镇、凤凰厅、乾州厅等处调遣兵力驻扎永顺司城,并另派兵根据形势于要隘分驻,以维护地方秩序。

因此,永顺土司"改土归流"时间为雍正六年。"改土归流"后,雍正七年(1729年)以永顺同知地改设永顺、龙山二县,以保靖、桑植二同知地改保靖、桑植二县,并置永顺府,领以上四县,于同年筑永顺府城于原永顺土司治西北三十里岢场地(今永顺县城),雍正十一年(1733年)建府学及县学,与"内地"一致。所辖三州、六长官司亦随之改流,如:

> 南渭州,宋为羁縻州,元属新添葛蛮安抚司,明属永顺宣慰司,清初亦属永顺宣慰司,后随永顺土司"改土归流"③。"改土归流"后,将原土司所置五十

---

① 《湖广总督迈柱奏报抚绥料理永顺土司彭肇槐归流事宜折》,雍正六年七月初九日,《雍正朝汉文硃批奏折汇编》第12册,第880页。

② 《署湖广提督刘世明奏报选派官兵前诣永顺驻防折》,雍正六年八月二十四日,《雍正朝汉文硃批奏折汇编》第13册,第270页。

③ 有关永顺土司所辖三州、六司"改土归流"时间,文献及后之研究如《中国行政区划通史》(清代卷)均言其为雍正七年"改土归流",即与永顺土司"改土归流"一致。而笔者暂无明确文献证明其所辖三州、六司"改土归流"时间,只能推测其"改土归流"时间与永顺一致为雍正六年。

八旗改置为乡,乡又分保,南渭州属白砂保(时分为内、外白砂保)。

　　施溶州,宋为羁縻州,元属思州安抚司,明属永顺宣慰司,清初亦属永顺宣慰司,雍正时期随永顺土司一并"改土归流",改为施溶保。后设施溶州巡检,驻王村,"上达川黔,下通辰州,为水陆要冲。"①

　　上溪州,宋为羁縻州,后废,明复置属永顺宣慰司,雍正时期随永顺土司一并"改土归流",以其地置内龙爪保、麻阳坪保,并置龙爪关塘、麻阳坪塘。

　　腊惹洞长官司,元置为长官司,明因之,雍正时期随永顺土司一并"改土归流",以其地置下榔保、大小龙村。嘉庆《大清一统志》记其为"关隘"。

　　麦着黄洞长官司,元始置为长官司,明因之,雍正时期随永顺土司一并"改土归流",以其地置王家保。嘉庆《大清一统志》记其为"关隘"。

　　驴迟洞长官司,元始置为长官司,明因之,雍正时期随永顺土司一并"改土归流",以其地置下榔保、大小龙村。嘉庆《大清一统志》记其为"关隘"。

　　施溶溪长官司,元始置为长官司,明因之,雍正时期随永顺土司一并"改土归流",以其地置上榔保、坡岩。嘉庆《大清一统志》记其为"关隘"。

　　白崖洞长官司,元始置为长官司,明因之,雍正时期随永顺土司一并"改土归流",以其地属龙山县,置为白岩里。嘉庆《大清一统志》记其为"关隘"。

　　田家洞长官司,明始置为长官司,属永顺宣慰司,雍正时期随永顺土司一并"改土归流",以其地置田家保,置有田家峒巡检,驻榔溪。榔溪为原议新设永顺府治,后因其局势狭隘,不便建设,方移驻猛洞。②

（四）湘鄂山区土司"改土归流"的秩序

　　以短时段(清雍正时期)内奏折为主要线索,分析湘鄂山区土司"改土归流"过程,认为雍正时期"改土归流"时间应以中央王朝完全进入并控制土司领地,完全取缔土官为标志。具体而言:第一,在土官未完全取缔时,虽中央王

---

① 嘉庆《大清一统志》卷372,第8册第695页。
② 《世宗宪皇帝实录》卷98,雍正八年九月,第7301页。

朝已在土司衙门内设置经历、同知等流官,但不能归之为"改土归流";第二,在原土司地设立州县,或将原土司地分属州县管辖,属于"改土归流"后善后行为,不能将其作为"改土归流"时间节点;第三,上级土司与下级土司的"改土归流"并非绝对同步,受现实因素及中央王朝政策影响,存在先后差异。

而湘西(湖南武陵山区)所属永顺、保靖、桑植三地土司,均在雍正六年(1728年)完成"改土归流"。与其邻近的鄂西地区与渝东南地区所辖土司比较而言,其所处地理位置对于湘西的控御十分重要,所面对的地方社会及族群问题也更为复杂。因此,其"改土归流"所面对的难度较周边地区更大。

就"改土归流"的过程而言,三地土司均较为顺利,并没有直接以武力形式解决。但这并不意味着整个过程没有武力的参与,尤其保靖土司和桑植土司"改土归流"自提出与完成,经朝廷与地方巡抚、总督等多方会商,反复斟酌,并经过详细形势考察,又严密布置,对其周边的兵备及边界安全防御工作都作出了严谨的安排。如在桑植土司"改土归流"前,对其前路、后路及周边土司的防守都做了充足的兵备,以形成对桑植土司的包围圈,同时保护"内地"之安全,又调集周边兵力进入,并提前安排熟悉苗情之官员接应,可谓"万事俱备",若桑植土司不服"改土归流",清廷军队即可付诸武力。因此,军事力量仍是促使"改土归流"顺利完成的重要保障之一,没有武力的震慑,土司必然肆无忌惮,"改土归流"亦不可能顺利完成。

就湖南武陵山区(湘西)土司"改土归流"先后顺序而言,从前文各土司"改土归流"全过程可知,桑植土司与保靖土司基本为同时提出须"改土归流"之地,两土司也基本都同时出现在地方所呈同一奏折中,因此,桑植土司与保靖土司是湘鄂山区最早提出"改土归流",同时也是清代湘鄂山区及其边缘土司中最早实行"改土归流"的土司。论土司实力,保靖土司与相邻永顺、容美、酉阳三地土司实力相当,桑植土司则不及以上四土司,那么,为何会以保靖与桑植为"改土归流"之先呢?

　　笔者认为,这是由保靖与桑植土司所处地理位置所决定的。首先,保靖土司地处湖南武陵山区(湘西)南部,其境为蜡尔山苗民聚居区,境内所辖苗民包括历史时期所言"镇苗""筸苗""六里生苗"。其所辖筸子坪、五寨二长官司虽名义上已于康熙中后期归流,改由厅官管理,但实质上仍受保靖土司控制,甚至为土司后援力量,清廷势力仍难以深入,无法如其他经制州县一样建立基层管理系统。因此,清廷必须首先完成对保靖土司之"改土归流",才能真正实现对"生苗地"的控制与管理。而保靖土司所管镇筸与五寨又可称之为湘西的东、南大门,前文奏折中有言,若将其改流,则镇筸镇重兵可贯穿湖南武陵山区腹心,清廷之兵可由此进入其腹地,进而深入蜡尔山苗区。此外,保靖土司自身势力的扩张与地方控制的不力,也是其成为"改土归流"对象的原因之一。其次,桑植土司地处湖南武陵山区(湘西)东缘,可谓湘西之东大门。其自明时即处于土司集中区与经制州县区中间过渡地带,周边曾多设卫所以控御,军事战略位置对明清两朝均十分重要。因此,清廷要实现对湖南武陵山区腹地(湘西)的管理、控制与开发,则必然要打开其东大门。而桑植土司与容美、永顺等大土司为邻,虽各有利益纠纷,但彼此之间又互为姻亲,相互联系,若相互联合,则必然对清朝地方治理不利,而将其"改土归流",则既可斩断容美、永顺等土司之后援,又可保全"内地"之安稳。更为重要的是,打开其东大门,清廷兵力才可由此进入湖南武陵山区腹地,进而管理与治理其地。最后,永顺土司在保靖与桑植土司之后进行"改土归流",与其土司"向来遵守法度",善抚境内之土民相关。但其实力强大,与周边土司又颇多联系,实仍为清廷治理的主要对象之一。只是保靖土司在其南,桑植土司在其东,若二地土司不"改土归流",则清廷进入实难,若三者同时进行"改土归流",则恐造成三者联合,阻碍"改土归流"。因此,保靖和桑植土司"改土归流"是永顺土司"改土归流"的前期准备,而整个湘鄂山区土司"改土归流"有一个循序渐进的过程,是经过周密策划而进行的。

　　就清廷对湘鄂山区土司"改土归流"的策略与态度而言,其对永顺、保靖、桑植实力较为强大土司的策略与态度,与对其境所辖实力较小土司之策略与态度相差甚大。这主要表现在下峒土司呈请"改土归流",朝廷不予接受的事件上。即虽有下峒土民在雍正六年(1728 年)告其土司贪淫残暴,且湖广总督迈柱亦言其四面皆已为内地,为防藏奸生事,应将其地"改土归流"。雍正帝却令其严查,疑其土民呈告之事或为唆使,或为希图"改土归流"而故作,未允其"改土归流",并言土司、土民守土守法,不必"改土归流"。直至雍正十二年(1734 年),鄂西南忠建、施南、散毛等十五地土司呈请"改土归流",下峒等土司才又再次呈请"改土归流",在湘鄂山区土司皆"改土归流"大潮下,雍正帝才将上峒、下峒及茅峒等小土司"改土归流",划入邻近州县管辖。分析雍正帝不急于小土司"改土归流"的原因,一方面与其土司力量小,不足以造成地方统治威胁相关;另一方面,也可能是为表现出雍正帝对于地方土司的宽容,反映其并非无故处理土司,为其在湘鄂山区民众中树立良好形象。

就湘鄂山区"改土归流"之意义而言,最为重要的是其地政治、经济、生活等由此开始深度转型,社会性质由此开始发生新的变化。① 然而当时所起最直接的作用,即清廷以其作为范例引导周边土司主动"改土归流"。如雍正十二年五月,湖广总督迈柱奏楚北(即湖北武陵山区,今鄂西南地区)众土司公恳"改土归流"时言"今忠峒处十五土弁齐集省城,公恳归流实有不得已之情,非由汉奸之播(拨)弄,亦非土民之怂恿也。缘各土司鲜知法纪,所属土民滥行科派,甚至取其牛马,夺其子女,生杀任性,无所不至,土民敢怒而不敢言。今土民见永、保、桑诸处改土以来,抚绥安辑,共登衽席,莫不望风归向,愿入版图。在土众既不甘受土弁之鱼肉,而土弁又不能仍前弹压土众,且舍把向来瞒上欺下,擅作威福,倘土众一旦情急蠢动,土弁自知性命难保,所以激切呈请归

---

① 关于"改土归流"后湘鄂山区政治、经济、生活等多方面的变化,已有不少研究成果,具体有如谭必友:《清代湘西苗疆多民族社区的近代重构》详细地研究了这一区域"改土归流"后政治、经济、生活之变化;覃芸:《清代桑植土司改土归流研究》则单独以桑植土司为例,对桑植土司"改土归流"后政治、经济、生活之变化进行了分析研究;胡毅:《清代湘西地区政治军事制度的变迁》则对湘西地区"改土归流"后政治军事制度进行了分析。

流"①即道出永顺、保靖、桑植三地土司"改土归流"后地方安定情形，为周边土司所领土民所向往，而此则动摇和威胁到土司稳定，甚至使土司、土弁等"自身难保"，因而皆愿"改土归流"。

然而，"改土归流"完成后，如何建设营制，建立起湘鄂山区地方统治秩序实为湘鄂山区尤其是湘鄂武陵山区经营最重要的方面，也成为终清一代朝廷治理重点。从前文各奏折中不难看出，在各土司"改土归流"过程中，曾多次反复提到关于这些区域"改土归流"后行政建制的建议。而"改土归流"初完成时，湖广总督迈柱即《奏密陈永顺、保靖、桑植三处改土归流善后事折》②探讨对其地"改土归流"后的建议。

至雍正七年（1729 年）五月，迈柱疏言，湖南保靖、桑植、永顺三地土司，为新经"改土归流"之地，因而请"永顺东南之旧司治、西北之江西寨各设知县一员、典史一员。田家峒、施溶州、隆头地方，各设巡检一员。其永顺原设大喇司巡检应裁"。"保靖之旧司治，设知县、典史各一员，张家坝设巡检一员。其保靖原设同知应裁"。"桑植以南原属九溪卫之安福所，应归并桑植，合为一县。添设知县、典史各一员"。"以上分设四县，应设知府一员管辖，并设经历一员，俱驻扎永顺，其永顺原设同知，移驻喜鹊营，专督永、保新设二县捕务。桑植原设同知，改为通判，移驻江西寨，专督安福所、江西寨新设二县捕务。再永顺请设副将一员，即将桑植副将移驻，立为永顺协，并设守备一员、千总二员、把总四员、兵八百名。保靖请设游击一员，即将永定营游击裁改，立为保靖营，并设守备一员、千总一员、把总二员、兵四百名，俱听永顺副将统辖。桑植应于九溪协拨守备一员、千总一员、把总二员、兵三百名驻防，听九溪协节制。"清廷回复"均应如所请，从之。"③新设之府为永顺府，四县分别为永顺、

① 《湖广总督迈柱奏报楚北十五土司公恳归流折》，雍正十二年五月十五日，《雍正朝汉文硃批奏折汇编》第 26 册，第 326 页。
② 《湖广总督迈柱奏密陈永顺、保靖、桑植三处改土归流善后事折》，雍正六年十二月初二日，《雍正朝汉文硃批奏折汇编》第 14 册。
③ 《世宗宪帝实录》卷 81，雍正七年五月，第 7062—7063 页。

龙山、保靖、桑植,永顺位于府之东南,龙山位于府之西北,保靖位于南,桑植位于东。在湖北武陵山区则设施南府,在原土司政区设置恩施、建始、利川、咸丰、来凤、宣恩、鹤峰、长乐(今五峰)、巴东等州县。至此,基本形成了今湘鄂山区行政区划格局,但要真正完成湘鄂山区"一体化",使其与"内地"无异,仍需较为漫长的进程。

第二章 山川纵横:湘鄂山区的自然地理形势

自然地理环境主要包括地形地貌、地域位置、气候物产、生态资源等方面,在区域研究中,通常以其中某一显著特征为标准进行区域划分,以突出某一因素对区域的影响。如流域文化研究,较多以河流为单位进行划分;气候学研究,则以气候为单位划分。傅角今《湖南地理志》第五编《县市志略》在叙述湖南各县市基本状况时即以河流为单位,分湘江流域、资水流域、沅水流域、澧水流域及洞庭东北沿岸进行阐述,所选择分区的标准与所要突出主题密切相关。

湖北武陵山区位于长江以南,武陵山西北端,多为中山山原,山峰海拔多在 1000 米以上。湖南地处云贵高原东部边缘地区,是高原向丘陵、平原延伸的过渡地带,全省三面环山、向北开口,呈马蹄形盆地。湖南山区在湖南省西部与南部,基本呈 L 形分布。西部有武陵山脉、雪峰山脉,皆呈东北—西南走向,山峰海拔多在 1000 米以上,其中武陵山区为中山山原地貌,山体高大,多峡谷、嶂谷;雪峰山为资水、沅水之分水岭,群山络绎、岭谷崎岖。南部有越城岭、都庞岭、骑田岭、九嶷山、阳明山、诸广山等,地处湘、桂、粤、赣四省交界地带,海拔多在 500—1000 米之间。而其平原区及丘陵区位于西部之武陵山脉、雪峰山脉,南部之越城岭、都庞岭、骑田岭、九嶷山、阳明山、诸广山,东部湘赣交界之罗霄山脉、幕阜山、连云山、武功山、万洋山之间,恰若处于 U 字的中间地带,包括湖南的中部、北部地区,中部除衡山耸峙外,一般海拔在 500 米以下,北部为洞庭湖平原,与江汉平原相连,地势平坦,海拔多在 50 米以下。

显然,湖南山区涉及除洞庭湖东北沿岸外的四大流域,若按水系划分湖南山区区域则无法显示出湖南山区与湖南平原区之间在自然地理形势上的差异性。因此,本节以湘鄂山区各府州县所属山系为划分标准,将湘鄂山区划分为武陵山区、雪峰山—八十里大南山区、五岭(包括越城岭、都庞岭、骑田岭、萌清岭、大庾岭)—阳明山—九嶷山—诸广山区,①以凸显地理环境尤其是地形地貌在湘鄂山区独特自然与人文特征形成过程中的作用。

第一节　湘鄂武陵山区

湘鄂武陵山区境内大小山体多属于武陵山脉,其在湖北、湖南境内河流分属清江、酉水、沅江三大水系。结合前文所确定的湘鄂山区范围与历史文献记载可知,湖北西南与湖南西偏北地区均属于武陵山区域。

一、湖北武陵山区自然地理形势

湖北武陵山区,位于湖北省西南,地处武陵山系北端,北以长江为界,东至鄂南江汉平原。武陵山区为山地山原,地势高耸,海拔多在 1000 米以上,与江汉平原海拔多在 50 米以下相比,这种天然的地形地貌差异十分明显。对此,明清朝廷与地方亦有清楚的认识。

首先,武陵山北段呈东北—西南走向,斜贯湖北武陵山区腹地,腹地内高山众多。如恩施县有天楼山"山势耸拔,如危楼倚天。"又有猿啼山"穄岭相连,横亘天表,三冬积雪,灿然不可正视。"②

宣恩县"万山环绕",境内有大小山无数,同治《增修施南府志》共记载其境内

---

① 这些山体多在历史时期形成,山名沿用至今,今为山脉,山脉线上包含众多历史时期各独立山体,为体现历史时期尤其是明清时期国家与地方对湘鄂山区的地理环境认知,本节运用明清地方志等所载山体为基础分析湘鄂山区各区域地形地貌及地理形势。

② 同治《增修施南府志》卷2,《中国地方志集成·湖北府县志辑》第55册,江苏古籍出版社 2001 年影印本,第59页。

之山 60 余座。山之高者有墨达山,亦称宜山,"土人谓天为墨,言山高接天也。"①

咸丰县,同治《增修施南府志》与同治《咸丰县志》记载山体均只有 20 座左右,但根据实地考察,其境之山数量众多,远不止此,且多高山,有积玉山"极高峻,积雪经春不消。"星斗山,"高耸云霄。"云雾山,"高数千仞,登其巅,周览数百里,上常有云雾。"②

利川县,同治《增修施南府志》记载,境内有 60 余座山,其中金字山"孤峰特立,高插云表,独冠群山。"③齐岳山"高与云齐,横亘数百里。"④帽盒山"崇峒峭壁,高耸云端。"⑤

长阳县,"层峦叠嶂,所在皆山。"较高之山有雪山,"山高,积雪常不解。"⑥

长乐县"地处万山",境内金鸡山"在抵东保与巴东、鹤峰交界处,山脉自巴东金鸡口来,势极高大,为邑属诸山之少祖。"⑦又有立界山,在"鹤、长交界处,极高大。"⑧

与文献记载长阳县"川岩险阻",长乐县(今五峰县)"五峰矗立,环绕城隍。满目巉岩,千条溪涧。"鹤峰州"环绕皆山"且"树木荫翳,四境之中悉属羊肠鸟道",恩施县"城东五峰山累累如贯珠,清江环其麓,城西猿躁山复岭相连,横亘天表。"宣恩县"渭溪涤其前,珍山拥其后",来凤县"山川盘郁,道路纷歧"且"滩险岩幽,林深箐密。"利川、咸丰二县"处万山之中"⑨一致,真实地反

---

① 同治《增修施南府志》卷 2,第 59 页。

② 同治《增修施南府志》卷 3,第 86—87 页。

③ 同治《增修施南府志》卷 3,第 88 页。

④ 同治《增修施南府志》卷 3,第 90 页。

⑤ 同治《增修施南府志》卷 3,第 91 页。

⑥ 乾隆《长阳县志》卷 1《天文志》,《故宫珍本丛刊》第 143 册,海南出版社 2001 年影印本,第 42 页。

⑦ 同治《长乐县志》卷 3,《北京大学图书馆藏稀见方志丛刊》第 270 册,国家图书馆出版社 2013 年影印本,第 168 页。

⑧ 同治《长乐县志》卷 3,第 171 页。

⑨ 《湖北通志》卷 13《形胜》,上海古籍出版社 1990 年影印本,第 560、561 页。同治《咸丰县志》卷首,《中国地方志集成·湖北府县志辑》第 57 册,江苏古籍出版社 2001 年影印本,第 10 页。

映了湖北武陵山区山地山原的地形地貌与总体山高谷深的自然环境。

然而通过对湖北武陵山区山川的梳理,发现其境高山多位于腹地恩施、宣恩、鹤峰及利川、咸丰、来凤、长乐及与巴东、建始、长阳交界地带,明显表现出湘鄂山区与平原区之间山地地貌差异。如利川县齐岳山"上连石柱,下接巫夔,外则襟带支罗、忠路,内则都会南坪,昔汉蛮分界处"①。此处所言"汉蛮分界"即为湖北武陵山区"北界"。而湖北武陵山区之东北有长江为天然"界限"。在东面则表现为明显的地形地貌差异,以"山"为例,统计长阳县、巴东县境内之山体分布如表2-1、表2-2所示。

表2-1 长阳县山体分布表

山体名称	备　　注
石桥山	县东五里
莲子山	县东六里
将军山	县治清江之南
纱帽山	县东南二里
金子山	县南十五里
香花山	县南二十五里
云台山	县南三十五里
峰　山	县南三十五里
笔架山	县南四十里
野鸡山	县南四十三里
火架山	县南五十里
马鞍山	县南三十里
石笋山	县西南五十里
雪　山	县西南教善里,山高,积雪常不解
巫岭山	县西二十五里
绮黄山	县西三十里
白燕山	县西三十里

---

① 同治《增修施南府志》卷3,第90页。

续表

山体名称	备　　注
罗隐山	县西三十五里
桑木山	县西八十里
剪刀山	县西八十五里
夜牛山	县西九十里
黄栢山	县西百里
巴　山	县西九十里
三台山	县西九十里
老女山	县西百五十里
火　山	县西百七十里
乌都山	县西百二十里
樱桃山	县西百三十里
鸡公山	县西北四里
香炉山	县西北十五里
方　山	县西北三十里
苦叶山	县西北五十里
石柱山	县西北六十里
云绕山	县西北六十里
黄连山	县西北七十里
青相山	县西北七十里
宝尖山	县西北五十里
龙池山	县西北五十里
安王山	县西北六十里
鸡头山	县西北七十五里
牛公山	县西北八十里
梅五山	县西北九十里
大面山	县西北九十五里
凤凰山	县北六里
千佛山	县北四十里
龙角山	清江北
文佛山	县北四十五里

续表

山体名称	备　　注
童保山	县北五十里
白云山	县东北三十里
牛角山	县东北四十里,交宜都县界
望州山	县北四十里
株栗山	县北百一十里
柘木山	县西北三十里
东峰岭	县东一里
分水岭	县东二十五里

资料来源:乾隆《长阳县志》卷1。

表2-2　巴东县山体分布表

山体名称	备　　注
巴　山	在县治南
石门山	县西北
天桥山	县西南
虎头山	县北
羊乳山	县北
铁炉山	县北
金盖山	县北
罗头山	县北
纱帽山	县北
长丰山	县西北
小戒山	方位不详
蜀口山	方位不详
向王山	方位不详
青台山	县西南
红葵山	县西南
双城山	县西南
双磉山	县西南

续表

山体名称	备　注
三分山	县西南
七里山	县西南
金笼山	县西南
石柱山	县西南
紫阳山	县西南
青桐山	县西南
鸡笼山	县西南
马鞍山	县西
银屏山	县西北
莲台山	县西南
飞凤山	县北
野龙山	县西
高阳山	县西
明月山	县西南
覆磐山	县西北
赶珠山	县西北
天台山	县西北
天保山	县南
桐木山	县西北
竹篙山	县西北
关口山	县西南
画眉山	县西南
马面山	县西南
牛口山	县东
龙会山	县东北
仙女山	县北兴山界
笔架山	县北
五宝山	县北
八盘山	县北
茅　山	县西北

续表

山体名称	备　　注
麦　峰	县西北

资料来源:康熙《巴东县志》卷1。

　　据表2-1可见,乾隆《长阳县志》所载长阳县境内山体共55处,位于东北者2处,东者4处,西北者16处,西者14处,西南者2处,东南者1处,南者9处,北者7处。其中,位于县之西者最多,西北、西、西南统归为西,共有32处,占境内山体总量一多半;最少者为县之东,加之东北、东、东南三面,仅7处。且西面多高山,前所言县内"山高,积雪常不解"之雪山即位于县西南,后划属长乐县(今五峰县);又有三台山"峰峦层叠"①。因此,长阳县境东西存在明显地貌差异,西部为高山山区,东部为少山丘陵地区,即"地势西高东低,西多高山峻岭,东多低丘河谷。"②又境内清江"源出施州,经苗疆建始县境,流入县界,绕城而南,东至宜都县入大江。"③说明康熙时期,长阳县已被认为是湖北武陵山区(湖北"苗疆")与江汉平原区(非"苗疆")之"界",这种"界"的形成与境内东、西地形地貌差异有着明显联系。

　　又据表2-2可见,康熙《巴东县志》所载巴东县境内山体总数为48处,有3处未言具体方位,其余位于东者1处,东北者1处,西者3处,西北者10处,西南者17处,南者2处,北者11处。与长阳县境山体分布状况一致,以西面分布最多,南面其次,东面则最少。且西面多高山,西南有安居山"高千仞",西北有小戎山"高峻",长丰山"高接云表",④说明巴东县境与长阳县境地形地貌大致相同,皆为西高东低,其中西南与建始县、鹤峰县交界地带尤为突出。

---

①　康熙《巴东县志》卷1,故宫博物院编:《故宫珍本丛刊》第134册,海南出版社2001年影印本。
②　长阳土家族自治县地方志编纂委员会:《长阳县志》,中国城市出版社1992年版,第1页。
③　康熙《巴东县志》卷1,第293页。
④　《读史方舆纪要》卷78,中华书局2005年点校本,第3694页。

又云"县东南二百五十里有石柱山关,盖因以名,为扼束群蛮之道。"①考今址,位于巴东县南,巴东、长阳、五峰、鹤峰四县交界地带,又前言清江"经苗疆建始"入长阳县,实际上,清江流入长阳县前,亦流经巴东县,结合此处所言石柱关"为扼束群蛮之道",认为巴东县西、南亦为湖北武陵山区与江汉平原区(即湖北"苗疆"与非"苗疆")之"界"。

长乐县(今五峰县)与长阳县、巴东县、鹤峰县相邻,其境内之山体分布,据同治《长乐县志》"县疆域图"可看出其境内之高山如金鸡山、立界山、芦黄山、雪山、锁子山、广福山、黄杨山、柏木山、扇子山、白鹤山等,皆多分布于西、南、北三面与石门、鹤峰、巴东、长阳四县交界地带,即分布于与湖北武陵山区腹地交界地带,存在明显的东西地形地貌差异。

鹤峰县虽地处武陵山腹地,但其境内山体分布亦存在东、西、南、北差异,如乾隆《鹤峰州志》所载其境之山,6处在城东,10处在城南,5处在城西,9处在城北。② 可见,境内山体多分布于县境南、北,而其南与石门县交界,北与恩施、建始、巴东交界,即湖北武陵山区边缘与湖南武陵山区交界之处为多山区,其余则相对较少。

二、湖南武陵山区自然地理形势

湖南山区属于武陵山区域的府厅州县有桑植、沅州、石门、慈利、辰溪以及凤凰、乾州、永绥、古丈坪、保靖、永顺、龙山、沅陵、泸溪、麻阳等15地,与湖北武陵山区南北相连,同处武陵山系,境内山峰海拔多在1000米以上,河流多属沅江水系,西抵洞庭湖平原,地形地貌差异明显。

区域内大部分州县属于武陵山腹地,小部分区域处于武陵山与雪峰山之间,多高山山区,河流众多,形成独特高山峡谷地貌。其腹地州县高山众多,在明清各地方志中多有记载。

① 《读史方舆纪要》卷78,中华书局2005年点校本,第3694页。
② 参见乾隆《鹤峰州志》卷上。

　　总体而言,永顺府"依山为郡";龙山"僻处边隅,万山旋绕";沅州"水襟带而潆旋,山森列而环抱";慈利"山有骑龙道人之萃崒,川有溇江澧水之浩瀚";辰溪县"沅水包络,居楚上游";保靖县"四山环抱,酉水中流";沅陵县"重冈复岭,截然险峻";泸溪县"深林绝壑,蜿蜒环绕,幽阻之区";麻阳县"山水奥僻";①凤凰厅"滨处楚边,夙称岩险"而"欤云吐雾,峰岭相摩,漱玉飞花,涧溪自韵"②;乾州厅"四面环山,武溪潆绕"③;永绥厅"四面崇山环抱"④。具体而言:

　　北部龙山县有洛塔山"高万仞",八面山"较洛塔尤高",顺江岩"直插霄汉",金斗坡"山不甚高"⑤;慈利县有琼云山"高摩霄汉",天门山"高绝,如梁之嵩岳",茅花岭"高莫测其寻丈",弥勒界"与茅花岭相抗而尤高",梯子界"高万仞",城子界"高数千仞";⑥桑植县"四面崇山峻岭"⑦,其境凤凰山、天星山、立雪峰、卧云山、云朝山虽未言其高度,但根据名称与其他方志记载,可推断其亦为高山;保靖县境内有奇峰、天台山、铁门山、西维山、石盘山、牛角山、羊归山、香火山、吕洞山、南无山等,或"高插云表",或"插汉凌云",或"山顶绝高",均为高山;⑧永顺县有蟠龙山、飞凤山、福石山、太平山、高望山、云霭山、奇峰山等,亦皆高插云表,雄伟高大。⑨

　　稍南,凤凰厅境内有凤凰营坡山"甚高"⑩,虎尾峰"高出云表",三道箐山"高千仞",⑪滥溪巴斗山"高插云表"⑫;芷江县有明山"高可千仞",洞天山

　　①　雍正《湖广通志》卷6,《景印文渊阁四库全书》第531册,第196、197页。
　　②　道光《凤凰厅志》卷3,第52页。
　　③　乾隆《乾州志》卷1,《华东师范大学图书馆藏稀见方志丛刊》第12册,北京图书馆出版社2005年影印本,第93页。
　　④　乾隆《永绥厅志》卷1,《华东师范大学图书馆藏稀见方志丛刊》第154册,国家图书馆出版社2012年影印本,第43页。
　　⑤　光绪《龙山县志》卷3,《中国地方志集成·湖南府县志辑》第75册,第27—28页。
　　⑥　万历《慈利县志》卷4,《天一阁藏明代方志选刊》第59册,上海古籍书店1981年影印本。
　　⑦　同治《桑植县志》卷2,《中国地方志集成·湖南府县志辑》第70册,第30页。
　　⑧　参见同治《保靖县志》卷2。
　　⑨　参见乾隆《永顺县志》卷2,《中国地方志集成·湖南府县志辑》第69册。
　　⑩　道光《凤凰厅志》卷1,第37页。
　　⑪　道光《凤凰厅志》卷3,第52—53页。
　　⑫　道光《凤凰厅志》卷12,第229页。

"侵晓云气",笔架山"高峰插云",高明山"为诸山之冠",荫阴山"岭峤间积雪,经春不消",金銮山"高峰乱云空"①;黔阳县有赤宝山"高不可仞,云海委属在其下方",马脑山"高险幽阻",天龙山"高峰插空",大角尖"高耸入云。"②

　　以乾州厅境高山最多,光绪《乾州厅志》卷首即言乾州"山高而峻"③,境内之山如鬼者、下高岩、纱帽坡、竹寨山、丑坨山、上百户山、彪金山、云雾山、天马山、冲天山、武山、丛桂山、天门山、崇山、惊栗坡④皆山势极高。从乾隆《乾州志》所绘舆图更可直观地看到其境山川走势与高山遍布情形。

　　以上各州县境内之高山基本都分布于各州县境四方,较为均衡。较之湖北武陵山区,湖南武陵山区高山数量更多,分布更广。然而,有"腹地",必然有"边缘",与武陵山区腹地全境多"山",高山突起之自然地貌相比,其"边缘"地带之地势则表现出西高东低之形态,这种"腹地"与"边缘"之地貌差异具有"渐进性",也具有较大的反差。

　　如以上言慈利县为腹地,境内亦多高山,然分析其境之"高山"分布,仅琼云山位于其县东,其余天门山位于县治西南,茅花岭位于九溪卫南,弥勒界亦位于九溪卫南,廖城界、羊公巅、梯子界、城子界则与麻寮相近,⑤且山亦多分布于以上两区域,已与其他"腹地"高山遍布四境显现出差异。同时,出现了西、北与东、南地形地势的差异。

　　又统计嘉庆《石门县志》卷5所载其境山体状况,得其基本分布状况如表2-3所示。

---

①　乾隆《沅州府志》卷5,《稀见中国地方志汇刊》第40册,中国书店1992年影印本,第449—451页。

②　乾隆《沅州府志》卷6,第464、467—469页。

③　光绪《乾州厅志》卷首,《中国地方志集成·湖南府县志辑》第46册,第9页。

④　参见光绪《乾州厅志》卷2。

⑤　万历《慈利县志》卷4。

表 2-3 嘉庆时期石门县山体分布表

山体名称	备 注
石门山	一在县东二里,一在县西三里
层 山	县东北三里
荣阳山	县北
方顶山	县西二里
紫和山	县东南十里
夹 山	县东南三十里
观国山	县南四十里
青元山	具体方位不详
鲤鱼山	老虎山南
白云山	县北十里
仙客山	县西北十五里
白竹垭	泥沙西北
花山峰	县西十五里
铜 峰	县北
耀日峰	具体方位不详
隐跃峰	
笔架山	县东十五里
五公嘴	县东十五里
黑岩峰	具体方位不详
戟 峰	
层岩峰	
佛 峰	县南十五里
子 峰	具体方位不详
南屏峰	

山体名称	备　注
扇面峰	
枣儿峰	
石柜峰	
天供峰	
碧岩峰	具体方位不详
归猿峰	
南台峰	
鹰桃峰	
双　峰	
紫金峰	
塞拉利昂	县东二里
马鞍山	县东二十里
燕子山	县东北四十里
谢家隘	县东北四十余里
尖峰山	县东北澧州界
百丈峡	具体方位不详
铁冶山	县东南三十里
小铜山	县东南三十余里
矿子山	夹山下
土　山	紫和山下
长青山	县东二十里
天龙山	具体方位不详
栎山坡	县南二十里
花　山	县南四十里
金字山	县西八里
尖岩山	县西三十里
碧云山	县西二十里
屏风寨	即白云山后嶂
狮子脑	县西北十九里
野鹤山	县西北

山体名称	备 注
东阳山	县西北
九折坡	在袁公渡羊肠佶崛
三峰山	县西兰溪坪
九里坡	近夜响庙
阳布山	县北一百三十里
牛角尖	县西北,近慈利界
老虎山	县西北,近长乐界
水南山	在水南渡
大面山	在水南渡西
黄石山	县西北一百一十里
上马磴	在芦黄山南
九层台	近庚子山
庚子山	县西北,抵澧州界
太清山	县北,澧州松滋界
燕子峡	县东北四十里
文峰山	在县北
施家山	县西北皂角市上
凉伞山	具体方位不详
簸箕山	抵鹤峰界
轿顶山	在县北昌溪对岸
浮萍山	长乐界
白岩门	
青阳山	县南三十里
迭龙山	自西北蜿蜒而来
烛天峰	县南五十里
稻罗山	县南四十里
大云山	未记载具体方位
浮 山	县东南七十里
大旗垭	县南四十五里
梅子山	接连观国山

山体名称	备　　注
大峰山	县南六十里
小峰山	县南六十里
黄　岩	县东长乐潭下
石嶂岩	县东北二里
观音岩	县南四十里
罗汉岩	县西南岳寺左
穿　岩	县西二十五里
和尚岩	县西十五里

资料来源:嘉庆《石门县志》卷5。

通过表2-3对石门县境山体的统计,就各山体所处方位而言,在东者7处,东北者6处,东南者5处,西者9处,西北者10处,西南者1处,北者7处,南者12处。显然,以西北靠近武陵山区所属慈利、鄂西南等区域山体分布较多,与所言"西北高峻,东南平衍"①形势一致。总体而言,石门县境山体数量众多,东、南、西、北四面皆有分布。而从《石门县志》所载各山体具体情况而言,石门县境内山体虽多,但并无"高插云霄"、"极高"或高"数万仞"之山体,说明石门县"边缘"与"腹地"之地貌差异已进一步显现。

石门之东为澧州,同治《直隶澧州志》言"澧为直隶州,所辖五县,安乡则为泽国,余四县皆为山也。州居山水之间,西北万峰矗起,东南一派汪洋。"②其内部地形地貌差异显而易见,所绘"澧州全属舆图"则直观地描绘了这一特征。通过此图,可见湖南武陵山区与长江中下游平原区之间地形地貌的巨大差异。

慈利县东南、沅陵县东北之桃源县,据万历《桃源县志》记载,其境内山体多分布于境西与西南,与慈利、沅陵二县交界地域,其中所记高山,如万阳山"高万丈",位于其境西南;金牛山"山顶甚高",位于其境西;南、北两面仅有少

---

① 嘉庆《石门县志》卷5,《中国地方志集成·湖南府县志辑》第82册,第289页。

② 同治《直隶澧州志》卷1,《湖湘文库》据同治乙巳本。

许山体,东面则几乎没有。这与光绪《桃源县志》"桃源县图"所绘一致。

第二节　雪峰山—八十里大南山区

此区域以雪峰山为主要山脉,延伸至八十里大南山,水系以雪峰山为界,东为资水水系,西为沅水水系,区域内靖州、溆浦、会同、通道、绥宁、宝庆、城步、新化、武冈、新宁、黔阳等皆属湘鄂山区。靖州"山溪重复,道路险绝";溆浦"左右云洞、庐峰,面背桃花、凤凰";会同"金龙(山)接其脊,洪江衍其潴";绥宁"在西南万山间,层峦叠巘";武冈"万山四塞";新宁"地险且崎,溪回洞旋";黔阳"地多深岩峻谷";①城步"万山盘礴"②。皆为多山之地,各地方志所载各州县全境图亦有详细描绘。

从康熙《靖州志》卷首"康熙靖州全图"可见,其所辖靖州、会同、通道、绥宁、天柱(今属贵州)"一州四县"地貌均以山地为主,所绘较为简略。光绪《会同县志》卷首"光绪会同县图"则详细绘出了境内"遍地皆山"的地理形势。

其他如靖州、会同、通道、城步、绥宁、晃州、武冈等州县地形地貌与会同基本一致,且多高山。如靖州地势较高,有考言"南条形势,由蜀而黔,而两粤,而闽浙,靖连黔、粤之交则尤高。"③境内有鸿陵山"玉立天表",九龙山"高插云霄";④会同县有雪峰"高大冲霄汉",笔架山"高插云霄",朝阳寨"高耸云霄";⑤通道县有旗山"极高峻";⑥城步县有黔峰山"耸翠干霄",青角山"最高而险",闻仓山"高峻而险",威溪山"层峦耸翠,高秀干霄";⑦绥宁县"山险而

---

① 雍正《湖广通志》卷6,《景印文渊阁四库全书》第531册,第196—198页。
② 同治《城步县志》卷1,《中国方志丛书》第115号,成文出版社1976年影印本,第27页。
③ 康熙《靖州志》卷1,《中国地方志集成·湖南府县志辑》第64册,第294页。
④ 光绪《靖州直隶州志》卷1,岳麓书社2012年影印本,第18、19页。
⑤ 光绪《会同县志》卷1,《中国地方志集成·湖南府县志辑》第64册,第20、21页。
⑥ 嘉庆《通道县志》卷1,《中国地方志集成·湖南府县志辑》第62册,第24页。
⑦ 同治《城步县志》卷1,民国十九年活字本。

高",云雾山"双峰云耸",堡子岭"连峰插天";①武冈州天尊山"高千丈许",竹坪山"山势高峻"②。可见这些区域具有"遍地皆山"且多高山的共同地理环境,是雪峰山—八十里大南山区"腹地"。

溆浦县因地处武陵山与雪峰山之间,因而出现"四边皆大山,中境颇见平原"③,"地势南高北低,西北尤低,到处山脉起伏,多狭小平原"④之地形地貌,地方志无高大山体记载,仅言境内草墩嵩山在"县治南一百四十里,北二区南一区,鹿口水出焉。其西峰曰鸡公坡,颇高峻"⑤。与"腹地"州县山高入云霄相比,实不可称之为高山。从乾隆《辰州府志》"溆浦县境图"⑥可见其境内高山集中分布于县境西南。因此,溆浦县较之"腹地"州县,存在较大地形地貌差异,其境内山体高度普遍低于"腹地"之山,境内"平原"亦多于"腹地"。

又邵阳县"东距洞庭,西连五岭","九疑北麓,潇湘南滢"⑦,可见其地有西高东低与南高北低之势,而其境内之高山四明山"居邵阳、武冈、东安、祁阳之间,山峰杰出以百数,惟此山最高,登之可望四州县"⑧。位于其西南,更反映了其地势西南高东北低之地理形势,与溆浦大致相同。

第三节　五岭—阳明山—九嶷山—诸广山区

五岭包括越城岭、都庞岭、骑田岭、萌渚岭、大庾岭,其与阳明山、九嶷山、

---

① 同治《绥宁县志》卷7,《中国地方志集成·湖南府县志辑》第56册,第331、333页。
② 嘉庆《武冈州志》卷17,第174、175页。
③ 民国《溆浦县志》卷1,《中国地方志集成·湖南府县志辑》第63册,第7页。
④ 民国《溆浦县志》卷2,第11页。
⑤ 民国《溆浦县志》卷3,第33页。
⑥ 乾隆《辰州府志》卷首,岳麓书社2010年影印本,第15页。
⑦ 康熙《邵阳县志》卷1,清康熙二十三年刻本。
⑧ 光绪《邵阳县志》卷2,《中国地方志集成·湖南府县志辑》第50册,第153页。

诸广山皆位于湖南省南部,与广西、广东、江西三省交界,其北为中部低山平原地带,区域内河流属湘江水系。其境之永州、宁远、永明、蓝山、永兴、桂阳、桂东、宜章、临武等府州县属于山区。各州县地理形势,总体而言,永州"环以群山,延以林麓";新田"万山巉丛";桂阳县"界乎群山之间";临武"四塞层峦"①;桂东"重峦叠嶂,亘白缭青,与江广诸峒密迩,深山穷谷"②;蓝山"重崖叠嶂"③;宜章"峰峦环抱"④。

清代永州府所辖州县包括道州、东安、江华、零陵、宁远、祁阳、新田、永明等八州县,此八州县,基本覆盖了五岭—阳明山—九嶷山地区。这一地区高山分布较多,如江华县"高山大川间处";祁阳县境内有祁山"高峻",四望山"天宇开霄",云头岭"高耸凌云";东安县舜岭"高接青天"。⑤

具体而言,从道光《永州府志》卷一上"星野图经"所载舆图可见,东安县境山体主要位于县北;祁阳县境山体较多,主要分布于县治东北与西南;零陵县山体较少,多位于县北与县东南;新田县山体主要分布于县西北;宁远县山体多位于县西北与东南;永明县山体基本遍布全境,分布于县境西南及北;江华县境山体多位于县南与县东。以永明与江华境内山体分布较为密集。

分析以上分布格局的形成,与这一区域五岭、阳明山、九嶷山等山系为非连续山脉相关。如零陵县境内山体较少,因其处于两山之间,相对平缓;新田县西北为阳明山所在,因而山体较多;江华与永明则处于五岭、九嶷山腹地,因而山体分布尤多。

---

① 《湖南通志》卷8,上海古籍出版社1988年影印本,第488、492—493页。
② 同治《桂东县志》卷7,《中国方志丛书》第313号,成文出版社1975年影印本,第603页。
③ 康熙《蓝山县志》卷2,《故宫博物院藏稀见方志丛刊》第88册,故宫出版社2013年影印本,第354页。
④ 嘉庆《宜章县志》卷首·凡例,《稀见中国地方志汇刊》第38册,第799页。
⑤ 参见弘治《永州府志》卷2。

第四节　湘鄂山区腹地及其边缘地带
总体地势特征与差异

根据前文对湘鄂山区所辖各具体区域、具体州县地理形势的分析,可见湖北武陵山区与江汉平原区域存在明显地形地貌差异,且两者之间存在巴东县、长阳县、长乐县形成的明显过渡地带,三县县境均有明显东西地形地貌差异,而越过这一过渡地带,即进入江汉平原,在地理单元上属另一种地貌。

湖南武陵山区腹地范围内,多高山峻岭,且东、南、西、北分布较为均衡;其"边缘",从慈利开始为西、北高,东、南低,至石门县则几乎没有高山,呈现相对的"西北高峻,东南平衍"状态;再往东,澧州及安乡境域则为"泽国",山体极少,多为平原;在桃源县,则呈现出"一县两态"的分异——县境西部靠近武陵山"腹地"区域有较高山体存在,东部则几为平地,存在明显的地形地貌差异。

雪峰山—八十里大南山地区"腹地"与"边缘"州县地形地貌亦存在明显的差异与变化,这种差异与变化在"腹地"州县表现为"遍地皆山"且多高山;在"边缘"州县则表现为渐进性变化,邻近"腹地"地域仍多山,甚至有高山,但距离越远,高山则越少,地势则越低,甚至有平原出现。

五岭—阳明山—九嶷山区内零陵县境山体较少,与周边区域形成明显差别。诸广山区,则主要为明时郴州所在区域,从万历《郴州志》卷首所绘"一州五县总图",可见其境内多山。陈邦器曰其境"山川逶迤自贵州、粤西而来,盘旋奇变,如桂东胸堂山,兴宁八面山,桂阳百丈峰,郴州五盖山、黄岑山,宜章大莽山—漏天山,皆鼪鼯窟穴之乡,足音罕闻之地,非牵绳不上,非扪萝不行,窃以为宇内异常之险也。"而"插江、广交戟之内,三面如壁,独西北一角枕衡岳,潴洞庭。"[①]可知其东南与江西、广东交界,山势较险,而西北相对较缓,在其境

---

① 康熙《郴州总志》卷1,《中国地方志集成·湖南府县志辑》第21册,第21页。

内之东南与西北便形成了"腹地"与"边缘"的地理形势差异。

这些腹地与边缘地理形势差异正好反映了湘鄂山区腹地与边缘的差异,也反映了湘鄂山区与湘鄂平原区、丘陵区之间地理形势的差异,这种差异——湘鄂山区境内各州县多处于"万山"之中,且多高山,也是湘鄂山区形成独特自然与人文特征的最主要因素之一。这种多山的地理环境,使湘鄂山区境内之民可利用其"天然优势"与中央王朝进行抗衡活动,如前所言巴斗山,在"泸溪县境,接连麻阳之雄山,绵亘数十里,高插云表,陟其巅,凡数百里,民村、苗寨历历在目,前此苗皆由山出掠麻、泸、浦市,又踞山顶石菴为巢……"[1]又有天星寨"在万山之中,悬崖壁立,自下至上,高数百丈,止有一路可上,中有悬崖五处,素为诸苗集粮负固之所,屡遣顺苗招谕,抗不受抚。"[2]均以其所在山高,成为区域内苗民居住并"负固出掠"的根据地与中央王朝抗衡。"湖南辰州西南一带苗地,乃楚、黔、蜀万山之交……苗类不一,各倚箐峒为寨,约数百处,而内巢生苗地更险峻,性更悍顽,自古不通声教"[3]即此。湘鄂山区地域"宋元以来屡动王师,时服时叛……非独禀质异人也,亦地之形式使然欤"[4]。更是直接点出了湘鄂山区地理形势对其形成的重大影响。

---

① 但湘良:《湖南苗防屯政考》卷首,《国家图书馆藏清代兵事典籍档册汇览》第 43 册,学苑出版社 2005 年影印本,第 96 页。

② 郭琇:《奏请改沅州镇移驻镇筸疏(康熙三十九)》,载《湖南苗防屯政考》卷 10,第 45 册,第 266 页。

③ 郭琇:《奏请改沅州镇移驻镇筸疏(康熙三十九)》,载《湖南苗防屯政考》卷 10,第 45 册,第 268 页。

④ (清)王履阶:《改土归流说》,《小方壶斋舆地丛钞》第八帙,第 154 页。

第三章　多元融合:湘鄂山区的人口构成

　　一个区域人文特征的形成与区域内的人与文化等不无联系,湘鄂山区所属各府州县在历史时期曾多被称为"苗疆",而"苗疆"一词中的"苗"字与历史时期"回疆"一词之"回"字同义,都强调了其区域中占主导地位的人群。因此,"苗疆"作为一种特殊区域的代称,其形成与民族人口紧密相关,换言之,民族人口因素对于"苗疆"这个区域的形成或者说概念的产生影响较大。笔者通过分析"明以前'苗民'分布区"之演变,已知"苗民"存在自东向西迁移的过程,而自秦汉始,湘鄂山区所在的两湖地区即已成为苗民的主要分布区,只是存在分布区逐渐向西内缩的情形,唐宋开始才在两湖(即湘鄂)山区形成相对稳定的分布区。

　　如《皇清职贡图》卷3记载,湖南山区所属永绥、乾州等处有红苗,靖州、通道、绥宁、城步等处有青苗,安化、宁乡、宁远、道州、永明、武冈、溆浦等处有瑶人,永顺、保靖等处有土人。[1] 而"瑶人裔出于苗","土人先本苗裔"[2],可见随着族群名称的细化,湘鄂山区逐渐发展成为苗族、土家族、瑶族、侗族等多民族聚居地域,形成与湘鄂平原区、丘陵区不同的人文特征,同时也反映出湘鄂山区各族之间的联系及在历史时期的融合与发展。

　　历代地理总志多以郡一级政区作为人口统计标准,如《汉书·地理志》载

---

① 参见(清)傅恒等:《皇清职贡图》卷3,辽沈书社1991年版,第233—235、308—328页。
② (清)傅恒等:《皇清职贡图》卷3,辽沈书社1991年版,第317、327页。

101

武陵郡有"户三万四千一百七十七,口十八万五千七百五十八。"①《后汉书·郡国志》又记武陵郡有"户四万六千六百七十二,口二十五万九百一十三。"②即使相同之郡,其户口数量亦在不断发生变化,而随着朝代更替,政区设置变化,辖域随之变化,人口数据又有不同。如《旧唐书》所载朗州(辖武陵、龙阳二县)"天宝,户九千三百六,口四万三千七百十六。"澧州(辖澧阳、安乡、石门、慈利四县)天宝时"户一万九千六百二十,口九万三千三百四十九。"辰州(辖沅陵、卢溪、溆浦、麻阳、辰溪五县)天宝时"户四千二百四十一,口二万八千五百五十四"③等皆曾属汉武陵郡管辖,人口数据却随辖域变化不同。而这一区域在历史时期又多有苗民分布,但所有这些总志均未区分所统计户口之族群类别。

在已有关于这一地区民族人口的研究中,曹树基《中国人口史》明代卷对两湖和两广地区不见于册籍的少数民族人口数进行了讨论,以"施州卫"所辖长官司数量,根据贵州古州例,又参考永州府人口数量对其境内所辖少数民族数量进行估算,最后估算施州卫下辖少数民族人口为 14 万左右。④ 其所著《中国人口史》清代卷却着重于讨论这一地区人口数量与增长,其政区单位从"州、卫"变为"县",未对区域内少数民族人口数量进行讨论。因而,本章爬疏文献,着重对这一地区明清时期有族群区分的人口数据,特别是人口构成中的少数民族人口进行深入分析与估量。

第一节 湘鄂武陵山区的人口构成

一、湖北武陵山区的人口构成

湖北武陵山区在清雍正时期"改土归流"后所辖政区主要以施州府为中

① 《汉书》卷 28 上《地理志上》,第 1594 页。
② 《后汉书》卷 112《郡国志四》,第 3484 页。
③ 《旧唐书》卷 40《地理志三》,第 1621 页。
④ 参见曹树基著:《中国人口史·明时期》,复旦大学出版社 2000 年版,第 193 页。

心,下辖施、来凤、长乐、鹤峰、宣恩、咸丰、利川等县。此外,宜昌府所辖长阳县亦属于武陵山区范围。

来凤县,雍正十三年(1735年)"改土归流"后"共烟民一万七百五十八户,内土民二千三百一十二户,客民八千四百四十六户,共四万七千四百四十五名口"①。显然,"改土归流"后,来凤县境内人口以客民(即汉人)为主,占烟民总数的75%。所言土民即原居住于来凤县的人口,占当时总烟民户数的25%,人口仅有一万零一百多名。然而,根据历史文献记载,一方面其时为"改土归流"后不久,另一方面来凤县地处湖北武陵山区西南与湖南山区交界地域,并非"施州"核心区域与交通要道,客民虽有进入,但不可能如此迅速超过土民成为境内主要人口。因此,笔者怀疑此处所载土民数量与实际数量存在一定的差距,而出现这种状况的原因可能与土民多居于山中有关。

长乐县,有关地方志都仅记载"阖县民数户口六千五百二十户,男女大小四万七千七百五十二丁口,随粮改土人丁五百八十三丁口。"此民数户口可能包含极少部分土著居民,但并没有区分境内所居不同族类,将土民户数纳入记载。据乾隆十三年(1748年)学政胡绍南言,"该州县编氓,久荷圣朝教养,人才蔚起,多士奋兴,缘学校未建,致土著之民无阶可升,改拨之众无籍可归。"②说明当时长乐县在户籍管理上存在较大漏洞,因而见于登记的总人口数量不多,且仅记载了汉民数量。

鹤峰县,在乾隆、道光、同治、光绪各时期的《鹤峰州志》中,仅乾隆时期方志记载其境有"土民共一千九百二十一户,男妇共一万零三百六十七名口。"③对其他客民并无记载,可见境内土民数量应占多数,但就数据而言并不一定完全准确。

宣恩县,"改土归流"前,其境辖有高罗、木册、施南、东乡、忠峒、镇南等土

① 乾隆《来凤县志》卷4,《故宫博物院藏稀见方志丛刊》第83册,第156页。
② 光绪《长乐县志》卷首,《中国地方志集成·湖北府县志辑》第54册,第226、308页。
③ 乾隆《鹤峰州志》卷下《户口》,《故宫珍本丛刊》第135册,第31页。

103

司。永乐四年(1406年),高罗安抚司招复"蛮民四百余户",木册长官司田谷佐等召集"蛮民三百余户"①,镇南长官司"有蛮民三百余户"②。又"兵部请以四百户以上者设长官司,四百户以下者设蛮夷官司,元故土官子孙,量授以职,从所招衙门管属。上从之,故有是命。"③那么,施南宣抚司、东乡五路安抚司、忠峒安抚司,所辖户不低于四百户。因此宣恩县"土民"④在明时期至少有二千二百余户。

"改土归流"后,县内有"土民二千一百六十九户,一万五千六百四十二口;客民三千七百四十六户,二万五千零四十三口。乾隆四十年(1775年)查造加增土民二万三千八百三十七户,客民九千九百四十户,共一十五万零四百五十丁口。乾隆五十七年(1792年),查土著流寓大小男妇共一十六万零一百九十六丁口。"⑤前后增减变化记载详细,乾隆四十年以前土民与客民所占比例为土民占总户数或人口数的37%左右,客民占63%;而至乾隆四十年,土民与客民所占比例与前倒置,土民所占比例超过客民所占比例,占总户数或人口数的65%。

分析土民、客民在前后不同时期出现较大差异的原因,应与"改土归流"初期对土司的统治管理有关,一方面,国家对此区域的管理进程是一个较为缓慢的过程,不可能一蹴而就;另一方面,此地为非汉族群聚居区,多深山峡谷,在户籍管理上存在一定的难度,这也是湖北武陵山区普遍存在的问题。

恩施县境亦有土民与客民之分,文献记载"邑民有本户、客户之分,本户皆前代土著,客户则乾隆设府后贸迁而来者。"⑥对其县土民与客民的记载在湖北武陵山区几个县中最为详细,不仅包括土民与客民的数量,还记载了其分布的具体区域及各区域数量。首先记"嘉庆十二年(1807年)滋生户口清

① 《明太宗实录》卷52,第787—788页。
② 《明太宗实录》卷63,第907页。
③ 《明宣宗实录》卷43,1074页。
④ 即《明实录》中所言"蛮户",此处非原文,因而使用它词代替。
⑤ 同治《宣恩县志》卷6,《中国地方志集成·湖北府县志辑》第57册,第160、211页。
⑥ 同治《恩施县志》卷6,《中国地方志集成·湖北府县志辑》第56册,第473页。

册……阖县除流寓户口另报外,所有一切土著民数共三万九千一百八十八户,计男妇大小人口共二十四万九千八百四十七丁口,内土著男妇大口一十六万六千七百零九丁口,土著男女小口八万一千九百二十四丁口,随粮及滋生人丁皆无增减。"①又记"阖县旧管新收土著流寓,民数五万零八百四十余户,现在编审随粮人丁暨滋生人丁,土著不成丁,男女大小共三十三万七千丁口。"②假定嘉庆至同治时期户数及人口总数无较大增长,则土著人口数占总户数或人口数的77%左右,与其他几县比较而言,土著数量多了很多。

又同治《恩施县志》以"甲"为单位详细记载了其境土著的分布(详见表3-1)。

表 3-1　同治时期恩施县各汛土著、流寓户口数量表③

甲名汛名/户数	典史汛		巡检汛	县丞汛
	土著户数	流寓户数	土著流寓户数	土著流寓户数
一甲	1000+	437	1475	2101
二甲	1800	480	2223	2208
三甲	1701	400	1828	2346
四甲	1800	410	1828	1961
五甲	1900+	481	1930	2006
六甲	1565	439	1820	1961
七甲	1500+	380	1939	2102
八甲	1900+	500	1425	2234
九甲	不详	不详	仅八甲	仅八甲
占总户数比例	26%	6%	28%	33%

资料来源:同治《恩施县东》卷6"户口"。

据表3-1可见,文献仅对典史汛内所存土著、流寓进行了区分登记,而巡

①　嘉庆《恩施县志》卷1,《故宫珍本丛刊》第143册,第173页。
②　同治《增修施南府志》卷11,第197页。
③　因典史汛九甲户数未记载,因而总比例与最终总数不符。各甲区域范围即其四至八道参见卷2《里甲》;同治《恩施县志》卷6,第464—467、406—409页。

检汛与县丞汛未详细区分土著与流寓数量。以典史汛为例,其境内土著户数明显多于流寓数量,占全县总户数 26%,占汛内户数 80% 多,可见其境内土著人口之多。以此类推,虽巡检汛与县丞汛未区分土著与流寓,但可以推断其汛内至少存在一半土著人口,则同治时期,境内土著人口数至少占总人口数 58%。

咸丰县,"改土归流"前,其境有唐崖、龙潭、金峒三长官司,"现今十七土司所辖土民,惟容美约有三千户,其余土司八百余户及三五百户者不过数司,余皆七八十户与三四十户耳。"①按明朝规定,四百户以上设长官司,以下设蛮夷官司,则唐崖、龙潭、金峒三土司所辖土民总户数应在 1000 户左右。至同治时期"阖县旧管新收民数一万八千零七十四户,编审随粮,原额改土,案内勘出人丁暨滋生人丁,土著不成丁,男女大小共九万一千三百四十五丁口。"②此将"改土归流"后勘出人丁作为滋生人丁,但又言土著不成丁,因而并未言土著具体数量。可以肯定的是,这一时期所查出的土著人丁应比土司时期要多,而客民的进入亦多。

利川县,"旧为土司地,其户口无可考。乾隆初'改土归流',六县户口统于施南府。道光十二年(1832年)奉文编查保甲,利川凡为户三万八千七百九十五,丁口一十九万二千一百二十三;同治四年(1865年)经粤逆之乱,复加编查,凡为户三万三千三十八,丁口一十九万三千四百四十二;光绪十八年(1892年)复加编查,凡为户五万三千五十三,丁口二十九万一千七百有八。"③很显然,此并未涉及其境内土著人口,从侧面可见"改土归流"后利川县境内人口以汉人为主的情形,但又因其地在明代时期曾置有沙溪宣抚司、忠路安抚司、忠孝安抚司、建南长官司等土司,可以推断其地在明时至少有 1000户以上土民,仅占"改土归流"后民户总户数的 0.26%。即使在清代土民人口数量有所增加,较之民户总数,仍然只占总人口数的一小部分。

① 《湖广总督迈柱奏陈容美土司田旻如劣迹,请勒部调京给职并将各土司改土归流折》,雍正十一年五月二十二日,《雍正汉文硃批奏折汇编》第 24 册,第 564 页。
② 同治《咸丰县志》卷 8,第 68 页。
③ 光绪《利川县志》卷 7,《中国地方志集成·湖北府县志辑》第 58 册,第 55 页。

长阳县,乾隆与同治《长阳县志》对长阳县境内土民户丁均无记载,分析同治《宜昌府志》所载户口数据,长阳户口汉元始二年(公元 2 年)时有 2636户,口 14289;后汉时有 9563 户,口 43976①。至明代,"长阳疆域辽阔,有明盛时烟民户口当不下十数万"②,可见长阳县人口自两汉时期开始即以民户为主。但从文献记载可见长阳县所辖地域亦有不少土民,如雍正五年(1727 年)正月十九日,湖北巡抚宪德在《奏报容美土司已将侵占长阳县土地退归折》中称:"荆州府属之长阳县与容美土司界限接壤,自明末兵燹之后,田土荒弃,汉、土涌杂。"③即反映了其境内土民之存在,说明长阳县人口构成既包括汉民,也包括小部分土民。

二、湖南武陵山区的人口构成

湖南武陵山区在清雍正时期完成"改土归流"后,区域内所置行政区包括凤凰、乾州、古丈坪、永绥、桑植、石门、慈利、永顺、龙山、保靖、辰溪、沅陵、卢溪等厅、县。虽均属武陵山区,但各厅、县在明清时期的人口构成存在一定的差异。

桑植县境基本皆为土民,苗民仅有百余户,并散处各里。具体而言,乾隆二十五年(1760 年)有"土民烟户八千零三十一户,大男妇二万四千六百五十一名口,小男女一万六千一百四十二名口。苗民烟户一百六十三户,大男妇六百二十名口,小男女三百九十六名口,合计土、苗民烟户二万零七百四十一户,大小男妇六千六百四十一名口。"④从数量记载来看,土民户数与口数不符,最后所合计土、苗烟户总数也与前土民、苗民烟户之总和不同。若此处户数无

---

① 此数据根据同治《宜昌府志》卷 5 所言长阳县在上级政区各时期户口总数中百分比计算得出。
② 同治《宜昌府志》卷 5,《中国地方志集成·湖北府县志辑》第 49 册,第 187 页。
③ 《湖北巡抚宪德奏报容美土司已将侵占长阳县土地退归折》,雍正五年正月十九日,《雍正朝汉文硃批奏折汇编》第 8 册,第 874—875 页。
④ 乾隆《桑植县志》卷 2,《故宫博物院藏稀见方志丛刊》第 93 册,故宫出版社 2013 年影印本,第 168、303 页。

误,按每户五口计算,则至少应有四万多人口。按比例计算,土民占总户口数的98%,分布于县域全境;而苗民仅占2%,主要分布于境内利泌溪、苦竹凼、高埠溪、新村、泥湖塔。

永顺县,雍正五年(1727年),永顺宣慰司呈请"改土归流"时"绘具舆图并册开土民一万九千八百六十一户,男妇九万九千三百七十名口。"①乾隆七年(1742年)有"土籍一万一千五百八户,大男妇三万六千三百五十六名口,小男女一万八千七百一十八名口;客籍五千四百四十六户,大男妇一万四千六百六十一名口,小男女一万一千七百七十七名口;苗籍二千七百三十九户,大男妇一万一千六百二十二名口,小男女一万零五百四十九名口,三项共计一万九千六百九十三户,大男妇六万二千六百三十九名口,小男女四万一千四十四名口,共大小男妇十万三千六百八十三名口。"②显然,此处所载土民户、口比例相对合理。参考乾隆时期人口数据,其土籍、客籍、苗籍总户数,较雍正时期土民户数仅相差100余户,总人口却多了不少,如果乾隆时期人口数据无误,那么较之雍正时期少去的8000余户土民归于何处了呢?笔者认为,雍正时期所言土民总数,应包括乾隆时期所言苗籍与客籍在内。总之,其县内民户主要为土民,仅按乾隆时期户口数据分析,其土民占总人口数的53%,客民(汉民)占26%,苗民占21%。

至乾隆二十五年(1760年),永顺境内有"土、苗、客民编户三万四千一百八十七,口一十八万五千二十一。内土户二万三百四十六,口一十一万三千七百六十五;苗户四千六百八十六,口二万五千一百三十三;客户九千一百五十五,口四万六千一百二十三。"与乾隆七年相比,总人口增加81338人,其中土民增加58691人,客民增加19685人,苗民增加2962人。而至同治时期,因受"乾嘉之乱""咸同之乱"的影响,其"土、苗、客民编户二万七千八百八十二,口

---

① 《湖广总督迈柱奏报桑植、保靖两土司自愿改流折》,雍正五年十二月十八日,《雍正朝汉文硃批奏折汇编》第11册,第268页。
② 乾隆《永顺县志》卷3,《中国地方志集成·湖南府县志辑》第69册,第123页。

一十四万一千九百六十二。"①较之乾隆二十五年所报户数与人口总数,均有所下降。

龙山县,雍正七年(1729 年)"改土归流",其境内有"土籍原额户口九千九百八十二户,共男妇大小五万零五百五十五丁口。苗籍一千二百四十四户,共男妇大小四万五千六百五十七丁口。客籍六千九百六十六户,共男妇大小四万四千五百一十四丁口。苗、土、客,共人丁九万零一百七十一丁口。"②所言苗籍每户人口多达 36 口,户、口比存在明显不合理。据同治《永顺府志》记载,龙山县乾隆五十九年(1794 年)"苗、土、客民编户一万八千四百一十七,口九万五千一百一十七。内土户九千九百八十二,口五万零五百五十五;苗户一千三百六十四,口七千一百五十五;客户七千七十一,口三万七千四百七。"③将两个时期所载户口数相比较,嘉庆时期所载户数有所增加,所记载数据相对而言更加准确。按此计算,则土民占总人口数的 53%,苗民占 8%,客民占 39%。

保靖县,雍正与同治《保靖县志》均未记载土、苗户口数量,只言"保靖之民有二,曰土,曰苗,四境杂处,风俗不一。"④同治《永顺府志》弥补了这一缺陷,分别记录了县内土民、苗民、客民的数量,言其县有"苗、土、客民编户一万二千五百九十七,口五万二千四百三十五。内土户七千九百五十二,口三万四千四百九十七;苗户三千二百二十七,口一万二千三百八十六;客户一千四百一十八,口五千五百五十二。"⑤按此推算,则其境土民占总人口数的 66%,苗民占 24%,客民则占 10%,与所言"民有二,曰土,曰苗"较为符合。

古丈坪厅,原属永顺县,后设厅。同治十年(1871 年)有"土、苗户七千三百五十三,口三万六千二百一十九。"⑥虽未区分各自数量,也未记载汉民数量,但从侧面反映其境内人口构成以土民、苗民为主的事实。

---

① 同治《永顺府志》卷4,《中国地方志集成·湖南府县志辑》第 68 册,第 100、103 页。
② 嘉庆《龙山县志》卷2,《稀见中国地方志汇刊》第 41 册,第 76 页。
③ 同治《永顺府志》卷4,第 100 页。
④ 雍正《保靖县志》卷2,《故宫博物院藏稀见方志丛刊》第 93 册,第 461 页。
⑤ 同治《永顺府志》卷4,第 100 页。
⑥ 同治《永顺府志》卷4,第 103 页。

石门县,光绪《石门县志》记载了其自宋至清户口数量,尤详于明清时期。如明代洪武、永乐、宣德、正统、景泰、天顺、成化、弘治、正德、嘉靖、隆庆、万历等不同时期各都区户口数均有记载,但并未记载境内土民与苗民数量,以此推断,其境内人口构成应以汉民为主,土民与苗民人口数量极少。

慈利县,万历《慈利县志》详细记载了其境明代不同时期的人口总数,洪武时期其县有 8100 户,37709 人;永乐时期人口较多时有 9316 户,46756 人;宣德时期有所减少,有 9172 户,36395 人;正统至隆庆时期总户数均在 9000 左右,人口总数也在 3 万至 4 万左右,至万历时期因受兵燹影响,人口较之前减少。① 同治《县志》亦只记载了其县明时期总户口数,明代部分时期及清代户口数量均因为兵燹而缺乏记载。因此,从仅有的户口数据推断,慈利县人口构成应以汉民为主。又由其境内设有麻寮土官千户所及百户所推断,境内除汉民外,仍有部分土民。

沅州府(治芷江县,另辖黔阳县、麻阳县),乾隆与同治时期《沅州府志》均只记载了总户数与口数,并未单独区分境内土民、苗民与客民。同治《芷江县志》对芷江县内户口记载亦没有详细区分,康熙与同治时期《麻阳县志》也未对其县内户口进行分类记载,《黔阳县志》虽也未记载其境内各族类具体户口数量,但《张公抚瑶纪略》记载其境内有"瑶人分布",分别在梓木驼、照面山、木古界、蓝家峒,并强调其县无苗民。② 然而,据各地方志记载,三县均为紧邻苗民聚居区域的要地,时常有苗民进入辖境,因而其境内应存在少许苗人,只是由于各方面因素的影响而未记载于册。

凤凰厅,"康熙四十六年(1707 年)至乾隆二十一年(1756 年),厅属红、黑、花苗三百一十四寨,计六千五百八十五户,男妇三万一千二百二十口。"与乾隆《凤凰厅志》记载数据一致。嘉庆二年(1797 年)"乾嘉之乱"后,其境内共有"五百二十九寨,一万三千二百四十三户,男三万二百零一名,女一万九

---

① 参见万历《慈利县志》卷8,明万历刻本。
② 雍正《黔阳县志》卷8,《中国地方志集成·湖南府县志辑》第61册,第145页。

千四百零四口,共男女四万九千六百零五名口。"①而"康熙四十六年至乾隆二十一年,实在民户计一万二千二百四十九,口五万一千三百八十三。"至"嘉庆二十一年,民户万四千九百四十二,口七万四千六百六十九。"②

首先,从户与口的比例看,苗民户口在康熙四十六年至乾隆二十一年每户人口为 5 口,至嘉庆二年,每户人口数量有所下降(降为 4 口),而民户每户数量变化与此相反,由 4 口增加到 5 口,这可能与嘉庆"苗乱"有关。其次,若按此计算,则康熙四十六年至乾隆二十一年,(汉)民、苗人口共有 82603 口,嘉庆"苗乱"平定后共 124274 口,则汉民人口数在两个时期分别占总人口数的62%与60%,苗民人口数在两个时期分别占总人口数的38%与40%,人口总数虽发生变化,但人口构成比例却基本没有变化,总体还是以汉民为主。但考虑到受战争与环境恶劣的影响,可能存在漏记,故认为凤凰厅境内苗民实际数量可能多于文献记载数量,总数应与汉民数量相差不大。

乾州厅,其境逼近"红苗"聚居地域,"数经蹂躏,人烟寥落,户口凋残,其土民半系招徕,苗民皆为新附","苗户原一千五百六十有二,男妇计口六千一百九十有三。除分拨永绥、凤凰二厅并迁移、故绝外,实存苗户一千九十户,男妇计口四千一百一十有六。"时有"民粮户共三百四十有四,烟户共二千五百五十有七。"③显然,乾州境内有苗民、土民、汉民之分,但土民具体数量未见于记载,苗民户口总量约为总烟户数量的23%。

又据光绪《乾州厅志》卷 3 记载"康熙四十三年(1704 年)设厅,原编民户二千五百五十七,苗户一千九百,男妇四千一百一十有六。""乾隆二十九年(1764 年),《厅志》原编民户五千一百一十,口二万四千五百五十四;苗户二千五百九十四,男妇一万四千一百有六。"《乾州厅志》卷 7"苗户"记载嘉庆二年平苗后各寨苗户,据同治八年(1869 年)册报有"一百三十寨,三千三百四十

①　道光《凤凰厅志》卷 11,第 200 页。
②　道光《凤凰厅志》卷 4,第 72 页。
③　乾隆《乾州志》卷 1,第 148 页。

户,男妇七千六十一口"①推断,土民基本未纳入户口计算之中,因此乾州人口以汉民、苗民为主,其中汉民约占总人口数的57%,苗民约占总人口数的43%,较之乾隆时期,苗民人口总数呈增长趋势,所占比例大大增加。笔者认为,这与其政治、文化的发展有较大关系,其中可登记户口条件的改善影响最大。

永绥厅,"雍正十一年(1731年)编查,苗户共五千二百二十八户,男妇二万三千六百三十六口。乾隆十六年(1751年)清查,增苗户一千零二十八户,增男妇五千一百名口,新增民村一百零九村,新增内地徙入民户一千九百一十四户,新增男妇八千七百二十一名口。"嘉庆二十二年(1817年)清查永绥厅沿边一带、上五里、下五里、上六里、下六里、上七里、下七里、上八里、下八里、上九里、下九里、上十里、下十里"民、客、土户共四千三百五十八户,男妇共二万四千四百八十九名口;以上苗户共一万二千一百零三户,男妇共五万零九百五十四名口。"②同时记载了当时各里苗户、民户(客籍)、土户的具体数量。从文献记载来看,"改土归流"后苗户有所增加,民户亦有所增加,同时出现了土户,按所载数量计算,嘉庆二十二年苗民占总人口的68%,汉民、土民合计占总人口数量的32%。

辰溪县,嘉庆以前土著、客民数据不详。嘉庆二十一年编查烟户人丁门牌全数,"阖县原编一十四里,共土著烟民二万一千五百二十三户,大小男妇一十九万四千六百六十七名口。寄籍烟民六百八十六户,大小男妇四千三百八十三名口。"③同时记载了各乡保土著烟民具体数,如县城五门内外有土著烟民766户,大小男妇4680名;东乡有土著烟民7140户,大小男妇54529名;南乡有土著烟民10267户,大小男妇96735名;西乡有土著烟民2486户,大小男妇29462名;北乡有土著烟民868户,大小男妇9531名。可见,其县土著烟民占总人口数的97%。又《苗瑶志》记载,其县内无苗人杂处,只有蒲、刘、向、梁、石、陈、丁七姓瑶人,分布在东乡罗子山及山榔、五岔水、水大田、阳秋田、总

---

① 光绪《乾州厅志》卷3,第75、207页。
② 宣统《永绥厅志》卷15,《中国地方志集成·湖南府县志辑》第73册,第243—244页。
③ 道光《辰溪县志》卷6,《中国地方志集成·湖南府县志辑》第60册,第278页。

山、耕子坡、温溪、田坪、土坊等处,籍隶九都七甲。

沅陵县,同治《沅陵县志》卷 10 户口部分,仅记载了境内原额人丁为 11566,至嘉庆二十一年有 47530 户,374560 口,未记载其境内人口构成的具体情况。①

泸溪县,乾隆《泸溪县志》卷 9 户口部分,未载其境内人口构成情况,仅言"《旧志》户一千七百有奇,口一万六千六百有奇。"而根据《旧志》"一十二里,下坊一里,上坊一里,在邑西;一都一里,二都一里,在邑南;三都五里,在县南,俱汉民。四都一里,在邑西南,系瑶民。上下五都在邑西,系蛮民。"②可判断其境内有汉人、瑶人、"蛮民"居住,若里数与其族类户口数为正比例,那么汉人占 75%,瑶人占 8%,"蛮民"占 17%。

第二节　雪峰山—八十里大南山区的人口构成

雪峰山—八十里大南山区各地在清时期基本已设置州县,具体设有靖州、会同、通道、绥宁、溆浦、邵阳、城步、武冈、新宁、新化等州县。

靖州,康熙时期有"民里十六,苗里三,归并屯里一。""原额人丁三千七百五十六丁,内苗丁六百九十丁。"③按此计算,则苗丁占总数的 15%—18%,(汉)民丁人口占 82%—85%。又光绪《靖州乡土志》卷 2 详细记载了苗里各寨户口状况(详见表 3-2)。据表 3-2 可见,靖州共有苗户 1406 户,其中花苗 974 户,青苗 220 户,黑苗 212 户;男女 6036 口,其中花苗 4553 口,青苗 612 口,黑苗 871 口。从户数与口数的比例来看,平均每户仅有 4 口,铜罗、段牛场、鸟令山、岩湾、唐款、地黄塘、略冲、人形界、白水小河、旧鲁冲、新鲁冲、凤冲、地笋、地背、茶溪、南山、水冲、枫乡、聋冲、青山脚、黄土团、闷团等寨平均每

① 同治《沅陵县志》卷 10,第 219—220 页。
② 乾隆《泸溪县志》卷 9,第 254 页。
③ 康熙《靖州志》卷 2,第 303、304 页。

户口数不到 4 口,甚至部分连 3 口都没达到,据此推断,此处所载人口数量可能存在漏记情况。若此处户数无误,按每家五口计算,则苗民口数至少应在 7000 以上。又"州境汉户二万零八百二十二户,男四万四千一百二十六,女三万五千七百八十。"①以此为基准,则苗民占总人口数的 8% 左右,汉民约占总人口数的 92%。

表 3-2　光绪时期靖州苗人分布表

寨　　名	户　　数	口　　数(男女)
帝庙寨	160	690
黄陌寨	34	268
菜地湾、岩嘴寨	33	276
万财寨	29	262
唐保寨	63	272
烂泥冲	67	262
江边寨、地强抱洞寨	166	864
高盈寨	50	303
高坡寨	71	349
楠木山	65	335
以上名六户九寨,均花衣(花苗),居、由二寨市两里		
铜罗、段牛场、鸟令山	96	309
岩　湾	45	122
唐款、地黄塘、略冲、人形界	58	136
白水小河、旧鲁冲、新鲁冲	51	122
凤冲、地笋、地背、茶溪	103	355
南山、水冲、枫乡、聋冲	87	181
以上名六寨三排半,花衣、青衣(青苗)各半,居、由二里		
老　寨	16	99
冲　嫩	8	33
地　蕉	16	60

---

①　光绪《靖州乡土志》,《中国方志丛书》第 296 号,第 136 页。

续表

寨　　名	户　数	口　　数(男女)
岩　艮	15	75
地　角	28	152
青山脚	10	33
桐木团	22	95
黄土团、闷团	113	383
以上名六甲,内地蕉一团花衣,余俱黑衣(即黑苗),居六团里		
合　　计	1406	6036

资料来源:光绪《靖州乡土志》卷2"苗里"。

会同县,乾隆与光绪《会同县志》"户口"部分均只记载县内户丁,未分类注明其县内人口构成的具体情况,但县志中均记载其有苗民一里,说明其县在清时期的人口构成以汉民为主,同时一直有少部分苗民居住。

通道县,万历十三年(1585年)有"原额人丁一千八百八十八丁,四夷里苗丁一千四百九十九丁,汉丁三百八十九丁。"至嘉庆十七年(1812年),有"汉、苗民人共一万六千一百七十五户,汉民九千四百九十二户,苗民六千六百八十三户,大小男妇共六万五千一百三十八丁,汉丁三万七千五百五十七丁,苗丁二万七千五百八十一丁。"[1]从数据记载来看,万历时期苗丁占总丁数的79%,而汉丁仅占21%,可见苗丁比例远多于汉丁,说明彼时汉人进入此县较少。至嘉庆十七年,苗民所占总丁数比例下降至42%,而汉民数量增多,占总丁数的58%。笔者认为这种现象的出现与"嘉庆苗乱"具有十分密切的关系,一方面战争导致了苗族人丁的减少,另一方面随着"苗乱"的平定,汉人的进入较之前更为频繁与稳定。

绥宁县,康熙《靖州志》言其县"苗、瑶杂处",有"汉民二十一里,苗民三里。""原额人丁九千二百四十丁,内苗丁一千五百二十五丁。"[2]此处苗丁在

---

① 嘉庆《通道县志》卷3,第47页。
② 康熙《靖州志》卷2,第313页。

乾隆《绥宁县志》中又称为"夷丁",即"原额人丁九千二百四十丁,内夷丁一千
五百二十五丁。"①按此人丁数计算,则绥宁境内苗、瑶占 17% 左右,汉民占
83% 左右。《绥宁县志》卷 8"安插苗瑶"部分详细记载了部分苗、瑶的分布与
户口数量(详见表 3-3、3-4)。

表 3-3　乾隆时期绥宁县苗民分布与户口数量表

地　　名	户　　数	口数(男妇老幼)
六　甲	21	93
扒　树	21	97
下界溪	31	140
赤　板	16	103
高塞林	16	66
龚家田	17	82
水头江	5	28
潭泥水	25	116
五　冲	21	98
上　峒	1	4
李家江头	4	14
李家盘	2	6
楼　田	2	9
合　计	182	856

表 3-4　乾隆时期绥宁县瑶民分布与户口数量表

地　　名	户　　数	口数(男妇老幼)
上　峒	19	44
茶　江	3	7
黄　桑	3	14

---

①　乾隆《绥宁县志》,《故宫博物院藏稀见方志丛刊》第 90 册,第 194 页。

续表

地　名	户　数	口数（男妇老幼）
安阳山	7	11
大竹坪	1	1
凉　江	10	17
牙　冲	9	31
白　木	7	24
黄栢界	13	57
温水江	11	47
溪　上	7	28
合　计	90	281

从表3-3、3-4可见,部分村寨户数与口数比例存在较大偏颇,如大竹坪、安阳山、凉江平均每户瑶民口数不及2口,而上峒、茶江每户瑶民口数不及3口,平均户口数比例相差甚大,由此推断此处所记载户口数,尤其是男妇老幼户口数可能存在漏记状况。

溆浦县,民国《溆浦县志》户口部分记载了清代各时期人丁数据,但没有分类记载其户口数量。所附《瑶峒》详细记载了境内瑶人的分布与数量,其中雷打峒有98户,白水峒有20户,梁家峒有18户,蒲家峒有146户,九溪洞有25户,金竹峒有94户,对马峒有182户,累打峒有39户,大竹峒有126户,小溪洞有251户,各设"瑶总一人"。[①] 按此记载,则其境内共有瑶人999户,若按每户5口计算,则有人口5000左右。而在嘉庆二十一年时,溆浦县境内即有户43358,口247850;民国时户口增长,有户63446,口333589。按嘉庆时期户口数量计算,则瑶人仅占溆浦县人口总数的0.23%。

宝庆府下辖邵阳、城步、新化、武冈、新宁五州县,均属湘鄂山区,隆庆与康熙《宝庆府志》中有关户口部分都只记载了户口总数,未记载具体的人口构成内容,以下则从各州县县志具体记载探讨各州县人口的构成与分布。

---

① 民国《溆浦县志》卷2,第27—28页。

邵阳县境以汉民为主,生活着极少数瑶人,具体数量无记载。县内有鱼鳞峒、界上峒、鹅栗树峒、麻坑峒、上山峒、桐木峒、马蝗峒、布当冲峒、垌箕峒、香炉山峒、白面江峒、岩壁下峒、下山峒、贯冲峒、暗溪洞、刘家峒十六峒,均位于县西北地区,与溆浦县瑶峒邻近,姓多沈、奉、回、蒲,①为境内瑶人聚居区。

城步县,"县民有三,一曰里民,在安化、石井、赤水、敦礼、明伦、务农、勤织;二曰瑶民,在城步、大水,性尚剽悍,好武少文;三曰苗民,在五峒四十八寨"②,但《城步县志》《宝庆府志》等均未记载县内苗民与瑶民的具体户口数量,难以估计其数量与所占总人口比例。从其分布地域来看,苗民的分布可能多于瑶民,而县民即汉民与苗民可能处于相当水平,甚至苗民数量可能略多于汉民,因而总体认为其县内人口构成以苗民与瑶民占多数。

武冈州,苗民与瑶民混居,"原编二十九里,嘉庆五年(1800年)编查保甲一百四十人,户八万五千九百四十七。瑶里二处,当瑶十三处,练总十二人,瑶总十三人,户四千六百四十五,共户九万五百九十二。嘉庆十三年(1808年)户八万七千六百六十五,瑶户四千七百三十二,共户九万二千三百九十七。"③按户数比较,则嘉庆五年,汉民约占总数的95%,瑶民约占总户数的5%,苗民数量不详;嘉庆十三年,民、瑶户均有所增加,而比例基本保持一致。

具体而言,"瑶里二处"即小平瑶里与那溪瑶里,小平瑶里共一里十二团,包括青岩团、江口团、新屋团、暗溪团、欧溪团、瓦屋团、高山团、瓦仓团、麻溪团、月溪团、上渣坪团、下渣坪团;那溪瑶里共一里八团,包括那溪团、大麻溪团、小麻溪团、宗溪团、白焦团、宝瑶团、安顺团、崇阳坪团。

---

① 光绪《邵阳县志》卷3,第198—199页。
② 同治《城步县志》卷4,第402页。五峒四十八寨即同治《城步县志》卷5所载,扶城峒之石羊寨、下团寨、丹口寨、青岩头寨、岩头寨、浆凹头寨、桃林寨、上边溪寨、下边溪寨、杓杓寨、伴水寨;栏牛峒之城溪寨、蜡屋寨、上坪水寨、下坪水寨、上小言寨、下小言寨、温水寨、番塘寨、分界寨、小坪水寨、上栏牛寨、下栏牛寨、猴家寨;蓬峒之横水寨、桥头寨、上岩头寨、下头岩寨、丁坪寨、条寨、大寨、齐坪寨、暖水寨、长滩寨、新寨、黄毛坪寨;莫宜峒之大猴寨、独宿寨、粗水寨、大地茶园寨、江头寨、藤坪寨、蜡里寨、白水头寨、水口寨、聋底寨、都温寨、岩子坪寨、独树寨;横岭峒之上牛石寨、下牛石寨、倒仰寨、大寨、长坪寨、长安寨、横坡寨。
③ 嘉庆《武冈州志》卷11,第116页。

当瑶十三处包括下峒、竹溪、白菓树、双江、白毛陇、高凸、坝塘、大猎、马颈骨、鸡竹溪、獐子界、鹅梨树、大雨坪、小陂江、岩莺坡、白石界、大茶园、背阴山、雷打界、春竹溪、半江峰、大屋、石塘、黄尾陇、荆竹山、佛门田、大叶坪、檀木冲、老屋场、涩泥塘、鱼子溪、桃林、沈家岭、富栗树、上崩陇、栗界、下崩陇、千坵田、泥溪、百家坡、崇山界大湾等处沈氏、刘氏、丁氏等族。

新宁县,万历《新宁县志》载其编户"洪武初,十四里半。景泰间止存四里半,在乡瑶民半里,后复编为七里。"①而其自洪武至嘉靖,甚至在光绪《新宁县志》中"户口"部分均未注明其户口数中瑶民的数量,所言"半里"亦无详细记载。根据县志记载,推测其应分布于罗辽峒、黄卜峒、深冲峒、麻林峒、大圳峒、圳源北峒、圳源南峒、黄崖峒8峒,且"历分上峒、下峒,民地历属盆溪管辖,上峒瑶地自道光丁未年雷逆叛后归邑。"②总体而言,人口构成以汉民为主,仅极少数瑶民。

新化县,原为梅山地,宋初"梅山蛮"为患,讨平之后,置新化县,设县时间早,因而境内瑶民汉化程度深③,至清代已基本编户(为汉民),在《县志》中记载极少,"户口"部分更是毫无提及。

第三节　五岭—阳明山—九嶷山—诸广山区的人口构成

五岭—阳明山—九嶷山—诸广山区在清代已设置零陵、祁阳、道州、东安、宁远、永明、江华、新田、蓝山、桂阳、宜章、临武、桂东、永兴等州县,其中零陵、祁阳、道州、东安、宁远、永明、江华、新田均曾属永州府管辖,临武、桂阳、蓝山

---

① 万历《新宁县志》卷5,《日本藏中国罕见地方志丛刊》,书目文献出版社1992年影印本,第25页。
② 光绪《新宁县志》卷3,《中国地方志集成·湖南府县志辑》第41册,第212页。
③ 参见同治《新化县志》卷15,《中国地方志集成·湖南府县志辑》第58册。

属桂阳州管辖,宜章、桂东、永兴属郴州府管辖。

就各境人口构成而言,弘治《永州府志》对其境瑶人描述不多,但道光《永州府志》①较为详细地记载了瑶人在其境的分布:

零陵县有上辛乐峒、下辛乐峒、麻江源、马鞍岭,为熟瑶。

祁阳县有九牛坝、四木峒、长吉岭、大冲桥,皆为熟瑶。

东安县有里七峒、白石峒、六峒、麻溪洞、紫花峒、西延峒,皆熟瑶。

道州有白岭瑶、马江瑶、石源瑶、横岭瑶、韭菜瑶、乱石瑶、深海瑶、顾村瑶、鸭头寨、鬼子山、龙门坳、龙洞源、东河源、茄子寨、南竹坪、大江源、坦罗源。

宁远县有九疑、鲁观峒、太平瑶、廖峒瑶、韭菜源、小江源、母江源、菱角源、湾江源、黄花源、西湾、吴北营、丝瓜源、石溪瑶、上罗源、椒菽源、踏确源、大湾峒、黄柏峒、菖蒲源、羊塘源、宝秦峒、和尚江、卜猛峒、枧下源、野猪源、栎箭源、大江腹源、小金峒、江口、大竹源、象狮源、蒋家冲、石鼓源、南冲源、茅坪源、草坪源、江峒、东冲峒、水东峒、洛山峒、大金峒、确石峒、五桂山、江洲里、秧田源、挂塘、黄峒、千把源、下罗盘峒、水流源、三宝冲、东岭源、柘木源、黄江口。

永明县有清溪源、埠陵源、古调源(亦作古凋)、雄川瑶、唐王瑶、扶灵峒、大畔瑶、勾蓝源、古泽源、冻青源、高泽源、大掩峒、大溪源等,皆为熟瑶。另有顶板瑶、斫山瑶,为生瑶。

江华县有锦田瑶、雾江瑶、蒋家河、花江峒、麻江峒、背江峒、宁江峒、黄沙峒、濠中河峒、黄石峒、后河峒、金竹源、鱼跃瑶、大锡瑶、泷山等高山瑶与竹子尾宿、旦久宿、平冈尾宿平地瑶。

新田县瑶峒有百岭峒、石家峒、梅源峒、肥源峒、分水峒、多木峒、瓜篓峒、盈坑峒、维溪洞、乌江峒、北里峒、东源峒。

以道州、宁远、永明、江华、新田五州县瑶峒较多,但均未记载具体户口数量。仅光绪《永明县志》记载永明县清溪岭有熟瑶200余户,功曹岭有熟瑶70

---

① 道光《永州府志》卷5(下),岳麓书社2008年影印本,第393—396页。

户左右,扶灵山有熟瑶 300 余户,合计有 600 户左右。^① 说明永州府所属各州县虽有瑶民分布,但并非其境内主要人口构成,其人口总体还是以汉人为主。

此外,蓝山县"三面皆瑶"^②,境内有大桥、白灶源、白溪源、程里源、荆竹、牛洞、大水源、蜡树源、高粱源、紫粱源、光纙源、大鼓源、大溪源、椒纙源、黄沙源、唐源、青浦源均为瑶人聚居地。《蓝山县图志》"瑶地表"将其境之瑶地分为东、西两区,称为东瑶与西瑶,东瑶纵横五十余里,西瑶七十余里。据《附东瑶官钟华寿、西瑶官成建廷报告书》称有"东瑶三百余户,一千八百余丁;西瑶七百三十余户,二千五百余丁。"^③按此推断,则东瑶平均每户有 6 丁,西瑶则仅有 3 丁,根据实际,西瑶人丁应多于此处所载丁数。

桂阳县,"民瑶错处"^④,境内有高山瑶与平地瑶两种,高山瑶分布在九龙江与南洞江等处,平地瑶分布在城溪等五峒。有"猿坑高山瑶四十余户,九龙江高山瑶七十余户,姜阳民瑶百十余户,大山民瑶百十余户,大源民瑶三十余户,城溪民瑶一百五十余户,大麻溪民瑶二百三十余户。"^⑤合计共有瑶人 750余户,按每户平均 5 口计算,则有 3750 口左右。

宜章县,据嘉庆《宜章县志》记载,县内瑶人自乾隆二十一年(1756 年)起称为新民,聚居之地有四,分别为莽山峒、牛头峒、容家峒、西山。从"莽山瑶户,附瑶人三百六十七户,历年设立瑶总一名,千长四名经管。按《旧志》:新民四峒,今西山、牛头、容家三峒列入民籍,不另列。"^⑥可知境内瑶人已基本向化,列入民籍。若其他三峒内瑶户与莽山瑶户数量相差不多,则其境内瑶户应有一千余户。

临武县,据同治《临武县志》记载,境内有山瑶,分布于西山、华阴山等处,西山又以桃油坪、鸭公田等地居多,华阴山则集中于华阴峒,具体数量不详。

---

①　光绪《永明县志》卷 5,《中国地方志集成·湖南府县志辑》第 49 册。
②　康熙《蓝山县志》卷 2,第 354 页。
③　民国《蓝山县图志》卷 10,《中国方志丛书》第 110 号,第 862、867 页。
④　乾隆《桂阳县志》卷首,《中国地方志集成·湖南府县志辑》第 28 册,第 7 页。
⑤　乾隆《桂阳县志》卷 1,第 36 页。
⑥　嘉庆《宜章县志》卷 8,第 875 页。

桂东县,境内瑶人较少,据同治《桂东县志》记载,其境有"厢都南麻山瑶人十二户,都寮瑶人七户,竹坑瑶人四户,一都上坪瑶人五户,四都洋河溪瑶人八户。"①合计仅 36 户,且无苗民聚居。

永兴县,"素无苗无瑶,峒亦无,瑶民惟两桂及兴宁三县最多,瑶众因渐散住于延道乡。乾隆十年(1745 年)奉文议设瑶总,知县吕宣曾始于是年详请牌委给领承充,共管辖瑶民一十五户,瑶总盘子玉。后瑶民多迁居常宁、兴宁,子玉故委牌已缴。乾隆二十三年(1758 年)复有赵、邓二户来自兴宁,今十八都天狮岩山、后靛山里、天香垄有赵姓二户。"②

显然,这一区域州县在历史时期主要归属于永州府与郴州府,境内非汉族群以瑶人为主,在各州县均有分布。但通过文献梳理发现大部分记载了瑶人聚居之瑶峒名称,而未详细记载具体户口数量,因而无法推断瑶人在各州县内所占比例。从各州县地方志所载瑶峒数量而言,道州有 17 处,宁远有 55 处,永明有 16 处,江华有 18 处,新田有 12 处,零陵有 3 处,祁阳县有 4 处,东安县有 6 处,蓝山县有 17 处,桂阳县有 7 处,宜章县有 4 处,临武县有 2 处,桂东县有 5 处,永兴县无。

第四节　湘鄂山区整体人口构成特征与区域差异

综合以上三节对湘鄂山区各具体区域的人口构成分析,可以看到,总体而言,明清时期湘鄂山区人口以汉人为主,间有苗民、瑶民、土民分布于其中,受具体环境的不同影响,各区域人口构成比例存在一定的差异。具体而言:

湖北武陵山区仅来凤、鹤峰、宣恩、恩施几县文献对各境土著人口有明确记载,其中鹤峰仅记载了土著数量,只能肯定土著在其境内所占比例较大。而

---

① 同治《桂东县志》卷 4,第 269—270 页。
② 光绪《永兴县志》卷 24,《中国地方志集成·湖南府县志辑》第 25 册,第 455 页。

来凤、宣恩、恩施几县土著所占比例分别为25%、65%、58%,其中来凤的数据为雍正十三年(1735年)"改土归流"初期人口数据,宣恩的数据为乾隆四十年(1775年)人口数据,恩施为同治时期人口数据。宣恩与恩施两县的土著与客民比例较为接近,属于正常范围。来凤县内土著比例相对于以上二县则稍有异样,结合史料分析,认为产生这种数据差异与结果偏颇的原因可能是"改土归流"初期,清廷对这一地区涉足不深,因而在户籍登记上出现大量漏记的状况。由此也可以看出,越到后期,关于非汉人口数量的统计越为精确。

湖南武陵山区汉民总体数量较之其他区域要少,非汉人口则较多。从前文分析可见,各府州县非汉人口分布:首先,桑植县、永顺县、龙山县、保靖县、辰溪县均以土民为多,兼有少数苗民与汉民;其次,凤凰厅、乾州厅、永绥厅明显以苗民为多数,古丈坪厅则仅言"以土、苗为主",境内土民、苗民具体比例未知;再次,黔阳、辰溪、泸溪三县境内皆有少数瑶人,其中前两县之瑶人在其县境内的分布地域有明确记载;最后,石门县、慈利县、沅陵县户口在文献记载中仅有民户总数,未详细分类记载土、客、苗民数量,因而推断其境内非汉族人口较少。前文在分析自然地理形势时提到石门、慈利、沅陵在地形地貌上是具有分界含义的过渡地带,以其为中心,其东、西两部具有明显的地形差异,是湖南山区与平原区的自然"分界县"。此处,其县境内民族人口与数量也与其西面之武陵山腹地区域所含民族人口数量形成了明显的差异,因而笔者认为武陵山区在人口构成方面具有明显的差异性,这种差异性对两个不同区域的历史进程具有较大影响。

雪峰山—八十里大南山区域总体以汉民为主,但亦有部分非汉人口:靖州非汉人口以苗人为主,并区分了花苗、青苗、黑苗在各处的户口数量;会同县有苗民一里;通道县苗民最多;绥宁县苗、瑶杂处;溆浦县主要为瑶人;邵阳县有十六峒瑶人,皆位于与溆浦交界处;城步县苗瑶杂处,数量较多;武冈州苗瑶杂处,瑶人数量较多;新宁县瑶人仅半里;新化县基本不存在苗瑶。即靖州、通道、会同以苗民为主,绥宁、城步为苗瑶杂处之地,溆浦、邵阳、武冈、新宁、黔阳以瑶人为主,新化县则基本无非汉人口居住,反映出新化县作为湖南山区与平原区之"分界县"在民族人口方面的差异。

五岭—阳明山—九嶷山—诸广山区亦以汉民为主，同时分布着少部分非汉人口。假设瑶峒数量与瑶人数量呈正比例关系，则反映出这一区域瑶人分布地与人口数量之差异，即以零陵、祁阳、东安、桂阳、宜章、临武、桂东、永兴八县瑶人最少；道州、宁远县、永明县、江华县、新田县、蓝山县瑶人则相对较多，但从瑶峒数量与部分户口数量记载来看并不占人口主导。从湖南山区整体出发，这一区域并不是湖南山区的核心区域，而是边缘区域；从五岭—阳明山—九嶷山—诸广山区域出发，这几个县又相对较为重要，具有区域典型性。由此可见这一区域内瑶人分布与数量的差异，桂阳县、桂东县、永兴县为此区域山区与平原区"分界县"，零陵县、祁阳县属于山区边缘地；宜章县、临武县则为湖南山区与广东之"分界县"。

因此，湘鄂山区与湘鄂平原区在民族人口的种类、数量及具体分布上都存在明显的差异性，这种差异性具有渐变性，使得两者之间呈现出明显的"分界"，对湘鄂山区特殊人文特征的形成产生了重大影响。

第四章　控险扼要:宋至清时期湘鄂山区的"寨堡"体系

寨堡是历史时期一种军事防御设施,一方面可以作为正方防御与避乱的设施,另一方面亦可作为叛乱者叛乱的据点。就目前研究而言,学术界基本认同其源起于西汉时期的坞堡,由坞堡衍生出"土团""山棚",然后出现山寨、寨堡。坞堡作为地方自卫军事建置出现于西汉末年,东汉初,陆续被摧毁,至东汉中期,又大量出现在边境。魏晋南北朝时期,除关中与关东地区外,四川、江南等新开发地区亦置坞堡作为地方自卫军事建置。隋初大量拆除,至隋炀帝时期,各地又再次兴建。唐初,坞堡多解散,至安史之乱,出现"土团""山棚"为名的自卫军事建置,据守山寨,抵抗"乱贼",许多百姓为避免灾祸,避入深山,结寨自保。北宋为保护边疆,积极设置寨堡,组训民众,南宋进一步加强,将山水寨纳入边防系统。元末、明末、清末战乱,各地结寨自保,寨堡成为普遍存在的地方自卫军事建置。①

寨堡作为军事防御设施,与其所处地理形势与位置密切相关。据研究,在选择寨堡据点时,多半遵循"平地并村,高山结寨"的原则,即在较为平坦的地区多连结周边村落为一体,选择形势较为险要、地理较为适中之地修筑寨堡,高山地区则寻找险峻、冲要之地,修筑碉堡,根据地形结寨而守。至湖泊水泽之地,则扎寨其间,恃险抗敌。因此,形式险要的坞、堡、壁、寨(砦)是自卫武

---

① 参见黄宽重:《从坞堡到山水寨——地方自卫武力》,刘岱总主编:《中国文化新论·社会篇·吾土与吾民》,生活·读书·新知三联书店1992年版,第227—280页。

力抗敌的最佳据点。

湘鄂山区基本为高山丘陵地区,平地极少,有亦多在山谷地带,因而其寨堡多位于山间或山中,以山寨为主。但不同时期,其寨堡分布地点、修建数量以及作用均有不同,其不同的具体表现、特点及与周边地区寨堡的区别,是本章试图解决与回答的问题。

第一节　南多北少:宋代湖北武陵山区
寨堡建置与分布

同属湖北,因人口构成的差异与地理环境的不同,鄂西南地区湖北武陵山区寨堡建置与鄂西川陕楚交界地区及鄂东地区所处社会、政治等环境均存在一定的差异,因此,其寨堡建置的区位选择、原因、目的等亦不相同。

一、宋代湖北武陵山区政治格局与寨堡建置动因

宋代,湖北武陵山区所属利川、宣恩、鹤峰北部区域均未设县,仅设施州,下辖建始、清江两县,从政治属性上言,利川、宣恩、鹤峰虽未设县,但在施州管辖范围内,因而属流官管辖。而今咸丰、来凤及宣恩、鹤峰南部区域在宋代均置高州、顺州、保顺州、富州、奉化州、天赐州等羁縻州管控地方。因此,宋代湖北武陵山区分属郡县制与羁縻州制两种不同的政治制度管理。

两种不同的地方政治制度,体现了朝廷对地方尤其是非汉族群较为集中区域的控制力度,湖北武陵山区北部设施州,下辖清江、建始二县管辖,反映当时朝廷能够较好地控制这一地区"生民",称其为"施州蛮者,夔路徼外熟夷。"但其"南接牂牁诸蛮,又与顺、富、高、溪四州蛮相错"①,地理位置十分重要,仍是宋朝重点治理区域之一。

---

① 《宋史》卷 496《蛮夷列传四》,第 14242 页。

　　从宋太宗淳化年间,王均叛,丁谓调施、黔、高、溪各州"蛮"子弟抵御王均及所领参与叛乱之人,各州子弟(非汉族群)却反叛加入敌寇队伍,并攻掠邻近州县、掳掠民人入溪洞,持续时间长。① 咸平中,"施州蛮常入寇",宋朝廷给予其稀缺之盐,并同意其以粟转易,"施州蛮"于是不再为寇,不再为宋朝之边患。其后,真宗景德二年(1005年)辛酉,又有施黔溪洞掠去汉人七百余户;② 真宗天禧二年(1018年),"下溪州彭儒猛与高州蛮同恶"③;真宗乾兴元年(1022年),"顺州蛮田彦晏焚劫暗利寨"④;仁宗庆历三年(1043年),"施、黔蛮田忠霸寇边"⑤等,可见湖北武陵山区各羁縻州所辖非汉族群在北宋时期并无绝对安宁,仍时有叛乱发生。

　　北宋灭亡后,都城失守,有大臣上书分析彼时形势,认为"今方城、邓林虽非天险,然汉水为池,上下不过千里,其要害易守,非如淮西汗漫,平原旷衍,四通五达,易入而难避也。诚能屯唐邓之田以养新兵,出广西、武陵峒丁并施、黔诸军筑坚垒,列守汉土,阻以州军,防以正军,缭以弓手、兵民牵制江黄,呼吸庐寿,则攻取之计成。然后陕西声气相应,而骑卒能至,川、广之富皆可拱挹,其比于漂泊大江之南,栖伏东海之滨,险易利害,相去远矣。"⑥则提出湖北武陵山区在筑坚垒、守汉土战略中的重要性,突出了其军事地位。

　　又《边报事宜乞加备奏》言"涪夔之黔、施接澧、峡,两道之所出,重山大林,虽尚隔涉天,其佑顺虽未必至此,然敌骑之所向,犹鼠穴之难窒,宁过于备,而不可无备者最是。敌若往蛮地,罗氏思播诸处,犹各有兵力自保其境;若出汉地,则夔路江南边蛮诸郡昔所弗备,俱无兵屯,人知战,出蛮地为忧,而不知出汉地亦可忧也。"⑦也同时强调了湖北武陵山区军事战略地位的重要性,可

---

①　《宋史》卷283《丁谓传》第9566页。

②　《续资治通鉴长编》卷59,第1311页。

③　《续资治通鉴长编》卷91,第2107页。

④　《续资治通鉴长编》卷99,第2306页。

⑤　《续资治通鉴长编》卷144,第3482页。

⑥　(宋)李心传:《建炎以来系年要录》卷27,中华书局1988年点校本,第541页。

⑦　(宋)李曾伯:《可斋续稿》后卷3,复旦大学图书馆古籍部藏,系统号001259878。

见,对湖北武陵山区的治理是宋廷西部边地控制与管理的重要方面。

首先,宋廷通过对湖北武陵山区的治理来维持湖北武陵山区及其周边地区之安宁。如真宗大中祥符二年(1009年),"峡路都监侯延赏病,上以蛮寇未宁,发兵招遇,虑施、黔、夔、峡夷人扰惧。戊子,命合门祗候康训同管勾峡路驻泊公事,往慰抚之。"天禧二年(1018年),"辰、鼎州都巡检使张伦言:下溪州彭儒猛与高州蛮同恶,虑延及施、黔州,寇劫居民,望令二州为备,从之。"仁宗庆历三年(1043年),"时施黔蛮田忠霸寇边,故选肃之至部,径趋边寨,谕以威信,众詟服。"①皆一致以维持地方安宁为职。

其次,宋廷在维护湖北武陵山区安宁的基础上,加强对这一区域武力的利用,以助其边地管理。安南叛乱时,"夔州路转运副使董钺,乞于施、黔二州募义军千人赴安南,从之。仍令人给路费钱十千,以盐折之。"②建炎三年(1129年),"甲寅,枢密院言:刘超贼马侵犯澧州及鼎、澧界,有戴进、杨靖,大段猖蹶。访闻邻境施、黔等州,自来各有团结义军,轻捷可用。及夔路兵马钤辖田佑恭见统家丁于夔州把隘。"③熙宁、元丰时,地方动乱,仍招募施、黔土人或土丁为行伍,深入溪洞。可见宋廷十分注重对武陵山区施州土人的控制,尤其在治理西南边地时,地方多为溪洞,正军多不能进,非熟悉并适应溪洞环境之土人难以制胜。

因此,宋廷在湖北武陵山区置寨最根本与直接的原因是边地治理与管控,一方面要维持湖北武陵山区之安宁,另一方面要实现对施州与黔州等地土人的控制,以助其对西南边地的管理与控制。

二、宋代湖北武陵山区寨堡建置考

施州,唐设羁縻州,宋设清江郡,其境"杂夷落,土俗轻悍"④。宋代管辖羁

---

① 《续资治通鉴长编》卷72、卷91、卷144,第1627、2107、3482页。
② 《续资治通鉴长编》卷274,第6706页。
③ 《建炎以来系年要录》卷44,第802页。
④ 《武经总要前集》卷19,第1206页。

縻西高州、富州、顺州、奉化州、天赐州等五州①,通朝贡,置 12 寨守其地,寨管义军、土丁、寨将 1200 余人。12 寨分别为宁边寨、连天寨、尖木寨、永宁寨、静边寨、施度寨、永兴寨、歌罗寨、细沙寨、太平寨、罗大寨、支土隘,此外,设有南寨、七女寨、南平寨,合计共 15 寨。

1. 宁边寨

宁边寨,旧名暗利寨,"初为蛮寇所焚"②,修葺后始改名宁边寨。考其地理位置,"北至(施州)三百里"③,即位于州南三百里。清代施南府即宋代施州清江郡治,"南抵永顺府龙山县七寨(殷家坝)交界,距府城四百三十里。"恩施县"南至大崖与宣恩县太平坝交界,距城一百五十里。"宣恩县"南至玛瑙湖与湖南龙山县分水岭交界,距县治一百六十里。"④按此里程计算,则宁边寨位于宣恩县南,近龙山县,与其他寨距州里程相比较而言存在较大差距,疑有出入。又《宣恩县地名志》记载境内有沙道公社"位于宣恩县南部……南与湖南省龙山县接壤。"⑤其境内之沙河溪村位于乐坪村南,与龙山交界,以其方位与里程推断,宁边寨应位于宣恩县沙道沟镇沙河溪村。

寨"西至五路溪口八蛮界约五十里,南至安化州蛮界。"⑥说明此寨周边皆为"蛮夷"地,突出了宁边寨所处地理位置的特殊性与重要性。大中祥符四年(1011 年),"夔州路转运使言:近置暗利寨,有为恶蛮人,能率属归投者,署其首领职名,月给食盐,诏可。"⑦可知暗利寨设置目的为招抚"为恶蛮人"。后因遭焚掠,修葺后更名宁边寨,则表达了希图边境安宁之意。又有"蛮人田思忠等受降碑文,碑在宁边寨南五里,受降立誓,元丰六年(1083 年)立碑。""蛮

---

① 具体分布与位置见第一章第二节。
② 《续资治通鉴长编》卷 100,第 2315 页。
③ 《武经总要前集》卷 19,第 1206 页。
④ 同治《增修施南府志》卷 2,第 56 页。
⑤ 宣恩县地名办公室编:《湖北省宣恩县地名志》,1983 年版,第 247 页。
⑥ 《武经总要前集》卷 19,第 1206 页。
⑦ 《续资治通鉴长编》卷 76,第 1743 页。

人廖万崇等誓柱文碑,在宁边寨南五里,元丰六年立誓,刻立界首。"①则为其"招抚蛮夷"之作用生效证明。

除招抚蛮夷外,作为寨堡,其还有支援周边的义务,但其是否发挥支援功能受朝廷支配。"祥符初,五团蛮啸聚攻高州,欲令暗利寨出兵援之,真宗以蛮夷相攻,不许"②即此。由此可推论,宁边寨地处邻近非汉族群集中区域,多"蛮夷"为乱,因而设以抵御、招抚和控制"蛮夷"。

而作为宋廷在边地所置寨堡,其既担负着自己的使命,同时还受到朝廷的保护,如仁宗天圣元年(1023 年)二月,知夔州史方上言:"顺州蛮田彦晏、承恩等结构作过,攻施州宁边寨",宁边寨因此遭受焚掠,朝廷见此:

> 集施、黔州义军,令差都指挥使牟汉卿、秦施煦等捉杀。到溪洞子弟,夺器甲甚众,诏奖之,其得功人,赏以盐彩。闰九月,夔州转运使习湛上言:"顺州田彦晏等各以悔过纳命,已送先掠生口、器甲入官,望不授以刺史,止给知州告身,自今依元定人数,许令进奉。"诏授宁远将军,依前知顺州,仍召彦晏等亲赴边寨,饮血设誓。③

说明宁边寨是宋代政治体系下,在一定程度上代表朝廷,担负一定使命同时受朝廷保护的地方寨堡。

2. 连天寨

连天寨,"西至(施)州四百五十里,东南罗大寨、松木隘、曲木隘入溪洞懿州路,南至蛮界二十里,又三十里至顺州。"④所言西至施州四百五十里即在施州东四百五十里,似与实际不符,以明清施州所辖最东之建始县为例。第一,"改土归流"前,建始县属夔州府,在"(夔州)府南五百里,西南至湖广施州卫二百十里。"⑤第二,"改土归流"后,建始县属施南府管辖,"在施南府东北一

---

① (宋)王象之:《舆地碑记目》卷 4,中华书局 1985 年点校本,第 101 页。
② 《武经总要前集》卷 19,第 1208—1209 页。
③ (清)徐松撰,刘琳等点校:《宋会要辑稿》"蕃夷五",上海古籍出版社 2014 年点校本,第 9886 页。
④ 《武经总要前集》卷 19,第 1206 页。
⑤ 《读史方舆纪要》卷 69,第 3246 页。

百二十里……南至散毛与恩施县交界,距县城四十里。西南至龙驹河与恩施县分界,距县城三十里。西至安子门与恩施县交界,距县城四十五里。""东西距一百九十里,南北距四百四十里。"①按此,以建始县最东距离一百九十里计算,加之其西至恩施县最远之四十五里,其总和也不及四百五十里,且清代施南府"东抵宜昌府鹤峰州大崖屋交界,距府城二百二十里。"②因而认为此处所记"西至(施)州四百五十里"有误,或为北至州四百五十里。

又巴东县明代置有连天关巡检司,在巴东"县西南五百里,距施州容美宣抚司二十里。洪武间建,弓兵一百名,为施容美夷夏界限,旧有衙门、宅舍盘诘,岁久今废。"③《大清一统志》考证"连天关,在巴东县西南二百五十里,接鹤峰州界。"④两处所记载其位于县西南之里程有所不同,考其原因与容美土司"改土归流"置鹤峰州有关,也与不同时期里程计算方法有关。综合两处所言距容美土司二十里,与接鹤峰州界,与前所言"南至蛮界二十里"相符。因而认为连天关与连天寨实为同一地在不同时期的名称,位于今建始、巴东、鹤峰三县交界处,即今巴东县金果坪乡连天村。

明代巴东县知县李光前言"连天关界在汉夷,关废,夷讧,曷以时葺之。考连天关在县后二都,与红砂堡成掎角之势,厥后岁久易淹,时口易玩,渐移之金鸡内地,而堡军孤悬,夷酋猖獗矣……"⑤道出了连天寨设置的重大意义,认为连天寨为南北汉与非汉族群的分界地,以连天寨为分界,其以北至建始县、巴东县皆为汉人所居,而其以南则为非汉族群所居,即后之容美土司地,是保护内地汉民,防止非汉族群进入的重要通道,地理位置尤为重要。

---

① 同治《建始县志》卷1,《中国地方志集成·湖南府县志辑》第56册,第17页。
② 同治《增修施南府志》卷2,第55页。
③ 嘉靖《巴东县志》卷1,《天一阁藏明代方志选刊续编》第62册,第1212页。
④ 嘉庆《大清一统志》卷350,第8册第361页。
⑤ 康熙《巴东县志》卷4,第368—369页。

3. 尖木寨

尖木寨，"东北至(施)州三百里"①。嘉庆《恩施县志》载其"在恩施"，②而恩施县"西南至杉木孔与利川县粗石溪交界，距城一百八十里。"③以恩施县为恩施州旧治，则恩施州至西南最远距离仅一百八十里，按《武经总要》记载，则《恩施县志》所言在恩施县有误。

由"知保顺州田承恩誓状，天圣五年(1027年)刻，石在尖木寨"④可推测尖木寨近保顺州。据前文考证，保顺州在明代时属高罗宣抚司，位于今宣恩县南，与龙山县、桑植县交界处。又《海录碎事》言在施州尖木寨有八住山，⑤八住山疑即为宣恩县龙潭公社八大公山⑥。因此认为尖木寨位于宣恩县南与桑植县、龙山县交界处之龙潭公社(今为龙潭村属沙道沟镇)野溪村。则《总要》所言方位有误，应为西北至州二百里。

考尖木寨之设置，始于"溪南生蛮"违约掠夺汉人。即咸平六年(1003年)"夏四月壬戌，禁蛮人市牛入溪洞""夔州路转运使丁谓、峡路都监侯延赏等言：'高州义军务五姓四甲头角田承进擒生蛮六百六十余人，获器械六百余，夺所略汉口四百余人，各付亲属讫。'诏立功军丁、溪洞首领，并优与迁改给赐。初田彦伊既输兵甲，誓不犯边，而溪南生蛮有背约者。谓与延赏、权知施州寇城等谋，遣承进率众及发州兵擒获之，焚其室庐，皆震慑伏罪，乃置尖木寨于施州界，以控扼之。自是寇抄贴息，近溪洞田民得耕种矣。"⑦《宋史》《宋史新编》《楚南苗志》等皆载之。因此尖木寨设置的主要目的为隔离"生蛮"，防止其劫掠汉人及已归属经制州县辖域的部分非汉族群。

---

① 《武经总要前集》卷19，第1206页。
② 嘉庆《恩施县志》卷2，第187页。
③ 同治《增修施南府志》卷1，第56页。
④ 《舆地碑记目》卷4，第101页。
⑤ (宋)叶廷珪：《海录碎事》卷3《地部》，中华书局2002年点校本，第72页。
⑥ 《湖北省宣恩县地名志》，第271、272页，龙潭公社"最高处为八大公山主峰。"
⑦ 《续资治通鉴长编》卷54，第1187页。

4. 永宁寨

永宁寨,"东北至(施)州二百六十里"①,根据尖木寨今址类推,则永宁寨应位于尖木寨西南六十里左右地域,疑在今宣恩县李家河乡金陵寨一带。

设置时间无从考证,据"天圣九年(1031 年),溪蛮谭彦绾、向进等寇永宁寨,尝诏天赐等州招辑,而皆以姻党相庇援,数出扰边,至是为允忠诱降。"②可知其在天圣九年之前便已设置。由"溪蛮寇乱"且"相庇护"可见其地处"溪蛮"地,朝廷设置以控御地方"溪蛮"。

关于其废除时间,文献记载"元丰三年(1080 年),又废永宁寨,置行廊、安碓二寨是也",与《宋会要辑稿》"安碓寨,在施州,元丰三年置""行廊寨,在施州,元丰三年置"③相符,即知永宁寨废于元丰三年,行廊寨与安碓寨应在原永宁寨附近。

5. 静边寨

"东北至(施)州二百五十里,七日程,南顺州西尖木寨十五里。"④其里程二百五十里为七日程,尖木寨位于州西南二百里亦为七日程,疑此处里程有误。若里程为二百五十里,则其距永宁寨仅十里,与前文永宁寨、尖木寨间距离相差甚大,因而此处里程疑有误。但通过其四至方位可确定静边寨地处尖木寨与永宁寨之间,且距尖木寨较远,距永宁寨较近,据《宣恩县地名志》编写组考证,其位于今沙道沟镇乐坪村境内,设置目的与永宁寨一样为控御"溪蛮"。

6. 歌罗寨、施度寨

歌罗寨,《总要》言其位于施州东南二百四十五里,施度寨西十五里,永宁寨东北。历史文献记载其地为唐代所设珍州地,《杜诗详注》《方舆胜览》《群

---

① 《武经总要前集》卷 19,第 1207 页。国家图书馆藏嘉靖三十九年刻本记为"西北",《四库全书》本记为"东北",按此处应为东北。
② 《续资治通鉴长编》卷 120,第 2829 页。
③ (清)徐松:《宋会要辑稿》"方域一八",第 9646、9644 页。
④ 《武经总要前集》卷 19,第 1207 页。

书通要》《蜀中广记》《补续全蜀艺文志》《升庵集》《肇域志》及雍正《四川总志》等皆有记载。又有言后代所设高罗安抚司在宋初即为珍州地①,有古迹歌罗寨,"即高罗,治南九十里。"②因而推断歌罗寨即高罗安抚司旧地,高罗为歌罗之音变。考高罗安抚司旧地在今宣恩县高罗乡境内,因而认为歌罗寨即位于今宣恩县高罗乡驻地高罗。其地有两溪汇合,与"菖蒲溪源亦出东门山,西流经歌罗寨,会黄姑溪,其下流合于西溪"③相符。

关于歌罗寨之设置,文献并无直接记载。据乾德四年(966年)"蛮酋珍州刺史田景迁内附纳土,以西江为界,自是西江以北所谓夜郎县尽入施州。"且西北五十里有东门山为"古来夷、夏分界,入贡之门户"④,可知其所在为"蛮酋"内附之地,与"夏"相邻,是"夷、夏"分界地,因而其设置是为防御"蛮夷"。

施度寨,《总要》言其位于施州南二百二十五里,歌罗寨之东北。在今宣恩县高罗乡瓦屋场⑤,其设置缘起与歌罗寨相同,为控御"蛮夷"所需。

7.永兴寨

永兴寨,"南控五路溪口入天赐州界,控蛮界五路溪口,北至(施)州二百六十里。"⑥据马力考证,天赐州位于当时施州南界外。⑦据前文施度寨"北至州二百二十五里",则永兴寨位于施度寨南三十五里,亦在今宣恩县沙道沟镇。据《宣恩县地名志》编写组考证,沙道沟境内有当阳坪至高罗的里程与瓦屋场相当,位于瓦屋场南,里程与此相符,且为高罗至来凤与沙道沟之重要通道,因而笔者认为永兴寨位于今之当阳坪。

其地处冲要,为控制"天赐州蛮"经五路溪口进入施州的重要隘口。

---

① 《读史方舆纪要》卷82,第3865页。
② 同治《宣恩县志》卷3,第171页。
③ 同治《宣恩县志》卷3,第171页。
④ (宋)祝穆:《方舆胜览》卷60,中华书局2003年点校本,第1051页。
⑤ 参见裴洞毫:《宋代夔州路砦堡地理考》,《西南史地》第2辑,巴蜀书社2013年版,第210页。
⑥ 《武经总要前集》卷19,第1207页。
⑦ 马力:《北宋北江羁縻州》,《史学月刊》1988年第1期。

8. 细砂寨

《总要》言其位于施州南二百八十五里。后有细沙寨,"乃顺州之西界也。"①顾祖禹考东乡五路安抚司宋元时皆为细沙寨②,至清代,东乡里下设有细沙坝塘。按此,则细砂寨与细沙寨为一寨,为后东乡五路安抚司所在地,即今宣恩县长潭河侗族乡细沙坝村。

以其地处顺州西界,推断其设置主要目的为控御"顺州蛮"。

9. 太平寨

《总要》言其位于施州南一百三十二里,地方志无记载。《宋会要辑稿》食货一六载有"太平铺",疑即为太平寨地。从恩施县"南至大崖与宣恩县太平坝交界,距城一百五十里";咸丰县"东北至石人坪与宣恩县太平坝交界,距县治一百五里。"③可见,太平坝距施南府城之里程与《总要》所言太平寨距施州里程相近,又位于恩施、宣恩、咸丰三县交界处,当为交通冲要。同治《宣恩县志》记载清代宣恩县治西一百一十里设有泰平坝塘,疑"泰"即为"太"。因而笔者认为太平寨即清宣恩县太平坝,今属咸丰县。

10. 罗大寨、支土隘

罗大寨、支土隘均在建始县界,据《总要》记载,罗大寨位于县南四百七十三里,支土隘北至界二百零七里。按前文言,罗大寨位于连天寨东南,是入溪洞懿州路之隘口,又连天寨距鹤峰州二十里,位于建始县界东南与鹤峰州、巴东县交界处,若《总要》记载连天寨"西至州四百五十里"为北至州四百五十里之误,那么罗大寨则在连天寨南二十里左右,因此认为罗大寨位于建始县南与鹤峰交界之唐家坪一带。其寨设置主要目的与连天寨相同,为控御其南部非汉族群。

支土隘北至界二百七十里,按建始县疆域南北距四百四十里计算,疑其位于建始县中部,详址无考。

---

① 同治《增修施南府志》卷2,第65页。
② 《读史方舆纪要》卷82,第3861页。
③ 同治《增修施南府志》卷2,第57页。

11. 南寨

南寨，从绍兴十二年(1142 年)"诏以施州南寨路夷人向再健袭父思迁充银青光禄大夫、检校国子祭酒兼监察御史、武骑尉、知懿州事"①可知，其至晚在绍兴十二年前已设置，其"夷人"亦在此前归顺，因而有袭父职之说。显然，其设置为控御"夷人"。从龙潭安抚司"宋为施州南寨地"②，可知龙潭安抚司旧地即为南寨旧地，在今咸丰县龙潭司村。

12. 七女寨

七女寨原作"七女栅"。天圣元年(1023 年)，施州"溪洞蛮"首领田彦晏率田承恩等焚劫宁边寨，知夔州史方发兵攻击，俘获甚众，追田彦晏至七女栅，田彦晏投降，归还其所掠之物并输粟，可知七女栅在天圣元年前已设置。考其地理位置，据天圣石柱，"宋刺史史方逐蛮至七女栅，降之，立以分界，至明时石断。旧《志》载，距府城二百七十里，今宣恩、来凤交界处即其地也。"③"按旧《志》距府二百七十里，计道里当在县东十五里元皂里二关口等处，今二关口山上有石屹立，离地三四尺，历久剥蚀，字迹毫无，居人称为界碑或即此与。"④可以肯定七女栅位于宣恩县与来凤县交界处，与宁边寨近，是御"蛮"的重要据点。今来凤县与宣恩县交界处有关口村、关口上村，疑即为七女寨旧址所在。《宣恩县地名志》之《古关隘地名考》考证，其位于今宣恩县李家河镇西北 4.3 公里疑有误。

13. 南平寨

"在(云安)县南二百里"⑤。据《总要》记载，其设置目的为防止"蛮夷"入侵并保护其境内盐业资源，甚为明确。《中国历史地图集》北宋图中，宋云安军境内所注南平寨即此，位于今利川市南坪乡。

---

① 《宋史》卷 494《蛮夷列传二》，第 14189 页。
② 同治《咸丰县志》卷 1，第 25 页。
③ 同治《增修施南府志》卷 4，第 97 页。
④ 同治《来凤县志》卷 6，《中国地方志集成·湖北府县志辑》第 57 册，第 322 页。
⑤ 《武经总要前集》卷 19，第 1218 页。

三、宋代湖北武陵山区寨堡的空间布局与"夷夏"区分

综合以上对宋代湖北武陵山区寨堡的考论分析,可见区域内寨堡有 8 个在今宣恩县,2 个在建始县,2 个在咸丰县,1 个在利川市,1 个在来凤县,1 个在巴东县。呈现出明显的南多北少局面,大多分布于今恩施州南部的宣恩县境内,尤以宣恩县与龙山、来凤、桑植、咸丰四县交界处最为集中。按宋代之区划,则寨堡基本分布于西高州、富州、顺州、奉化州、天赐州等羁縻州附近,这些羁縻州内有"高州蛮""顺州蛮""天赐州蛮"等,且与"溪南生蛮"邻近,是宋廷重点治理与防御地区。

而通过观察以上宋代寨堡在湖北武陵山区不同区域的设置,明显可见宋廷将湖北武陵山区"蛮、夷"分为生、熟两大部分,并区分了"熟夷"与汉人。

首先,今宣恩、龙山、来凤、桑植、咸丰在宋代基本属于或邻近西高州、富州、顺州、保顺州、天赐州等"蛮民"聚居区域,为古"五溪蛮"较为核心的聚居区,又邻近"溪南生蛮",所以宋廷认为这一区域之"蛮、夷"介于生、熟之间。在管理上,这一区域之"蛮夷"难于"施州夷",在这一区域设置较多的寨堡。因此,这一区域寨堡的主要作用为防御羁縻州"蛮"叛乱,维持羁縻州地方秩序,同时防止其侵扰施州"熟夷",保障施州"熟夷"地区之安稳。

其次,宋廷在遇西南其他地区叛乱时,招募施、黔两州土丁或义丁助其平定叛乱,说明宋廷对这一地区非汉族群的控制力已很强。但其仍在夔州路云安军南界与施州交界之云安军南修建南平寨,明确其目的为防止"施州熟夷"进入云安争夺盐利。又在建始县南"夷、夏分界地"设置连天寨、罗大寨防止施州熟夷进入汉地,说明宋廷虽在咸平中以盐利收服施州非汉族群,解决了施州非汉族群边患问题,但其对施州非汉族群之防范并未完全放松,因而仍置寨以防守。可见,在宋朝统治者心中,其对汉与生、熟"蛮夷"有着明确划分,"夷夏"观念非常明确。

因此,这一时期,湖北武陵山区寨堡均属官方修建,目的均为防范"蛮夷",控制"边患",以维持地方安稳。

第二节　由南至北：明代湖北武陵山区寨堡
建置与分布格局的变迁

一、建置缘起：区域政治与社会概况

湖北武陵山区地处中西部交界地带，曾是沟通中西部的主要通道。嘉熙三年（1239年）有元兵欲大举临江，孟珙认为其必以施州、黔州为通道，渗透湖湘（两湖）地区，于是以2000人屯兵峡州（今湖北省宜昌市），1000人屯兵归州（今湖北省秭归县），并以5000精兵驻扎松滋，为夔州声援，元兵目随窥江，孟珙密令刘全距敌，遣伍思智以千人戍施州，可见当时施州、黔州所属武陵山区在政治与军事上具有非常重要的地位与作用。

元末，湖北武陵山区为明玉珍据地，"陈友谅据湖、湘间，嗾以利，资其兵为用。诸苗亦为尽力，有乞兵旁寨为之驱使者，友谅以此益肆。"明玉珍占据武陵山区期间，充分利用地方非汉族群进行地域开拓。直到明太祖歼灭陈友谅及其部队，进入两湖地区，湖南各郡县出于现实形势考虑，脱离明玉珍的管辖。郡县之外，在非汉族群聚居地区所置宣慰司、安抚司、长官司等土官亦脱离明玉珍，"及太祖歼友谅于鄱阳，进克武昌，湖南诸郡望风归附，元时所置宣慰、安抚、长官司之属，皆先后迎降"即此。明代汲取元代的经验、教训，以这一区域"溪洞深阻，易于寇盗，元末滋甚"①，在地方延续元代所设土司官制进行管理与治理。

土司虽归附明廷，对朝廷有纳贡、朝拜、服从军事调配的义务，但是其作为地方行政机构，具有高度的自治权利，因而时常出现叛乱状况，加之明末农民起义影响，明代湖北武陵山区社会仍多动荡不安。

如洪武五年（1372年）、十四年（1381年）、十七年（1384年），散毛峒皆

① 《明史》卷310《湖广土司列传》，第7982页。

有叛乱,深为"民患";洪武二十三年(1390年),"忠建、施南蛮"于龙孔结寨叛乱。正统十三年(1448年),师壁等70余处各相攻杀。成化元年(1465年),有"川寇"余党窜入施州卫地为乱;嘉靖元年(1522年),散毛、忠建斗争;嘉靖三十三年(1554年),龙潭安抚黄俊贪暴,据支罗寨以睚眦杀人,后其子黄中又叛乱;嘉靖四十二年(1563年),"施州蛮王忠叛乱";万历十四年(1586年),忠路土司覃寅化霸占民田,相互仇杀。崇祯七年(1634年),"流寇"猖獗,自楚入蜀,由巴东过建始者数十万,屠戮居民大半;十二月,施南土司覃良士卫狱良士之党,以兵围卫城,所过奸灭殆尽;崇祯十七年(1644年),张献忠大驱荆民入蜀,路过建始县,又大肆杀掠,施州卫既受土司之扰,又遇里民之变。[①]

这些叛乱多属土司叛乱或土司间战乱。分析这些叛乱发生的原因,多源于土司与明朝廷之间、土司与土司之间、土司与土民之间的矛盾与利益争斗,而在朝廷不能完全控制土司时,其在地方需要有一定的保障系统来维持其在地方的控制,寨堡建设即为其中一个重要方面。

二、明代湖北武陵山区的寨堡与明廷对地方的控制

元代曾在湖北武陵山区设有寨堡,但文献记载极少。"至大中,谢甲、阿者、容美等峒叛,行省辟达,可往招谕之,酋长出降,因设十寨以控扼之"即反映出元代在这一区域寨堡的设置。而"满国珍,泰定年,忠峒寨巡检。""唐志通,枫香木寨巡检。"[②]明确恩施忠峒寨与枫香木寨为元代所设寨堡。

进入明代以后,湖北武陵山区所属各区县方志、《大明一统志》、《大清一统志》、《读史方舆纪要》等文献所记载明代湖北武陵山区寨堡数量十分有限(详见表4-1)。

---

① 以上皆根据《明实录》整理。
② 同治《恩施县志》卷4,第488页。

表 4-1　明代湖北武陵山区寨堡设置概况表

寨堡名称	修建时间	所属州县	备注(历史文献记载)
石龙堡	明	利川	沙溪土司旧治
铁炉寨	明初		明初土人避赤眉之乱
龙孔寨	明洪武二十三年		明洪武十七年(1384年),散毛等峒蛮时寇掠为民患。景川侯曹震命施州卫及施南宣抚覃大胜招之。明洪武二十三年(1390年),忠建、施南叛蛮结寨于龙孔
山羊寨	明		明季乡民避乱
星寨	明		明时土人避乱处
支罗峒寨	明嘉靖三十三年之前		嘉靖三十三年(1554年),龙潭安抚黄俊素贪暴,据支罗峒寨,以眶眦杀人
船头寨	明嘉靖年间		明嘉靖时,龙潭安抚司黄俊据支罗,俊子中以支罗叛,即船山立伪署,中平,置支罗百户治此
南坪堡	明		施州卫诸夷皆由七曜山南坪出没重夔,劫掠为患
石龙堡	疑为明代		县西百六十里,下为故土司
马鬃岭寨	明		明末土人避乱
凤皇山寨	疑为明代		近蛮王冢
张武寨	疑为明代		建南土司行署故址
蛮王寨	疑为明代	恩施	在城南四里峭壁中,有小径,岩半
涂堡	疑为明代		议涂堡宜增兵防
犀牛洞	明		明季村人多避兵于此
国公寨	明隆庆	咸丰	在金峒司,覃壁叛命,将参政冯成龙、监军副使张大业平之,其屯兵处今名国公寨
悔寨	明隆庆		去国公寨数里,覃壁畏擒逃其上,名曰悔寨
召化堡	明嘉靖	巴东	西邻蜀建始,南通石柱、连天二关,远接施容数土司,外控诸夷,内为巴邑之保障
红砂堡	明嘉靖		与连天关形成掎角之势

资料来源:嘉靖《巴东县志》、嘉庆《恩施县志》、同治《咸丰县志》、同治《增修施南府志》、同治《巴东县志》、同治《来凤县志》、光绪《利川县志》、光绪《施南府志续编》。

若表4-1中相关记载无误,那么从有限的明代湖北武陵山区寨堡来看,其主要分布于今利川市。且就寨堡性质而言,明代湖北武陵山区寨堡与宋代相比发生了重大变化——宋代寨堡为朝廷所设,专以管控非汉族群,明代寨堡则不仅管控非汉族群,还成为土人避乱之所,如铁炉寨、山羊寨、星寨、马鬃岭寨等即是;也成为土司借以维持统治或叛乱的据点,如石龙堡、支罗峒寨、船头寨、悔寨即是。但其在管控非汉族群(包括土司)方面的根本目的未发生改变。

有关这一点,从正史中对其记载文字的多少与重复次数可观一二,如供"土人"避乱之铁炉寨、山羊寨、星寨、马鬃岭寨等仅见于清代地方志记载,分析其原因在于当时明廷在湖北武陵山区所面对的主要问题是土司问题。面对湖北武陵山区土司叛乱迭起的问题,明廷在寨堡设置上有明显偏向,特别是其中对南坪堡与召化堡的设置,表现尤为明显。以下即以南坪堡与召化堡为例,讨论寨堡设置所反映的明廷对湖北武陵山区的控制。

(一) 控御"施夷"之据点:南坪堡

南坪堡在宋时为南平寨,属云安军,为保护云安军盐业资源与控御周边"蛮夷"而设,明代改寨为堡。何以设堡?明杨鸾言"故议复南浦县者,不过计障施夷。然控制施夷,自有长策,殊不系乎县之设否也。"[1]认为当时讨论是否复置南浦县的出发点为控制施夷。据有关学者研究,基本认为西晋时南浦县县治曾一度设置于明南坪堡地[2],文献亦记载当时南浦县县治设置于南坪堡便是"主夷"[3]。又云"施州卫诸夷皆由七曜山南坪出没重(庆府,治今重庆

---

① (明)杨鸾:嘉靖《云阳县志》卷上《提封三》,《天一阁藏明代方志选刊》第66册。

② 参见杨光华:《羊渠、南浦县建置沿革考——兼及魏晋"峡中"武陵郡》,《中国历史地理论丛》2013年第3期;刘志尚:《西晋南浦县治城考》,《湖北方志》1998年第4期;重庆市万州区龙宝移民开发区地方志编纂委员会编:《万县市志》,重庆出版社2001年版,第1255页;丁耀廷著:《巴山蜀水游记》,华夏文化出版社2012年版,第216页。

③ (晋)常璩:《华阳国志》卷1记载"南浦县,郡南三百里,晋初置,主夷"。

市)、夔(州府,治今重庆市奉节县),劫掠为患。"①道出南坪实为"施州(湖北武陵山区)诸夷"进入重庆与夔州的重要通道,反映南坪在军事与地理上之重要性。于是"彼蜀于各该地方设有南坪等二十四堡"②,成为杨鸾认为的比恢复设县更好控制"施夷"的长策。因此,南坪堡设立的目的与宋代设置南平寨基本一致,最主要的目的是控制湖北武陵山区的"施夷"。

作为控御"施夷"的重要据点,其战略地位突出表现在荆瞿守备的移驻。明初,武陵山区土司逐渐归附,施州卫所辖地方仍延续元代土官制度,设置土司进行管理,地方土司按数朝贡,并听朝廷调遣,但随着彼此势力的增长,不时扰乱地方,或相互仇杀。嘉靖三十三年(1554年),容美土官田世爵"阴与罗峒土舍黄中等谋叛"③,即引起了明朝廷对地方土司管控的重视,因而湖广巡按御史周如斗请移荆南道分巡施州卫以便控制,调广西清浪卫等地的戍军充实行伍;同时,督臣冯岳等建议将荆瞿守备移于施州,此为荆瞿守备移施州之始。为何地方官员会提出将荆瞿守备移驻施州南坪堡呢?

首先,南坪堡为施州卫非汉族群出入重、夔的要道,南坪堡设置之后,成为各路的冲要,是各堡的总会,公署、墙垣、经画、规制建设亦较其他各堡更为雄壮、完固,将荆瞿守备移驻南坪堡,条件更加成熟,也能达到扼塞"诸夷"出没劫掠重、夔的目的。

其次,据笔者实地考察,南坪堡所在区域,自然地理环境优越,气候适宜,且有大片肥沃的可耕地,地方有"恩施三坝,不如南坪一岔"之说,是重要的粮食产地,可为军队驻扎等提供粮食保障与物资供给。

荆瞿守备移驻南坪堡后,"于施州卫推选指挥一员,千百户数员;其瞿唐二卫所指挥千百户拨分一半,俱赴南坪驻扎,以听守备行事。施州卫仍分拨卫军管领守堡,其奉节、云、万、忠、丰等州县,各将原守各堡民快数百名委官管押,即于彼处戮力防守,悉听守备官常行操备。如此,则诸夷惮理职之尊严,畏

---

① 光绪《利川县志》卷10,第71页。
② 光绪《利川县志》卷10,第71页。
③ 《明史》卷310《湖广土司列传》,第7989页。

官军之众盛,自将消其劫掠之奸,而不敢任情出没矣。"①

从荆瞿守备移驻南坪堡,可看出明廷将南坪堡作为中央控制湖北武陵山区的据点,一方面反映了明代湖北武陵山区土司问题的突出与朝廷对湖北非汉族群聚居问题的重视,另一方面凸显了明廷对作为"内地"的重、夔的保护。

(二)"夷夏"分界之召化堡与红砂堡

巴东县为湖北武陵山区边缘,南与容美土司相接,按前文考证连天寨时所言,其县南为"夷、夏"之分界。据康熙《巴东县志》"兵防"记载,在巴东县西南五百里设有连天关巡检司,距容美土司二十里;南五百里,设有石柱关巡检司,距椒山玛瑙长官司二十里。为遏制土司及其所辖非汉族群出入扰乱地方,保障内地汉民利益而设。后关势减弱,嘉靖二十四年(1545年),谭将军等啸聚劫掠,始设召化堡。嘉靖四十年(1561年),容美土司出没长阳、巴东二县,恣行掳掠,始设红砂堡。因而巴东县之连天关巡检司、石柱关巡检司、召化堡、红砂堡实属明代巴东县防御土司及其所辖非汉族群的共同体系,连天关巡检司与石柱关巡检司先于召化堡与红砂堡设置,后两者的出现是在前两者势力出现衰弱或废置之后,为弥补其不足而设置的。

召化堡,"在巴东县南八十里,一名杨柳堡,以其地名杨柳荒也,深林密箐,当施(州)、建(始)要路,南通石柱、连天二关,明嘉靖二十四年(1545年)置。"②关于其建置,明代沈继美所著《新建召化堡记》有详细的叙述,认为其建堡原因主要包括两个方面:首先,召化堡设置的根本原因在于其地属崇山峻岭,西邻蜀(四川)之建始县(今属湖北省),南通石柱、连天二关,距离施州容美等土司不远,有"外控蛮夷,内为巴邑之保障"的形势。其次,直接原因在于有流民至此地,与非汉族群相勾结,为盗屠掠,十分严重。

---

① 光绪《利川县志》卷10,第72页。
② 嘉庆《大清一统志》卷350,第8册第361页。

堡建有土垣、碉楼、公厅、廨舍、廊房、营房,"为土垣数十雉,以杆其外,为怀远楼,树之门以司启闭,为公厅四楹,廨舍、廊房数十楹以居戍官,为营房百余区以栖戍卒。"又"余基地募民之顾居者,俾自为庐舍,外拓其山地若干顷,分给四近之民,任自垦辟以为业。"①建置规模较大,经制完善。

红砂堡,《大清一统志》与《方舆考证》皆记载其位于县西南三百里,康熙《巴东县志》、同治《巴东县志》记载其位于治西南五百里。由"齐祖望单骑,由苦竹溪渡清江,直抵红砂堡,登连天关俯瞰金溪口,历蒲龙等处而还。"②又明代巴东县知县李光前言二者成掎角之势。若红砂堡位于县西南三百里,则与连天关相距二百里,距离较远,齐祖望不可能在抵红砂堡后又马上登连天关,两者也不可能成掎角之势,因此认为红砂堡应位于县西南五百里与连天关距离不远之地。

考红砂堡之设置,自嘉靖十三年(1534年)提出建议,嘉靖四十年(1561年)始置。其常奏修之百户后为土舍田九龙驱逐,天启而下,其所在之后二都皆为土舍田九龙及其所管土民占据。至清代时,由巴东县知县齐祖望作《请严边防》所知,容美土司侵犯巴东县南部边境是经常且持续的事,以致容美土司一度攻占其地,以壮大自己的领地。因此,红砂堡的设置与宋代所设连天寨之设置有着同样重大的意义,以其地处"夷、夏"边界,担负着防御的重大使命。

明代巴东县所设武职也主要分布于以上两堡,在召化堡拨有长宁所千户一员、旗军五十二名、民壮十名;红砂堡拨有远安所千户一员、千总一员、把总二员、旗军五十三名。

从两堡所处位置而言,更像是一个双层堡垒,红砂堡为外垒,为"夷、夏"分界地,紧邻容美土司,甚至常为容美土司所侵占,所以此寨堡之设置对区分"汉、夷"、保护"内地"汉民而言具有重大意义;召化堡则为其内垒,当土司及

---

① 嘉靖《巴东县志》卷3《新建召化堡记》,第1312—1313页。此段未标注引用均引于此。
② 康熙《巴东县志》卷2,第332页。

其所管非汉族群越过连天关,穿过红砂堡,进入巴东内地,其担负阻止土司及其所管非汉族群深入破坏"内地"之职,即所谓"外控蛮夷,内为巴邑之保障。"①

三、由南至北:宋、明时期湖北武陵山区防御重心的转移

就文献所载明代湖北武陵山区寨堡数量与分布而言,与宋代相较,大致有以下几方面变化。首先,在数量上有所增加。其次,在分布上,宋代寨堡大多位于湖北武陵山区南部保顺州、顺州、高州、富州、天赐州等羁縻州周边,即今之宣恩县南与其周边交界区域;明代寨堡却以北部利川县分布最为集中,即今利川市内分布最多,在利川境内的分布又以南坪堡周边较多,重心明显转移到了北部区域。最后,就寨堡的性质而言,由单一转向了多元,即相比宋代单一防御"蛮夷"的功能而言,其成为土人或居民避乱之所,甚至成为土司治所。

在这些变化中,最为显著的地方在于其寨堡重心之转移。宋时期,以宁边、尖木、永宁、静边、歌罗、施度、永兴、细砂、太平、七女等十余寨控御宋代施州南部各羁縻州非汉族群,仅以南平寨、连天寨为其西北与东北"关口"控御施州非汉族群,防止施州非汉族群由西北进入当时重庆府与夔州府所辖地区,由东北进入巴东、荆州地区,说明其时施州南部非汉族群的管控问题较之施州中北部地区更为严重。

进入明代以后,原施州所辖南部羁縻州与施州其他区域一样成为土司管辖区域,且其更南之保靖、龙山、永顺亦皆为土司管辖,可以说其东、西、南三面皆为土司。这应是明代寨堡重心发生变化的主要因素,即宋代寨堡设置于施州南部宣恩及其附近区域,是为保护施州"熟夷",进而保护"内地汉民"。至明代,施州及其东、西、南三面皆为土司地,唯其北部区域为汉民所居,正北有长江天险可阻,而西北之利川可入重庆、夔州,东北之巴东可入荆州,对"汉

---

① 　嘉靖《巴东县志》卷3,第1312页。

地"形成了巨大威胁。因此,将荆瞿守备移驻南坪堡,在巴东县南以连天关与红砂堡形成掎角之势守卫邻近土司之"内地",又在更靠"内地"处设置召化堡以保障巴东,因此,寨堡设置重心的变化是当时防御现实的要求,这种防御重心的变化同时反映了当时湖北武陵山区主要矛盾的变化。

宋代湖北武陵山区的主要矛盾首先是朝廷与地方非汉族群之间的矛盾,其矛盾包括三方面,一为朝廷与"施州熟夷"之间的矛盾,二为朝廷与羁縻州"蛮"之间的矛盾,三为"生蛮"与"熟夷"之间的矛盾。南平寨、连天寨乃至支土隘的设置是第一方面矛盾的结果,而宁边、尖木、永宁、静边、歌罗、施度、永兴、细砂、太平、七女十余寨则为后两方面矛盾的共同结果。宋代以后,元明设置土司统治地方,其矛盾转变为朝廷与土司之间的矛盾,这一矛盾促使朝廷在保护内地汉民的政策上更加突出,其东、西、南区域基本为土司所统辖,朝廷可任之发展,对邻近内地之利川、巴东南部边境却不能放任,因其涉及汉民的切身利益,更涉及"汉土""夷土"的辖域问题。宋代到明代寨堡设置与分布发生变化正是这种矛盾发生变化的最直接结果,因而寨堡格局反映了当时政治格局的变化。

第三节　遍地开花:清代湖北武陵山区寨堡建置与分布格局的变迁

一、寨堡建置缘起:清代湖北武陵山区的社会现实所需

明代湖北武陵山区社会不稳定因素多与土司相关,经过明朝廷对土司的治理,其地土司在明末时已较为平静。进入清代以后,其地土司纷纷归附,清朝廷予以印章,使各土司延续明代职衔,继续治理地方。与明代相比,清代湖北武陵山区土司较为顺服,并未发生大规模叛乱与仇杀,但仍不免有利益争斗,因而在其他边疆问题基本解决后,雍正便在湖北武陵山区实施"改土归

流",将土司迁出,设一府六县进行管理,土司与朝廷之间的矛盾基本解决,基层社会不再受土司影响。然而,自明末清初始,湖北武陵山区先后深受明末清初农民起义、三藩之乱、白莲教起义、太平天国运动等影响,社会不时处于动荡不安的状态。

首先,李自成在北京失败后,其余部辗转湖北,进入鄂西南地区,扰乱地方长达十余年,湖北武陵山区各州县深受其影响。

其次,康熙十三年(1674年),"三藩之乱"爆发,吴三桂进据湖南,又取道鄂西南地区,经由鄂西南地区进入四川,使这一地区社会动荡不安。又经由施州进入贵州,一路抢劫,掠夺物资,利川受祸极重。后其余党谭宏叛,利川复陷。对利川地方造成了严重影响。

最后,白莲教起义在四川、陕西、甘肃、湖北、湖南、河南等省迅速铺开,亦对湖北武陵山区社会造成了不小影响。有白莲教教徒扑入来凤县,从贵州进入,经清水塘、龙潭司进入宣恩县,扰乱地方;覃加辉等又自长乐窜入恩施县东境老虎口,林之华余党自榔坪窜扰恩施县东崔家坝等地。又林之华、覃佳耀在长阳制造动乱,扰及巴东县。嘉庆二年(1797年),奉节杨秀隆、汤永礼等两股合并万余人进入利川。又倡乱恩施,恩施县朱德洪与其相呼应,以白莲教煽诱,其众至数百人。

咸丰元年(1851年),太平天国运动爆发,自广西始,席卷湖南、湖北、江西等省。在湖北武陵山区境内,咸丰十一年(1861年)九月,石达开率十万余人由湖北入四川,回窜时,焚毁民居、集场,其入峒避难者亦多未能逃脱。后又回窜至咸丰县境,至丁寨场。同治元年(1862年)正月,石达至来凤县,号称十万纷扰利川县境,使湖北武陵山区社会再次动荡不安。

二、寨堡及其分布

面对入清以后动乱不安的社会状况,具有防御与避乱作用的寨堡在湖北地区得到了大规模的修建,尤其是在白莲教起义期间,为平定白莲教起义,龚景瀚提出《坚壁清野议》①,认为修建寨堡,实行"坚壁清野"是战胜白莲教的唯一办法,这一办法得到了嘉庆皇帝的认可并实施。咸丰时期,太平天国运动兴起,延续在嘉庆白莲教起义中所实施"坚壁清野"办法,再次大量修筑寨堡,并将团练与寨堡结合。

湖北武陵山区在寨堡的修建上与明代相比数量明显增加,分布也更加均衡,但与湖北其他区域及其周边各县相比较,其数量相对较少。杨国安认为明末清初湖北寨堡以"蕲黄四十八寨"与鄂西山区一带为多,清中后期,湖北成为主要战场,湖北寨堡修筑主要集中在嘉庆、咸丰和同治年间。② 从具体行文来看,其所言鄂西山区,主要指鄂西北山区,因按笔者统计,湖北武陵山区文献中明确记载寨堡修建于清初的仅有两处。从其所统计清中后期湖北部分地区寨堡数量来看,以孝感、麻城、襄阳、竹山、京山较多,基本均以百计数。而在湖北武陵山区,数量极少,合计不足一百(详见表4-2)。

表4-2　清代湖北武陵山区寨堡设置概况表

寨堡名称	修建时间	所属州县	备注(历史文献记载)
大界寨	乾隆时期	利川	界云阳、万县,高数十丈,可容数百人,昔人多避乱于此。乾隆初,县令会云阳、万县勘界至此,故名
红龙山寨	同治时期		土色赤,高五里;同治初,乡民垒石为寨以避贼
峡口寨	同治时期		峡口有石寨,高数百丈,有洞,中有石隙可观天日,寨上平广;同治时入寨避乱者数千人
关　口	嘉庆初		山旧有木城,嘉庆初修以防教匪
马桑坡卡	嘉庆时期		嘉庆时修以防教匪
中和山	咸丰时期		高三千丈,上有寨可避乱;咸丰辛酉,陈茂才、寿田联络乡里,因险作寨
中保山寨	咸丰时期		中保山上有寨,咸丰时邑人王温理修

① (清)龚景瀚:《澹静斋文抄》外集卷1《坚壁清野策议》,《续修四库全书》第1474册,第629—633页。
② 参见杨国安:《社会动荡与清代湖北乡村中的寨堡》。

寨堡名称	修建时间	所属州县	备注(历史文献记载)
一品山寨	咸丰时期	利川	咸丰时粤贼之乱,修一品山寨,费万金,避贼者多往依之
香炉寨	嘉庆时期		高万仞,广数里,嘉庆时教匪之乱,同治时粤匪之乱,居民多避贼于此
船头寨	嘉庆时期		嘉庆二年(1797年)、同治元年(1862年),土人避贼山上,贼不敢犯
百家寨	咸丰时期		县南百里,咸丰辛酉,居人避兵于此
人和寨	不详		县南百三十里
狮子堡			在老屋基场后
古琴寨			其形似琴,三高悬岩,一径可通,能容万户
睦家寨			奇险,为居民避乱
凤凰山寨	同治时期		凤凰山,有寨可容千人,同治时多避贼者
五花寨	不详	建始	在县南百五十里
五峰山寨		恩施	(五峰)山上旧有寨
鼓楼寨			鼓楼寨,在洪崖山(城南十五里)东
南屯堡、屯堡			南市郭里
桅杆堡塘			在县西南七十里。桅杆堡亦为乡集、铺
万　寨	同治时期		按此集与宣恩相错,集东属恩施,集南属宣恩
大屯堡	不详		在方家坝之右,距县六十里
天鹅寨			在城东花被村,形如鹅顶
养老寨			在城东戎角村后,高数百丈
石马寨			在凉风台,左岭如马形
蛮坡寨			在木贡,四围如刀切,旁有扇子岩
狮子堡			在城东百二十里,形如画狮,旁有山,名鳌头,与之并峙焉
军　寨			西北都亭里分贮社仓之一
青　堡			北由四川入施藩篱隘口

寨堡名称	修建时间	所属州县	备注(历史文献记载)
平山寨	不详	鹤峰	不详
石龙寨			
水　寨			
银珠寨			
王家寨			
大　寨			
车书寨			
九文寨			
客　寨		来凤	渡夫二名
峡口寨			峡口寨塘,距县二十里,与宣恩县崖脚塘滥泥坝交界,铺司兵二名
保靖寨			保靖寨塘,距县五十五里,与宣恩县冉大河交界
旗鼓寨	嘉庆时期		铺司二名
红岩堡(红崖堡)	嘉庆时期		铺司兵二名,渡夫一名
上　寨	嘉庆时期		上寨塘,距县五十五里;铺司兵二名,渡夫一名
包子寨	不详		不详
夫峰寨			
田家寨			
竹坪寨			
向家寨			
三　寨			
苏家堡	嘉庆时期		
黄泥堡	不详		
土　堡			
新　寨			
近凤寨			为渡口,有渡夫二名
猴栗堡			不详

续表

寨堡名称	修建时间	所属州县	备注(历史文献记载)
飞山寨	不详	来凤	有飞山庙
营坪寨		咸丰	在县西二里
丁　寨			有禹王宫、晏公祠、白岩观
忠　堡			忠堡场塘,有关庙、方广寺、地主宫
地坝寨			地坝寨塘
经历寨	雍正时期	宣恩	雍正二十三年(1745年)八月甲戌,吏部议准湖广总督迈柱奏湖北恩施县忠建地方离县窎远,请改为忠建镇,添设巡检一,土司经历寨一带地方,应添设经制外委把总各一,兵九十五名,分汛防守
羊角寨	咸丰时期		县东南百四十里,高十五里。江流绕其下,四面悬岩壁立,惟一径可通,鸟道羊肠,令人不敢俯视,上有土司扎寨基址。咸丰辛酉,曾氏、周氏、何氏三族百余人避难于此。按《宣恩县地名志》考证,位于今宣恩县李家河镇南2.7公里,地势险要
木枕寨	不详		县东南百五十里
二虎寨			县南百六十里
四方寨			县南百六十里
龙角堡			县东四十里,两峰对峙如龙角然
水心寨			在水心山下
万　寨	同治时期		在七里坪之南,距七里坪五十三里,距县六十里;按此集与宣恩相错,集东属恩施,集南属宣恩;有集场,又为塘

资料来源:乾隆《鹤峰州志》、乾隆《来凤县志》、嘉庆《恩施县志》、同治《咸丰县志》、同治《增修施南府志》、同治《巴东县志》、同治《来凤县志》、同治《宣恩县志》、光绪《利川县志》、光绪《施南府志续编》。

由表4-2可见,清代湖北武陵山区寨堡,利川县、恩施县(今均为市)境内皆为16处,建始县1处,鹤峰县8处,来凤县19处,咸丰县4处,宣恩县8处。在时间分布上,这些寨堡多未记载具体修建时间,能明确至晚修筑时间的仅有20处,从可确定时间的寨堡来看,这些寨堡建于清初的仅两处,至晚建于嘉庆时期的有 8 处,建于咸丰、同治时期的则有 10 处。其他寨堡虽未标注修建时间,但是以其只在同治、道光、咸丰时期县志中出现,在其他文献中并无记载,因而推断其多建于嘉庆至咸丰、同治时期。具体而言:

从寨堡数量分布来看,以利川、恩施、来凤最多,其次为宣恩、鹤峰、咸丰,分析其原因,与各自所处地理位置及战略位置密切相关。一方面,来凤县境内寨堡最多,与其县杨子敖、谭贵以小坳、旗鼓寨、红岩堡等地为据点叛乱密切相关,其时来凤县正处于内外白莲教共同扰乱之中,社会尤为不稳定;另一方面,利川县紧邻川东地区,受明末清初农民起义影响最大,其中李自成旧部“十三家营”曾驻扎县境南坪,甚为酷虐。又康熙时“三藩之乱”,利川多次陷于吴三桂的统治。嘉庆年间白莲教起义,利川作为川、楚交界地区,常受川、楚两省战乱影响。同治时期,石达开由来凤进扰利川。恩施县作为附郭,是施州卫与施南府治所在,深受明末清初农民起义影响。又有白莲教教徒窜扰,社会亦动荡不安。湖北武陵山区中,利川、恩施、来凤为相对主要战场,其境内所分布之寨堡因而较多。

从寨堡建置的时间上来看,主要集中于嘉庆、咸丰、同治三个时期,这首先与其时白莲教起义、太平天国运动相关,其次也与清王朝实行“坚壁清野”战略密切相关。受战乱影响,这一时期寨堡的修建多以避乱为用,如利川关口、马桑坡卡、香炉寨、船头寨明确记载为嘉庆时防“教匪”所用,又有红龙山寨、峡口寨、中和山寨、中保山寨、一品山寨、百家寨为咸丰、同治年间避乱所用。但亦有如旗鼓寨、红岩堡之类寨堡被敌方作为聚点,以险与朝廷军队对抗,持久不下。从总体来看,以寨堡为避乱之所的更多。

与平原地区稍有不同的是,在湖北武陵山区,除人工修建的寨堡外,存在很多自然山体,这些自然山体在战乱时期也常作为居民避乱之所,这在一定程度上影响了湖北武陵山区寨堡数量的多少。利川有铜锣山、后寨山,“皆昔人避贼处”;鸥鹰岩,“同治时,乡民避贼洞中者千余人”;红龙山,“同治初,乡民垒石为寨,以避贼”,石洞山“可避贼”;蟠龙洞,“同治时,居民垒石洞口,避贼,贼不能入";旁双峰山,"同治元年(1862年),土人多避贼洞中";龙洞岩,"洞中容数百人,可避乱";观采峡,"同治时入寨避乱者数千人"。①

三、遍地开花:宋至清时期湖北武陵山区寨堡格局的变迁

进入清代以后,湖北武陵山区土司主动归附,土司之间的争夺与战乱较之明代明显减少,虽偶有土司统治残酷,与土民不和,但并无关系统治之大问题产生,因而在完成统一之初,清廷并未着急处理这一地区土司问题,而是借助其力量维护地方秩序,一直到雍正时期才将这一地区土司"改土归流"。随着"改土归流"的完成,湖北武陵山区土司问题基本解决,其境内"土民"也随之向化,完成了"一体化"进程,加之汉族移民的进入,地方政治、社会、经济、文化等各方面均有了明显改变,这意味着历史时期"夷、夏"矛盾消失,湖北武陵山区社会主要矛盾再次发生变化。

从寨堡的修建来看,自宋代至清代,每个时期湖北武陵山区境内寨堡分布格局均不同。首先,宋代湖北武陵山区寨堡主要分布在今宣恩县南境,即宋时施州所辖羁縻州附近,另有两堡分别置于当时所谓"夷、夏"分界处;其次,明代湖北武陵山区寨堡分布重心由南转移至北,主要位于当时利川县与巴东县南所谓"夷、夏"分界处;最后,清代湖北武陵山区寨堡分布于各县,虽数量不同,但总体相差不大,没有明显的南北分布差异。

可见,自宋代至清代,湖北武陵山区寨堡分布格局一直处于变化之中,而这种变化与"夷、夏"矛盾,或者说"夷夏"观的变化是一致的。宋代至明代,"土民"未完全向化,湖北武陵山区面临的主要社会问题仍是"土民"或土司叛乱的问题,对朝廷而言,控制并防止其入侵邻近之"汉地"便是其主要任务,因而所设寨堡皆以此出发。至清中后期,湖北武陵山区土司完成"改土归流","土民"向化,汉族移民大量进入,湖北武陵山区与内地无异,与其他地区汉族

---

① 光绪《利川县志》卷12,第80—87页。

一样受白莲教起义、太平天国运动等影响,因而在寨堡设置上不再如宋代至明代一样考虑"蛮夷"防御问题,因而其寨堡设置与其战乱程度及盗匪进入多少相关。

除分布格局外,由宋代至清代,湖北武陵山区寨堡性质也发生了巨大变化。首先,宋时所修寨堡,其出发点皆为"防夷(包括生熟夷)";其次,明代所修寨堡,一部分为"防夷",一部分为避乱,还有一部分作为土司治所;最后,到清代,其所设寨堡基本皆为避乱或防"教匪"所用。可见不同时期湖北武陵山区社会内部主要矛盾不同,也可见"夷夏"矛盾之变化与消失。

第四节　特殊政区与州县政区之间:宋代湖南山区寨堡的建置与分布

一、设置动因:宋代湖南山区复杂的政治与社会环境

宋代湖南山区继承和发展了唐代羁縻州县制度,以羁縻州、县、峒管辖地方。在湖南、湖北设荆湖南、北二路,"绍兴元年(1131年),以鄂、岳、潭、衡、永、郴、道州、桂阳军为东路,鄂州置安抚司。鼎、澧、辰、沅、靖、邵、全州、武冈军为西路,鼎州置安抚司。二年(1132年)罢东、西路,仍分南、北路安抚司,南路治潭州,北路治鄂,寻治江陵。"①《总要》言其"皆天文张翼轸之分,春秋楚地,秦之长沙、黔中、南郡,悉其郡境,东界鄂渚,西接溪洞,南抵五岭,北连汉沔,其人多劲悍忿决,勇于私斗。自南郡、夷陵、泸溪、辰阳诸郡,兼杂蛮夷,散处山谷,其外又有羁縻州县,岁时修贡,间侵边境。"②既反映出荆湖南、北两路羁縻州与其所辖非汉族群所存在的问题仍是宋廷在这一地区亟须解决的问

---

① 《宋史》卷88《地理志四》,第2192页。
② 《武经总要前集》卷20,第1219页。

题,也反映了当时湖南山区的政治与社会环境。

从文献记载来看,当时荆湖南、北两路所辖羁縻州有北江州三十六,南江州二十。① 这些羁縻州、县、峒,以其人"多劲悍忿决,勇于私斗"而动乱不息,成为朝廷重点关注与治理区域。如:

太祖时期,先有"武陵、辰阳、澧阳、清湘、邵阳五州,各有蛮瑶保聚,依止阻江,殆十余万。马希范、周行逢,时数出寇边,以至围逼辰、永二州,杀掠民畜,岁岁不宁。"②后有"梅山峒蛮闻江表用兵,乘间寇潭、邵州",至"潭州、长沙等七县民为蛮贼虏劫。"③

太宗时期,太平兴国二年(977 年)闰七月甲寅,"梅山峒蛮"左甲、右甲首领率众劫掠商人④。

真宗时期,咸平二年(999 年)闰三月,京西转运副使朱台符上疏言"荆蛮有猖狂之寇"⑤;咸平三年秋七月,"溪洞群蛮数寇扰"⑥;景德二年(1005 年)二月,"诸洞蛮攻下溪州";⑦大中祥符三年(1010 年)春正月,"慈利县蛮相攻劫";⑧大中祥符五年(1012 年)秋七月,"澧州慈利县蛮人侵扰汉土";⑨天禧元年(1017 年)秋七月,"下溪州蛮寇辰州"⑩。

仁宗时期,庆历三年(1043 年)春正月,"荆湖南溪洞蛮瑶侵扰连、贺、衡、永数州";⑪庆历三年九月,"桂阳监蛮瑶内寇";⑫庆历四年(1044 年)十一月,

---

① 详见本书第一章第二节。
② 《续资治通鉴长编》卷 13 引《魏泰东轩录》,第 291 页。
③ 《续资治通鉴长编》卷 16,第 340 页。
④ 《续资治通鉴长编》卷 18,第 409 页。
⑤ 《续资治通鉴长编》卷 44,第 936 页。
⑥ 《续资治通鉴长编》卷 47,第 1028 页。
⑦ 《续资治通鉴长编》卷 59,第 1315 页。
⑧ 《续资治通鉴长编》卷 73,第 1653 页。
⑨ 《续资治通鉴长编》卷 75,第 1778 页。
⑩ 《续资治通鉴长编》卷 91,第 2097 页。
⑪ 《续资治通鉴长编》卷 139,第 3344 页。
⑫ 《续资治通鉴长编》卷 143,第 3430 页。

"田忠霸诱下溪州蛮将内寇";①庆历五年(1045年)十二月,"桂阳蛮瑶唐和等复入寇";②至和二年(1055年)十月,"下溪州彭仕义举众内寇";③嘉祐元年(1056年)十一月,"蛮瑶数寇边"④。

哲宗时期,元祐二年(1087年)十二月,"天村诸洞蛮侵扰边户";⑤元祐三年(1088年)夏四月,"融州蛮粟仁催、渠阳军蛮杨晟台等结集,往来于两路为民患⑥元祐三年八月,"渠阳蛮入寇";⑦元祐四年(1089年)秋七月,"湖南蛮贼攻围邵州、关硖、城步寨",持续三月之久;⑧元祐七年(1092年)十二月,"渠阳蛮连年做过"⑨。

与当时边疆治理问题相比,湖南山区所面临的问题不那么棘手,但一直是宋廷不可轻视的重点区域,对其政治控制从不曾松懈,因此,宋廷"据要害戍守,凡典城领兵马者,并择武干以充其任,其澧、辰、硖、泽、金、邵、永州仍募土丁,置寨将与官军杂戍界上"⑩。

基于湖南山区复杂的政治与社会环境,宋廷不得不在其地广置寨堡以控制地方。如湖南南部地区"历代防守之地,唐以前无考,自有宋起。宋初邵州之地,西北皆蛮境,新化、安化则梅山蛮,邵阳隆回二都、五都、十六峒、武冈当瑶、小坪、那溪及溆浦之龙潭、黔阳之太平乡则南江诸州蛮,绥宁及城步下六都、下八都、五峒及新宁八峒则飞山蛮地也,全州西源大埠头则西源蛮也,南面、东面虽无苗蛮,而河北四望、九龙、龙山诸山亦为盗贼出没之所,故于邵州

---

① 《续资治通鉴长编》卷153,第3717页。
② 《续资治通鉴长编》卷157,第3812页。
③ 《续资治通鉴长编》卷181,第4382页。
④ 《续资治通鉴长编》卷184,第4455页。
⑤ 《续资治通鉴长编》卷407,第9909页。
⑥ 《续资治通鉴长编》卷409,第9967页。
⑦ 《续资治通鉴长编》卷413,第10041页。
⑧ 《续资治通鉴长编》卷430,第10395页。
⑨ 《续资治通鉴长编》卷4,第11410页。
⑩ 《武经总要前集》卷20,第1219页。

置十五寨以备之"①。又"诏沅州新修贯保、托口、小由、丰山寨堡,系控扼蛮蟹形势之地,宜以濒渠河贯保寨为治所,合置渠阳县,隶诚州。"②可见,宋廷在湖南山区设置寨堡之目的为控制地方"诸州蛮",防止其侵入"汉地",或"扰边",或"内侵"。

据《宋史·地理志》记载,湖南山区范围内,武陵山区置有台宜、索口、安福、西牛、武口、澧州、慢水、龙门、水浦、铜安、龚溪、木寨、明溪、丰溪、畲溪、新兴、凤伊、铁炉、竹平、木楼、乌速、骡子、西溪、池蓬、镇溪、黔安、锦州、镇江、渠阳、龚溪、安江、托口、悬鼓、龙潭等45处寨堡,雪峰山—八十里大南山区置有丰山新、小由、狼江、收溪、贯保、罗蒙、石家、泸村、多星、大由、天村、羊镇、木寨、飞山、零溪、通平、惜溪、柘溪、藤溪、深溪、云溪、山塘、白沙、关硖、武阳、城步、赤木、神山、峡口等42处寨堡,五岭—阳明山—九嶷山—诸广山区置有杨梅、胜冈、绵田、福田、乐山、零陵、东安等10处寨堡。

二、宋代湖南山区寨堡考

(一) 湖南武陵山区寨堡考

1. 台宜寨

台宜寨,具体位置在史料中无明确记载,历史文献存在三种说法。第一,《宋史》《大明一统志》均记载其位于石门县境内;第二,顾祖禹考"守御添平千户所在慈利县北百五十里,本宋台宜寨地"③。认为台宜寨位于慈利县境。而据万历《慈利县志》记载,慈利县"东北为添平,至界一百里"④。说明顾祖禹所言"在慈利县北百五十里"并非在慈利县境内,而在其北之石门县西北境内;第三,嘉庆《大清一统志》言添平所"在安福县东北二百八十里,东接石门

---

① 道光《宝庆府志》卷59,第909页。
② 《续资治通鉴长编》卷322,第7769页。
③ 《读史方舆纪要》卷77,第3647页。
④ 万历《慈利县志》卷2。

县界,南接慈利县界,北接湖北宜昌府长阳县界,宋置添平、台宜寨"①。此处台宜寨属安福县。《方舆考证》言添平所本为宋台宜寨,"雍正七年(1729年)改属安福县"②。按此方位,则添平所应在今石门县西北,言其属安福县,应与永定卫、九溪卫"改土归流"设安福县有关,尤其是初设安福县时屡出现田土管理混乱之事,因而尽管安福县治于今临澧县,却仍管辖了今石门县境内添平所。

综合分析以上三种观点,笔者认为台宜寨确位于石门县境内。《湖南乡镇简志·常德卷》记石门县境内西北有所街乡,境内留驾坪即为"添平守御千户所"衙门所在。③ 因此,台宜寨与添平所一样在石门县所街乡留驾坪或其邻近区域,④位于渫水沿岸。

2. 索口寨、澧州寨、西牛寨、武口寨、安福寨

索口寨,"天禧中置,在慈利县境,东至(州)六日程,东北台宜寨,西南西牛寨,南澧川寨,西北安福寨。"⑤"在澧州慈利县,天禧二年(1018年)置。"⑥位于其十九都境内,"在索溪"⑦,据《县志》所载舆图显示,时十九都位于慈利县西北,大致在今江垭镇及其附近区域,位于溇江左岸,正处索溪出口⑧,与九溪卫地处同一位置。而九溪卫"本宋之索口寨,后废为市,有九溪会流,故名。"⑨九溪卫,经学者考证亦位于今江垭镇,⑩因此,索口寨位于今溇江中游

---

① 嘉庆《大清一统志》卷374,第8册第714页。

② (清)许鸣磐:《方舆考证》卷64,清济宁潘氏华鉴阁本。

③ 邢祁、李大年:《湖南乡镇简志·常德卷》,黄山书社1996年版,第140—141页。

④ 何光岳主编《杨幺起义历史地理研究》、唐明哲《湘北词典——石门土家地名与文化》皆认为台宜寨为今石门县所街乡寨坪所。

⑤ 《武经总要前集》卷20,第1223页。

⑥ 《宋会要辑稿》"方域一八",第9637页。

⑦ 同治《续修慈利县志》卷3《山川》,《中国方志丛书》第290号,第265页。

⑧ 中国人民政治协商会议湘西土家族苗族自治州委员会文史资料研究委员会:《湘西文史资料》第22—23辑,1991年版,第223页。

⑨ 《读史方舆纪要》卷77,第3646页。

⑩ 郑天挺、谭其骧主编:《中国历史大辞典》(壹),上海辞书出版社2010年版,第55页;马本立主编:《湘西文化大辞典》,岳麓书社2000年版,第5页;何光岳主编《杨幺起义历史地理研究》,岳阳市档案馆1991年版,第88页,九溪卫"在慈利县西北90里,今江垭公社九溪大队。"

左岸之江垭镇索溪出口处。

澧川寨,"祥符中置,在慈利界,正控溪洞之口,东至州九日程。"①说明其地当要害,是重要的防守点,为交通要道。"澧州慈利县蛮人侵扰汉土,荆湖北路转运使陈世卿率兵逐之,因请复置澧州、武口等寨控之。酋长下溪州刺史彭儒猛愿岁修职贡,世卿以闻,己亥降诏慰奖且许焉。先是澧州民四十七家,诉蛮侵其地,诏阁门祗候开封史方乘驿往与转运使同按视,于是自竹疏驿至申文崖,复地四百里得所掠五百余人,及置澧川等寨,即以方知邵州。"②即道出本寨设置缘起于"蛮民侵地",因此设寨的目的明显为御"蛮"与维护地方安定。何光岳等考证其位于今岩泊渡镇,但无史料可明确论证,因此存疑。文史资料言岩泊渡正处澧中两岸,既是进入湘西的咽喉,又是沿河与沙河相交之处。③ 按此形胜,即疑为澧川寨所在。

西牛寨,"天禧中置,东至州十日程。"④从前文所言索口寨之方位及里程可判断,其位于索口寨之西南,澧川寨之西。何光岳等考证有"犀牛寨,在慈利县西85里,今熊家庄公社犀牛园大队"⑤。考其所言熊家庄位于今江垭镇南,从不精确的方位而言,与索口寨、澧川寨相对位置关系基本吻合,因此疑其所言犀牛寨即为西牛寨,306省道经过此地。

武口寨,"在慈利县界,正控溪洞,与澧川寨同置,东至州十日程,西至下溪州二百三十里,西接高州茨桐界,寨城三面控武溪口"⑥。从"八月,荆湖转运使陈世卿言:澧州慈利县蛮人侵扰汉土,臣已率兵逐归溪洞,复置武口寨控之。"⑦可见武口寨设置缘起与澧州寨相同,均为驱逐侵扰"汉土"的"蛮人"之

---

① 《武经总要前集》卷20,第1223页。
② 《续资治通鉴长编》卷78,第1778页。
③ 中国人民政治协商会议湖南省慈利县委员会文史学习委员会:《慈利文史》第7辑,1996年版,第246页。
④ 《武经总要前集》卷20,第1223页。
⑤ 何光岳主编:《杨幺起义历史地理研究》,岳阳市档案馆1991年版,第87页。
⑥ 《武经总要前集》卷20,第1223—1224页。
⑦ 《宋会要辑稿》"蕃夷五",第9883页。

后，为防御所置。何光岳等考证武口寨"在慈利县西南110里，今溪口公社所在地"①。溪口公社，即今溪口镇。结合史料记载，其在慈利县界，又三面控武溪口，根据今地理形势判断确位于慈利县溪口镇。

安福寨，"天禧中置，深在蛮境，控没底溪、恶石溪二水，东至州十四日程，东南索口寨，东北施州罗大寨"②。后曾更名为夏家寨，"由宋迄元，想已圮废，夏克武重修负固。洪武初剿平，因旧名而置，所以守御之。"③至明洪武初设置卫所，又恢复旧名，称安福所，而安福所后改为桑植县，为桑植县治，至今仍为桑植县行政中心所在。

3. 慢水寨

有言"在（辰）州东三百里"④，有言"在（辰州）府西，宋初置，熙宁七年（1074年）废。"⑤还有言酉溪即慢水，西溪寨即慢水寨，在沅陵县西北。⑥

综合史料记载，辰州治沅陵县，《武经总要》言慢水寨在州东三百里无史料可证其存在与否，疑有误。据今沅陵县地方学者考证，其位于城西北17公里酉水、酉溪交汇处的乌宿市场，是酉水重要水埠，在明清时过往商贾与日俱增，是沅陵县重要的乡村市场。⑦ 今为沅陵县二酉苗族乡行政驻地。

4. 龙门寨

文献记载龙门寨"在（辰）州西南二百八十里，东大苗洞，西富州界"⑧。也有言其在"（辰溪）县西三十里。宋初置寨于此，熙宁七年（1074年）废，寻复置，元废。《志》云寨旁有龙门洞，接麻阳县界，岩石峭峻，洞水深阻，寨因以名"。置有龙门铺，言其"本龙门县地，唐垂拱四年（688年）析麻阳置，属辰

---

① 何光岳主编：《杨幺起义历史地理研究》，岳阳市档案馆1991年版，第86页。
② 《武经总要前集》卷20，第1224页。
③ 万历《慈利县志》卷10。
④ 《武经总要前集》卷20，第1232页。
⑤ 《读史方舆纪要》卷81，第3821页。
⑥ 《方舆考证》卷63，清济宁潘氏华鉴阁本。
⑦ 沅陵县地方志编纂委员会编：《沅陵县志》，中国社会出版社1993年版，第449页。
⑧ 《武经总要前集》卷20，第1234—1235页。

州。寻省,熙宁七年(1074年)以其地置铺。"①后又有龙门废县"在(麻阳)县东北"。又有"龙门山,在(麻阳)县东六十里,连山参差,岩石对峙,最为险绝。《一统志》:宋置龙门寨于此。"②

从文献记载分析,唐代龙门县即龙门寨所在。《麻阳县地名录》记载"唐朝曾在此(其境长潭乡轻土村)设置县治"③,所指即龙门县治,因此认为轻土村即宋代龙门寨所在。但因龙门(山)所指地域广泛,使具体地理位置与文献所记载龙门寨在辰溪县西三十里存在差异。

5. 水浦寨

设置时间不详。据"太平兴国七年(982年)置招谕县,熙宁七年以麻阳、招谕二县隶沅州,废慢水寨、龙门、水浦、铜安、龚溪、木寨"④可知其为熙宁七年废。

其地理位置,据顾祖禹考证,在"府东百八十里有浦寨,即宋初所置水浦寨也。百九十里又有黑栗寨,皆苗蛮出没处,向设官兵戍守。"⑤按其里程及光绪《湖南通志》"地理志"对沅陵县内不同方位寨堡由近及远的叙述模式分析,水浦寨应位于沅陵县最东境官庄镇太平铺村,有"湘西门户"之称。

6. 铜安寨

熙宁八年(1075年)设置,⑥后废为铺,宣和元年(1119年)又复置。⑦ 曾划属多县,有言"在(辰)州西南二百五十里,东富州桃溪路,西富峡三川界。"⑧又有言"在(沅)州东北三百四十里"⑨,"在黔阳县东北"⑩。从以上史

---

① 《舆地广记》卷28,第812—813页。
② 光绪《湖南通志》卷24,第824页。
③ 麻阳县人民政府编印:《湖南省麻阳县地名录》,1982年版,第23页。
④ 《宋史》卷88《地理志四》,第2196页。
⑤ 《读史方舆纪要》卷81,第3821页。
⑥ 《宋会要辑稿》"方域一八",第9644页。
⑦ 参见《宋史》卷88《地理志四》,第2197页。
⑧ 《武经总要前集》卷20,第1234页。
⑨ 《读史方舆纪要》卷81,第3830页。
⑩ 嘉庆《大清一统志》卷369,第8册第638页。

料记载判断,铜安寨地处辰州与沅州两府交界地带,因而有熙宁七年(1074年)以辰州铜安寨改隶沅州并废为铺,又结合其在所属各府中的方位里程,推断铜安寨即今怀化市中方县铜湾镇,位于沅江沿岸,曾设铺,地接辰溪县,是交通要道。①

7.龚溪寨

建寨时间不晚于熙宁六年(1073年),后改设为铺。②"在(麻阳)县南四十里"③,其近有"龚溪,在县东南四十里,源出西晃山,东北流入辰水。"④西晃山至今仍存,在麻阳县东南三十里。龚溪源出晃山之东岭,东北流,经齐江上下两乡境,至江口入辰水。⑤ 是麻阳县与芷江县交界处一山脉,最高峰在麻阳县境内,从史料记载推断,龚溪即为发源于西晃山山脚然后北流入锦江(辰水)之河流。

《麻阳县志》(1978—2005)记载境内有江口圩镇,镇有龚溪,溪两岸有齐天坪平原、胡家嘴平原⑥。又言龚溪位于县城西南,有右、中、左三源:右源出自齐天山,经官塘、唐家园、库边;中源出自老坪山(三房院子),经大口山、青山;左源出自土桥冲,经一家井、壶家嘴。中、右两源汇于柑子垄,经洪合垄,至江口圩,再与左源汇流,往北注入锦江,全长7公里。⑦ 此处所言龚溪位于县城西南部为今县城西南部,但麻阳旧治在锦和镇,因此龚溪寨位于县城东南,即今麻阳县江口圩镇南石灰冲村一带。

---

① 王颋、祝培坤:《元湖广行省站道考略》,《历史地理》第3辑,上海人民出版社1983年版;中国人民政治协商会议怀化市委员会文史资料研究委员会:《怀化市文史资料》第1辑,1985年版,第3页,所言铜安寨位置与此一致。
② 参见《宋史》卷88《地理志四》,第2197页。
③ 光绪《湖南通志》卷30,第914页。
④ 光绪《湖南通志》卷24,第825页。
⑤ 傅角今著:《湖南地理志》,湖南教育出版社2008年版,第502—503页。
⑥ 段云鹏、周生杰、唐军主编:《麻阳县志》(1978—2005),中州古籍出版社2008年版,第25,682页。
⑦ 《麻阳县志》(1978—2005),第29页;麻阳苗族自治县编纂委员会编:《麻阳县志》,生活·读书·新知三联书店1994年版,第104页。

8. 木寨

建置时间不详,废于熙宁七年(1074年)。① 文献未记载木寨所属县域及方位里程,今址不详。

9. 明溪寨

建置时间不详,废于熙宁九年(1076年)。"神宗熙宁三年(1070年)八月十五日,辰州言:权发遣下溪州事彭师晏言退纳啺溪地土,乞承父仕羲知州名额,州司欲乞放行进奉,及遣明溪寨、通望、连云两堡,却于噧溪口北岸筑一堡,差明溪寨兵马监押一员并两堡兵丁守把,据其要害,绝蛮人侵占省地便利。"② 说明熙宁三年时其寨已经存在,且在地方管理中占据重要地位,是控制区域内"蛮人"之主要力量。

顾祖禹言其"在(辰州)府西北百二十里"③。明时期设置为巡检司,又有言"在沅陵县西北"④。考今湖南省沅陵县西北有明溪口,地处酉水沿岸,其上游今建有凤滩水电站,疑即为文献中所言"风滩",与文献记载相符,因而认为明溪寨在今明溪口。

10. 丰溪寨

建置不详。后之考证者一言其为"宋熙宁间置"⑤,位于永绥厅境;一言其为"熙宁中置",位于花垣县。⑥可知其置于熙宁年间已为共识。乾隆《沅州府志》载:"丰溪在(芷江)县东八十里,源出田家山。"⑦光绪《湖南通志》亦言丰溪"源出田家山,流入潕水"⑧,此即宋代丰溪寨所在。考今芷江县西新店坪镇

---

① 《宋史》卷88《地理志四》,第2196页。
② 《宋会要辑稿》"蕃夷五",第9888页。
③ 《读史方舆纪要》卷81,第3821页。
④ 《方舆考证》卷63,清济宁潘氏华鉴阁本。
⑤ 嘉庆《大清一统志》卷381,第9册第27页。
⑥ 湖南省《泸溪县志》编纂委员会编:《泸溪县志》,社会科学文献出版社1993年版,第7页。
⑦ 乾隆《沅州府志》卷5,清乾隆刻本。根据考证,认为此处"县东八十里"应为"县西八十里"之误。
⑧ 光绪《湖南通志》卷24,第821页。

域仍有田家山,且有溪流由此汇入潕水,与文献记载相符。

11. 新兴寨

修寨源起于"辰州溪洞蛮寇边,以纶知辰州。纶至,筑蓬山驿路,贼不得通,方遁去。又修新兴寨,凿井道泉以便民。"①即此寨是"辰州溪洞蛮"遁去之后,为地方防御而建。《湖南农业史》提及此处所言水利工程,但未考证其今址。②

《总要》言其"在州北百里,西北至下溪界,自深源水路入。"③考今沅陵县境北无蓬山驿及新兴寨遗址,从所处方位及其西北至下溪界,自深源水路入,认为深源水路很可能指深溪,那么新兴寨应在今沅陵县深溪口乡位置,位于深溪与沅水交汇处,交通便利。

12. 凤伊、铁炉、竹平、木楼四寨

从熙宁九年(1076年)"废明溪、丰溪、佘溪、新兴、凤伊、铁炉、竹平、木楼、乌速、骡子、酉溪寨堡"④记载看,对四寨的认识非常有限,有废除时间,而无建置时间。且仅言其在辰州境内,并未具体指出所属何县及方位里程,因而无从考证。

13. 乌速寨

建置时间不详,废于熙宁九年。⑤ 所处地理位置十分重要,为"最当要冲"⑥之地,"近沅陵、浦口,据辰溪、溆浦往来之路。"⑦其地有乌速山,又名小酉山,在"沅陵县西北二十里"⑧。又有乌速滩"在县西北小酉山下"⑨,为"水

---

① (宋)王称:《东都事略》卷112,《日本宫内厅书陵部藏宋元版汉籍选刊》第40册,上海古籍出版社2012年影印本,第139页。
② 符少辉、刘纯阳主编:《湖南农业史》,湖南人民出版社2012年版,第194页。
③ 《武经总要前集》卷20,第1232—1233页。
④ 《宋史》卷88《地理志四》,第2196页。
⑤ 《宋史》卷88《地理志四》,第2196页。
⑥ 《续资治通鉴长编》卷82,第1869页。
⑦ (宋)王象之著,李勇先点校:《舆地纪胜》卷75,四川大学出版社2005年点校本,第2645页。
⑧ 《方舆考证》卷63,清济宁潘氏华鉴阁本。
⑨ 光绪《湖南通志》卷24,第810页。

陆总路"①。

考小酉山,在今沅陵县城西北二酉苗族乡境内,与大酉山合称为二酉山,地处酉溪与酉水交汇处,与其隔河相对有乌宿村,疑即为文献所言乌速寨,因而有乌速滩在小酉山下之说。"乌速寨,在州西北五十里,南乌速洞口,北落鹤寨。城在酉溪上。"②即此,其地势险要,扼沅陵、古丈、永顺水陆总路,为沅陵西北重镇。③

14. 骡子寨

建置时间不详,废于熙宁九年(1076年)。④ "在(辰)州六十里,北溪州界,寨城居酉溪上。"⑤酉溪河今仍存,考其发源于今古丈县境内,流经泸溪县北境,从泸溪县"西二十里有瑶獠寨,西北百五十里有骡子寨,皆宋所置故址也。苗蛮恒出没于此,明仍置兵守御"⑥,可见骡子寨位于泸溪县西北酉溪沿岸。而今泸溪县境地处酉溪河沿岸的村镇有官寨、八什坪乡、梯溪坪、桃沱、李什坪等,其中官寨、八什坪乡、梯溪坪位于干流沿岸。根据文献记载所处位置及今地形与环境的比较判断,官寨极有可能为骡子寨旧址所在,属八什坪乡。

15. 酉溪寨

设置时间不详,废于熙宁九年(1076年)。⑦《读史方舆纪要》《方舆考证》《大清一统志》等均言其在沅陵县西北二十里。从文献记载来看,酉溪寨与前所言慢水寨、乌速寨所处位置基本一致,皆位于县西北二十里处,有酉溪流经,又乌速寨与酉溪寨同为熙宁九年废,慢水寨为熙宁七年(1074年)废,因

---

① 光绪《湖南通志》卷30,第909页。
② 游俊主编,罗维庆、罗中编:《土司制度与彭氏土司历史文献辑录(上)》,民族出版社2014年版,第137页。
③ 怀化大辞典编辑委员会编:《怀化大辞典》,(北京)改革出版社1995年版,第9页。
④ 《宋史》卷88《地理志四》,第2196页。
⑤ 《武经总要前集》卷20,第1235页。
⑥ 《读史方舆纪要》卷81,第3823页。
⑦ 《宋史》卷88《地理志四》,第2196页。

而认为此三寨并非建于同地,但三者所处地理位置极为相近,皆位于西溪与酉水交汇处的二酉苗族乡驻地及其邻近区域。因此笔者认为《中华人民共和国地名词典·湖南省》言乌宿为五代及元代所置酉溪寨所在地存误。①

16. 麻伊狇寨

具体置废时间不详。"在沅陵县东北一百三十里"②为"苗人出入之冲。"③考今沅陵县东北境内仍存麻伊狇地名,位于沅江沿岸,在麻伊狇村有小溪自北入沅江,与《湖南通志》所载"沅水……又东七里至麻伊狇,街下有小水自北来入"④相符,且方位里程与文献记载一致。因此认为麻伊狇寨即今五强溪镇驻地麻伊狇。

17. 池蓬寨

置于宋嘉祐三年(1058年),⑤废寨时间不详。顾祖禹考其位置"在(辰州)府东百三十里",并言其地在清代为池蓬巡检司,相近有宋代所置麻伊狇寨。⑥可见池蓬寨与前所述麻伊狇寨位于沅陵县东北一百三十里,又与麻伊狇寨相近,根据麻伊狇所设目的及其附近形势推断,池蓬寨极有可能位于麻伊狇上游沅江沿岸缆子湾村,亦属今五强溪镇。因此,笔者认为《沅陵县志》言宋嘉祐三年所置池蓬寨位于七甲坪乡境内⑦存误。

18. 镇溪寨

置于熙宁三年(1070年),⑧"以下溪州彭师晏所归仕羲侵地"为镇溪寨。⑨清代所置镇溪军民千户所即曾为"宋镇溪寨地,明初置巡司"⑩。而乾

---

① 裴准昌主编:《中华人民共和国地名词典·湖南省》,商务印书馆1992年版,第354页。
② 嘉庆《大清一统志》卷367,第8册第616页。
③ 《方舆考证》卷63,清济宁潘氏华鉴阁本。
④ 光绪《湖南通志》卷10,第559页。
⑤ 嘉庆《大清一统志》卷379,第9册第7页。
⑥ 《读史方舆纪要》卷81,第3821页。府即辰州府,治沅陵县。
⑦ 《沅陵县志》,第232页。
⑧ 《续资治通鉴长编》卷272,第6662页。
⑨ 《续资治通鉴长编》卷218,第5311页。
⑩ 《读史方舆纪要》卷81,第3827页。

州直隶厅"熙宁三年置镇溪寨,八年(1075年)置黔安寨,俱属辰州,元为卢溪县地,明洪武初置镇溪军民千户所属辰州府。"①可见镇溪寨即清代乾州直隶厅治所,在今吉首市乾州古城。

19. 黔安寨

据"章惇经制南北江,湖北提点刑狱李平招纳师晏所属,州峒蛮各以地归版籍,师晏遂降,诏修筑下溪州城,并置寨于茶滩南岸,城名会溪,寨名黔安,戍以兵,隶辰州"②推断,应为熙宁五年(1072年)置。《方舆考证》考其为宋熙宁八年置存误。从文献记载可知会溪城与黔安寨同处一地,有城、寨之分,又有将会溪城称为会溪寨的说法。

其具体位置,有言"在卢溪郡"③,亦有言"在沅陵县西北。"④考今古丈县旧曾属辰州泸溪郡管辖,境内酉水沿岸(今罗依溪镇)有会溪坪,原为下溪州治城所在,今因凤滩水库淹没,按其方位里程与文献所言在沅陵县西北相符,因此认为其地即为会溪城与黔安寨所在地⑤,这也是较为普遍认可的观点⑥。

20. 锦州寨

熙宁八年置,⑦为唐时所置锦州地,境内有辰山、辰溪。⑧考唐时期锦州治卢阳县,宋熙宁初废州置寨。⑨后废为铺,属麻阳县。⑩锦州"本汉辰州卢阳之地,垂拱三年(687年),以地界阔远,分置锦州,以州理前溪,水多文石,望之似锦因名。长安四年(704年)移于伏溪水湾曲中置,即今理是。惟东面平

---

①　嘉庆《大清一统志》卷379,第9册第7页。
②　《宋史》卷493《蛮夷列传一》,第14179页。
③　光绪《湖南通志》卷30,第908页。
④　《方舆考证》卷63,清济宁潘氏华鉴阁本。
⑤　《怀化大辞典》,第239页。
⑥　《沅陵县志》(1993年版)、《湘西文史资料》第3辑、《湖南方志论》、《湖南省志·地理志》(1982年版)均认为黔安寨在古丈县境内。
⑦　《宋会要辑稿》"方域一八",第9643页。
⑧　《舆地广记》卷28,第813页。
⑨　《大明一统志》卷65,1003页。
⑩　《读史方舆纪要》卷81,第3833页。

地,余三面并临溪岸。"①因此,锦州寨位于辰溪沿岸。

查地名录,无锦州寨地名存留。据锦州本卢阳之地,卢阳又治卢水口,卢水口又位于今锦和镇八里桥②,与前所言锦州故城位于麻阳县西四里相符。因而认为锦州寨即位于今麻阳县锦和镇八里桥地方。

21. 镇江寨

熙宁五年(1072年)置,元丰三年(1080年)废为铺。"本唐之龙标县,贞观八年(634年)以县为巫州,熙宁收复,以其地置寨,元丰三年废为铺。"其地理位置,据顾祖禹考证:"镇江寨,州西南五十里双髻山下,宋初蛮置富州于此,谓之富州新城。熙宁中收复,改置镇江寨,元丰三年并入黔阳县。"其中双髻山"在州西南五十里,二峰并耸,状如双髻。"又有渭溪"出双髻山下,东北流至州东南二里入沅水。"③考今芷江县境内杨溪河有两源,分别源于其县境西南杨公庙乡与楠木坪乡,全长约53公里,东北流至今岩桥乡小河口村入潕水,小河口村正位于州东南几里位置,因此认为杨溪河即文献所言渭溪,而其谓入沅水而非潕水,缘于潕水乃沅水支流所致。又楠木坪乡位于其县南,而非西南,所以认为双髻山应在杨公庙乡境内,而镇江寨在双髻山下,按此推断,则镇江寨位于芷江县杨公庙乡。

22. 渠阳寨

建置时间不详,疑为元祐三年(1088年)废。元祐三年十一月"辛酉,枢密院言:湖北都钤辖唐义问奏,多星堡般运金谷、毁撤屋宇殆尽,其城壁若存旧址,虑蛮人聚集为奸诈。诏苗时中、谢麟、唐义问:'已废罢寨堡城壁,量度毁撤。其沅州渠阳寨先废寨堡,如有城壁尚存者,亦相度施行,讫以闻。'"④说明当朝廷不能利用寨堡时必将其销毁,避免其为"蛮人"所用,渠阳寨即为其中

---

① 《元和郡县图志》卷30,第749页。
② 《麻阳苗族自治县概况》编写组,《麻阳苗族自治县概况》修订本编写组编:《麻阳苗族自治县概况》,民族出版社2008年版,第38页。
③ 《读史方舆纪要》卷81,第3830页。
④ 《续资治通鉴长编》卷417,第10127页。

之一。其地理位置,据《渠阳考》言,宋渠阳寨即明所置靖州。① 也即今靖州苗族侗族自治县政治、经济、文化中心渠阳镇。

23.安江寨

熙宁五年(1072 年)"以硖中、胜、云、鹤、绣五州即唐叙州龙标县之东境"②置,元丰三年(1080 年)废为铺。③ 其地位于沅州"东南百九十里",一名安江镇,明初置巡司于其地,清代置有安江堡与安江驿,④地理位置重要,为"溪洞瑶贼出入要道,宋时特置寨铺以控扼之。"⑤

考今洪江市(即故黔阳县)东北沅江沿岸有安江镇,与其邻近有硖州乡,《黔阳县志》言硖州为安江镇⑥。那么,安江寨位于今硖州乡还是安江镇? 从文献记载看,二者都在沅州东南百九十里,也都地处要道。但从具体地形看,安江镇位于沅江沿岸,具有更为便利的交通与重要的战略地位,因此安江寨极大可能在今洪江市东北安江镇境内。而安江镇曾为黔阳县行政中心,《中国历史地名辞典》考安江寨为"北宋熙宁中置,即今湖南黔阳县。"⑦邓运员等亦言宋代安江寨,明清为安江市,"烟火近千家",并为黔阳县治。⑧

24.托口寨

元丰三年(1080 年)置。⑨ 位于"黔阳九卫诸蛮之冲",⑩具有重要军事战略地位。具体位置,有言在黔阳县"东南四十里"⑪,亦有言在"西南四十里渠

---

①　参见(明)周圣楷:《楚宝》卷 5"名臣",岳麓书社 2008 年影印本。

②　(宋)杨仲良:《宋通鉴长编纪事本末》卷 88,《续修四库全书》第 387 册,第 69 页。

③　《舆地纪胜》卷 71,第 2549 页。

④　《读史方舆纪要》卷 81,第 3833 页。

⑤　《大明一统志》卷 65,第 1003 页。

⑥　黔阳县地方志编纂委员会:《黔阳县志》,中国文史出版社 1991 年版,第 3 页。

⑦　复旦大学历史地理研究所:《中国历史地名辞典》,江西教育出版社 1986 年版,第349 页。

⑧　邓运员、刘沛林、郑文武著:《湘西传统聚落景观图谱研究》,光明日报出版社 2016 年版,第 68 页。

⑨　(元)脱脱等,《宋史》卷 88《地理志四》,中华书局 1985 年点校本,第 2197 页。

⑩　《大明一统志》卷 65,第 1002 页。

⑪　《读史方舆纪要》卷 81,第 3832 页。

水之右"①者。

考今洪江市西南有托口镇,位于清水江与渠水交汇处偏下的沅江沿岸,与文献所言位于黔阳县西南四十里,在渠水之右,濒沅水,接会同县境皆相符,因而认为今托口镇即为宋托口寨所在。恰如《中华人民共和国地名词典·湖南省》所言托口镇在安江镇西南 54 公里渠水、清水江汇流处,以二水互相顶托得名。北宋元丰初置托口寨,是其县西南重要集市。②《中国历史地名辞典》亦考得托口寨在"湖南黔阳县西南托口。"③

25. 悬鼓寨

宋元丰初置,元置堡,更名为龙潭堡,④有言更名为镇宁堡,在溆浦县"东六十里。"⑤又有言为镇安堡,"在溆浦县东北六十里",⑥此处镇安堡疑为镇宁堡之误。考今溆浦县东北低庄镇仍存镇宁地名,为"安化通溆浦的要道,明设镇宁巡检司,并驻有军队,缉盗防乱"⑦。低庄镇位于今溆浦县城东北 26km处,镇宁村又位于低庄镇东境,结合文献记载镇宁堡位于县东或县东北六十里,认为两者相符,今镇宁村应即为古镇宁堡所在。又文献记载镇宁堡即宋所设悬鼓寨,因此悬鼓寨即位于今溆浦县低庄镇镇宁村。

关于其建寨目的,已有研究提出"溆浦东北边境在此前后为防瑶民造反设置了悬鼓寨(位于今低庄乡镇宁村)。"⑧而今镇宁村位于溆水最大支流四都河中上游干流与支流交汇处,具有天然地理优势,应也是其修建的重要原因。

---

① 嘉庆《大清一统志》卷 369,第 8 册第 637 页。
② 裴准昌主编:《中华人民共和国地名词典·湖南省》,商务印书馆 1992 年版,第 350 页。
③ 复旦大学历史地理研究所:《中国历史地名辞典》,江西教育出版社 1986 年版,第 296 页。
④ (明)柯维骐:《宋史新编》卷 23。
⑤ (清)顾祖禹:《读史方舆纪要》卷 81,第 3826 页。
⑥ 嘉庆《大清一统志》卷 367,第 8 册第 616 页。
⑦ 溆浦县人民政府编印:《湖南省溆浦县地录》,1983 年版,第 87 页。
⑧ 熊显忠:《溆浦县建置及隶属沿革》,中国人民政治协商会议湖南省溆浦县委员会文史资料研究委员会:《溆浦文史》第 2 辑,1988 年版,第 287 页。

26. 龙潭堡

元丰二年(1079年)正月置,"差戍兵及土丁各五十人,巡检使臣一员。"①废堡时间不详。顾祖禹考其位于"溆浦县南百二十里",有龙潭水,清代为龙潭巡司,②"接黔阳县界"③。

考今溆浦县南有龙潭镇,距今溆浦县城70km,境内有河流自今中方县东流入境经其镇,而中方县旧属黔阳县,因此综合文献记载,认为龙潭堡即今龙潭镇所在,位于二都河支流沿岸。

27. 石门县寨

咸平中置,汉属武陵郡,吴为天马郡,隋平陈为石门县,其地"东至(澧)州百里,南慈利寨。"④结合其他史料关于石门县历史沿革的记载推断,石门县寨即今石门县政治、经济、文化中心楚江镇,位于澧水北岸。

28. 伏求寨

咸平中置,为"旧城寨也,东至(澧)州九十里"⑤,与石门县寨"东至州百里"相近。因此,据石门寨今址推断,本寨应在今石门县二都乡,位于澧水南岸,交通便利。

29. 慈利县寨

天禧中置,废止时间不详。"东至(澧)州水行二百四十六里,西至武口寨接黔州界十余里,南至辰州辰阳县界三百三十里,东北至灵溪寨。"⑥根据前言慈利寨位于石门县寨南,此慈利寨即为慈利县寨,疑为今慈利县政治、经济、文化中心零阳镇。

---

① 《续资治通鉴长编》卷296,第7201页。
② 《读史方舆纪要》卷81,第3826页。
③ 嘉庆《大清一统志》卷367,第8册第615页。
④ 《武经总要前集》卷20,1222页。
⑤ 《武经总要前集》卷20,1222页。
⑥ 《武经总要前集》卷20,1222页。

30. 灵溪寨

咸平中置,其地"捍高州蛮界……西北慈利寨,北石门寨。"①"知澧州曹克已言:'本州石洞寨深在蛮界,不当要路,所控扼屯集人马,虚费刍粮。望令毁拆,留卒五人守护,有警驰报灵溪寨。'从之。"②

前言慈利县寨"东北灵溪寨"与此处"西北慈利寨"明显矛盾,两者皆为北,则相对位置不可能出现,疑此记载为"西南慈利寨"之误。按此推断,则灵溪寨地处石门县寨与慈利县寨之间。又由澧州"石洞寨深在蛮界,不当要路","有警驰报灵溪寨",可知灵溪寨应为交通便利之地,且上可快达石门县寨,下可速达慈利县寨,三寨之间最为便捷的交通是澧水水路,因而灵溪寨应位于澧水沿岸。根据羁縻高州的地理位置,要捍蔽"高州蛮",则灵溪寨应位于澧水北岸,又以溪为名,结合今地理形势,认为其应在慈利县杨柳铺乡境内芭茅溪村一带。

31. 卢溪寨

置废时间不详。位于"(辰)州西南一百三十里,招谕县北卢溪口,因县城置寨,县西有武溪水,水路入蛮界。祥符中,转运使言:'卢溪、慢水等寨最为冲要,只以木为寨城,因请版筑。'从之。"③考今泸溪县有武水,自贵州松桃经今凤凰、吉首来,松桃、凤凰、吉首曾被认为是"蛮地",因此文献所言武陵水应为今之武水,泸溪口疑即为泸溪县武溪与沅江交汇处之武溪镇,慢水寨位于其北,正控地方非汉族群顺酉水入沅江之路,因此言两寨最为冲要。

32. 叙浦寨

置废时间不详。为"汉义阳县也,因县城置寨,控叙浦、江口,北至(辰)州,西南至富州界。"④考其所言富州,有故城"在麻阳县东北高村"。⑤又考今

---

① 《武经总要前集》卷 20,1222 页。

② 《续资治通鉴长编》卷 93,第 2138 页。

③ 《武经总要前集》卷 20,第 1232 页。

④ 《武经总要前集》卷 20,第 1232 页。

⑤ 同德斋主人编:《湖湘文库(甲编)·广湖南考古略》,湖南教育出版社 2010 年版,第 360—361 页。

溆浦县境内有溆水,于境内大江口镇汇入沅水,沿沅水上可至州,下可转而沿辰水往西南至富州,因此疑叙浦寨即今溆浦县江口镇所在。

33. **招谕寨**

太平兴国八年(984年)废招谕县置寨。① 寨"下枕辰溪,在(辰)州西南一百四十里,西麻阳县寨,东厢阳寨,南龙门寨,北猺獠洞。"②位于辰州府(沅陵县)西南,麻阳县东北。《广湖南考古略》引《苗防备览》言"招谕县,在麻阳之七里冲、张家坳左右。"③认为严如熤考证招谕县在麻阳县七里冲、张家坳一带(七里冲、张家坳今分别属县城高村镇街道与栗坪乡),考《苗防备览》却并无明言证之,仅言"招谕城,东北一百二十里,群峰环合,中结地坪,为往时招谕县治。"④又考今麻阳县东北栗坪乡仍存招谕地名,为村,位于栗坪乡北境,近泸溪县界,《地名录》言其境内关通脚为"泸麻两县通道的关口"⑤,地处辰水支流沿岸,与文献所言"下枕辰溪"相符,又处于丛山之中,与严如熤所言"群峰环合"一致,方位里程亦与记载相合。而招谕为片村地名,包括庙坳、中寨坪等二十一个自然村,其中中寨坪为招谕中心之地,⑥因此认为今栗坪乡招谕村即为招谕寨。

34. **落鹤寨**

置废具体时间不详。在辰州"西北五十里,西卢溪界入经团,又西至猺獠洞。"⑦考今沅陵县西北有落鹤坪,位于酉水西岸,明溪口镇与二酉苗族乡之间酉水河段,在沅陵镇西北16.6千米,是重要交通枢纽与集镇。⑧ 与文献所记载方位、里程大致相符,西可入泸溪。已有研究认为落鹤潭、落鹤坪即从《红

---

① 《读史方舆纪要》卷81,第3822页。
② 《武经总要前集》卷20,第1233页。
③ 《广湖南考古略》,第360页。
④ (清)严如熤著:《苗防备览》卷5《险要考》,岳麓书社2013年版,第458页。
⑤ 麻阳县人民政府编印:《湖南省麻阳县地名录》,第100页。
⑥ 麻阳县人民政府编印:《湖南省麻阳县地名录》,第100—101页。
⑦ 《武经总要前集》卷20,第1233页。
⑧ 裴准昌主编:《中华人民共和国地名词典·湖南省》,商务印书馆1992年版,第354页。

字碑》"落鹤寨"而得名。① 马力认为落鹤寨即今落合坪②,其"合"疑有误,在今亦从"鹤"字,为落鹤坪。

35. 东亭寨

具体置废时间不详。在辰州"东三百里,控东亭溪口。"③考今沅陵县境内有溪名为洞庭溪,源于慈利县境,至境内洞庭溪村入于沅江。洞庭溪与东亭溪,两者同音不同字,疑"洞庭溪"即为古之"东亭溪",而今洞庭溪村为两江汇合口,亦可称之为洞庭溪口(东亭溪口)。前已考证今乌宿为宋代之乌速寨,以《武经总要》所记载辰州乌速寨之里程五十里的相对距离比之,辰州东三百里大致在今洞庭溪村,因此认为东亭寨即今沅陵县清泉乡洞庭溪村。

36. 江口寨

置废具体时间不详。其地"西南招谕寨,南龙苇洞,寨城三面控卢溪水口,以卢溪寨主领之,"④"最当冲要"⑤。仁宗天圣三年(1025 年)五月己丑"徙广南宜州怀远军于江口寨,以旧城多瘴疠,而江口可控扼安化蛮人出入故也。"⑥

从寨由卢溪寨主领之,又位于招谕寨东北,可基本确定其在卢溪寨附近。按此前考证卢溪寨在武溪镇,因此,江口寨亦在武溪镇附近。

37. 招人寨

置废具体时间不详。位于辰州"东北二百五十里"⑦。因无其他史料记载,只能判断其大致方位在辰州东北,即今沅陵县东北。据前文东亭寨(洞庭溪村)在州东三百里,由此可肯定招人寨位于今沅陵县城与洞溪村之间,按里程比例推断,疑位于今陈家滩乡。

---

① 贾绍兴编著:《酉水船歌》,青海人民出版社 2007 年版,第 72 页。
② 邓广铭、王云海:《宋史研究论文集》,河南大学出版社 1993 年版,第 373 页。
③ 《武经总要前集》卷 20,第 1233 页。
④ 《武经总要前集》卷 20,第 1233—1234 页。
⑤ 《续资治通鉴长编》卷 82,第 1869 页。
⑥ 《续资治通鉴长编》卷 103,第 2380 页。
⑦ 《武经总要前集》卷 20,第 1235 页。

38. 黄头寨

置废具体时间不详,位于辰州"东北四十里"①。虽今泸溪县下五都有黄头寨②,但与文献所记载方位明显不符。而根据此条文献,仅能判断黄头寨位于今沅陵县深溪口乡境内,疑在沅江沿岸白沙溪一带。

39. 金溪寨

置废具体时间不详,"在(辰)州西北五十里"③。前言乌速寨亦在辰州西北五十里,同一文献,对两寨所记载地理坐标一致,虽今沅陵镇西南仍存金溪地名,但史料缺乏,无足够证据证明此条文献的准确度。如果其确在西北五十里,那么它与乌速寨相近;如果西北为西南,则极有可能在今沅陵镇金溪村。

(二) 雪峰山—八十里大南山区寨堡考

1. 丰山寨

元丰四年(1081 年),"以奉爱、丰山新堡为丰山新堡",④顾祖禹考其为"蛮置","熙宁中收复,元丰三年(1080 年)改为丰山寨,属沅州,寻属渠阳县,八年(1085 年)废,崇宁初复置丰山堡,今仍为戍守处。"⑤两处所言丰山新堡设置时间不一致,因而对其具体设置时间存疑。

其具体位置,文献均言位于会同县西南丰山乡。⑥ 从光绪《会同县志》卷首"县境图"⑦可见当时丰山乡位于洞溪、高桥、小洪江之北,团河之东南,楠木之东偏北,其中洞溪、小洪江、团河、楠木地名今仍存。结合山川河流走势,基本可确定其大致在今金子岩侗族苗族乡山总界一带,小洪江村与洞溪村之间。而小洪江村与洞溪村一位于巫水沿岸、一位于团河支流沿岸,正有交通之利,

---

①　《武经总要前集》卷 20,第 1235 页。

②　湖南省泸溪县志编纂委员会编:《泸溪县志》,社会科学文献出版社 1993 年版,第 32 页。

③　《武经总要前集》卷 20,第 1235 页。

④　《宋史》卷 88《地理志四》,第 2197 页。

⑤　《读史方舆纪要》卷 82,第 3852 页。

⑥　《广湖南考古略》,第 300 页。

⑦　光绪《会同县志》卷首,第 9 页。

因此推断丰山寨即位于其境山总界、洞溪、小洪江所形成的三角形范围内。

2. 小由寨

设置时间有元丰四年(1081年)①与元丰六年(1083年)②两说,废于元丰七年(1084年)③。其地理位置,文献仅言属沅州,未言具体属县及方位里程。从小由寨隶属变化可推断其位于沅州与诚州交界地带,疑在今会同县西南。

3. 狼江寨

置废具体时间不详。会同县曾为其属地,④县境有郎江,"在会同县西,源出贵州黎平府锦屏县湖耳山,东北合渠河,又北流入沅州府黔阳县界,一名狼江,又名朗溪,宋狼江寨以此名。"⑤即寨以水名。

考今会同县有朗江镇,位于渠水西岸,又有朗江堡城"位于县城西北20公里朗江乡朗江村渠水西岸。北宋太平兴国四年(979年)建狼江寨。明朝置朗江堡,正德年间(1506—1521年),靖州卫参将史春筑朗江堡城。土城东濒朗溪,北临上头溪,西、南为下头溪所环绕。此堡城是宋、明时期县境西部的重要军事据点。"⑥与历史文献记载相符,因此认为狼江寨即朗江堡,位于今会同县朗江镇朗江村。

4. 收溪寨

元丰八年(1085年)置,元祐三年(1088年)废。⑦其地理位置有"在通道县东南四十里"⑧与"通道县南五十里"⑨两说,两者相差不远。又有言"自收

---

① 《宋会要辑稿》"方域一八",第9647页。
② 《续资治通鉴长编》卷335,第8083页。"知沅州兼管勾缘边安抚司公事谢麟奏:臣昨开拓新归明溪洞置小由寨……"
③ 《宋史》卷88《地理志四》,第2197页,"四年,以……小由、长渡村堡为小由寨……七年,沅州小由寨复隶州,寻废小由寨、丰山堡。"
④ 《大明一统志》卷66,第1020页。
⑤ 嘉庆《大清一统志》卷376,第8册第750页。
⑥ 湖南省会同县志编纂委员会编:《会同县志》,生活·读书·新知三联书店1994年版,第322页。
⑦ 《读史方舆纪要》卷82,第3853页。
⑧ 《舆地纪胜》卷72,第2566页。
⑨ 《明一统志》卷66,第1021页。

溪寨南三十里至佛子坡即广西界也。"①

考渠河"源出佛子坡,与广西分界,下合众流,环州城,会于郎江。"②佛子坡,即"佛子岭,县东南百里,界于楚粤,即渠江发源处。"③渠河,即今之渠水,其源有二,西源出贵州省黎平县地转坡,在通道县境内称为洪洲河,东源出湖南省城步县南山大茅坪,在通道县境内名通道河。通道河有支流名双江河,源于今广西与通道分界处,由此推断,佛子坡位于通道县南黄土乡境内,今通道县南坪坦乡、黄土乡原皆属广西,1954年划属通道县。由此推断收溪寨位于今通道县驻地双江镇内,有河流之便,是通道至广西交通要道。双江镇位于原通道县旧治县溪镇之东南,此又与文献所言收溪寨之方位里程相符。

5. 贯保寨

先是元丰三年(1080年)"沅州奏:'乞下湖南密计置,候本州修筑托口等寨毕,同时创筑古诚州贯保寨。'诏令湖南钤辖司、沅州,依近降朝旨,指定合修城寨处,各随便宜建置。"④而后元丰五年(1082年)"诏沅州新修贯保、托口、小由、丰山寨堡,系控扼蛮蟹形势之地。宜以濒渠河贯保寨为治所,合置渠阳县,隶诚州。仍以麟知沅州,管勾沅州缘边安抚公事。"⑤因此,贯保寨设置时间应为元丰三年至五年之间。考清代这一区域仍置"有贯保乡、贯保渡。"⑥在今靖州太阳坪乡境内,位于靖州与会同交界,渠河贯穿,与前所言形势吻合。因此认为宋代所置贯保寨在清代为贯保乡,在今靖州太阳坪乡。

6. 罗蒙寨

建置时间有元丰七年(1084年)⑦与元丰八年(1085年)说⑧。即"故恭水

---

① 嘉庆《大清一统志》卷376,第8册第752页。
② 《舆地纪胜》卷72,第2564页。
③ 康熙《靖州志》卷1,第297页。
④ 《续资治通鉴长编》卷308,第7485页。
⑤ 《续资治通鉴长编》卷322,第7769页。
⑥ 嘉庆《大清一统志》卷376,第8册第752页。
⑦ 《宋会要辑稿》"方域一八",第9626页。
⑧ 《读史方舆纪要》卷82,第3852页。

县……元丰八年为罗蒙寨，元祐省。崇宁二年(1103年)复置于罗蒙，而更其名曰来威。"①后有言通道县"宋为罗蒙寨，置罗蒙县，崇宁初改为通道县，属靖州。"②顾祖禹亦考证罗蒙废县即通道县治。考原通道县县治位于今县行政中心西北县溪镇，与文献所言在"州城南一百里""南至广西融县百七十里"相符，因而认为罗蒙寨即今通道县县溪镇所在地，位于渠水沿岸，交通便利。所谓"县溪有罗蒙山，县溪镇古名罗蒙寨"③即此。

7. 石家堡

元丰四年(1081年)置。④在"州南三十里"⑤，清代为石家驿，"在府东百八十里，即湖广靖州之石家堡也。"⑥考今靖州县红旗煤矿位于县境西南30km处，至1972年拥有铺口、穆家屯、竹丝坡、姚家、石家驿等5个井田。⑦ 石家驿在靖州县原横江桥乡(今已合并为渠阳镇)境内朝阳村，位于渠水支流沿岸，与文献所言石家堡位于州南三十里大致相符，因此认为石家驿即石家堡所在。

8. 泸村堡

元丰四年置。⑧ 从李兆洛考证"泸村，宋堡，荆湖北路靖州。今阙，按当在湖南靖州境。"⑨仅可知其属于靖州，因未言及里程，今址无从考证。

9. 多星堡

置于元丰六年(1083年)以前。⑩ 元祐三年(1088年)三月"天村蛮寇多

---

① 《舆地纪胜》卷72，第2566页。
② 《大明一统志》卷66，第1020页。
③ 《〈民族问题五种丛书〉及其档案汇编》，第413页。
④ 嘉庆《大清一统志》卷376，第8册第752页。
⑤ 《读史方舆纪要》卷82，第3850页。
⑥ 《读史方舆纪要》卷121，第5291页。
⑦ 靖州苗族侗族自治县县志编纂委员会编：《靖州县志》，生活·读书·新知三联书店1994年版，第285页。
⑧ 《宋史》卷88《地理志四》，第2198页。
⑨ (清)李兆洛：《历代地理志韵编今释》卷4，江苏广陵古籍刻印社1992年影印本，第82页。
⑩ 《舆地纪胜》卷72，第2563页。通道县"元丰六年通路广西，得故城基，盖唐之置旧县基，莫知其名命为多星堡"。

星堡"①;十一月,"枢密院言:湖北都钤辖唐义问奏,多星堡般运金谷,毁撤屋宇殆尽,其城壁若存旧址,虑蛮人聚集为奸诈。诏苗时中、谢麟、唐义问:'已废罢寨堡城壁,量度毁撤。'"②因而废多星堡。附近有多星江,"多星堡,以此为名。"③

多星江今名不存,清代时有"永从溪在(永从)县南三里,源出江头山,东流入湖广通道县界为多星江"④,考江头山在故永从县西,永从溪在其县南,今永从县为贵州省黎平县永从乡,可知多星江发源于黎平县。而今通道县内水系,渠水有二源,一即源于黎平县洪洲河,入通道县称为播阳河,因此多星江应即为播阳河。由此推断,多星堡应位于播阳河流经的今通道县播阳镇。

10. 大由堡

元丰中期设置,"在州西大由乡。"⑤通过《靖州直隶州志》所绘"靖州图"可知大由乡在今靖州县大堡子镇与坳上镇一带,又今坳上镇位于地灵河东岸,地灵河曾名大油溪,大由乡极有可能是以水为名,因此推断大由乡驻地应在大油溪沿岸今坳上镇,与文献记载州西三十里相符,位于河流沿岸,交通便利。

11. 天村堡

元丰七年(1084 年)置,元祐三年(1088 年)废,崇宁三年(1104 年)复置。⑥李兆洛考天村堡,"在湖南靖州境张村。"⑦今靖州境内无张村地名留存,具体位置难以考证。廖幼华在考证多星、天村及大田三堡时,认为天村堡的位置已难考证,推测其在多星堡北、羊镇堡以南地区。⑧

---

① 《续资治通鉴长编》卷 409,第 9952 页。
② 《续资治通鉴长编》卷 417,第 10127 页。
③ 《大明一统志》卷 66,第 1021 页。
④ 《读史方舆纪要》卷 121,第 5292 页。
⑤ 嘉庆《大清一统志》卷 376,第 8 册第 752 页。
⑥ 《宋史》卷 88《地理志四》,第 2198 页。
⑦ 《历代地理志韵编今释》卷 4,第 82 页。
⑧ 廖幼华:《深入南荒·唐宋时期岭南西部史地论集》,文津出版社 2013 年版,第 255 页。

12. 羊镇堡

崇宁三年置①,位于"通道县南罗蒙江侧。"②罗蒙江,"在县西四十里。《志》云江源有三,一出佛子岭为羊镇堡江,一出县南天星里为天星江,一出贵州洪州泊里长官司界为洪州江。"③三江至今仍存,按其发源地,对应顾祖禹所考羊镇堡江、天星江、洪州江,今名分别为牙屯堡河、独坡河(亦名黄寨河)、洪洲河(亦称播阳河)。羊镇堡江出于佛子岭,前考收溪寨在今双江镇,文献言佛子岭在其南三十里,按此推算,则佛子岭在今牙屯堡南与广西交界处。羊镇堡在罗蒙江(羊镇堡江)侧,即在今牙屯堡河侧,因而推断羊镇堡即今通道县牙屯堡镇牙屯堡村。

13. 飞山堡

大观二年(1108 年)置。有飞山"在州城西北一十五里,俗呼胜山,比诸山甚高峻,突出双峰,四面斗绝,其上平广,夷人保险之所,"飞山堡即建于上。④显然,关于飞山堡置于飞山并无异议,但关于飞山据州之距离却有五里、十里、十五里之差。考今靖州县境内仍有飞山,"曾名胜山。在靖州苗族侗族自治县飞山、艮山口两乡间,海拔 720 米,四面绝壁千仞。今环山壕堑遗址尚存,称马王城或马王坪。宋于此置飞山堡。"⑤是湘西名山,也是古代兵家争夺的要塞。又位于靖州西北,有溪流环绕,与文献所言一致,因此认为飞山堡即今飞山所在地。

14. 零溪堡

政和三年(1113 年)置,原为凿字溪,"元丰癸亥,通道于广西于溪之旁,得古碑,乃唐久视中遣将王思齐率甲兵征蛮过此,隔碍山险,负舟而济,镵石以记岁月。而夷人以为凿字溪,今分入广西界,作零溪堡。"⑥清代置为零溪镇,在

---

① 《宋史》卷88《地理志四》,第 2198 页。
② 嘉庆《大清一统志》卷 376,第 8 册第 753 页。
③ 《读史方舆纪要》卷 82,第 3853 页。
④ 《大明一统志》卷 66,第 1020 页。
⑤ 崔乃夫主编:《中华人民共和国地名大词典》第 5 卷,商务印书馆 2002 年版,第 7711 页。
⑥ 《舆地纪胜》卷 72,第 2565 页。

"州西百二十里",设有巡司。① 又有言"零溪巡司,在州西七十五里……雍正
四年(1726年)以旧地拨入黔阳,改驻向东二十里三岩桥。"②

考靖州县内有溪名零溪,零溪堡即以此为名。零溪为四乡河支流,与平茶
河于藕团乡汇流后,东南流,名四乡河。零溪堡以零溪为名,则其必然位于零
溪沿岸,今虽无零溪地名存留,但零溪曾设镇,驻零溪东岸今三桥村地,因此认
为零溪堡在今三桥村。

15. 通平堡

政和八年(1118年)置。③ 今址无从考证。

16. 卢溪寨

置废具体时间不详。仅记载"在(邵阳)县北百六十五里,并宋筑。"④而
县属隆回一都亦"在县北百六十五里,西南界瑶峒",有"巡检署在司门前,谭
家寨、卢溪寨即西山寨,宋筑以御苗瑶者。"⑤可见,卢溪寨位于隆回一都,而隆
回一都为司门前巡检署驻地,距县百六十五里,与卢溪寨距邵阳县之距离同,
因而认为卢溪寨位于司门前村。司门前村今为镇,位于隆回县之北偏东,距今
县城63km,地处辰水支流沿岸。⑥

17. 惜溪寨、柘溪寨、藤溪寨、深溪寨、云溪寨

熙宁五年(1072年)收复梅山,以其地置新化县,并置惜溪、柘溪、藤溪、深
溪、云溪五寨。⑦ 具体而言,"于今鹅塘村之云溪置云溪柴,于今茅田村之藤溪
置藤溪柴,于今锡溪村置腊溪柴,以御元溪蛮(今奉家、罗冲、江东诸村);于今
苗田村之柘溪置柘溪柴,于今邵阳隆回三都辰溪置深溪柴,以御隆回二都及春

① 《读史方舆纪要》卷82,第3850页。
② 嘉庆《大清一统志》卷376,第8册第752页。
③ 《宋史》卷88《地理志四》,第2198页。
④ 光绪《湖南通志》卷29,第899页。
⑤ 光绪《邵阳县志》卷3,第197页。
⑥ 李新吾、李志勇、新民著:《梅山蚩尤:南楚根脉,湖湘精魂》,湖南文艺出版社2012年版,
第105页。
⑦ 《宋史》卷89《地理志五》,第2200页。

溪洞蛮(春溪即今罗洪、巴油、金壁、苗田诸村)。"①

考今新化县内鹅塘村、茅田村、锡溪村仍存,鹅塘村位于新化县西西河镇北,茅田村为县西文田镇驻地,锡溪村位于县西水车镇西,皆处资水支流沿岸。苗田村,文献记载属新化县,"隆回二都在县西北一百六十里,东界新化苗田村及隆回三都"②,可见苗田村地处两县分界,隆回设县后其归属发生变化,今属隆回县鸭田镇,位于隆回县与新化县交界处资水支流沿岸。辰溪即今辰水,隆回三都辰溪即隆回三都之中心,按地方志记载应在今羊古坳乡地方,位于辰水沿岸。

18. 白沙寨

设置时间不详,废于熙宁六年(1073 年)。"在武冈州西南,近威溪。"③考今城步县东北有威溪乡,地处资水沿岸,亦是资水源头。白沙寨近威溪,疑其即位于今威溪乡驻地附近,与文献所言在武冈州西南相符,又《城步苗族自治县志》考证认为北宋熙宁初在城步东北威溪乡白沙庙村置白沙寨以御州蛮,④即白沙寨在今城步县威溪乡政府驻地白沙庙。

19. 关硖寨

熙宁六年(1073 年)置,废除时间不详。清代有"关硖堡,在绥宁县东八十里",即宋代关硖寨,又有"关硖河在绥宁县东八十里,源出关硖堡西,流入双溪。"⑤考今绥宁县内关峡水应即为文献所言关硖河,今又名蓝溪、岚溪,源出堡子岭野猪冲,西南流至江口塘汇入巫水。明代称巫水绥宁县段为双溪。⑥堡子岭位于今关峡乡西,与文献记载相符,因此认为关硖寨在今绥宁县关峡苗族乡驻地关峡村。

① 道光《宝庆府志》卷59,第 909 页。此中"柴"应为"寨"之误,腊溪寨应为惜溪寨。
② 道光《宝庆府志》卷64,第 977 页。
③ 嘉庆《大清一统志》卷 361,第 8 册第 537 页。
④ 城步苗族自治县志编纂委员会编:《城步苗族自治县志》,湖南出版社 1996 年版,第441 页。
⑤ 嘉庆《大清一统志》卷 376,第 8 册第 753 页。
⑥ 绥宁县志编纂委员会编:《绥宁县志》,方志出版社 1997 年版,第 119 页。

20. 武阳寨

熙宁六年(1073 年)置,熙宁九年(1076 年)废,崇宁时又复置。① 绍兴十一年(1141 年)移绥宁县治武阳寨,后为绥宁废县所在。② 清代移青坡巡司于此,在绥宁县东九十里。③ 考今绥宁县有武阳镇,又有武阳河源于武阳镇七坡山,流入资水,疑武阳镇、武阳寨均以河为名。又青坡巡司在县东(北)九十里,旧为武阳寨,根据方位与里程判断,则武阳寨应即为今绥宁县武阳镇武阳村。

21. 城步寨

熙宁六年(1073 年)置④,明初为城步巡司,弘治十七年(1504 年)始置县,以故城步巡司为县治。⑤ 考城步县县治自设置之初即在今县治儒林镇,位于巫水沿岸,交通便利,与所言"自古屯兵控制谿洞,其地八十四团盘错联络,延袤千里,东邻荆湘,南通广桂,西接古徽,北界大水"⑥亦相符。

22. 赤木寨

大观元年(1107 年)置。⑦ 位于"新宁县东五十里"⑧,考今新宁县清江桥乡东北有赤木村,位于夫夷水沿岸,与文献记载在县东五十里且"石千寻,壁立江浒"⑨相符,疑其即为古赤木寨所在。

23. 神山寨

置于绍圣元年(1094 年)。⑩ 文献仅言其位于武冈州,今详址无从考证。

---

① 《宋史》卷88《地理志四》,第 2201 页。
② 《读史方舆纪要》卷 82,第 3853—3854 页。
③ 嘉庆《大清一统志》卷 376,第 8 册第 752 页。
④ 《宋史》卷88《地理志四》,第 2201 页。
⑤ 《读史方舆纪要》卷 81,第 3812 页。
⑥ 光绪《湖南通志》卷 69,第 1632 页。
⑦ 《宋史》卷88《地理志四》,第 2201 页。
⑧ 嘉庆《大清一统志》卷 361,第 8 册第 537 页。
⑨ 嘉庆《大清一统志》卷 361,第 8 册第 537 页。
⑩ 《宋史》卷88《地理志四》,第 2201 页。

24. 峡口寨

大观元年置,①一言"在武冈县界,南至(邵阳)县九十里"②。又有言为清代所置"硖口巡司,在武冈州北一百二十里"③。根据地坤位置县北九十里与一百二十里两说,可推断其在今洞口县内,所谓"置峡口寨于今武冈洞口团以御南江诸蛮"④即此。《洞口县志》言其在城关镇平清村。⑤ 平清村今属洞口镇管辖,位于资水支流平溪江沿岸,疑峡口与洞口之名实皆源于洞口天然形势。

25. 武冈县寨

具体置废时间不详,为"旧城置寨,控梅山洞口。"⑥即为武冈县旧治,考武冈县治自宋初迁至今武冈城后未曾更改,因此认为武冈县寨即今武冈市行政中心所在。

26. 邵州所属寨

真田寨"在州西北一百五十里"⑦,有研究考证真田寨在邵阳县塘渡口镇西南21km夫夷水西岸金称市⑧,与所言真田寨在州西北一百五十里相符。

白沙寨,在邵州"北一百二十五里"⑨,熙宁六年(1073年)置⑩。从"牛家店之东八里曰土岭,石磴盘折高十余里,为县要隘(隆回一、二都界);又东北八里曰全家山,又东四里曰白沙寨,又东北八里了髻山(隆回一都)"⑪,可推断白沙寨在今隆回县小沙江镇与司门前镇之间,与彭雪开认为其在隆回小

---

① 《宋史》卷88《地理志四》,第2201页。

② 《武经总要前集》卷20,第1247页。

③ 嘉庆《大清一统志》卷361,第8册第536页。

④ 道光《宝庆府志》卷59,第909页。

⑤ 许梓元主编,洞口县地方志编纂委员会编:《洞口县志》,中国文史出版社1992年版,第408页。

⑥ 《武经总要前集》卷20,第1245页。

⑦ 《武经总要前集》卷20,第1245页。

⑧ 《中华人民共和国地名词典·湖南省》,第137页。

⑨ 《武经总要前集》卷20,第1245页。

⑩ 《宋会要辑稿》"方域一八",第9624页。

⑪ 光绪《邵阳县志》卷2,第190—191页。

沙江乡一带一致。①

水竹寨,在邵州"北一百一十五里"②,为"历代防守之地,唐以前无考,宋初梅山蛮为患,置水竹寨于今阳硐村以御之。"③即水竹寨位于阳硐村。考同治《新化县志》所言阳硐村在今涟源市三甲乡下涟水支流沿岸,"宋初,朝廷为镇压'梅山蛮',在今财溪乡阳硐村置水竹寨"④即此,财溪乡今裁,亦属三甲乡。

界峒寨"在州东北八十里"⑤,"在界江坳,宋筑以御梅山蛮者,咸丰九年(1859年)之役,设险于此。"⑥考今新邵县北境潭溪镇境内仍存界江坳,为新邵县境内资江水系与湘江水系之分水岭,亦为其支流之发源地,与文献所言一致。为陈家坊公社界江坳大队所在地⑦。

玉堂寨"在武冈县界北,至(邵阳)县九十里"⑧,地方志无记载,推断其应在武冈市儒林镇以北头堂乡境内。

罗尾寨"在武冈县界北,至(邵阳)县一百一十五里"⑨。考武冈县有罗围村在武冈"州西北六里"⑩,今不存。又嘉庆时武冈"儒林乡编五里(距州城十里)",其中"天宁里辖二坊一村二团",一村即罗围村⑪,今武冈市政治、经济、文化中心下辖有天宁街,即为罗围村所在大致区域,因此认为罗尾寨即在今武冈市天宁街。

盆溪寨"在武冈县界北,东至(邵阳)县五十里"⑫,在"新宁盆溪村",原置

---

① 彭雪开:《湖湘地名纪事》第3卷,中南大学出版社2016年版,第418页。
② 《武经总要前集》卷20,第1246页。
③ 同治《新化县志》卷2,第118页。
④ 涟源市志编纂委员会编:《涟源市志》,湖南人民出版社1998年版,第235页。
⑤ 《武经总要前集》卷20,第1246页。
⑥ 光绪《邵阳县志》卷3,第191页。
⑦ 《湖南省志》第2卷《地理志》上册,第644页。
⑧ 《武经总要前集》卷20,第1246页。
⑨ 《武经总要前集》卷20,第1246页。
⑩ 道光《宝庆府志》卷70,第1071页。
⑪ 嘉庆《武冈州志》卷3,第19页。
⑫ 《武经总要前集》卷20,第1246页。

"以御西原蛮"①,考今新宁县境内盆溪村仍存,位于崀山镇北夫夷水支流沿岸,疑其溪曾名盆溪,盆溪寨则以溪为名。

塘儿寨"在武冈县界东,至(邵阳)县六十五里。"②在"武冈塘田寺",置"以御河北四望山盗贼。"③考邵阳县下辖有塘田市镇,曾名塘田寺,在塘渡口镇南 17 公里夫夷水东岸,宋代在其地设有塘儿寨,清代设塘田团④。

古限寨"在武冈县界东,至(邵阳)县五十五里"⑤。按其在"新宁县之东金城山,以防八十里山盗贼出入路。"⑥考金城山在今新宁县政治、经济、文化中心金石镇,因此古限寨亦在金石镇。

查木寨"在武冈县界东,至(邵阳)县六十五里。"⑦在"邵阳梅城都,以御九龙、黄帝诸山盗贼。"⑧今无旧名可考。考南烟村下有梅溪,梅城在其北二十里,又今新化县境内石冲口镇附近仍有南烟村,梅城在其北二十里,即今新化县行政中心所在之上梅镇,查木寨即在此。

新兴寨"在武冈县界南,至(邵阳)县五十五里"⑨,置"于今新宁石门村安心观,以御州蛮"⑩。考今新宁县内有二石门村名存留,一在水庙镇,位于县西;一在马头桥镇,位于县东北。因水庙镇境内有安心观,认为新兴寨在今水庙镇西北石门村,地处夫夷水支流沿岸。而石门原为新宁县万峰乡人民政府驻地,为其县西要隘,宋代设新兴寨,元代设石门隘,明代设石门隘巡检司⑪,今万峰乡划入水庙镇,因属水庙镇。

---

① 道光《宝庆府志》卷 59,第 909 页。
② 《武经总要前集》卷 20,第 1246 页。
③ 道光《宝庆府志》卷 59,第 909 页。
④ 《中华人民共和国地名词典·湖南省》,第 136 页。
⑤ 《武经总要前集》卷 20,第 1246 页。
⑥ 道光《宝庆府志》卷 59,第 909 页。
⑦ 《武经总要前集》卷 20,第 1246 页。
⑧ 道光《宝庆府志》卷 59,第 909 页。
⑨ 《武经总要前集》卷 20,第 1246 页。
⑩ 道光《宝庆府志》卷 59,第 909 页。
⑪ 《中华人民共和国地名词典·湖南省》,第 156 页。

安定寨"在武冈县界南,至(邵阳)县七十里"①,置于"安平都以御龙山盗贼",②考安平都在新宁县"东八十里,其小村落有月塘……"③月塘今仍存,在今新宁县高桥镇夫夷水支流沿岸,因此认为安定寨即位于高桥镇境内。

三门寨"在武冈县界,南至(邵阳)县一百四十里"④,具体而言在"今武冈三门团"⑤。三门团,位于武冈州"北一百二十里……东界黄麦石团,南界水口团、七姓团"⑥,考黄麦石团在今洞口县东北醪田镇一带,水口团在今洞口县东北醪田镇西南一带,由此推断与醪田镇、水口山相邻之山门镇即为文献所言三门团。即《洞口县志》所言三门寨在洞口县三门镇境内⑦,位于黄泥江东岸。

(三) 五岭—阳明山—九嶷山—诸广山区

1. 胜冈寨

置于庆历初,废于熙宁六年(1073年)。⑧ 有胜冈故寨"在镇峡关,宋熙宁六年废。"⑨,镇峡关,"在永川乡隘口"⑩,又名"龙虎关,在永明,西去七十里"⑪,属桃川所,"地当入粤咽喉,两山对峙若壁垒,中为要路,险隘可据"⑫。以宋代永明在元祐时期复置县,属江华郡,因此有言其属江华。

从文献记载可知胜冈寨即后之镇峡关所在,镇峡关又名龙虎关,属桃川所。考永川乡大致在今江永县桃川镇、源口瑶族乡、粗石江镇一带,桃川所即

---

① 《武经总要前集》卷20,第1247页。
② 道光《宝庆府志》卷59,第909页。
③ 道光《宝庆府志》卷62,第956页。
④ 《武经总要前集》卷20,第1247页。
⑤ 道光《宝庆府志》卷59,第909页。
⑥ 道光《宝庆府志》卷70,第1079页。
⑦ 许梓元主编,洞口县地方志编纂委员会编:《洞口县志》,中国文史出版社1992年版,第542页。
⑧ 《宋会要辑稿》"方域一八",第9641页。
⑨ 光绪《永明县志》卷9,第289页。
⑩ 隆庆《永州府志》卷11。
⑪ 道光《永州府志》卷8,第524页。
⑫ 道光《永州府志》卷2下,第215页。

今江永县桃川镇所在,境内有桃水河流经,是都庞岭在广西恭城县与湖南江永县之间留下的天然孔道,其北与南皆为分水岭,无河流横贯两县,又在两县交界处有龙虎乡仍存,正处两县交界处桃水河沿岸,因此今广西恭城县龙虎关即胜冈寨所在地。今属广西,曾属湖南永明县。

2. 锦田寨

庆历初置,熙宁六年(1073 年)废。清代置有"锦田巡司,在江华县东南一百五里,"即旧锦田寨。① 又有言"锦田寨在江华县东南一百八十里。"②永州府"东二百里为锦田寨","永为近边要地,旧载永宁两卫屯军专防瑶僮。"③可见,其距离江华县的里程有一百零五里、一百八十里、二百里等不同说法。

考今江华县东南地域内,如文献所言东连广州连州的主要为码市镇与大锡乡。码市镇,在沱江镇东南 53.5km,宜村水汇入潇水处,宋置锦田寨。④ 码市镇原为锦盛圩圩场,其原治所在所城,民国初年时才移至码头铺,即今之码市。所城,原名锦田寨,元末明初设为千户所。⑤ 而锦田千户所所城在县治东南 84 里,后名所城,城墙尚存。⑥ 因此,认为锦田寨位于今所城村东南一里处,为码市镇旅游景点。

3. 福田寨

置于庆历四年(1044 年),废于熙宁五年(1072 年)。⑦ 位于福田山。⑧ 考今永州市零陵区境内原有福田公社,境有黄江源流经,应即为"(福田山)黄溪外山"⑨所指黄溪。因此认为福田山位于原福田公社(今邮亭圩镇),查邮亭

---

① 嘉庆《大清一统志》卷 371,第 8 册第 670 页。
② 《方舆考证》卷 62,清济宁潘氏华鉴阁本。
③ 光绪《湖南通志》卷 209,第 893 页。
④ 《中华人民共和国地名词典·湖南省》,第 327 页。
⑤ 永州市人民政府办公室主办,永州市地名委员会编著,永州地名志编辑部著,蔡自新、高增遗主编:《永州地名志》,香港天马出版有限公司 2005 年版,第 374 页。
⑥ 《湖南省志》第 2 卷《地理志》上册,第 602 页。
⑦ 《宋会要辑稿》"方域一八",第 9644 页。
⑧ 《读史方舆纪要》卷 81,第 3796 页。
⑨ 光绪《零陵县志》卷 1,《中国地方志集成·湖南府县志辑》第 45 册,第 382 页。

圩镇有福田茶场,疑即为福田寨所在之福田山。按此推断,福田寨在今零陵区
邮亭圩镇福田茶场。

4.乐山寨

置于庆历四年(1044 年),废于熙宁六年(1073 年)。① "在祁阳县地,名
乐山镇,控镇方山瑶贼来路。"②所言乐山镇,"在祁阳县东南八十里。"③又有
宁远县北路"平地瑶瑶峒"名洛山峒,"接祁阳境,即洛阳山,亦名阳明山,祁阳
亦称乐山寨。"④

阳明山至今仍存,位于潇水之东,纵跨湖南省永州市双牌县、祁阳县、延入
零陵区、宁远县、新田县,又宁远县北境有瑶峒洛山峒接祁阳县境,则洛山峒应
在今荒塘瑶族乡北境,乐山镇应在祁阳县东南与宁远县瑶峒相近之祁阳县内
下乡或白果市乡境内。

5.零陵县寨

置于天圣中,废于熙宁八年(1075 年)。⑤ 寨在零陵县,"去州一百里。"⑥
按文献所言零陵县寨即零陵县治所,即今零陵区行政中心所在,位于潇水
西岸。

6.东安寨

天圣中置。在"东安县界三十里"⑦,五代时所置东安场,疑为"船场",
"资其材木以造舟筏","宋雍熙升为县"⑧。据《东安县志》编委会考证,东安
场场址在今东安县县城西南紫溪市镇⑨,后一直为东安县县治,至 1947 年县
政府由紫溪市迁至今白牙市镇。因此认为东安寨即今东安县西南紫溪市镇所

---

① 《宋会要辑稿》"方域一八",第 9641 页。
② 《武经总要前集》卷 20,第 1248 页。
③ 嘉庆《大清一统志》卷 371,第 8 册第 670 页。
④ 道光《永州府志》卷 5 下,第 395 页。
⑤ 《续资治通鉴长编》卷 268,第 6557 页。
⑥ 《武经总要前集》卷 20,第 1248 页。
⑦ 《武经总要前集》卷 20,第 1248 页。
⑧ 光绪《东安县志》卷 1,《中国地方志集成·湖南府县志辑》第 50 册,第 1 页。
⑨ 《东安县志》编纂委员会编:《东安县志》,湖南出版社 1995 年版,第 7 页。

在地,有紫水流经,位于紫水北岸。

7. 怀远寨

置废时间不详。"在常宁山中,夹控浆中、白水洞蛮瑶啸聚之所,接衡、道、永三州、桂阳监界。庆历中,度地形便利,划山为城,又控太平、浮竹等九洞,诏以怀远为名。至衡州常宁县一日程。"①

考文献所言"白水洞蛮瑶啸聚之所"疑为今桂阳、常宁二县交界处桂阳县白水乡,位于阳明山下白水北岸,因白水为名。与杨柳瑶族乡、塔山瑶族乡相近,又塔山瑶族乡下有蒲竹村,亦位于白水北岸,疑即为文中所言浮竹洞。又度其县南地形便利,认为怀远寨在今常宁县弥泉乡境内。

8. 泉石寨、泠石源寨、大泉观寨

置废时间不详。泉石寨"在常宁县地,庆历中筑,地名泉水岭。山林延袤数百里,接衡、永、道、桂阳监、九嶷山、衡山界,旧皆山瑶耕凿自给,近与亡命啸聚,因讨平建寨,与泠石源、大泉观村、乐山寨分控山之口"②。考今常宁县内有泉峰观,山上有泉水,疑即泉水岭,又与塔山瑶族乡相邻,可谓控山之口。因此认为泉石寨在今常宁市洋泉镇泉峰观。

泠石源寨"在区分容泠石泉"③,属道州江华郡。今址无从考证。

大泉观寨"在桂阳县,地名大泉观村,控安乐、佛菌、大泉、罗塘四山口"④。考今桂阳县仍存安乐村,在西北四里镇境内,罗塘村在西北塘市镇境内,佛菌、大泉无考,疑皆在县境西北,控阳明山瑶族。

三、宋代湖南山区寨堡分布格局及影响因素

综上所述,宋代湖南山区共置有寨堡百余处,今址可考证者 90 余处,具体到各区域州县寨堡设置情况,按宋代所置州级行政区划为区分如下:

---

① 《武经总要前集》卷 20,第 1249 页。
② 《武经总要前集》卷 20,第 1249—1250 页。
③ 《武经总要前集》卷 20,第 1250 页。
④ 《武经总要前集》卷 20,第 1251 页。

　　武陵山区共有寨堡 45 处,其中木寨今址不详。澧州有 10 处,其中今石门县有 3 处,即台宜寨、石门县寨、伏求寨,均位于澧水及其支流溇水沿岸;慈利县有 6 处,其中有 5 处位于澧水及其支流溇江沿岸;桑植县(宋代未置县)仅有安福寨 1 处。

　　辰州境内有 25 处,其中今沅陵县有 13 处,皆位于沅水及其支流酉水、深溪等河流沿岸;古丈县(宋代未置县)有 1 处,位于酉水沿岸,近下溪州、溶州;泸溪县(宋代为卢溪)有 3 处,皆位于沅水及其支流武溪沿岸;吉首市(宋代未置县)有 1 处,亦位于武溪支流沿岸;溆浦县(宋代为叙浦)有 3 处,均位于沅水支流溆水及其支流沿岸。另有 4 处,仅言位于辰州境,今具体位置不详。东之沅陵县最为集中。

　　沅州境内有 9 处,今麻阳县有 4 处,皆位于沅水支流辰水及辰水支流龚溪等河流沿岸;芷江县有 2 处,位于沅水支流潕溪及渭溪(今杨溪河)沿岸;中方县(宋代属黔阳县)有 1 处,位于沅水沿岸;洪江市(宋代为黔阳县)有 2 处,一处位于沅水沿岸,一处位于沅水支流清江沿岸。

　　雪峰山—八十里大南山区亦有寨堡 42 处,有 1 处今址不详,有 2 处属于这一区域边缘之潭州。靖州境内有 15 处,今会同县有 3 处,其中 2 处位于沅水支流渠河沿岸;靖州有 6 处,分别位于渠河及其支流大油溪等河流沿岸;通道县有 4 处,分别位于渠河及其支流双江河、羊镇堡江等河流沿岸。另有 2 堡位于州内,具体位置不详。

　　邵州有 9 处,今新化县有 5 处,皆位于资水支流沿岸;隆回县(宋代属新化县)有 3 处,皆位于辰水支流上游源头;新邵县(宋代属邵阳)有 1 处,位于邵水沿岸。

　　武冈州有 15 处,今洞口县(宋代属武冈)有 2 处(其中 1 处宋代属邵州),位于资水支流平溪江与黄泥江沿岸;武冈县有 4 处,3 处位于资水沿岸,1 处今址不详;绥宁县有 2 处,分别位于沅水支流与资水支流沿岸;城步县有 2 处,位于沅水沿岸;新宁县(宋代属武冈)有 5 处,位于夫夷水及其支流沿岸。

　　五岭—阳明山—九嶷山—诸广山区寨堡相对较少,仅有 10 处。永州有 4

处,3 处位于湘水及其支流沿岸,1 处今址不详;道州有 3 处,2 处位于漓江支流平乐水与湘水支流潇水沿岸,1 处今址不详;衡州有 2 处,位于湘水支流白水等河流沿岸;桂阳监有 1 处。

从各区域寨堡设置总量而言,武陵山区与雪峰山—八十里大南山区总量相当,五岭—阳明山—九嶷山—诸广山区寨堡相差甚多;就分布集中程度而言,武陵山区与雪峰山—八十里大南山区寨堡分布相对集中,五岭—阳明山—九嶷山—诸广山区寨堡则相对分散;就分布平衡性而言,雪峰山—八十里大南山区寨堡分布相对平衡,武陵山区则表现出明显的不平衡,呈现出东多西少、南多北少的局面,尤其在富州、上溪洲、保静州、渭州、永顺州等羁縻州,基本无寨堡建置。

具体而言,首先,以当时辰州境内分布最多,而辰州又以沅陵县分布最多;其次,主要分布于澧州、靖州、邵州;最后,在清代"湘西苗疆"之凤凰、永绥等厅县境内几乎没有分布。为何会出现这样的分布格局? 笔者认为其与以上各州所处地理位置密切相关。

以辰州为例,辰州自古以来为非汉族群聚居地,宋代所置南北江五十六羁縻州中上溪州、奖州、锦州等州皆由辰州分置,在牂牁东界,"据溪洞之上游,重冈复岭,截然险峻,诸蛮据此叛服靡常,崇古患之,唐于此置都督府,历代据地设险"[1]。唐代,曾由沅陵析置泸溪县,境内有"潕溪蛮"等多种非汉族群居住[2],就其本身而言,即为宋朝廷重点控制之区。

又其与澧州、鼎州相近。鼎州为湖南山区边缘之地,自"秦使白起略取蛮夷置黔中郡后,司马错立城,据此以扼五溪之要,有壶头山、天门山",[3]顾炎武言其为"荆岳之肩臂,苗僚之咽喉"[4],因此设董石寨、白砖寨、汤口寨、桃源寨以防。而"溪洞州在辰、鼎、澧三州之界外,皆盘瓠遗种,世为边寇,讨之则负

---

① (明)顾炎武:《天下郡国利病书》"辰州府",上海古籍出版社 2012 年版,第 2744 页。
② 光绪《乾州厅志》卷1,第 29 页。
③ 《武经总要前集》卷 20,第 1224 页。
④ 《天下郡国利病书》"常德府",第 2741 页。

固自守,事久则劳人烦费,故前代皆鸟兽畜之。款附则受而不逆,反叛则弃而不追,唐季承乱,遂自立州县建为刺史。晋天福中,马希范守湖南,溪州酋彭士熊等以溪、锦、奖三州归马氏,立桐柱为界。本朝因而抚之,太宗时溪、锦、叙、富四州蛮相率诣辰州,愿比内郡民输租税。诏本道案山川地形以图来献,卒不许之,此圣王深维远览之至也,惟设溪洞诸州,赐以印绶,羁縻不绝,故屯戍之兵差减前世。"①显然,历代对这一区域的治理均存在一定的难度,因而在地方请求按照"内地"制度进行缴纳租税时,宋朝廷并未采纳,而延续唐朝的羁縻州制度,在地方设置羁縻州以管理。同时,减少这一区域的兵力布置,并将兵力集中于寨堡。

因此,宋朝廷在辰州置 25 寨来参与地方管理与治理,是当时宋廷在湖南山区各州中所置寨堡数量最多的地方。出现这种局面的原因,一方面与作为辰州治所的沅陵县是王朝控制辰州的中心有关;另一方面,综合前文所言辰、澧、鼎三州的关系,以及各自所处地理位置而言,对沅陵的控制,关系澧、鼎两州的稳定,进而关系江陵府的安危,因此,需要设置数量较多的寨堡来维持这一区域的控制与管理。

而澧州、靖州、邵州寨堡分布较多的原因与澧州"在澧水之北,今与辰、鼎二州并为极边,分控羁縻州数十州"②。靖州为"古唐渠阳军。据辰、沅之上流,为重、湖保障,南服要区,与蛮壤相犬牙。夷人族种蟠踞溪洞,道路阻绝,中国之兵入践其地,不能长驱,且其境与宜州群苗相傍,势成犄角,表里为患。"③邵州(宝庆府)"介衡、靖、辰、永之间,有辅车之势,地若僻安,而境内武冈、城步诸徼溪洞苗蛮弹压,是取焉,宋以大瑶洞地置五寨,则戍备之严,所从来久远矣"④密切相关,即三州所处地理位置均为控制边地的前沿区域,是"内地"稳定的基础。

---

① 《武经总要前集》卷 20,第 1225—1226 页。
② 《武经总要前集》卷 20,第 1221 页。
③ 《天下郡国利病书》"靖州",第 2758 页。
④ 《天下郡国利病书》"宝庆府",第 2750 页。

所谓"荆湖之有义军、土丁、弩手也，盖始于宋初。北路则辰、澧二州，南路则全、邵、道、永四州皆有之，其原（缘）起于溪洞诸蛮叛服不常，控制须土人，故置。"①寨堡之设置便与此相同。

<h1 style="text-align:center">第五节　五岭之间：明代湖南山区
寨堡的分布与分类</h1>

明代湖南山区与湖北武陵山区的政治与社会环境有所不同，湖北武陵山区所置土司数量众多，而湖南山区境内所置土司集中在西部（湘西）与贵州相邻区域，大者有永顺、保靖两宣慰司，小者有桑植、白崖洞、上下峒、茅岗、腊惹洞、筸子坪、五寨等安抚司与长官司，在宋时期基本未置寨堡。而这一区域以东在明代多设府州县管辖，在宋代时亦有寨堡设置。可见两区域在宋代寨堡设置上存在差异，在明代所实行管理制度亦存在差异，那么在明代寨堡上是否存在差异呢？本节尝试通过分析其寨堡在明代的分布与分类来回答这一问题。

一、明代湖南山区寨堡分布

查阅《明史》《大明一统志》，几乎没有对明代湖南山区寨堡的记载，所记载为数不多的寨堡也几乎都为宋代所设。因此，本节主要根据湖南山区所属各地地方志记载，整理明代湖南山区寨堡设置信息（详见表4-3）。

表4-3　明代湖南山区寨堡设置概况表

寨堡名称	设置时间	所属州县	备注（历史文献记载）
白面寨	明洪武时期	新田	在新田县东南三十里，明洪武初置
白象堡	明洪武时期	永明	旧系白象堡，洪武间瑶贼作耗，奏置巡检司

---

① 道光《宝庆府志》卷94，第1410页。

寨堡名称	设置时间	所属州县	备注(历史文献记载)
安心寨	明代	道州	在州一十五里,有寨,乡人所筑以避寇乱者,俗呼为安心寨
分水堡	明万历时期		万历四年(1576年)建于今安平都,以防龙山桃林之盗贼者也
永靖堡	明隆庆时期		隆庆二年(1568年)建于今中乡一都,以防西游山及黄帝大云诸山之盗贼者也
花街堡	明嘉靖时期		嘉靖十二年(1533年)建于今上贤都与东安县界之花桥,以防四望之盗贼者也
白水堡	明万历时期		万历四年建于今新化灵真村上堡,以防长郧及望云之盗贼者也
沙坪堡	明嘉靖时期	邵阳	嘉靖二十五年(1546年)建于今隆回五都黄堡,以防隆回五都盗贼及十六峒苗瑶者也
唐隆道	明代		东□里,唐隆元守将名
杉木江	明代		东四十五里
羊田凹	明代		东七十里
同　保	明代		西二十里
竹　林	明代		西三十里
云　飞	明代		西百六十里
五　百	明代		南二十五里
大　争	明代		北四十里
花桥堡	明嘉靖时期		东南一百里接壤安化、湘乡,盗常出没。嘉靖乙未(1535年),知县利宾、主簿冯翱议设堡,以宝庆卫千户一人率军下乡夫戍守
油溪堡	明嘉靖时期		东北八十里,地连安化,为盗经。嘉靖壬寅(1542年),知县罗应元议设堡立团保,乡兵镯差戍守
厘坪堡 (新安堡)	明嘉靖时期	新化	西百四十里,地邻溆浦,盗常劫掠。嘉靖辛酉(1561年),知县陈学乾、主簿夏森议设堡,以宝庆卫指挥率军丁戍守
纸钱堡	明嘉靖时期		嘉靖十四年(1535年)知县利宾议设。拨宝庆卫指挥戍守,有堡署、门堂、寝室、营房咸备
仙姑寨	明代		西十里
老虎寨	明代		西六十里
南山寨	明代		西南十里
罗洪寨	明代		西南七十里
黄阳寨	明代		西北三十里;一名莲花寨,其巅平广,昔人避兵

续表

寨堡名称	设置时间	所属州县	备注(历史文献记载)
樟水堡	明代	新宁	在今盆溪村,以扼西原蛮北犯之路者也
骡子寨	明代		在县西南三十里
大对寨	明代		在县西二十一里
鸡笼寨	明代		在县西北五里
蒋公寨	明代		在县东九十里
先锋寨	明代		在县东五里
永宁堡	明代	城步	在下八都,以镇大水峒、上扶城峒之苗瑶者也
浆凹堡	明代		在下扶城浆坳头,以镇下扶城峒及莫宜峒苗者也
长安堡	明代		在下横岭峒长安城,以镇压横岭峒苗者也
贝子堡	明代		在广西义宁贝子汛,以镇压蓬峒而扼楚粤交通之路者也
飞龙堡	明代		在上栏牛峒昌鲁坪,以镇压栏牛峒而扼城步西原苗交通之路者也
安乐堡	明嘉靖时期	武冈	曰安乐,嘉靖十九年(1540年)建,在武冈北厢堡子岭,以助武冈守御者也
太平堡	明万历时期		曰太平,万历四十八年(1620年)建,在武冈石厂团,以控武冈南路之冲,而为石门之后援者也
白仓堡	明代		曰白仓,在白仓团,以扼四望山盗贼出没之路者也
歇场堡	明代		曰歇场,在帽子团、歇凉界,以扼龙居、龙管二乡之盗贼,而为峡口桐木堡之后援者也
桐木堡	明代		曰桐木,在北隆回五都桐木溪,以镇压当瑶者也
山口堡	明代		曰山口,在城步二都山口
九溪堡	明代		曰九溪,在城步二都九溪,皆以扼枫门、九溪、黄茅诸盗贼,而蔽武冈西北之冲者也
凤凰堡	明代		正西去城七十里
同 保	明代		北五里
南 山	明代		南十里
连 山	明代		南二十里
刘 和	明代		南十五里
狮 子	明代		南十五里

寨堡名称	设置时间	所属州县	备注(历史文献记载)
沙坪堡	明代	衡阳	在长乐乡,明时以民壮三十,吕阳山杀手三十名守之
水口堡	明嘉靖时期		在慕化乡;明嘉靖癸丑(1553年),巨盗李万琦等倡乱于永福、慕化等处,致杀官兵,始置水口堡,设民兵四十名,阳山杀手二十名守之;三处为郡祁、衡、潭、湘乡、新化四达之路,久为盗贼出没之地,为一郡之要害,向之防守,非为无见,戒险于乎,未可少弛
飞鹅寨	明代	郴县	飞鹅岩,在县东南,形如飞鹅,旧传彭相公筑寨于此以避兵
白石寨	明代		在县东北十里,内有岩洞,水清味甘,遇旱取水祝之
黄沙堡	明洪武时期	宜章	明洪武二十七年(1394年),广东连州长塘、马毡土寇出糍粑岭、罗阳洞行劫滋扰;时十七都耆民李克安入都告发,始调茶陵卫官军七百余名来成立黄沙堡,把截长塘、马毡笠头洞贼路
里田堡	明洪武时期		里田营,在县东八十里,广东乐昌县九峰等峒界。按雍正九年(1731年),笆篱堡庠生邓森钞存《三堡建置源流》,载明洪武十九年(1386年)建里田堡
栗源堡	明洪武时期		栗源堡城,在县南四十里,明洪武二十七年(1394年)筑。按《三堡建置源流》记载,洪武二十七年立堡防御广东西山、梅花、辽水、罗阳洞、艮口贼路;一说洪武十一年(1378年)百户廖武、陈德奉调来宜,永乐九年(1411年)统领军旗,把截隘口,请旨立城
永成寨	明成化时期		成化八年(1472年),都御史吴琛奏调茶陵卫后所官军戍守宜章守御所,在县城东北隅即永成寨,宋之召募堡也
笆篱堡	明洪武时期		明正统四年(1439年),"苗贼"谭应贞、冒阿孙、杜回子等余党未尽,劫掠十四都,时六都耆民曾文景、九都耆民黄永达入都告发;部议调郴州千户长卞玺、百户长柳诏带军兵二百余名来戍,因请旨立笆篱堡,堵御莽山、牛头山贼路。又正德间湖广巡抚都御史秦金,以堡地县远山近,"苗贼"未靖,劫杀无时,奏请笆篱堡改设永靖县,不果
香口堡	明嘉靖时期		先是湖广巡抚都御史秦金拟于笆篱堡设立永靖县不果,嘉靖四十二年(1563年)山寇,三年两劫,三堡官军皆坐视。四十五年(1566年),里者李邦伯赴都告,请于香口岭适中处立永靖县,未允

寨堡名称	设置时间	所属州县	备注(历史文献记载)
寒口堡	明代	桂东	在县东十五里,有土城,岁调百户一员戍守
烟竹堡	明代		在县南三十里,有土城,岁调所百户一员戍守
新坑堡	明代		在县南十里,岁调所百户领军戍守
德胜寨连珠寨梅杨寨	明正德时期		德胜山,县东一里学宫主山; 连珠山,县西一里; 梅杨山,县南一里; 以上三山,皆正德年间筑寨避寇者
田螺、乌春山、将军	明正德时期		田螺山、乌春山、将军岭、德胜山四山,正德间皆筑寨避寇
马山寨	明代	桂阳	在县东南百余里万山下,《一统志》:明正德十二年(1517年)讨乌春山贼,贼首龚福全遁保马山,本仓石寨官军进尧之
黄竹寨	明代	永兴	距仙人庵碉堡里许,石山戴上,高数十仞;古树森,其上一面存石磴,攀藤扪葛始得上;相传明季皆有避寇免难者,咸丰五年(1855年)群避贼于斯,贼至,炮石并发,毙贼数人,遂遁
杨家寨	明代	慈利	在邑西南一百五十五里十一都
顾家寨何家寨	明代		俱在二都大元山西南,昔有总管顾姓者据此,至今乡人犹祀其人为神焉
横崖栅	明代		在横岩山壁间,昔有人于此构屋拒蛮,今门窗虽不存,而丹艧之饬具在,舟行江中,望之可见,其凌险如此而美饬又如此
华王寨	明代	石门	相传明季洞蛮猖獗,澧州华王曾屯兵于此,里人掘得铜箭、镞铁、刁斗等物,寨在白鹤观后
鹅梯寨	明代	桑植	县西北六十里,两山对峙,一水中流,旧时避兵处
夏家寨	明代		土人夏克五筑,洪武初立安福所千户而寨亡
里耶寨	明代	保靖	县西一百里,接四川酉阳土司滥泥湾界,今设有巡检司

续表

寨堡名称	设置时间	所属州县	备注(历史文献记载)
安江寨	明代	黔阳	双石崖,在黔阳县南九十里,有二石对立,又名屏风崖,三面如一,传言石根随水高下,土人神之,舟楫莫敢忤犯。本朝景泰间,苗寇弗靖,人皆避其上,因筑寨置戍,名为安江双崖城
赤宝寨	明代		赤宝山……《县志》又云未邑时居民避寇其上,为赤宝寨,皆指此山
马脑寨	明代		马脑山,在县东八十里,高险幽阻,攒铓列戟,睥睨左右,雄视一方,盖安江巨镇也,上建浮图,足以俯接混茫,先时里人立寨于此,以避苗寇
泸会寨	明代		泸会山,在县东北四十里,迂回峻绝,蹊径最为艰险。明季寇乱,里人结寨自卫,多所保聚
罗旧站堡	明代	沅州	万历《州志》:在州东四十里;为罗旧塘,沅州协怀化汛领之
白茅滩哨堡	明代		《方舆纪要》:在沅州西四十里;按《纪要》,盖本正德《州志》也,万历《州志》不载,是时此堡或久裁欤
泠水站堡	明代		万历《州志》:在州西五十里;为泠水塘,沅州协怀化汛领之
晃州站堡	明代		万历《州志》:在州西九十里;为晃州汛
鲇鱼站堡	明代		《方舆纪要》:在沅州西一百二十里;为鲇鱼塘,沅州协晃州汛领之
南宁哨堡	明代		《方舆纪要》:在沅州西一百三十里;为南宁塘,沅州协晃州汛领之
黔阳堡	明代		《黔阳县志》:旧在城南对河大江渡,后徙于县西门内;为黔城汛
竹滩堡	明代		《黔阳县志》:城南二十里
安江堡	明代		《黔阳县志》:城东九十里;《方舆纪要》:黔阳、竹滩、安江三堡,皆景泰初以溪洞蛮僚出没为患增设戍防,俱沅州卫官兵哨守
小坡堡	明代		《麻阳县志》:旧为辰靖武汉卫官兵戍守,诸哨未立,此最要紧,故初立铜信、水塘二小哨翼之;按又为小坡哨;为小坡塘,镇筸镇中营领之
花山寨松林寨山坡寨	明代	芷江	花山……上有寨曰花山寨,旧为村民避兵处,孤险四绝,一线当关,右稍上里许有松林寨,左稍下里许有山坡寨,三寨相倚,寇不敢犯,为一隅凭险地也

续表

寨堡名称	设置时间	所属州县	备注（历史文献记载）
景龙寨	明代		一名麻池寨,更高险,此山与板门山皆古镇江寨也
牛坡	明代	芷江	牛坡,在县东八十里,峰峦星布如丽汉牵牛,怪石方解类斗口,山神坛壝在焉。昔时居人聚守,亦号为寨
青坡寨	明代		青坡在县东一百二十里,巉禹斗绝,水曲折环,其下为生成隍险,内则城陀碁置,外以高峰夹卫,如危堞错出,真天城也。往时里民避寇于此,故又呼青坡寨,至今村落相依,万家烟火,气象称繁盛云
罗瓮寨	明代	麻阳	罗瓮山,在县西北四十里……旧时蛮寇出入于此,土人聚烟山顶,筑寨自卫,并设哨其上,置官兵守之,承平后,久废撤矣
方山寨	明代	临武	四面陡绝,峻削如印,在县治南三十余里;明代寇氛扰攘,村民于其上立寨以避焉
观音寨	明代	溆浦	桶寨山,金坡界西北支,县治西南三十;虾溪右岸,三面石壁甚斗峭,惟山南一径可登;明季人民结寨于此,北巅为床机岩,一名观音寨,三面峭壁,山半两穴,足容数百人,山后有二径,攀援可上,明季人民多避兵穴中
新寨	不详(疑为明代所设)		新寨山,东首矮树坳,县治东北三十里,北岩门乡南五区四都河左崖石壁临江,山腰岩门屹立,相传古时人民结寨于此
田螺寨	明代		大坡脑,西南首鹅峰县治东北五十五里,西北三区、东南四区大坡溪出焉,东南麓为田螺寨,明季乡人避兵于此,为牛万才所破

资料来源:万历《郴州志》、万历《慈利县志》、万历《新宁县志》、隆庆《永州府志》、康熙《宝庆府志》、康熙《郴州总志》、康熙《靖州志》、康熙《邵阳县志》、康熙《永明县志》、康熙《武冈州志》、乾隆《永兴县志》、乾隆《永顺县志》、乾隆《沅州府志》、嘉庆《郴州总志》、嘉庆《宁远县志》、嘉庆《通道县志》、嘉庆《新田县志》、嘉庆《宜章县志》、光绪《道州志》、光绪《靖州直隶州志》、光绪《零陵县志》、光绪《龙山县志》、光绪《石门县志》、光绪《新宁县志》、同治《沅州府志》、同治《城步县志》、同治《桂东县志》、同治《临武县志》、同治《桑植县志》、同治《绥宁县志》、同治《新化县志》、同治《沅陵县志》、同治《续修慈利县志》、民国《溆浦县志》等。

据表4-3及文献记载可见,明代湖南山区寨堡分布以城步①、江华、武冈、

① 据隆庆《宝庆府志》卷3记载,城步有73寨,但因其只列举寨名,因而未列入表格之中。

邵阳、靖州①、沅州、芷江、新化等州县所置数量最多,新宁、宜章、黔阳(今洪江市)等州县次之;但也有一些区域如当时永顺宣慰司、保靖宣慰司等相关地方志中并无关于明代寨堡的记载。

二、明代湖南山区寨堡类型

分析表4-3所整理的明代湖南山区寨堡,可将其分为以下三种类型:

第一类是为防御当时苗民与瑶民等非汉族群而设置的寨堡。寨,"县城未建之前,村落多瑶寇为患,旦夕有警,辄扶老携幼,悉附山隅,以避锋刃,此寨所由立也。"②即道出新田县设寨缘起于当时瑶民,而这不仅是当时新田县所面临的主要问题,也是整个雪峰山东南以外湖南山区所面临的问题。如永州府,"介在南徼,卫所森布,屯戍络绎,营堡错峙,以树保障,以塞夷庚者甚备,故虽壤接瑶蛮,践踩不及防之者预也。"③又有"郴属诸瑶,虽列腹里,实同化外。宜章瑶西山壤接,连州莽山,界联英乳,明季虽设屯所,而笆篱、黄沙、栗源等堡均受瑶寇之害。"④反映当时位于雪峰山以东至骑田岭及瑶山之间的湖南山区均面临瑶民侵扰之患,因此在这一区域设置了大量寨堡进行防守。据各地方志记载,直接言其为防"瑶"设置的寨堡有14处,主要位于宜章、武冈、城步、邵阳等州县,占文献中所列寨堡设置缘由明确总数的27%。

除上表所列出寨堡外,城步有73寨,永州府(包括今江永、江华、新田三县)共有69寨,皆为防"瑶"所置,即《明营堡考》所言"明代以瑶寇猖獗,边落不靖,防御猋突,寖加严密。马鞍岭、荆峡镇、永安岡、涛墟、白象堡、枇杷、桃川等所尤为重险要防。凡今之民、瑶,耕凿生聚恬熙,丛箐绝巘,胥成乐土者,皆当日风鹤时,闻兵戈出入之地也。永平久则控制宽,故垒可寻为思患豫防之

---

① 据康熙《靖州志》卷3记载,明代靖州有官堡19,民堡2,共21堡,因文献仅言其名,无其他信息记载,因而未计入表格。

② 嘉庆《新田县志》卷2,《中国方志丛书》第320号,第102页。

③ 隆庆《永州府志》卷11。

④ 嘉庆《郴州总志》卷22,《中国地方志集成·湖南府县志辑》第21册,第612页。

助,守土者可勿念诸,考《明一统志》永州府凡为堡一、营六十,按旧《志》则为堡一,为营九十有六,为寨六十有九。"①按此数量计算,则远超其他寨堡数量,足见当时朝廷对这一地区之重视。而这一类寨堡大部分为地方官组织修建,属于官方性质。

第二类是为御贼、寇而设置的寨堡,这一类寨堡既包括民间自立的寨堡,亦包括地方官组织修建的寨堡。官方所修寨堡大部分缘起于"流贼"或"流寇"肆掠地方,明代"宝庆流贼内讧,苗、瑶窃发,用兵者屡矣,置巡司、哨堡、关隘以防御之"②即为其中一个体现,又"闽广流寇频扰,正德二年(1507年)邑令王闰集三门人户,分八甲。东门人筑德胜、田螺二寨,南门人筑杨梅寨,西门人筑连珠寨,各乡村皆筑寨自保。"③虽有言及各乡村皆筑寨自保,但有"邑令"组织修建。据统计,这一类官方组织修建的防卫性寨堡至少有20个,占明确寨堡设置缘由总数的39%。

第三类是民间为了自我防守,利用天然优势而设立的寨堡。景泰元年(1450年)"苗掠新化,武冈叛苗与五开铜鼓僚合流行乡村,劫掠甚惨,新化公廨、民舍悉为灰烬,民立寨自保,贼亦寻去。"④即反映了民间自立寨堡之缘起。考文献所载,明代湖南山区自立寨堡数量亦属不少,经统计,明确为民间自立寨或利用天然优势为寨以避兵的共有21处,占明确设寨缘由或目的寨堡数量的41%。

与宋代湖南山区寨堡相较而言,明代寨堡总量更多,但分布地域没有宋代广泛;在分布形态上,明代寨堡似乎成片状分布,而宋代寨堡呈带—面状分布,表现出当时更加注重地方苗民、瑶民等非汉族群控制的实际情形,尤其是雪峰山及其以东的瑶族聚居区的控制状态。

但两者之间最大的差别并不在其数量与分布形态,而在其性质方面。首

---

① 道光《永州府志》卷8,第523—524页。
② 道光《宝庆府志》卷59,第910页。
③ 嘉庆《桂东县志》卷3,《中国地方志集成·湖南府县志辑》第27册,第43页。
④ 道光《宝庆府志》卷3,第149页。

先,宋代寨堡不仅具有军事性质,还具有行政性质,负有处理地方事务的职责,但明代寨堡已转变为单纯的军事寨堡,且有避乱功能;其次,出现了大量的民间自立寨堡,与官方所立寨堡相区分,说明宋、明两代寨堡在政治上开始分离。而其为预防或防止当时地方苗民、瑶民等非汉族群侵扰汉民居住区所设置的寨堡,实质是对当时"夷、夏"区分的外显,所设寨堡则可认定为当时"夷、夏"分界之区域,但不如明代湖北武陵山区寨堡分布格局表现明显。

综上所述,进入明代以后,寨堡在湖南山区的行政性逐渐减弱,由以往的官方建置,逐渐转变为民间修建,处于一种过渡状态,但其军事性质没有发生根本性改变,只是在国家干预的军事性上有所改变,不仅是国家强有力的军事控制手段,也是民间立寨自卫和自保或避兵、避寇的一种场所。最为突出的一点是这一时期土司辖区内未出现关于寨堡设置的记载。笔者认为,进入明代以后,朝廷对湖南山区的军事控制手段发生变化,是导致这一结果的决定性因素,即与宋代寨堡体系不同,形成了新的以卫所为中心的军事控制体系,寨堡只是其附加的一部分。

第六节 湘水上游:清代湖南山区寨堡建置与分布

《大清一统志》并无对湖南寨堡的专门记载,只在"关隘"中涉及部分寨堡建置,且所记载大多为宋代所置寨堡,从侧面反映了以"寨堡"为中心的军事防御体系在入清之后的湖南山区不再是清廷官方重要的军事防御体系。然而从各所属湖南山区的地方志中,仍可见诸多寨堡的设置,这些寨堡性质如何?与宋代寨堡、明代寨堡是否相同? 本节将对此展开分析。

据清代湖南山区各地方志记载,清代湖南山区寨堡分布大致情况如下:

宁远县有25寨,①此25寨记载于嘉庆《宁远县志》"武备志"部分,说明其为地方军事防御系统之一部分,但是未注明其为官方修建还是民间自立,也未言其修建具体目的。

永明县有黑山、杨山、磨石山、横山、马山、上寨、小礦山7寨②。黑山寨,以"地当险要"③而置,修建时间不详。其余6寨皆建于清代咸丰年间,目的皆为避乱。

江华县有瑞岩、乐安、罐地、安乐、芒山5寨,④均建于清咸丰年间,从文献对以上几寨的描述可知,其主要目的在于供村民避乱,同时也以险为守。

武冈仅有1堡,名"正界堡",为"里人陆协恭捐金数千筑堡,依山为城,聚水为池,要隘处建三炮台,守御之具略备。咸丰己未、庚申,连遭寇警,村民入堡守险,贼不敢窥而去,远近赖之。"⑤修建时间不详,但其据险而建,以守御为主,咸丰时曾避乱,疑即为咸丰时建以避乱。

宜章县有将军、三星、丫环、香炉、乌石、芙蓉6寨,在嘉庆《郴州总志》与嘉庆《宜章县志》中均有记载,但均只注方位及名称来源,未言具体设置时间及设置目的,因其在更早时期的方志中无记载,推断其设于嘉庆早期。

桂东县有石鼠、石人、石冈、飞虎、三阳5寨,其情况与宜章县类似,在嘉庆《郴州总志》与嘉庆《桂东县志》中均有记载,但亦未言其设置时间与目的,只能从其出现时间判断其建于嘉庆早期。

桂阳县有鹿角、矮寨、朱广、孤石、白百、高陵、虎头、长乐、镇安9寨堡。文献皆未直言其建置时间,据同治《桂阳县志》、万历《郴州总志》、康熙《郴州总志》、嘉庆《桂阳县志》的记载推断,鹿角寨、朱广寨疑建于康熙时期,矮寨、孤石寨、白百寨、高陵寨、虎头寨、长乐堡、镇安堡疑建于嘉庆时期。就设寨目的而言,矮寨、白百寨、高陵寨、虎头寨均明确言为"避乱""避寇""避贼"或"御寇"。①

永兴县有银冈寨、仙人庵土堡、河里寨、桃李寨4寨堡,均载于光绪《永兴县志》。银冈寨为旧《志》所载,为道光或其以前所建,不早于明代;其余三寨则为咸丰时期新增寨,皆为"避贼"。其中仙人庵土堡明确为因"粤匪"猖獗而修。②

会同县有朝阳、雄朱、鸡岭3寨,朝阳寨、雄朱寨,均载于光绪《会同县志》,但作为自然实体名称,并未直言其具有军事防御功能,存疑。

龙山县有狮子山寨、红崖堡、老寨3寨。红崖堡疑建于嘉庆或更早③,在嘉庆时期因距离"贼巢"近,是重要的防守点。狮子山寨建于咸丰时期,"为前人避兵所遗。"④老寨,为龙山县"关隘"⑤,亦是重要防守地。

乾州厅有杨孟、寨阳、爆竹、都溶、南阳、大凹、劳神、岑头、椰木、大新10寨堡,⑥据文献记载,这些寨堡基本均地处险要,为重要关口,但均未言设置目的。而境内苗寨数量众多,其中一些苗寨本有防御、防守功能。

永顺县有曰缺吾、卸捏吾两寨,均未言建置时间,仅言其曾为寨或古有寨。

芷江县有中寨、麻阳寨、县岩寨、松林寨、岐山寨、白岩寨6寨,均载于同治《沅州府志》"山川"部分,其中麻阳寨、县岩寨、松林寨、白岩寨均曾为"避寇"处,但建置具体时间无从考证。

综合以上各地方志所记载清代湖南山区寨堡的具体情形,从分布范围来看,与宋、明两代寨堡分布比较而言,分布区域较之前更小;从分布重心来看,以永州、郴州数量较多,其次是靠近湘西区域;从设置时间来看,大部分集中在

---

① 同治《桂阳县志》卷6,《中国地方志集成·湖南府县志辑》第28册。
② 参见光绪《永兴县志》卷11。
③ 光绪《龙山县志》卷7,第61页。由嘉庆元年三月"四川总督孙士毅统藏兵自西至军于红崖堡"判断。
④ 光绪《龙山县志》卷3,第29页。
⑤ 光绪《龙山县志》卷1,第21页。
⑥ 参见光绪《乾州厅志》卷2。

清代嘉庆与咸丰两个时期,又以咸丰时期所置更多;从寨堡功能来看,大部分都用于"避寇"。较之宋、明两代所设寨堡,这些寨堡最大的差别在于没有了对苗民、瑶民的控制与防备功能,说明寨堡作为对苗民、瑶民的军事控制手段已经失去作用与意义,同时反映出苗民、瑶民与清朝廷之间的关系较之前有了进一步改善。

第五章 以卫治民：明代湘鄂 山区的卫所体系

明代卫所设置之初属于军事系统，是一种军事制度，但同时也是一个明显的行政单位，管辖部分土地与户口。顾诚将其分为沿边卫所、沿海卫所、内地卫所、在内卫所四类，前三类皆属于明代文献所言"在外卫所"①。考其设置，多位于具有重要战略地位的边远或内地空闲地区，设置之初均以军事管控为主要目的，"凡天下要害之地，有系一郡者设所，系连郡者设卫，势重则卫多"②即此。洪武十六年（1383 年）"上谕兵部臣曰：自古国家设置兵卫，所以为民也，迩者无知之民，凡遇军士逃亡，往往匿于其家，玩法为常。尔兵部宜榜示之，其有匿逃亡者，即令送官。逃者与藏匿者勿问，违者俱坐以罪。"③明确卫所设置之目的是"为民"，并对卫所兵士进行严格的规制，反映出明初卫所制度建设的重要性。

湘鄂山区，既是少数民族聚居的"边地"，又是明朝廷开拓西南，经营滇、川、黔的重要通道，军事战略之重要性不言而喻，卫所在其境内的设置亦为必然。万历《湖广总志》卷 32《兵防二》专言"苗徼"，并指出永定卫"省民环城而居，其外为熟苗，又外为生苗"；永定卫、大庸所、添平所、麻寮所之"峒野皆苗部"；桑植司有"美坪等一十八洞苗部"；宝庆府城步、武冈、长涉、衡州各州县，

---

① 顾诚：《隐匿的疆土——卫所制度与明帝国》，第 50 页；李新峰：《明代卫所政区研究》，对其中沿海卫所与边地卫所进行了细致而具体的研究。

② （明）王圻：《续文献通考》卷 161，第 2479 页。

③ 《明太祖实录》卷 153，第 2397 页。

衡州府桂阳、长宁、蓝山各州县,永州府宁远、东安、永明、道州、江华各州县,郴州宜章、桂阳、桂东各县,境内皆有"溪洞苗部";施州卫"溪洞苗部俱在峒野",分布广泛,因而"设卫所控驭者二十有九","设汉土官兼治者一"①。

具体而言,岳州府境内有九溪卫、永定卫、大庸千户所、添平千户所、安福千户所、麻寮千户所、桑植安抚司;宝庆府境内有城步千户所、武冈千户所、长涉哨千户所、衡州哨千户所;衡州府境内有桂阳千户所、常宁中千户所、宁溪千户所、平溪卫、镇溪军民千户所;永州境内有宁远卫、宁远千户所、东安百户所、枇杷千户所、桃川千户所、江华右千户所、锦田千户所;郴州境内有宜章后千户所、广安千户所、烟竹堡百户所、新坑堡百户所、寒曰堡百户所;靖州境内有天柱千户所、汶溪千户所;施州卫境内有大田军民千户所及下辖各土司。②

显然,湘鄂山区设置卫所的根本目标为"控驭苗徼",而除本省外,在邻省如四川、贵州等地亦置有卫所共同"制御苗部",即所谓"设卫所于异省,制御苗部,与本省接境者七,清浪卫、偏桥卫、镇远卫、五开卫、铜鼓卫、瞿塘卫、忠州所"。③ 笔者认为其边缘之常德府、荆州府等亦为其兼制,所有为控御湘鄂山区非汉族群而设置的这些卫所共同构成"湘鄂山区军事包围圈",使湘鄂山区处于卫所与土司两大系统控制与管理之下。④

就卫所设置的具体规模与管理而言,明朝有整体的规定与要求,如规定"大率五千六百人为卫,千一百二十人为千户所,百十有二人为百户所,所设总旗二、小旗十,大小联比以成军。"⑤但在具体设置中,又有所调整。永乐二年(1404年)四月,又对卫所屯守比例作了规定,言"更定天下卫所屯田,守城军士视其地之夷险要僻,以量人之屯守为多寡,临边而险要者则守多于屯,在

---

① (明)徐学谟:万历《湖广总志》卷31,《四库全书存目丛书》第195册,齐鲁书社1996年影印本,第119—120页。
② 此处部分卫所归属存在错误,因而后文具体讨论时不按此划分。
③ 万历《湖广总志》卷31,《四库全书存目丛书》第195册,第120页。
④ 前文已对土司在地方治理中的作用进行探讨,此处不再重复讨论。
⑤ 《明史》卷90《兵志二》,第2193页。

内而夷僻者则屯多于守,地虽险要而运输难至者,屯亦多于守。"①强调卫所所处地理位置不同,其在屯与守上的比例不同,突出边地险要处卫所的军事重要性。

湘鄂山区地处"内地"与"边地"之间,既有临边险要之地,又有"在内而夷僻者",因此其境卫所既包括沿边卫所,又包括内地卫所。顾诚认为沿边卫所"指的是从东北到西北,以至西南的边疆地区,这些构成大约半个明帝国的地方在明代(特别是在明初)一般不设行政机构,而由都司(行都司)及其下属卫所管理"②。内地卫所则往往与府、州、县治同城,主要是为了加强地方行政中心军事控制而设。③ 具体而言,湘鄂山区卫所的设置按地理区划可分为四大体系,即以施州卫为中心的湖北武陵山区卫所体系,以湘西为中心的湖南武陵山区卫所体系,以辰州、靖州为中心的雪峰山区卫所体系,以永宁卫为中心的五岭山区卫所体系,以上四大体系所在区域均为非汉族群聚居区域,具有直接管控区域内非汉族群的职责与任务。同时,在这些区域外围,还存在众多与之相协调,随时服从调动之卫所军备,构成"湘鄂山区边缘"军事兼制体系。两者具体分布如何,又如何发挥其在湘鄂山区治理中的作用,是本章探讨的主要问题。

第一节　以施州为中心:湖北武陵山区卫所体系

湖北武陵山区卫所体系以施州卫为中心,下辖左、中、右三千户所,另置有大田军民千户所、支罗百户所,共同守御地方,是明朝在湖北武陵山区的主要军事建置。

---

① 《明太宗实录》卷31,第552页。
② 顾诚:《隐匿的疆土——卫所制度与明帝国》,第50页。
③ 孟凡松:《明洪武年间湖南卫所设置的时空特征》,《中国历史地理论丛》2007年第4期。

一、施州卫

施州卫原为州，并辖县，设置之初属四川，后又属楚、属蜀，至明代设为施州卫，专属于楚。其地"为穷山窜壑之区，边徼之地"，"王化虽沾"然"夷性犹在"，即施州卫所在区域被认为是边远的贫穷山区，其地域虽较早实施郡县制度，直属中央王朝统治，但民众非汉族群的特征仍然较为明显。因此认为施州卫设置的主要目的为治理和管理其区域内非汉族群，其卫所及其他屯田、武备等之设置虽"不专为夷者，尤虑其为夷"者即此。而所言"卫之为言卫也，上卫国，下卫民，在楚则卫楚，邻蜀则卫蜀，必其掌故，可稽治乱"[1]。明确提出施州卫设置目标，首先是保卫国家，然后是保卫民众，在湖北则保卫湖北，紧邻四川则亦有保卫四川的职责，说明卫所是一个完整的军事体系，既有维护其所在地域社会安稳的职责，亦有维护周边社会安稳的职责。

其地"东临荆楚，西抵巴蜀，地当要害"[2]，必然设置卫所。成化十九年（1483 年）三月，"湖广总兵官都督佥事王信等奏：施州卫地方，孤悬边境，常德、澧州、九溪、永定四卫地方今颇宁谧，宜令守备都指挥佥事彭瑛专莅施州（卫），都指挥佥事许英兼莅常、澧等卫。"[3]隆庆二年（1568 年），"题准施州卫孤悬万山之中，与川湖交接，番汉杂处，将靖州、郴、桂、临武等处原戍官军撤回一半，以济荆襄，存留一半以防番夷。"[4]均强调其"地方孤悬边境"，又"番汉杂处"的特殊地理环境与人口构成的复杂状况，实为重要守御之地。是镇压地方动乱、维护安定的主要力量，如宣德元年（1426 年）正月，刺惹洞非汉族群动乱，连年攻劫地方，上言"今仍猖獗，再遣人招之，如复梗化，则调附近施州等卫所及酉阳等宣抚司汉土兵并力剿之。"[5]

---

[1] （明）丁绍轼：《湖广施州卫志序》，载《丁文远集》卷7，第447页。

[2] （明）陆应阳撰，（清）方炳增辑：《广舆记》卷15，《四库全书存目丛书》第173册，第357页。

[3] 《明宪宗实录》卷238，第4035页。

[4] 《明会典》卷131，第673页。

[5] 《明宣宗实录》卷13，第368页。

虽地处"边徼之地",但顾诚认为施州卫为内地卫所。洪武十四年(1381年)"置施州卫军民指挥使司",①洪武二十三年(1390年)省州入卫,属湖广都司,不设县,独立存在于行政系统之外。其辖域"东至荆州府巴东县五百里,西至酉阳宣抚司九百里,南至安定峒六百八十里,北至石柱宣抚司七百五十里。"②大致相当于今恩施土家族苗族自治州辖域。下辖军民千户所一,宣抚司三,安抚司八,长官司八,蛮夷长官司五,容美宣抚司亦在其境内,从其所辖土司的数量,可以推断其卫设置之主要目的为控御土司。

卫置经历司,镇抚司,左、右、中三所,武学,三会驿,施州马驿。③就所设守兵与屯田规模而言,有"兵四千六百七十九名,屯田二百六十顷,屯粮一千五十八石"④。与前所言"大率五千六百人为卫"稍有出入,说明明朝廷所规定卫所人数并非绝对与固定,而是根据具体情况有所调整与变化。屯田数量与同时期湖广所辖其他卫相较而言,数量较少。按永乐二年(1404年)对屯守比例的划分,则施州卫属于守多于屯的卫,是临边险要之地。

设有卫城,即清施南府治。⑤清施南府治官署均在明卫城官署旧址修建,但卫城规模未见记载。地方文史研究者刘清华考证明代施州卫城于洪武十四年(1381年)始筑砖石城墙,洪武十八年(1385年)进行大规模修建,设有四城门、城楼。⑥

卫下设左、中、右三千户所,均位于卫城附近,直接隶属于卫,是兵力主要集中地,《大明官制》将其归为施州卫内所置"官",与大田军民守御千户所相区分,说明以"方位"命名的千户所与单独设置并命名的所在性质与具体职责上存在差异。通过文献梳理,施州卫除左、中、右千户所外,置有大田军民千

---

① 《明太祖实录》卷137,第2169页。
② 《大明一统志》卷66,第1027—1028页。
③ 参见《大明官制》卷3,明万历刻皇明制书本。
④ 嘉庆《恩施县志》卷2,第185页。
⑤ 参见光绪《利川县志》卷1。
⑥ 中国人民政治协商会议湖北省恩施市委员会文史资料委员会编:《恩施文史》第21辑,2009年版,第191页。

户、支罗百户所。

二、大田军民千户所

大田军民千户所位于今湖北省咸丰县县城内,文献均记载为洪武二十三年(1390年)始置。《大明一统志》等言其始名散毛千户所,后改名大田军民千户所,《明实录》未言其有散毛千户所之名,仅言洪武二十三年闰四月"置大田军民千户所,隶施州军民指挥使司。"①

建有城,《大明一统志》言其在"卫城西北三百五十里"②有误,按实际方位,应为"卫城西南"。具体建城时间与规模,据顾祖禹考证,所"城周不及三里"③,为"千户郑瑜甃",后圮,"乾隆二十六年(1761年)估定城基周三里三分","地势险要"。④ 可见,其所城城周应为三里左右。

下领"百户所一,土官百户所十,剌惹等三峒"。设置之初,以酉阳土兵一千五百人为守兵,至嘉靖时期,辖"千户、百户,兵三千一百二十七名。"⑤其所辖兵额,较之一般守御千户所多一倍乃至两倍,可见其军事战略地位之重要。

从地理位置上看,"东有小关山,西南有万顷湖,与酉阳界,又南有深溪关,北有硝场,产硝。"⑥小关山,曾置关隘;万顷湖,在大田所西南二百里,与酉阳、彭水界;深溪关,在咸丰县西,达酉阳路口;硝场,"在大田所北一百里,悬崖数千丈,下有河渡,其半崖一孔,势若城门,上产硝。"⑦按此,则可知当时大田千户所辖域与今之咸丰县相当,可见大田千户所所处地理位置之重要性与基本形势,实为"一郡之要害地"。

考其设置原因,起于"散毛、镇南、大旺、施南等洞蛮人叛服不常",而"黔

---

① 《明太祖实录》卷201,第3011—3012页。
② 《大明一统志》卷66,第1028页。
③ 《读史方舆纪要》卷82,第3860页。
④ 同治《咸丰县志》卷3,第31页。
⑤ 雍正《湖广通志》卷24,《影印文渊阁四库全书》第532册,第12页。
⑥ 同治《增修施南府志》卷2,第63页。
⑦ 《大明一统志》卷66,第1030页。

江、施州虽有卫兵，相去悬远，缓急卒难应援，"有"远水解不了近渴"之实。大水田又正位于散毛地方，"与诸蛮洞相连"，有地理优势，在其地置千户所并派兵驻守，成为解决黔江、施州卫兵难以应援的上策，因此"命千户石山等领酉阳土兵一千五百人置所于大水田，镇之。"①

大田军民千户所因散毛等洞叛乱而设置之时，散毛等土司亦因"蛮乱"而中废。即散毛、施南等地"二十三年(1390 年)，以蛮人梗化，遂废。"至大田军民千户所设置后，"蛮乱"得到控制。永乐二年(1404 年)五月，"故土官之子覃友谅等奏，比年招复蛮民，岁输租税，请仍设治所，以其户少，乃降为长官司，俱隶大田军民千户所"，又复"设散毛、施南二长官司，置流官、吏目各一员"②。说明大田千户所与施州卫一样，亦有管理土司之责，反映其具有相对独立性，后散毛、施南长官司升为宣抚司，则改属施州卫管辖，又反映出卫所在管辖不同土司层级上的差异性。

除大田军民千户所外，还设有支罗百户所。嘉靖四十四年(1565 年)平支罗峒长黄中叛乱后，割其辖域立屯置所，设百户二员，为支罗镇守百户所。③嘉靖四十五年(1566 年)"题准支罗新、旧二寨改为守御百户所，官军就于施州卫三千户所摘拨、屯种，以便弹压，其本卫原拨轮戍靖州官军，尽数撤回防守。"④显然，支罗百户所实为讨平"叛乱"后根据实际情况设置，以"屯"为主，"守"为辅，为"在内而夷僻者"。

因此，施州卫及其下属左、中、右三所，大田军民千户所，支罗百户所之选址与设置都十分明确，在选址上，施州卫及其左、中、右三所，位于施州卫区域内中部偏北"五里"内、所辖各土司以北区域，与各土司之间保持相对距离。其地当要道，又"民夷杂处"，"孤悬边境"，实为要害之地，下辖众多土司，因此必须设卫以管束与控制。大田军民千户所与支罗百户所之设置则稍有不同，

---

①　《明太祖实录》卷 201，第 3011—3012 页，除"远水解不了近渴"句外，此段所引均来源于此。

②　《明太宗实录》卷 28，第 556—557 页，此段所引均来源于此。

③　光绪《利川县志》卷 3，第 24 页。

④　《明会典》卷 131，第 673 页。

两者均是在发生地方非汉族群尤其是土官挑起动乱后所作出的反应,是由实际情况所决定的,具有即时性与针对性。

结合前文所言施州卫内土司基本状况,可知卫所在湖北武陵山区具有双重角色,一方面,施州卫与大田所以控制土司及土司所管非汉族群为主要职责;另一方面,又与土司保持着"合作"关系,共同平定地方叛乱与动乱,重建因地方动乱而废止的土司。但归根结底,其最主要的任务是维护明廷在地方的统治与秩序。

第二节　以湘西为中心:湖南武陵山区卫所体系

以湘西为中心的湖南武陵山区卫所主要设于明代岳州府境内,有卫3、所5、安抚司1,卫即岳州卫、永定卫、九溪卫,其中永定卫与九溪卫为湘西卫所体系核心,所即澧州千户所、大庸千户所、添平千户所、安福千户所、麻寮千户所,安抚司即桑植安抚司,是明廷湘西(湖南武陵山区)防御体系最为重要的部分,也是土司辖区与州县辖区的过渡地带,更是防护地带,是极为重要的军事防控区域。

一、九溪卫

九溪卫,属岳州府。以索口、喝堡、龙馆、书院、斗溪、大富、王富、下阑、大河"九溪"为名,交通便利。"拥山面溪,笔峰峙其东,麻阜拱其西,澧水环其南,驼峰耸其北。南抵洞庭,西通巴蜀,岳郡之锁钥,诸蛮之襟喉"①,山川纵横,既为交通要道,又为形势险要之地。所在区域苗民等非汉族群与汉民杂居,人口构成较为复杂,因而"东通容美,西达桑植,苗僚出没"②。而地方正

---

① 康熙《岳州府志》卷3,清康熙二十四年刻本。
② 万历《湖广总志》卷30,《四库全书存目丛书》第195册,第93页。

"为诸溪所汇,堪控制苗蛮"①,军事战略地位十分重要。因此,同时置"添平、麻寮以捍于东,置安福以控于西。"②

追溯其卫设置缘起,与"九溪洞蛮作乱"直接相关。洪武二十二年(1389年),"湖广安福千户所千户夏得忠诱九溪洞蛮作乱……禽得忠,送京师斩之,命置九溪、永定二卫,改大庸卫为千户所。"③然而是否仅因此一次叛乱就设置九溪、永定两卫呢? 很显然,此不可能是明廷在遭遇一次叛乱后所作的草率决定,而是根据实际情况深思熟虑的结果。

考九溪卫设置之前,其所辖区域内曾发生过多次较大动乱,洪武二年(1369年)慈利县土酋叛乱,千户覃友仁被杀;洪武三年(1370年)慈利县土酋覃垕又连构"诸蛮"为乱,反复无常,致使流亡者众多,田多荒芜;洪武五年(1372年),澧州"洞蛮"作乱;洪武十四年(1381年),"五溪蛮"作乱;洪武十八年(1385年),大庸、箽坪、朝纳洞"蛮寇"作乱;洪武十九年(1386年),澧州朝纳洞"蛮人"作乱……面对连续不断的大小动乱,原所置千户所无法控制地方局面,在合适且险要、居中之地置卫以实行严格军事控制成为必然选择。因此,九溪卫设置的根本目的在于"防蛮""防苗",如顾炎武言,九溪卫"省民环城而居,其外为熟苗,又其外为生苗"④。同时,也承担维护内地州县安稳之责,服从内地州县的军事征调,如明成化十二年(1476年)石门县库遭贼劫,议以石门县无城池,"请拨九溪卫官军哨守一员或千百户军吏一名,余丁五十名"⑤修建城池。

置有卫城,一记"旧编木为栅,洪武二十三年(1390年)指挥吕成、韩忠等始筑甃之,高丈八尺,周千丈,广九里,西隅濠堑四百八十丈,东隅大河为濠五百二十丈,雉堞九千三十五,串楼九百一十八,巡警铺三十六,城门四,各有楼,

① 康熙《九溪卫志》卷1,国家图书馆藏善本。
② 万历《湖广总志》卷30,《四库全书存目丛书》第195册,第93页。
③ 《明太祖实录》卷195,第2933页。
④ 《肇域志》"湖广",第3194页。
⑤ 嘉庆《石门县志》卷19,第342页。

东西朝天,敌楼二,皆指挥乔源重创,南曰迎熏,西曰定边,北曰拱极。敌楼三,皆指挥乐罄创。城垣、串楼,罄时修筑,易草以瓦。正德间,指挥吴绶视垣颓圮者,葺砌之。串堂敝者,新之门加铁,其东南楼,正德十一年(1516年)指挥乐贯重创,千户贯銮、陈勋分董其役也。"①一记"在县西北二十二都,旧无城,洪武乙巳(应为己巳,洪武二十二年,即1389年)上命东川侯等讨夏得忠,唯立栅守御。次年指挥吕成、韩忠等始筑之,周回千丈,计九里三十步,高一丈八尺,雉堞一千二百五十有四崇四尺。指挥乐罄创窝铺四十六座,以便巡卒。作串楼为间八百六十有四,以覆庇城址。门四,东曰朝天,南曰定远,西曰西门,北曰北门,各有楼,池深一丈,阔如之,以后继修无考,属湖广都司。"②从隆庆、万历前后两个时期对卫城的记载来看,其卫城规模及内部设置基本一致,但又有具体设置上的相互补充。与洪武四年(1371年)始建之岳州府城相较,岳州府城在洪武二十五年(1392年)时重加甃砌,"周千四百九十八丈,约七里,高三丈六尺有奇,雉堞千三百六十有六,高四尺。"③显然,九溪卫城之规模与岳州府城之规模相当,甚至面积更广,防御设施的建置更多,也更为规范。与其周围州县城相比,其卫城规模则更大,建置时间也更早。建成后,又多有修葺,如永乐二年(1404年)六月以其卫"边临溪洞,蛮夷叛服不常,城不坚固,必加包砌乃可备御。命于农隙之时,次第修之。"④有卫军"四千六百三十三名"。⑤

　　下辖添平千户所、麻寮千户所、安福千户所,但三千户所设置时间基本都早于九溪卫。

---

① 隆庆《岳州府志》卷6,《天一阁明代方志选刊》第57册。
② 万历《慈利县志》卷16。
③ 隆庆《岳州府志》卷6。
④ 《明太宗实录》卷32,第566页。
⑤ 万历《湖广总志》卷29,《四库全书存目丛书》第195册,第76页。

（一）添平守御千户所

洪武二年（1369年）六月，以"隘丁寨土酋覃顺归降"①，置为天平千户所（后更为"添平"）。覃顺，元为四川散毛洞酋，初"走避山谷"，不降，后"力屈始降"，归附于明，以其为千户，治其地。所初隶常德卫，至洪武二十二年（1389年）设九溪卫后，改属九溪卫。

千户所置于宋之台宜寨，按前文考证位于今石门县西北所街乡溇水（曾名"添平河"）沿岸。其地"控接慈利，宓迩桑、容"②，"据石门半境"③。石门，为"古五溪三苗地，容、桑诸司咽喉之所"④且"世有峒患"⑤，地处土司与州县之间，实为要害之地，须置千户所以管控，防止土司及其所管非汉族群侵扰经制州县。

添平千户所与内地所置千户所不同，其以土酋为千户，以土兵为戍守主力，名为所，实质仍由地方酋领控制。有所军"一千一百二十名"⑥，所内"酋长、隘兵任其耕艺，无租税，幕职禄给于九溪，设官，土、汉杂用。"⑦无租税，即明显表现出其所具有的土司政体性质，而官职的"土、汉杂用"则体现出明廷对其的控制力。分析造成这一结果的原因，应与其地原属土酋管理有关。

建有所城，为土城，周长三百八十丈，高六尺，有土门一。⑧ 所辖有百户所十，分别戍守其境内鱼洋隘、走避隘、细沙隘、遥望隘、鹞儿隘、中靖隘、磨冈隘、石磊隘、长梯隘、龙溪隘。据隆庆《岳州府志》所载"九溪卫图"可见，十隘皆位于九溪卫北，其中鱼洋、长梯两隘位于添平所东北，其余八隘均位于所西北。

---

① 《明太祖实录》卷43，第843页。
② 隆庆《岳州府志》卷7。
③ 隆庆《岳州府志》卷7。
④ 嘉庆《石门县志》卷11，第307页。
⑤ 嘉庆《石门县志》卷24，第349页。
⑥ 万历《湖广总志》卷29，《四库全书存目丛书》第195册，第76页。
⑦ 隆庆《岳州府志》卷6。
⑧ 隆庆《岳州府志》卷6。

东北越鱼洋隘、长梯隘即为长阳县地,西北越走避隘、细沙隘、遥望隘、鹞儿隘、中靖隘、磨冈隘、石磊隘、龙溪隘为容美宣抚司及其所辖五峰石宝长官司、石梁下峒长官司等土司,由此直观地表现出添平所的防御重心及设置目的。

(二) 麻寮守御千户所

洪武二年(1369 年)六月己酉,以"慈利县人唐勇集兵据麻寮寨,吴元年(1367 年)大军次澧州,勇率众降"①而置,以唐勇为千户。始隶常德卫,后改隶九溪卫。以慈利县境麻风山命名,辖区"东至添平所界百里,西容美司六十里,南桑植司四十里,北石梁峒四十里,东西二百五十里,南北二百二十里。"②与容美宣抚司、桑植安抚司紧邻,因而有言"其地切邻边境,最为要害,较添平滋甚。"③因此,麻寮所设置目的为防守其"边境"土司。

建有土城,规模较添平所大,周长四百十五丈,高八尺,有土门一。所在慈利县境内西北有九女隘、樱桃隘、曲溪隘、梅梓隘、靖安隘、青山隘、山羊隘、黄家隘、栏刀隘、守所隘等十险塞,均置百户所以戍守。据隆庆《岳州府志》所载"永定卫图"可见,樱桃隘位于所东,山羊隘、青山隘位于所东北,栏刀隘、靖安隘、梅梓隘、九女隘位于所西北,守所隘、曲溪隘、黄家隘位于所西。考麻寮所周围行政建置,其南为九溪卫,东为添平所,西南为安福所,正西与正北及东北则为土司集中地域,有桑植安抚司、容美宣抚司及各下辖长官司,如万历《湖广总志》所言"每隘各土官、百户一员掌印,以防守容美夷寇。"④从十隘之分布格局即可见麻寮所之军事布防格局。

有所军"一千一百二十名。"⑤各百户所以"土酋"为百户,土民为隘丁。境内隘丁多达"七千八百九十五"⑥,与明廷所言卫所各级人员设置之规模相

---

① 《明太祖实录》卷 43,第 853 页。
② 隆庆《岳州府志》卷 7。
③ 隆庆《岳州府志》卷 7。
④ 万历《湖广总志》卷 30,《四库全书存目丛书》第 195 册,第 93 页。
⑤ 万历《湖广总志》卷 29,《四库全书存目丛书》第 195 册,第 76 页。
⑥ 万历《慈利县志》卷 8。

差极大。究其原因,应为其地不须纳粮与服杂差,进而吸引周边非土民主动附和成为隘丁。这些隘丁平时耕种,战时当差,担负着"外捍蔽石、慈、九、永,内控容美、桑植、永顺一十八土司"①之重任。

(三) 安福守御千户所

《明实录》未记载具体设置时间,隆庆《岳州府志》言其为洪武四年(1371年)置,以土官夏克武为千户,领土兵守之。始隶大庸卫,洪武二十三年(1390年),夏德忠叛乱,调汉官守御,改隶九溪卫。② 光绪《湖南通志》从《岳州府志》,记为洪武四年置。

位于慈利西北二百九十里,据隆庆《岳州府志》所载"永定卫图"可见,安福所西、北有那步峒、朝南峒、美平峒、谢家峒、阿者峒等诸峒地,所谓"其地茅峒盘踞,酉水萦纡,去九溪辽远,而当诸夷峒口"③即此。所处地理位置较之添平与麻寮两千户所,与诸土司更为靠近,因而言其"当诸夷峒口",担负着"防御桑植二峒夷寇"④之责,在"防边"上扮演着更为重要的角色,是九溪卫之西部屏障。洪武十八年(1385年)五月,"湖广大庸、竿坪、朝纳洞蛮寇作乱"即为"安福千户所以兵讨平"⑤。其辖域"东至九溪卫界百四十里,西永顺司四十里,南永定卫三十里,北桑植司二十里,东西二百里,南北百五十里。"⑥较之麻寮千户所,辖域相对较小。

有所城,"周围三里四十步,高一丈七尺。洪武庚午(1390年),九溪左所千户李樵始筑之,有东、西、北三门,其南之前,阻山不通门,余各有楼及窝铺二十间,以司昏者,城之外墙皆峻穴,遂因以为堑。正德中,指挥常明重修,隶九

---

① 同治《续修慈利县志》卷6《职官》,第733页。
② 隆庆《岳州府志》卷6。
③ 隆庆《岳州府志》卷7。
④ 万历《湖广总志》卷30,《四库全书存目丛书》第195册,第93页。
⑤ 《明太祖实录》卷173,第2637页。
⑥ 隆庆《岳州府志》卷7。

溪卫。"①因此,安福守御千户所所城之建设较之所的设置要晚,这从侧面反映了九溪卫设置之前明朝廷对这一地区控制力较弱的现实。较之添平所、麻寮所,其城周稍大,建置更为完备,建有三处城门。

有所军"一千一百二十名"②,下属有"千户正、副十人,百户十人,领旗军、隘丁二千二百四十人,户五百六十,今见在者一千一百八十有二,户三百有六十。"③较之麻寮所隘丁数量要少,但仍比明朝廷所规定卫所人员要多。

以上三所一方面要控御本辖域以苗民为主的非汉族群,另一方面又均有防容美、桑植土司之责,所谓"外有安福、添平、麻寮三所,以防容美、桑植土司"即此,而三所下辖各隘,俱属九溪提调节制。④

二、永定卫

原为大庸卫,明洪武三十一年(1398 年)更大庸卫名而置,而大庸卫原为洪武初所置羊山卫,洪武三年(1370 年)改曰大庸卫。⑤ 从羊山卫至大庸卫,大庸卫至永定卫,又从永定卫到大庸守御千户所,其所城与名称几经变化,按所置先后排序则为羊山卫、大庸卫、永定卫、大庸守御千户所。

羊山卫原为永顺宣慰司所属羊峰地,以"明太祖时,茅岗(峒)土司覃垕构洞蛮为乱,时杨璟为湖南行省参政,太祖命帅师讨,厥后移营于山麓平旷之处,因设排栅以自卫,为久驻之地。"⑥即羊山卫的设置缘起于茅岗(峒)土司与地方非汉族群一起扰乱地方,明朝廷于洪武二年(1369 年)派遣沔阳、黄州、襄阳、安陆等处兵共同前往守御,因而形成较为稳定的驻地,至最后发展为卫,而其主要功能即为驻兵防御与自卫。

考羊山卫所在之羊峰,原属永顺宣慰司辖地,今为永顺县石堤镇羊峰村。

---

① 万历《慈利县志》卷 17。
② 万历《湖广总志》卷 29,《四库全书存目丛书》第 195 册,第 76 页。
③ 万历《慈利县志》卷 17。
④ 同治《续修慈利县志》卷 6《武备》,第 645 页。
⑤ 嘉庆《大清一统志》卷 373,第 8 册 707 页。
⑥ 民国《永顺县志》卷 7《建置》,第 231 页。

20世纪80年代所编地名录，记为"羊峰公社"，境内有羊峰山，又有甘溪河源于羊峰山下，与施河相连，既有险阻之势又有交通之便。晋酉阳县治故城在羊峰山下。① 于明朝而言，在土司辖境设置卫所并稳固其军事管理实为困难，因而不久之后即以羊峰险阻，屯饷艰难，将羊山卫东迁至慈利县西南百八十里，并改名"大庸卫"（后永定卫所在地）。反映出明初朝廷对永顺宣慰司下辖土司及非汉族群控制力较弱的现实。

大庸卫，洪武九年（1376年）"罢澧州千户所"②而置。洪武十九年（1386年）十一月，曾参与平定"蛮乱""斩蛮贼百余人"③；洪武二十二年（1389年），夏得忠诱"九溪蛮"作乱，慈利、石门均受其害，明廷派兵"平乱"，而后建永定卫与九溪卫，并改大庸卫为千户所。④

何以在大庸卫地置永定卫？按隆庆《岳州府志》"永定卫图"所绘，其西北有吞寨峒、苦竹峒、柘山峒、桑植峒、孟迷峒等峒地，又与永顺宣慰司紧邻，"实永、保之后户，辰、沅之要冲"⑤。又明洪武时"楚之西北隅，峒苗接交于澧、慈，数百里之界，时恐鞭长莫及，因而割余土建专城，设屯戍以捍卫。"⑥可见大庸卫即永定卫所处地理位置之重要性，而其置卫目的仍为控制"峒苗"及永、保土司，并维护辰、沅之通道。

有卫城，"周二千一十丈有奇，约九里百二十步，高二丈四尺。雉堞千六百五十，高四尺。窝铺六十有二。门五，曰东、西、南、北，各有楼。指挥周辅、吉世英、丁贵创小东门，无楼。城外池周六百三十二丈六尺，深丈五尺，阔二丈八尺。"⑦城之范围较之周边州县更大。下辖有"千户所五，曰左、曰右、曰中、

---

① 永顺县人民政府编印：《湖南省永顺县地名录》，1982年。羊峰村境内有地名皇田坪、新庄坪，一传为土司皇田，一传为土司建过房屋，虽不能肯定，但由此可以看出土司在羊峰之影响力不小。
② 《明太祖实录》卷105，第1759页。
③ 《明太祖实录》卷179，第2712页。
④ 《明太祖实录》卷195，第2933页。
⑤ 康熙《岳州府志》卷3，清康熙二十四年刻本。
⑥ 康熙《永定卫志》卷首《永定卫志序》，《稀见中国地方志汇刊》第41册，第1页。
⑦ 隆庆《岳州府志》卷6。

曰前、曰后,百户所五十,外辖大庸所,并黑松、后坪、金藏、桑溪、龙虎、茅岗等关隘,凡六。"①有卫军"五千六百名"②。

大庸所为原大庸卫改设为永定卫后西移所置,位于原卫城以西三十五里之地。有所军"一千一百六十四名"。③ 建有所城"周五百丈,约二里二百八十步,高一丈。雉堞九百二十四,窝铺二十,东、西、南、北门有楼,有敌台二,城以临溪无隍。"④至永乐四年(1406年)六月,"修浚湖广永定卫大庸千户所城池。"⑤正统十一年(1446年)九月,"湖广大庸千户所奏,本所边诸蛮洞,而城铺原以土筑,草若有警,何以保障?诸请督工,甃以砖,从之。"⑥较之添平所、麻寮所,规模稍大。

其地"密迩永顺,拥蔽崇山,亦称要害"。⑦ 下辖那平关、后坪关、青鱼滩关、边岩下关等为慈利县之险塞,"慈邻夷峒,覃、夏煽乱,罹祸独惨,若使险塞之地皆得人以守之,则一夫当关,百夫莫过。土酋遽克,采入其阻乎?故险塞一也。得人以守之,则险益峻,无其人,则适以与敌耳,犹之山无猛兽,水无蛟龙,而樵浴者日接踵而莫之禁也。"⑧既反映了以上几关对防范土司扰乱地方,维护慈利安稳的重要性,也突出了大庸所的主要戍守目标,实为永定卫之西部屏障。

三、崇山卫

前文所言永定卫、九溪卫及各所辖千户所均位于湘鄂山区北部,从各卫及千户所、百户所分布格局可见,其防御重点在于其北之容美、椒山玛瑙、忠峒、高罗、忠建、白崖、上下峒、桑植、茅岗、永顺等土司,对其稍南之保靖宣慰司未

---

① 万历《慈利县志》卷16。
② 万历《湖广总志》卷29,《四库全书存目丛书》第195册,第76页。
③ 万历《湖广总志》卷29,《四库全书存目丛书》第195册,第76页。
④ 隆庆《岳州府志》卷6。
⑤ 《明太宗实录》卷55,第817页。
⑥ 《明英宗实录》卷145,第2852页。
⑦ 隆庆《岳州府志》卷7。
⑧ 万历《慈利县志》卷2。

形成军事控御。土司是明廷湘鄂山区治理的主要对象之一，对保靖宣慰司必然亦有严格的军事管控，使其处于可控范围之内。从现有文献记载，明朝廷曾设崇山卫、镇溪所以控制保靖土司及其所辖苗民、土民等非汉族群。

崇山卫位于今湘西州花垣县境内吉卫镇，今存崇山卫故城遗址。据考证，卫城"整个地形呈椭圆形，东西长 1000 米，南北宽约 500 米，占地面积 50 余万平方米。该卫城为土城，墙基宽 10—20 米，顶宽 3 米，残高 4—10 米。开有东、南、西、北、小北门共 5 门，赐名旧化门、宣威门、长治门、振武门、文安门，均以青砖修筑。城内分居住区、墓葬区，设衙署、火药局、宗教局等机构。修有跑马厅、演武场、荷花池，建有文庙、署衙门、三侯庙（三王庙）。"①可见崇山卫城规模较大，建制亦较为完善。

考其设置，为"元时置以控御群蛮者"，"元时置以抗御诸苗者"②，可见，自元设置之初其目的便明确为控御境内苗民等非汉族群。明代文献多言其被废，尤其以"明初始废"说法较多。而据《明实录》记载，明洪武十一年（1378年）置有崇山卫"于湖广孟洞之地。"③说明崇山卫明时亦有设置，但嘉庆《大清一统志》、光绪《湖南通志》均言其为洪武二十八年（1395 年）置，《平苗议上督师杨嗣昌阁部》又言"宣德之乱，萧总兵征之，直捣其巢，屯兵池河，扑灭几尽，卒乃宽其山林逃匿者，设立崇山卫以戍之，迨后疆域稍安，而卫遂撤，苗渐骄恣矣。"④则意崇山卫为宣德时设置，笔者认为以上几种说法均存在不妥之处。如洪武二十八年及宣德之前，洪武十三年（1380 年），曾"命湖广崇山卫指挥佥事杨仲名督将士屯田"⑤；洪武十九年（1386 年），"湖广都指挥使司奏请运施州、崇山、大庸、五开、黄平、平越等卫军食。"⑥均说明崇山卫设置时间在

①　湘西自治州文物管理处、永顺县文物局、永顺县老司城遗址管理处编著：《老司城遗址、周边遗存调查报告》，岳麓书社 2013 年版，第 203 页。
②　（清）段汝霖撰，伍新福点校：《楚南苗志》卷 1，岳麓书社 2008 年版，第 36 页。
③　《明太祖实录》卷 121，第 1964 页。
④　《苗防备览》卷 20《艺文志》，第 794 页。
⑤　《明太祖实录》卷 130，第 2066 页。
⑥　《明太祖实录》卷 179，第 2717 页。

洪武二十八年(1395年)之前,因此以《明实录》所言洪武十一年(1378年)为明崇山卫设置时间更为准确。

从元代置崇山卫之目的,可知崇山卫所处地理位置十分重要,而元朝所面对的"诸蛮"问题,至明代依然存在,因此,明朝廷在元朝基础上继续设置崇山卫的目的很明显,是与元朝一样为控御境内苗民为主的非汉族群。设置之后,前辰州卫指挥杨仲名在洪武十一年受命平五开卫出现的地方动乱,并于其年底获捷,完成平定地方的任务,明廷以其为有"韬略"①之将,任命其为崇山卫指挥金事,使其平日督将士屯田,战时则共同征剿,如洪武十四年(1381年),"镇箄、治古、答意苗首乱,命总兵官杨仲名率师征剿,寻就招抚。"②

然崇山卫设置未久便被撤置,乾隆《乾州志》言其为洪武二十三年(1390年)废,置为千户所③。《读史方舆纪要》《方舆考证》言其为明初改置崇山守御千户所,但缺乏具体的文献支撑,也缺少具体设置时间记载,因而其是否改卫为所,情况不详。但因其地处湖南武陵山区非汉族群聚居区域中心,位于当时保靖宣慰司腹地,与羊山卫面临相同的困难与问题,因而不可避免地与羊山卫有着相同的命运,"以孤悬苗地,转运难艰,议撤。"同时,"又恐苗之蹑其后"④,被迫撤销。撤销之后,其卫原辖之地,属土司管辖,后又成为"生苗地",即"永绥、乾州本上下十里苗地,乾州为下四里,明洪武中已编户当差,上六里则从来不通声教,明初虽设崇山卫,旋复中废,故常以野人相摈。"⑤

---

① 《明太祖实录》卷121,第1959—1960页。
② 顾炎武:《天下郡国利病书》"湖广下",第2877页。
③ 乾隆《乾州志》卷2,第233页。
④ (明)沈瓒编撰,(清)李涌重编,陈心传补编,伍新福校:《五溪蛮图志》,岳麓书社2012年点校本,第122页。
⑤ 《苗防备览》卷2《村寨考》,第430页。

第三节 以辰州与靖州为中心:雪峰山区卫所体系

以辰州、靖州为中心的雪峰山卫所体系在地理位置上属于湖南西南,其区域内所置卫所主要为辰州卫、沅州卫与靖州卫,三卫均位于湖广至贵州、云南与广西的交通要道沿线。

一、辰州卫

位于辰州府治东,置于吴元年(1367年),①是湖广卫所中设置时间最早的卫,地处永顺宣慰司与保靖宣慰司东南,沅水流经境内。卫之设置,与其所处"重冈复岭,截然险峻,诸蛮据此叛服靡常,崇古患之"②所反映的军事、交通重要地位密切相关。与府同治,主要为维护府之安稳;又与永顺、保靖相邻,对土司及其所辖土民、苗民的控御亦为主要目的。

卫所兵额6273名,较之湖广其他大部分卫所要多,③下辖前、后、左、中、右五所,另有镇溪军民千户所,各所设置时间不一,中、左二千户所为洪武二十一年(1388年)置,④镇溪军民千户所为洪武三十年(1397年)置。下辖有蛮溪、新池、溪洞、阴隆江、爆竹、洞口、都溶、牛隘、南阳、大凹、寨阳11堡。另在境内形势险要之处,如高岩镇、镇溪、大喇镇均置有巡检司。⑤

其卫设置后,在控御和招抚周边土司及土民、苗民等非汉族群方面发挥着重要军事职能。首先,管理土司。洪武三年(1370年),辰州卫指挥副使刘宣武招降湖耳、潭溪等处洞官,使其自愿缴纳元时所授印章,接受明廷之封印,"复立湖耳、潭溪、新化、欧阳、古州及八万亮寨六处蛮夷军民长官司,秩从五

---

① 《明太祖实录》卷35,第317页。吴元年正月"是月置辰州卫"。
② 万历《湖广总志》卷29,《四库全书存目丛书》第195册,第98页。
③ 参见万历《湖广总志》卷29,《四库全书存目丛书》第195册,第76页。
④ 《明太祖实录》卷190,第2870页。
⑤ 万历《湖广总志》卷29,《四库全书存目丛书》第195册,第99页。

品,隶辰州卫"①;洪武五年(1372年),以"五寨长官司隶辰州卫。"②永乐三年(1405年),"辰州卫指挥佥事龚能等招谕筸子等处三十五寨,生苗龙廖彪等四百五十三户向化,廖彪等各遣子来朝,请设官抚治"③,即以辰州卫之军事招抚并管理其邻近之土司,实现对这一区域土司的控制。按前文所言,五寨司、筸子坪长官司等均为"内地"之屏障与藩篱,可以其土官控御"动乱",维护辰州府所属境域之安危。因此,辰州卫能否管控好境内土司十分重要。

其次,辰州卫对其境内"动乱"进行直接军事管理,参与周边军事活动。如洪武十一年(1378年),五开"洞蛮"吴面儿等作乱,"上命辰州卫指挥杨仲名率师讨之,敕曰:三苗无道,倚恃险厄,不通人事,不奉天时,屡起盗心,久为民患,近又杀害过兴,罪不可恕,今命尔为总兵官,率辰沅等处官军及土著、隘丁、兵夫以讨之,尔其思制人之韬略,相机进取,以弭民患。其辰沅等处应调官军,悉听节制"④;洪武二十五年(1392年)十二月,"都督佥事杨春讨靖州绥宁蛮寇杨晟礼,平之。晟礼,自洪武十八年(1385年)拒命,不供赋税,至是命春率辰州卫指挥陈贵等领兵讨之,先遣人谕以祸福逆顺之理。晟礼不听,春遂督兵进攻,斩蛮人数百,而俘其男女千人,其党遁散。"⑤从所参与周边"蛮乱"军事管控的效果来看,其卫军官及所领士兵均听调令,并最终成功"平乱"。

所辖镇溪千户所(今属湖南省湘西苗族土家族自治州吉首市)为明廷撤销崇山卫后所设,位于保靖宣慰司与辰州府交界地带,洪武三十年(1397年)二月置⑥。设所之前,曾于洪武十二年(1379年)三月置巡检司,属辰州府管辖。⑦

而改镇溪巡检司为千户所与当时"辰州卢溪县主簿孙应隆招谕蛮民复业

① 《明太祖实录》卷48,第958页。
② 《明太祖实录》卷74,第1362页。
③ 《明太宗实录》卷44,第689页。
④ 《明太祖实录》卷119,第1937—1938页。
⑤ 《明太祖实录》卷223,第3262页。
⑥ 《明太祖实录》卷250,第3618页。
⑦ 《明太祖实录》卷123,第1983页。

者多"①直接相关,其根本原因在于这些"蛮民"不时为乱,扰乱、危害地方。如永乐十八年(1420 年),"湖广镇溪千户所隆禽、落堂等寨苗蛮龙南、木谓等作乱"②;正德四年(1509 年)六月,"四川酉阳宣抚司护印冠带舍人冉廷玺及重庆卫邑梅洞长官司土官杨秀璇各奏:湖广镇溪所洞苗,聚众攻劫村寨、杀虏男女、牛马数多。"③因此,改置千户所,派"重兵"长期驻守,以期控制境内"蛮民"。

设置之初未建城,正统二年(1437 年),"湖广辰州卫奏:镇溪军民千户所旧无城垣,但树木栅,易于朽坏,修补甚劳,乞筑城为便,从之。"④始筑城。从崇山卫至镇溪千户所,其地理位置相对于湘鄂武陵山区腹地而言,表现出明显的后退,即明廷对土司与湘鄂武陵山区腹地的控制力在减弱,尤其对湘鄂武陵山区腹地非汉族群聚居区域的控制力较之前有所减弱,同时也反映出以上区域治理存在的难度。

二、靖州卫

靖州卫,置于洪武三年(1370 年),卫无专城,位于府城内。其卫设置后,明廷命"筑城戍守,以统湖耳等处土官。"⑤说明其卫设置目的有二,一为守卫靖州,一为控御周边土司。根据笔者对明代湘鄂山区非汉族群动乱的时空分析,可知靖州所辖地区为明代前中期苗民等非汉族群动乱多发地域,⑥因此靖州卫的设置与建置对于治理非汉族群而言十分必要,且设置后为镇压地方"动乱"的主要军事力量。如洪武十四年(1381 年)五月"靖州蛮作乱,卫兵讨

---

①　《明太祖实录》卷 250,第 3618 页。

②　《明太宗实录》卷 225,第 2212 页。

③　《明武宗实录》卷 51,第 1180 页。

④　《明英宗实录》卷 31,第 616 页。

⑤　《明太祖实录》卷 50,第 984 页。

⑥　参见周妮:《明清湖广"苗疆"政区与军事地理问题研究》第一章第三节,复旦大学博士学位论文,2019 年。

平之"①;洪武十九年(1386年)五月复叛,上又"命常德、辰、沅诸卫发兵讨平之"②;洪武二十六年(1393年)正月,"靖州会同县山贼王汉等恃险聚众,据天柱龙寨,连结五开、龙里群盗为乱,乘间时出剽掠,命靖州卫发兵讨之,兵至斩获甚多。"③都有靖州卫官兵参与治理,且为平定地方动乱的主力。

《武备志》载其领有11所。康熙《靖州志》记其有左、中、右、前、后5所,34千户所,44百户所,4守御千户所,26哨堡。显然,文献记载所辖千户所数量相差甚大。一般而言,一卫通常会置前、后、左、中、右5所,部分不及5所。考《武备志》所言领所11,实与永乐二年(1404年)二月"增设湖广靖州卫中右、中中、中前、中后、前前五千户所"④有关,因此,靖州卫下辖所之数量至少为10,另辖有天柱、汶溪、城步、武冈四守御千户所,所辖千户所、百户所数量相对较多,但就实际而言,难以证明其确达到康熙《靖州志》所言数量。其卫戍军"一万四千七百八十九名"⑤,是湖广所辖卫所中兵额数量除茶陵卫外所设兵额最多之卫。

卫下辖锡坡、通道、督备、地林、牛昧5哨,金滩、连山、五招、相见、洪江、远口、茅营、浪江、黄石、蓝溪、关硖、多龙、江口、长安、上冒、流源、邀营、朝阳、保宁、永宁、永安21堡,各堡均额设官军防守。其中永宁、永安二堡属民堡,由唐姓世袭百长,领人防守。

武冈守御千户所,在州治东。⑥有戍军"一千三百五十七名。"⑦一说为洪武四年(1371年)中洲峒杨清卫叛乱后始设,初调宝庆卫百户以守御,隶靖州卫。置有正千户、百户、镇抚司等。⑧一说为洪武五年(1372年)三月,杨璟平

---

① 《明太祖实录》卷137,第2168页。
② 《明太祖实录》卷178,第2693页。
③ 《明太祖实录》卷224,第3278页。
④ 《明太宗实录》卷28,第506页。
⑤ 万历《湖广总志》卷29,《四库全书存目丛书》第195册,第76页。
⑥ 《明太祖实录》卷73,第1339页。
⑦ 万历《湖广总志》卷29,《四库全书存目丛书》第195册,第76页。
⑧ 嘉庆《武冈州志》卷15,第161页。

定广西后,元武冈路总管降,召集军民驻守其地而置。① 从文献编撰时间与可信度言,笔者认为《明实录》所载设置时间更为准确。武冈长期为苗民与瑶民等非汉族群混居区域,自"唐宋以来盘踞诱煽,屡告不靖"②,宋时便已设置诸多寨堡进行防御,说明其地确为必须控御之地。因而其设置目的为控御境内非汉族群,同时守御武冈州城之安危。

城步守御千户所,置于弘治中。有戍军"一千一百三十九名"。③ 弘治末年,其境内"峒苗猖獗"④,至弘治十四年(1501年),又有茶园寨苗首李再万叛乱,流劫乡村,造成社会动乱,明廷派兵镇压,而后分靖州卫中所官军守御城步,置城步守御千户所于治之东门内,以熟悉苗民情形者为抚苗,且将其向化瑶民编为款丁,设千长、百长以管束,共同戍守城步县,"专以僚夷杂居,地方事重"。城步与武冈两所相近,因而又有言"以武冈、新宁、城步三州邑,地逼峒蛮,故防御为密。"⑤可见其地千户所之设置均以控御"峒蛮"为中心。

天柱守御千户所,在靖州西北二百里⑥。有戍军"一千一百一十二名"。⑦《明实录》言其为洪武二十五年(1392年)始置,万历二十五年(1597年)改置县。关于其设置缘由,有言因洪武二十四年(1391年),武冈、靖州"苗乱"而设立。⑧ 又有言为洪武二十四年"土人倡乱,楚王率领官军进征大坪、小坪等处,事平设所,并撤靖州卫左千户以守御之。"⑨两处所言叛乱之地不同,但均为土民或苗民作乱后所设,而所设之地为"民苗交错之地,向昔兴兵构衅,互

---

① 《明太祖实录》卷73,第1339页。
② 嘉庆《武冈州志》卷首,第3页。
③ 万历《湖广总志》卷29,《四库全书存目丛书》第195册,第76页。
④ 同治《城步县志》卷2,第161页。
⑤ 同治《城步县志》卷2,第161页。
⑥ (明)陶承庆:《文武诸司衙门官制》卷3,《四库全书存目丛书》史部第260册,第105页。
⑦ 万历《湖广总志》卷29,《四库全书存目丛书》第195册,第76页。
⑧ 光绪《湖南通志》卷83,第1904页。
⑨ 光绪《续修天柱县志》卷2,《中国地方志集成·贵州府县志辑》第22册,巴蜀社2006年影印本,第161页。

相仇杀耕布者"①,明确为置"以控诸苗,严制驭,用宁边徼"。② 因此,其设置主要目的即为管控区域内苗民等非汉族群。

汶溪屯镇千户所,在靖州西北二百五十里③,与天柱千户所相近。有戍军"一千一百零八名"。④ 原为汶溪寨,洪武三十年(1397 年)调靖州卫后所移置,因而名汶溪屯镇千户所,又称之为汶溪屯镇后千户所。旧设有城,《汶溪所古城》言"山城遥接小溪流,三堞东南尚有楼。"⑤说明其城地处山间,为山城,旁有溪流,但规模较小。考其设置原因,与天柱守御千户所相同,均为管控区域内苗民等非汉族群。两所辖域范围内设有邀营、太平、远口、幞头、永安、西安、平蛮、永宁、地笋、大哨、鬼里、高坡等堡哨,"大都为御苗"扼要之地,设置后得"以故苗格民安数十年"⑥。

三、沅州卫

沅州卫,置于洪武元年(1368 年)明朝将沅州纳入统治后,与沅州府同城,在城内。有卫戍军"五千一百八十三名"。⑦ 考其置卫原因,一方面与其地初定,需要稳固统治有关;另一方面亦由其"地处楚边,最关紧要,东为辰、常锁钥,南连宝、武瑶山,北与红苗接壤,西逼黔夷交界,上通滇省,右接蜀地","为全楚之咽喉,全楚之门户"⑧的重要地理位置所决定。而有明一代,其境内发生过多次"苗乱",地方动乱不安,如正统十四年(1449 年),沅州卫指挥佥事即言"苗贼处处窃发,攻城劫掠,无日不至"⑨。因此,设卫以控御境内之苗民并维护府之安全极为必要。

① 康熙《天柱县志》下卷,《中国地方志集成·贵州府县志辑》第 22 册,第 104 页。
② 光绪《续修天柱县志》卷 8,第 286 页。
③ 《文武诸司衙门官制》卷 3,第 105 页。
④ 万历《湖广总志》卷 29,《四库全书存目丛书》第 195 册,第 76 页。
⑤ 光绪《续修天柱县志》卷 8,第 317 页。
⑥ 康熙《天柱县志》下卷,第 93 页。
⑦ 万历《湖广总志》卷 29,《四库全书存目丛书》第 195 册,第 76 页。
⑧ 乾隆《沅州府志》卷 2,第 431 页。
⑨ 《明英宗实录》卷 179,第 3456—3457 页。

其卫仅设左、中、右、前、后五所,至嘉靖四十五年(1566 年)革除。卫域内有罗旧、白茅滩、冷水、晃州、黔阳、竹滩、安江等站堡,均派军戍守。顾炎武言"黔阳西南四十里为托口寨,九种诸蛮之冲。东南五十里为洪江寨,北二百步为黔阳堡,南二十里为竹滩堡,东一百里为安江堡,一名安江颠,设巡检司。以上三堡,景泰初因溪洞僚贼出没设立,俱隶沅州卫,岁拨官军哨守镇守之。"①即直接道出了所设哨堡之地理位置及设置原因,说明沅州卫在军事职能方面仍以控御"溪洞僚"为主,尤其在遇动乱时,是地方治理的主力。

第四节　以永州为中心:五岭山区卫所体系

五岭山区位于湖南省南部,其区域卫所体系即湖南南部永州、衡州、郴州境内所置卫所构成的军事防御体系。

一、永州卫与宁远卫

永州卫与宁远卫皆在永州府,永州卫领左、中、右、前、后五所;宁远卫领枇杷、桃川、宁远、江华、锦田五千户所及东安百户所。

隆庆《永州府志》记载永州府境在明代置有六十四营,均由两卫拨千户或百户驻守,并设旗,拨旗兵以防御,同时编有"杀手"②。具体而言,由永州卫拨千户或百户管辖道州白鸡营、营乐营,永明县靖西营、石碛营、镇峡关、土寒营、小水营、苦子营、茶磊营、养牛营,江华县白芒营、金鸡营、车下隘等;由宁远卫拨千户或百户管辖道州中军营、靖边营、滴水营、周塘营、教场营,宁远县太平营、桂里营、演武营、永安营、扼蛮营、望墩营、大阳营、隆坪营,永明县杨柳营,江华县矮岭等。经具体考证,发现所设哨营多集中在永州府南部区域,以永明

---

① 《天下郡国利病书》"辰州府",第 2747 页。
② "杀手"为当时永州、宁远所在地区的一种武装力量。

县、桃川所、江华所、宁远所为中心,形成明显的军事包围圈。

(一) 永州卫

永州卫位于永州府治西,兵额"五千八百零一名"。① 从其"地邻瑶僮,俗兼蛮左,其城垒之制尤在所当急"②可知,建府之初设卫以防御,如城池建设一样重要。永州府之重要关口黑石关、湘口关、镇峡关均为永州卫官军戍守,永明、道州哨守亦均由永州卫派千户、百户及旗军戍守,反映永州卫设置在永州扼要之地,以防御戍守。同时其卫兵亦参与周围地方动乱的治理,如成化十四年(1478 年)武冈李再万叛乱,阎仲宇调永州卫兵一千、宁远卫兵五百前往防御。③

守镇东安百户所,戍军九十七名④,在东安县治西,洪武二十九年(1396年)设。其所在之东安县为"山僻,民疲,近苗"⑤之地,元末曾"毁于洞寇"⑥。县内有里七峒、白石峒、六峒、麻溪洞、紫花峒、西延峒、里溪洞等为瑶民聚居地,虽所管瑶民多为熟瑶,在洪武时期周边区域多动乱的整体环境下,设百户所以控御,实为有备无患。

(二) 宁远卫

宁远卫在道州治所西,置于洪武二十八年(1395 年),兵额"五千三百七十名"⑦。宁远卫设置前,道州曾于洪武二十四年(1391 年)六月置卫。⑧ 但后之总志、地方志文献对道州卫的设置状况均鲜有言及,仅在《明臣谥考》中记载人物熊繡为湖广道州卫人。笔者认为,这与洪武二十八年设置宁远卫相关,

---

① 万历《湖广总志》卷 29,《四库全书存目丛书》第 195 册,第 76 页。
② 弘治《永州府志》卷 1,《天一阁藏明代方志选刊续编》第 64 册,第 37 页。
③ 参见道光《永州府志》卷 5 下。
④ 万历《湖广总志》卷 29,《四库全书存目丛书》第 195 册,第 76 页。
⑤ 《肇域志》"湖广",第 3167 页。
⑥ 弘治《永州府志》卷 1,第 37 页。
⑦ 万历《湖广总志》卷 29,《四库全书存目丛书》第 195 册,第 76 页。
⑧ 《明太祖实录》卷 209,第 3123 页。

弘治《永州府志》记载,洪武间,道州同知萧与,以其时"瑶民作乱",奏改道州守御千户所为宁远卫,宁远卫即位于道州。而原道州守御千户所属永州卫管辖,至此则单独设卫,与永州卫同级,其官员设置亦与永州卫相同,后之文献不再言及道州卫。

显然,当时"瑶民作乱"为改道州守御千户所为宁远卫的直接原因。究其根本原因,应与道州本身所处环境及战略地位相关。如洪武二十八年,"知州徐士铭奏,道州僻在万山,边临两广,东接常宁大、小猛洞,南抵九嶷山,横嶂九十六渡溪源,西邻悬田、平洲,北连灌阳、永瑶等源。国初遣兵三千守御,后调发二千,止存千人。洪武二十一年(1388年)山贼何女子、逃卒杜回子与瑶蛮劫掠居民,尝调军剿捕,至则溃散,退则复聚,盖守御兵少不能制敌,乞置军卫屯守,庶几,民获安业,诏从之,至是立卫焉"①即指出道州所处之地为崇山峻岭,且与九疑、鲁观洞、大阳溪等瑶民聚居地域相邻,实为冲要之地,因此自明初开辟之时便派兵守御,而洪武中爆发动乱,时而复发,使明朝廷意识到长期屯兵驻守其地,才能更好地治理地方,使民众安居乐业。

洪武二十六年(1393年)九月,"道州永明县蛮人作乱,拥众二千余,劫桃川巡检司,杀兵民,焚庐舍。永州卫百户李实战死。"这是宁远卫设置前发生的重大事件,其境内"蛮人"作乱,杀害兵民,百户战死,必然引起地方官府重视,上级听闻该事之后,"命永州卫指挥使许仁等率兵剿捕,寻讨平之。"②至洪武二十八年(1395年)四月又有"道州大猛洞蛮人盘满仔作乱"③,并杀害千户、百户各一人,严重破坏了地方秩序,明廷派宝庆卫指挥同知姚祥,会衡州卫官军讨捕,最终得以平定其乱,并将所获遣京诛之。从两次动乱可以看出,道州所属"蛮人"成为影响地方安稳、破坏地方秩序的主要隐患,因而在平定动乱之后,如何加强对地方"蛮人"的控制成为最重要的问题。随之,设宁远卫,又于洪武二十九年(1396年)一并设置宁远、江华、锦

---

① 《明太祖实录》卷243,第3528—3529页。
② 《明太祖实录》卷229,第3354页。
③ 《明太祖实录》卷238,第3469页。

田等千户所。

宁远守御千户所,在明代宁远县治西,洪武二十九年设。有成军"一千一百四十名"。① 自汉时即建有城池,设所后又扩大城池规模,形成"高一丈一尺,厚五尺,周四里,内外皆累以石,上堵以砖,立东、西、南、北、小南五门,护以串楼,计七百一十五间,敌楼七座,外环堑长计五百八十丈,阔二丈,深五尺"②的城池。至永乐九年(1411年)四月,又"修湖广宁远左千户所城池。"③这说明宁远守御千户所在其职能发挥方面具有重要作用。

考其设置原因,亦与瑶民聚居境内相关。如《陈涧记》曰:"宁远在余郡辖内财赋甲于诸邑,界两广而邻诸瑶,亡命多潜巢山谷,假道瑶溪,以蠹济民。而瑶僮狐鼠营生,恒视我辈以为驯犯。故有备则驯,驯则作我藩篱,无备则犯,犯则为彼声援,甚无赖也。"④即言宁远县之财赋较之周边其他郡县要更加丰厚,但境内本多瑶民聚居,又与其他郡县瑶民聚居地域距离相近,同时有较多流民潜入,若不加防范,则极易使之成为动乱之摇篮,导致地方混乱,因此屯兵驻守实为必然。

枇杷守御千户所与桃川守御千户所均位于永明县境内,一在西南,一在东南,一县之内设两处独立千户所,由其"界连百粤,地控群瑶,为湖南极南屏蔽"⑤之地理位置所决定,而除明代置千户所外,历代均设兵防守。

枇杷守御千户所,在永明县东南三十里⑥,有成军"一千一百二十五名"⑦。按《明实录》记载,洪武二十五年(1392年)九月,"湖广永明县枇杷千户所请筑城垣,诏以军士筑之,不许劳民。"⑧枇杷千户所设置时间应在洪武二十五年之前。建有石城,周五里六百四十八丈,较之永明县县城三百六十丈规

---

① 万历《湖广总志》卷29,《四库全书存目丛书》第195册,第76页。
② 光绪《宁远县志》卷1,《中国方志丛书》第291号,第33—34页。
③ 《明太宗实录》卷115,第1465页。
④ 光绪《宁远县志》卷1,第34—35页。
⑤ 光绪《永明县志》卷7,第275页。
⑥ 《大明一统志》卷65,第1008页。
⑦ 万历《湖广总志》卷29,《四库全书存目丛书》第195册,第76页。
⑧ 《明太祖实录》卷221,第3235页。

模更大。①

桃川守御千户所,在永明县西南四十里,有戍军"一千一百二十名"②。洪武二十九年(1396年)杨诚始筑土城,周四里五百五十丈,有城门四。又设有巡检司。考其设置,应与洪武二十六年(1393年)道州永明县"蛮人"拥众二千余人作乱,劫杀桃川巡检司,杀掠兵民,又焚烧庐舍直接相关。且与广西接近,实为控御广西瑶民进入之门户。

江华千户所与锦田千户所均属江华县,江华县"南通百粤,北控湘、衡,实楚地咽喉"③,为永州府所辖要害之地。江华守御右千户所戍军"一千一百四十三名",锦田镇前千户所戍军"一千三百六十二名"。④ 两所均置于洪武二十九年(1396年),皆为宁远卫拨出设置,守镇江华右千户所,为宁远卫拨右所设;锦田守御千户所,为宁远卫拨前所镇守而后置。两所设置前,洪武二十六年,前军都督佥事杨春率长沙、衡州、宝庆、武冈诸卫兵平定富春瑶民叛乱,驻军于江华县。⑤ 说明江华县所处地理位置实为扼要,同时也是极易受害之地,因而,在杨春所率各卫兵被遣回原卫屯守后,设立江华与锦田二千户所屯守防御。

二、"衡、郴"卫所

"衡、郴"卫所,即衡州与郴州境内所置卫所,主要包括宁溪守御千户所、桂阳守御千户所、郴州守御千户所、宜章守御千户所与广安守御千户所。

(一)宁溪守御千户所

所戍军"一千一百零三名",⑥位于蓝山县境内。蓝山县"重崖叠嶂,三面

---

① 参见《肇域志》"湖广",第3172页。
② 万历《湖广总志》卷29,《四库全书存目丛书》第195册,第76页。
③ 同治《江华县志》卷6,《中国地方志集成·湖南府县志辑》第48册,第424页。
④ 万历《湖广总志》卷29,《四库全书存目丛书》第195册,第76页。
⑤ 《明太祖实录》卷226,第3306—3307页。
⑥ 万历《湖广总志》卷29,《四库全书存目丛书》第195册,第76页。

皆瑶,东渐隆武,西被延昌,南迄五岭,北逮平阳,延袤百四十余里,称严邑"①,在其境设兵驻守以控御地方具有必然性,宁溪建所即为其"重崖叠嶂,三面皆瑶"的结果。有所城,"自所城而西南,可数十百里,重山复壑,滋生异族,人百十种,曰僚、曰瑶、曰僮,叛服不常,"②洪熙元年(1425年),曾有"宁溪瑶蛮"千余流劫乡村。③ 因而置所"以控制瑶峒"④,以宁溪城横亘其中,最终使地方瑶民不再制造或参与动乱,成为明廷之期待,也是宁溪设所的根本目的。

据《明实录》记载,洪武二十九年(1396年)三月,以郴州、桂阳州两州之民皆言其地连年为瑶民劫掠,官军出动,其瑶民则退回山谷之中隐藏,官军撤退,其又复出,聚集扰民,明廷认为其原因在于守御官兵所驻之地距离太远,因此下令地方官员在所属县内寻要害之处,设立千户所,增置戍兵以防御。因而在蓝山县张家陂地方置宁溪千户所。⑤

所下管大桥、镇南、毛俊、乾溪、小山五堡。大桥堡,为瑶民聚居地域,嘉靖年间因两广苗民侵劫,因而设堡控御。镇南堡,以其为山贼出入要路而置。毛俊堡,在大水源口,大水源为瑶民聚居地。⑥ 皆为冲要之地。

(二) 桂阳守御千户所

所成军"一千五百二十四名",⑦在桂阳州治东。《明实录》记载,洪武二十九年七月,"桂阳县知县周德甫言:桂阳山口为诸蛮要害之地,宜置兵戍守,于是命茶陵、郴州、桂阳三卫,各调兵千人筑城堡以镇之。"⑧因此,万历《郴州志》又记载为洪武二十九年设。⑨ 综合文献所言,笔者认为其应为洪武二年

① 康熙《蓝山县志》卷2,第354页。
② 《蓝山县图志》卷1,第35页。
③ 《明仁宗实录》卷8,第251页。
④ 《蓝山县图志》卷1,第35页。
⑤ 参见《明太祖实录》卷245,第3558页。
⑥ 参见康熙《蓝山县志》、民国《蓝山县图志》。
⑦ 万历《湖广总志》卷29,《四库全书存目丛书》第195册,第76页。
⑧ 《明太祖实录》卷246,第3580—3581页。
⑨ 万历《郴州志》卷14,据万历刻本影印,《天一阁藏明代方志选刊》第58册。

（1369 年）郴州寨长罗福倡乱之后所设，原无城，至洪武二十九年，以郴州、桂阳州两州之民言其地连年均为瑶民劫掠，因而筑城堡以戍守。天顺三年（1459 年），又修桂阳守御千户所城。①

（三）郴州守御千户所

所戍军九百名，②在郴州治西。万历《郴州志》言其为洪武二年，州寨长罗福倡乱，调茶陵卫镇抚府、千户等征剿，平定后留兵戍守，然后置。《大明一统志》则记载为洪武元年（1368 年）改元之新野翼万户府建。《明实录》未记载，仅可确定其为洪武初置。下辖有桂东守御百户，因"匹袍洞蛮"钟均道劫掠，调郴州守御千户所百户及官兵所置，并置三堡戍守。③ 宜章所辖笆篱堡最初亦由郴州守御千户所派兵戍守。

（四）宜章守御千户所

所戍军"八百三十七名"，④位于宜章县东北，为宋代召募堡所在地，亦曾为寨。宜章为"楚、粤邻界，民、瑶接壤"⑤之地，明时曾移郴桂守备驻其地。考其千户所之设置，嘉庆《宜章县志》记载为洪武间设。⑥ 按《郴州总志》，明置御所，设都指挥以守备之，分镇抚或百千户下屯堡哨，下有栗源堡、笆篱堡、黄沙堡、里田堡、香口堡等，均为要隘之地。尤其栗源堡、笆篱堡、黄沙堡，"扼西莽峒瑶"⑦，为防御重地。而《明实录》记其为成化七年（1471 年）十一月设，名为湖广守御宜章县后千户所，以"宜章界于广东阳山县松栢、蓉家二峒，民、瑶杂处"⑧而设。两处所言时间不同，考所辖三堡：

---

① 《明英宗实录》卷 310，第 6510 页。
② 万历《湖广总志》卷 29，《四库全书存目丛书》第 195 册，第 76 页。
③ 参见万历《郴州志》卷 14。
④ 万历《湖广总志》卷 29，《四库全书存目丛书》第 195 册，第 76 页。
⑤ 嘉庆《宜章县志》卷首，第 800 页。
⑥ 嘉庆《宜章县志》卷 13，第 931 页。
⑦ 嘉庆《宜章县志》卷首，第 799 页。
⑧ 《明宪宗实录》卷 98，第 1872 页。

栗源堡与黄沙堡之建,均缘起于洪武二十七年(1394 年),"广东连州、长塘、马苊土寇出糍粑岭、罗阳洞,行劫滋扰。"①先是调茶陵卫百户朱铭、程宁、蔡荣带军兵以戍守,设黄沙堡,筑城屯田兼防"西莽二山瑶峒"。后又设栗源堡,把截广东西山、梅花、辽水、罗阳洞径口贼路,至永乐九年(1410 年)"梅、辽土寇滋扰,统领军旗八百户防御隘口,寇平"②,而后建立堡城。

笆篱堡,在黄沙堡与栗源堡之间,被认为是最重要的防御点,其设置缘起于明正统四年(1439 年)"苗贼谭应贞、冒阿孙、杜回子等余党未尽,劫掠十四都",于是,上"议调郴州千户长卞玺、百户长柳诏带军兵二百余名来戍,因请旨立笆篱堡,堵御莽山、牛头山贼路",③至正德间,湖广巡抚都御史秦金以堡地县远山近,"苗贼未靖,劫杀无时",奏请笆篱堡改设永靖县,不果。④

可见三堡初设时,均为茶陵卫与郴州守御千户所所拨千户或百户带兵戍守,若当时已置宜章守御千户所,按地理位置推断,则三堡之建设必然有其参与。因此笔者认为所言明代管理三堡之御所并非宜章守御千户所,而宜章守御千户所的设置应在正统之后,即《明实录》所言成化七年(1471 年),万历《郴州志》亦记载其原无,至成化间,奏调茶陵卫后千户所正百户所官军戍守,然后置。宜章守御千户所设置后,前所言三堡均属宜章守御千户所管辖。⑤

(五) 广安守御千户所

所戍军"一千三十一名",⑥位于桂阳县东。言其以洪武末年桂阳县钟均道扰乱,派兵戍守而设,成化三年(1467 年)迁入城内。洪武二十九年(1396

---

① 嘉庆《宜章县志》卷5,第841页。
② 嘉庆《宜章县志》卷5,第841页。
③ 嘉庆《宜章县志》卷5,第841页。
④ 嘉庆《宜章县志》卷5,第841页。
⑤ 参见万历《郴州志》卷14。《读史方舆纪要》卷80,第3793页,亦记载其为"洪武二年建,隶茶陵卫"。
⑥ 万历《湖广总志》卷29,《四库全书存目丛书》第195册,第76页。

年)三月,以郴州、桂阳州两州之民皆言其地连年为"瑶蛮"劫掠,官军讨伐,其"瑶蛮"则退回山谷之中隐藏,官军撤退,其又复出聚集扰民,明廷认为其原因在于守御官兵所驻之地距离太远,因此下令地方官员在所属县内寻要害之处,设立千户所,增置戍兵以防御。因而在桂阳县土桥地方置广安千户所。① 下管安陆哨、茶陵哨,其中茶陵哨为洪武二年(1369 年)郴州寨长罗福倡乱,调茶陵卫千户征平后置。② 很显然,广安守御千户所及所管哨所之设置,均为"平乱"所置。

第五节　互为兼制:湘鄂山区边缘卫所体系

边缘与中心具有相对性与流动性,就湘鄂山区而言,其治理中心于明代时在湘西南雪峰山区即当时所置辰州府、靖州一带,清代时又北移至湘鄂武陵山区之湘西、鄂西南一带。其边缘即为整个湘鄂山区边缘,既包括湘鄂山区与今重庆武陵山区、贵州武陵山区、雷公山区交界地域,也包括湘鄂山区与湘鄂平原区交界地域。

一般而言,一个区域存在东、南、西、北四个边缘区。因湘鄂山区西部与南部边缘均多为苗民、瑶民等非汉族群聚居地域,与湘鄂山区有着极为相似的人口构成与地理环境,皆为明朝重点治理的区域,且治理进程基本一致,不纳入本节探讨范围。因此,本节所要探讨的湘鄂山区边缘主要为其西北、北部及东部与平原区交界的边缘地区。明代在这一地区置有荆州卫、荆州左卫、荆州右卫、瞿塘卫、襄阳卫、襄阳护卫、安陆卫、郧阳卫、夷陵千户所、德安千户所、枝江千户所、长宁千户所、远安千户所、竹山千户所、均州千户所、房县千户所、忠州千户所③等卫所,在湘鄂山区边缘形成了一个相对完整的军事包围圈。

---

① 《明太祖实录》卷 245,第 3558 页。
② 参见同治《桂阳县志》卷 11。
③ 《明史》卷 90《兵志二》,第 2201—2202 页。

一、西部边缘卫所体系

　　湘鄂山区西部与明代四川交界地带,主要集中于今重庆市东部及东南部。因此有言明代重庆、夔州二府"所属黔江、武隆、彭水、忠(州)、涪(州)、建始、奉节、巫山、云阳等州县界,与湖广之施州卫所辖散毛、施南、南(唐)崖、中(忠)路等夷司犬牙交错,加之播、酉、石柱等司土汉相杂,争斗劫害,无岁无之。"因而在弘治元年(1488年)"设兵备副使,驻扎达州,辖重庆黔江,并湖广瞿塘、施州、忠州等卫所,而达州、东乡、太平三州县又调集重(庆)、夔(州)、新宁、梁(平)、垫(江)、长寿、铜梁、合(川)、巴(县)、蓬(溪)、渠(县)、营山、岳池、邻水、大竹等卫、州、县军快一千名团操防御。"①所言湖广施州卫散毛、施南、唐崖、忠州等"夷司"均属当时湖北武陵山区,而播州、酉阳分别属于重庆武陵山区与贵州武陵山区,因此今重庆市东南彭水、黔江、武隆等区县北至忠县、万州一带,均为紧邻湘鄂山区的西部边缘地区。从周边卫所、州县调集军快前往团操防御的军事安排上,可以看到弘治初年,明廷及地方官员对这一地区军备防御的重视。在这些军事建置中,笔者以方位为划分标准,将瞿塘卫置于北部边缘卫所体系中,而其他如重庆黔江、湖广忠州(今属重庆市,位于重庆市东部)两守御千户所则构成正处于湖北武陵山区西部的卫所体系。

(一) 黔江守御千户所

　　黔江守御千户所位于今重庆市黔江区,地处重庆市东南。重庆市东南在历史时期作为湘鄂山区非汉族群聚居区的西部边缘具有一定的特殊性,其今所属"两区四县"(黔江区、武隆区、彭水苗族土家族自治县、酉阳土家族苗族自治县、秀山土家族苗族自治县、石柱土家族自治县)在明代时一半为经制州县,一半为土司辖域,而其中酉阳、秀山与湘鄂武陵山区一样设置土司进行地方治理。因此,当时黔江、彭水二县便成为土司辖区与非土司辖区之间最为重

---

　　① 万历《四川总志》卷22,明万历刻本。

要的"隔离(藩篱)地带",战略位置十分重要。如彭水,"地接荆楚,襟带五溪,控楚连黔,山拥摩围之峻。抚苗绥汉,江翻溪洞之涛,扼天险于黔南。雄跨剑阁,固地维于蜀徼,势踞蚕丛,当蛮部之襟喉,据东川之要隘。"①而黔江,"东北跨连荆楚,西南直达夔、巴,介西属之当中,分险要而扼蜀,诚支邑之奥区,川省之别径也。"②"控西阳之左襟,振大田之喉吭。实楚西南至徽道,蜀国东南之藩篱。"相较而言,黔江距离湖北武陵山区更近,其东部边缘大片区域与湖北武陵山区相邻,因而是"外镇诸洞,内靖涪、彭"之战略要地,③战略位置又更加重要。

因此,明洪武十一年(1378年),彭水县知县聂原济言"黔江地接散毛、盘顺、酉阳诸洞,蛮寇出没,屡为民患,宜设兵卫屯守。"明廷即"诏从其言,置千户所镇之。"④于是为防御湖北武陵山区散毛、盘顺与酉阳"诸洞蛮寇",明廷设置黔江守御千户所,并设正、副千户各一员,管领百户五员,隶属于重庆卫。⑤设立之后,其一方面担有"屯守"黔江,维护黔江社会稳定,免受或防御湘鄂山区土司侵犯之责;另一方面也有服从明廷及其地方官员调配,协助维护其他区域,包括湘鄂山区地方稳定之义务。如洪武十六年(1383年)七月"石柱溪洞蛮寇施州",明廷即征调黔江守御千户所"官军击破之"⑥,显然,在这一次的行动中,黔江守御千户所作为主力平定了"石柱溪洞蛮"引发的动乱,维护了湖北武陵山区施州社会的安稳。至嘉靖十年(1531年),"于黔江千户所与散毛宣抚司交界,设立老鹰等三关五堡,就于该所摘拔官军守把"⑦,则反映了其在防御并维护黔江社会稳定中所承担的责任。

---

① 《职方典》卷607,《古今图书集成》,中华书局1986年版。
② 咸丰《黔江县志》卷1。
③ 道光《重庆府志》卷1,国家图书馆出版社2011年影印本。
④ 《明太祖实录》卷119,第1944页。
⑤ 同治《增修酉阳直隶州总志》卷3,第252页。
⑥ 《明太祖实录》卷155,第2416页。
⑦ 万历《四川总志》卷22。

(二) 忠州守御千户所

忠州守御千户所,洪武十二年(1379 年)庚申建,即"改瞿塘守御千户所为瞿塘卫,隶湖广都指挥使司。置梁山、大竹、忠州、达县四守御千户所,隶瞿塘卫。"①"在忠州治东"。② 其建立应与洪武十二年甲辰,"嘉定、忠州等处土民为妖人所惑,乘隙为乱,燔掠城池,势甚猖獗"③相关。同时,忠州"州东通巴峡,西达涪、渝,山险水深,介乎往来之冲,居然形要",本为形势险要之地,"万历中,奢崇明陷重庆,石砫女官秦良玉趣(去)援,留兵守忠州,以为犄角之势,兼令夔州设兵防瞿唐,为上下声援云。"④均反映了忠州军事防御的重要性与必要性。

忠州守御千户所与黔江守御千户所一样,设置之后既有维护本省地方社会稳定的职责,又有服从征调,维护周边区域社会稳定的义务。如隆庆三年(1569 年),"湖广守臣言:清、靖、郴、桂、道州诸处,曩以苗乱,调他卫军戍之。今承平久,请撤瞿塘、忠州、夷陵、长宁四卫军,戍清、靖者,瞿塘军戍郴、桂者,常德军戍道州者,皆还旧伍。"⑤即反映了忠州守御千户所在平定湘鄂山区地方"苗乱"中所承担的责任与义务。

而其在地方防御中的职责是最为主要的,如"据忠州知州汪銮呈备,丰都县知县贡朗开称,亲诣沙子关,拘集彼处居民谭思先等,到彼查得:石砫、丰都因与湖广散毛、忠路、金峒、支罗、施南、九溪等处土壤相连,蛮夷不时出没,劫杀司县居民、人财。先年已□地名沙子关建立关堡一所,议(已)于忠州守御千户所调拨千户一员、军士六十名,丰都县民快四十名,前去住(驻)守额设。"⑥在受到湖北武陵山区土司及其所辖非汉族群侵扰或威胁时,拨调守御

---

① 《明太祖实录》卷 125,第 2007 页。
② 《大明一统志》卷 69,清文渊阁四库全书本。
③ 《明太祖实录》卷 124,第 1989 页。
④ 《读史方舆纪要》卷 69《四川》,第 3290 页。
⑤ 《明穆宗实录》卷 29,第 783 页。
⑥ 《芝园集》别集奏议卷 3,明嘉靖刻本。

千户所千户与军士前往驻守关堡,即为其防御地方的一个重要体现。

除卫所体系外,湖北武陵山区西部边缘的其他军事建置亦十分重要,如:

> 沙子关上抵黔江,旧设老鹰关;下抵万县,新设罗网坝关堡,与旧设铜锣关、尖山关,抵施州卫交界,实系紧要地方,相应添设巡检司,合用弓兵,就于本州及丰都县民兵内各拨二十名,共四十名,年终更替。应修衙门,本关已有厅房、廊房,今既革关,前项厅房,堪以更作巡检司衙门。缘由到道,除将前项坐镇把守、指挥等官通行查革外,看得重、夔二府所属前项沙子关、罗网坝等处地方,委与各该土司相连,土、汉穷民出没为盗,各该州县居民委被扰害,除尖山关已有巡检官兵外,其丰都县地方沙子关、奉节县地方金子山、万县地方铜锣关三处,相应添设三巡检司。沙子关已有衙门,金子山、铜锣关二处合照数动支前银,各建衙门一座。沙子关弓兵即于忠州、丰都县民兵内分拨,金子山弓兵于梁山、万县民兵内分拨,每一巡司弓兵各四十名在彼巡守等因。该本司会议,得丰都县地名沙子关、奉节县地名金子山、万县地名铜锣关,委近边夷,既经该道勘议,乞要各添设一巡检司把守,相应依拟,合无请定司名,各铨官降印吏役,布政司查拨官吏俸粮,于各县存留仓内支给。其衙门公署,沙子关已有厅房,金子山铜、锣关二处合于前项估计银内动支建立,合用弓兵,沙子关于忠州、丰都县,金子山于梁山县、万县,铜锣关于云阳县、奉节县民兵内分拨,每一巡司四十名在彼巡守。①

可见,今重庆市东部与施州卫(湖北武陵山区)交界区域,除设置黔江守御千户所与忠州守御千户所外,还曾设置沙子关、老鹰关、罗网坝关、铜锣关、尖山关等多处关卡。然而地方官员认为这些地域与施州卫交界,仅设关堡并不足以起到足够的防御作用,因此提出设置沙子关、金子山、铜锣关三巡检司,并建巡检司衙门,从忠州、丰都、梁山、万县、云阳、奉节等地分拨民兵进行巡守。反映出湘鄂山区西部边缘地带地方官员对湖北武陵山区防御的缜密思考

---

① 《芝园集》别集奏议卷3,明嘉靖刻本。

与军事体系的完善,而无论是关堡的建置,还是巡检司的设置,其驻扎与巡守都离不开地方千户所的支援与支持,彼此联系,形成以卫所为中心的湘鄂山区西部边缘军事体系。

二、东部边缘卫所体系

湘鄂山区东部边缘自北而南包括巴东、长阳、石门、慈利、沅陵、溆浦、新化、邵阳等县。有明一代,在这些县的东部邻近区域不乏卫所设置,与湘鄂山区内部卫所形成相互联系,共同控扼湘鄂山区,同时形成对平原区经制州县(汉民聚居)地域之保护屏障。自北而南,洪武时期在湖北武陵山区边缘设荆州卫、夷陵守御千户所、枝江守御千户所,湖南山区边缘设岳州卫、常德卫、衡州卫、镇守常宁中千户所、茶陵卫等。

首先,荆州卫、夷陵守御千户所本职为守卫地方,使流民畏惧,不敢作乱。同时为朝廷控制湘鄂山区的重要力量,如正统十四年(1449 年),因调镇远、靖州等卫官军前往麓川、云南等处征剿,以致"边城"缺守,"苗贼出没"①,因而将荆、襄等卫官军调去镇远、靖州等处轮流备御,守卫"边城"。夷陵千户所自永乐时始修城垣。②

枝江守御千户所,洪武三年(1370 年),因容美等"洞蛮出没",遂置于县城内③。《天下郡国利病书》言其在清代为招来堡,因"近夷人界"④,于弘治中设所守御。考《明实录》记载,枝江守御千户所为洪武二十三年(1390 年)置。⑤ 顾炎武所言弘治中设疑有误。究其设置原因,应缘于其"近夷人界",且受容美等土司的侵扰。

正统七年(1442 年)四月"湖广都司奏,枝江守御千户所城,自永乐初令荆州三卫及夷陵千户所协力修砌后,以京师营造,其役遂止,然系边城,不可毁

---

① 《明经世文编》卷 39,第 304 页。
② 参见《明太宗实录》卷 122。
③ 《读史方舆纪要》卷 78,第 3676 页。
④ 《天下郡国利病书》"湖广上",第 2730 页。
⑤ 参见《明太祖实录》卷 201。

废。事下工部,请仍令原该修卫所终其役,从之。"①将其认定为"边城",并修缮城池,凸显其作为湘鄂山区与湘鄂平原区经制州县分界地域的性质与护卫"内地",同时控御湘鄂山区的职责。

岳州卫,设置于明洪武四年(1371 年)。岳州"北控长江,南带洞庭,屏蔽江陵,咽喉潭、朗。"②其所在岳州府境内西部地域设有九溪卫、永定卫、添平所、麻寮所、安福所,均为湘鄂山区腹地,是湖南武陵山土司集中区域与岳州府治所之过渡地带,其设置即为治理湖南武陵山土司。如正德十三年(1518 年),岳州卫指挥使守郴、桂等处地方。③ 岳州卫又处于其东部边缘,是连接长沙等"核心"区域与湘鄂山区的重要通道,亦是连接贵州、云南、广西的重要通道。因此,岳州卫的设置目的很明显表现为维护湘鄂山区东部边缘的安稳。

常德卫,设置于明太祖丙午年(1366 年),是湖广设置最早的卫所之一。"左包洞庭之险,右控五溪之要。"④洪武十四年(1381 年)时曾有"五溪蛮叛乱",为"荆岳之肩臂,苗僚之咽喉",认为若无重兵管制,则其"苗蛮"必然枭张,境不得宁静⑤,且为"滇、黔之喉嗌"⑥,与岳州一样是保障国家治理西南的重要通道,因此置卫以防止湘鄂山区之苗民向东部扩张或侵略。其卫之军备力量也是控御湘鄂山区非汉族群的主力之一。洪武三年(1370 年)四月,慈利县土酋覃垕连构"诸洞蛮"为乱;十月,"命江夏侯周德兴为征南将军,率兵讨慈利县土酋覃垕及茅冈诸洞蛮,仍命潭州、常德等卫官军悉听调遣。"⑦嘉靖中,靖州所置长安堡、流源堡,其守卫官兵均由常德卫调守。麻寮隘丁千户所、添平隘丁千户所均曾隶属常德卫,后改属永定卫,又改九溪。永乐八年(1410 年),贵州、湖南交界之台罗及上下坪等寨苗为乱,明朝廷即遣常德卫指

① 《明英宗实录》卷 91,第 1834 页。
② 《读史方舆纪要》卷 77,第 3639 页。
③ 参见《明武宗实录》卷 162。
④ 《大明一统志》卷 64,第 995 页。
⑤ 《天下郡国利病书》"湖广",第 2741 页。
⑥ 《读史方舆纪要》卷 80,第 3771 页。
⑦ 《明太祖实录》卷 57,第 1117 页。

挥等前往招抚。

衡州卫,设置于明太祖乙巳年(1365年)。其境"控引交广,联络溪洞,而瑶僮依山负固,窃发为患。"①城步县苗民叛乱平定后,即调衡州卫中所千百户守御苗路。洪武二十八年(1395年),道州大猛洞人盘满仔等作乱,宝庆卫与衡州卫官军会同讨捕,平息叛乱。弘治十八年(1505年),命衡州卫带俸署都指挥佥事刘宽守备郴、桂。下辖镇守常宁中千户所与卫一样,地处湘鄂山区东部边缘,正统五年(1440年),湖广都司奏常宁中千户所原无城垣,止用木栅,而因时间较长,随修随坏,因而奏请改为土城,以保障地方,遂获批。

虽然,以上所言东部边缘卫所多为府治所在,因此其首要责任为维护府之安全,而这些位于湘鄂山区边缘之府州所受到的安全威胁基本来自湘鄂山区非汉族群,又是国家治理西南边疆,进入云南、贵州、广西的重要通道,因此东部边缘卫所体系在控御湘鄂山区与支援治理湘鄂山区方面又起着不可忽视的作用,其共同服从朝廷征调,共同作战。如洪武十八年(1385年)"五开洞蛮吴面儿复聚众为乱,诏发武昌、宝庆、岳州、长沙、辰沅诸卫官军讨之"②即此。

三、北部边缘卫所体系

北部边缘即湖北武陵山区以北邻近区域,包括今秭归、巴东、巫山、奉节、云阳、万州等区县。这一地区在明代曾置有长宁守御千户所、瞿塘卫及其所辖千户所。"重、夔二府所辖播(州)、酉(阳)、石砫等土司及黔江、武隆、彭水、忠(州)、涪(州)、建始、奉节、巫山、云(阳)、万(州)等十州县皆称关徼,与湖广施州卫所辖散毛、施南、唐崖、忠路、忠建、忠孝、容美等土司之地,鸡鸣相闻,犬牙交制。弘治元年(1488年)于达州设兵备副使,统辖重、夔、黔江等地及湖广瞿塘、施州等卫所"③即凸显了这一边缘区域与前文所言西部边缘区域在控御湘鄂山区中的重要作用。

---

① 《天下郡国利病书》"湖广",第2752页。
② 《明太祖实录》卷174,第2650—2651页。
③ 《蜀中广记》卷39,第591页。

　　瞿塘卫，原为瞿塘关，有"一夫当关万夫莫开"之势，为三峡之阻，明初建时即屡屡言及其形势之险要与重要性。至洪武四年(1371年)十二月，始置为瞿塘关守御千户所，至洪武十二年(1379年)"改瞿塘守御千户所为瞿塘卫，隶湖广都指挥使司。"①设卫后，其不仅为重、夔东北门户，其管辖范围涵括整个夔州府乃至更广区域，又以其属湖广都司管辖，因而又参与湘鄂山区治理，服从湖广都指挥使司的调配，成为维护湘鄂山区政治与社会秩序的重要军事力量。如成化二年(1466年)六月己酉，"提督军务工部尚书白圭等奏，苗贼余党焚毁巫山县治，臣等已行守备汉中都指挥吴荣画谋缉捕，又调右参将都指挥王信等率京营山东官军一千并荆襄官军一千往剿之。又令瞿塘、长宁、夷陵、枝江诸卫所原调征进靖州官军，俱暂留守护城池。"②说明夔州府一带虽与湘鄂山区人口构成不同，所实施政治制度亦不相同，但因其靠近湘鄂山区，不免受到影响，因此，这一地区卫所设置的首要目的仍为守境，维护地方安稳。

　　另一方面，瞿塘、长宁等卫所又服从国家调配，至施州、郴州、靖州等地参与平定地方动乱。如弘治三年(1490年)八月，因"施州蛮寇为梗，请以其军(瞿塘卫官军二百五十人)改调施州卫操守，从之。"③郴州境内宜章守御千户所亦曾调瞿塘卫军戍守，隆庆元年(1567年)调回。④隆庆三年(1569年)二月，"湖广守臣言，清、靖、郴、桂、道州诸处，曩以苗乱，调他卫军戍之，今承平久，请撤瞿塘、忠州、夷陵、长宁四卫军戍清、靖者，瞿塘军戍郴、桂者，常德军戍道州者，皆还旧伍，其荆、襄等卫军皆留戍如故。"⑤"嘉靖辛亥(1551年)二月，龙许保、吴黑苗复纠合湖广附贵境叛苗出劫思州府，或谓四川酉阳宣抚冉玄实阴主之。思州城中居民不数十家，旧有瞿塘卫践更卒戍守。"⑥

①　《明太祖实录》卷125，第2007页。
②　《明宪宗实录》卷31，第615页。
③　《明孝宗实录》卷41，第849—850页。
④　万历《郴州志》卷14。
⑤　《明穆宗实录》卷29，第783页。
⑥　(明)范景文：《昭代武功编》卷7，《四库禁毁书丛刊补编》第15册，北京出版社2005年影印本，第682页。

以上皆为瞿塘卫在其境外参与湘鄂山区治理的行动,首先是湖北武陵山区之"施州蛮寇为梗",遂调其卫防守均州之军前往操守;其次,湖南山区之靖州、道州、郴州、桂阳州苗民等非汉族群动乱,亦调瞿塘卫及其所辖忠州守御千户所之兵前往戍守,至动乱平息,地方宁静之后方遣回原卫;最后,在湖广与贵州交界之思州地区因苗民等非汉族群动乱频发,亦曾调瞿塘卫兵戍守。可见瞿塘卫是位于湘鄂山区边缘,参与经营湘鄂山区的重要军事组织,对湘鄂山区之非汉族群存在较强的军事震慑力。

与东部边缘所置卫所一样,瞿塘卫并非单一作战,而是与周边其他卫所一起共同组成了相互联系的有机整体,共同参与军事活动,如前文言,本境及湘鄂山区非汉族群动乱时,均并言瞿塘、忠州、长宁、夷陵等位于湖北武陵山区北部边缘之卫所,说明其相对东部边缘卫所为一个整体,相互联系。共同参与国家对湘鄂山区之经营,如嘉靖二十八年(1549 年)三月"以征剿苗夷,诏免湖广之辰州、常德,贵州之铜仁、思南、石阡、思州、镇远,四川之重庆、夔州九府,及靖州、独山、麻哈三州各正官及所属州县正官来朝。"①反映出对湘鄂山区及其周边地区以苗民为主的非汉族群的治理所涉及区域之广,不是某一单独军事单位即可控制的。

---

① 《明世宗实录》卷 346,第 6275 页。

第六章 军政兼理:清代湖南武陵
山区的汛塘体系

　　明前期,为保障中原进入西南边疆的道路("一线道")而设置的贵州行省成为明朝廷重点治理区域。因此,《明实录》所记载明代苗民活动以贵州较多。这一时期,湘鄂山区治理重点与明朝廷整体的边疆治理政策保持一致,治理重点集中于中原进入贵州必经之湖广驿道周围。使湘鄂山区下辖各府州县在"一体化"进程中产生了明显区域差异,即一部分区域较早实现"一体化",与经制府州县享有相同的政治权利,参与地方经营与治理;而另一部分区域如湘鄂武陵山区,尤其是湖南武陵山区(湘西),成为土司管辖的特殊政区,是不服朝廷管理的、极为棘手的区域,在湘鄂山区历史长河中成为中央朝廷重点治理的区域,也成为当代学界研究的一个重点。

　　然而,区域治理与"一体化"并非一朝一代发展的结果,"湘西"①在湘鄂山区及周边其他区域皆完成"一体化"的情况下,与清朝廷保持着最后的对立,直至清朝灭亡,有其自然、人文的因素,亦有历史的因素。其自然与人文因素,与前文所言自然地理环境、人口构成存在密切联系。历史因素则与历代政权在这一区域所实施的治理政策尤其是军事治理对其形成的影响密切相关。

　　按前文对湘鄂山区寨堡与卫所两大军事体系的分析,寨堡为宋代湘鄂山区地方控制基本军事建置,卫所则为明代地方控制基本军事建置,是宋、明两

---

　　① 本章所言"湘西"指清代以湘西凤凰、永绥、乾州三厅与永顺、保靖二县为核心的区域,包括今湖南省凤凰县、花垣县、吉首市、保靖县、永顺县和古丈县等地。

朝具有代表性的军事体系,其在地方的设置时刻反映着中央对地方的控制。湘鄂山区,自宋代广置寨堡开始,即开辟了军事治理湘鄂山区的道路。从前文对宋代寨堡的考证与分析可知,宋代寨堡在湘鄂山区主要分布于湖北武陵山区南部靠近湖南武陵山区(湘西)的地域及湖南武陵山区南缘以南之雪峰山、八十里大南山及五岭—阳明山—九嶷山—诸广山区,湖南武陵山区(湘西)则几乎没有寨堡分布,这一方面反映了宋代对湘鄂山区的介入与治理程度,另一方面也反映了湖南武陵山区(湘西)在宋代军事治理中的空白。至明代,明朝廷广设卫所控制地方,湘鄂山区亦在其列。从前文对湘鄂山区卫所的考证与分析可知,明代湘鄂山区卫所主要分布于湖北武陵山区之施州与湖南山区之岳州、辰州、靖州、宝庆、永州、衡州、郴州等地及各自边缘邻近地区,在永顺、保靖两宣慰司辖域内几乎无卫所设置,即明代仍未在湖南武陵山区(湘西)境内直接设置军事机构进行控制与管理。

因此,自宋至明,湖南武陵山区(湘西)便为羁縻州县或土司政区,无论是寨堡还是卫所,其在区域内之建置都极少,或有,亦存续时间不长。明代在这一区域内最为显著之军事建置为边墙,但是当时所起防御与治理作用并不大,中央仍多依赖当地土酋或土司进行治理。清初,中央王朝无暇顾及之时,仍沿用明制,在原地设置土司以统辖地方,然而随着清朝政治、经济之发展与土司弊端的日益显现,"改土归流"将这一区域纳入直接管理成为必然趋势。而这一地区人口构成复杂,地理险要,"改土归流"后如何有效控制这一区域成为最关键的问题,也是本章所要探讨的主要问题。

第一节 深入武陵山腹地:"湘西"营汛体系的建立与完善

湘西地区土司"改土归流"后,或在原土司地设置州县,或将原土司地划入周边州县,纳入行政"一体化",是清朝廷直接介入并控制湘西地方社会的第一步。不可置疑的是,军事是高度集中的政治,就州县制度在湘西的建立与实施而言,军事制度的制定与实施是保障其深入武陵山腹地,实现从形式到内部,完全完成社会转型的根本保障。可以说,军事制度建设在湘西的治理中尤为重要,而其基层军事建置是整个军事制度的基本单元,对湘西整体社会的发展、转型都起着不可忽视的作用。其中清代营汛体系的建立及发展变化与边墙的建设实为湘西军事体系之基础,是维护地方社会秩序的基本力量与设施,所谓"乾州与苗疆杂处,其防范尤不可不积极焉,设塘卡、分营哨"①即此。而汛塘参与湘西的市场交往、民苗交易与村寨管理皆为这种军事体系控制下的鲜明个例,突出表现了湘西地方军事体系建设对地方社会的控制与作用。

因此,伴随清朝统治的深入,湘西营汛体系较之以往各个时期军事体系建置都更为全面与深入,无论是数量还是分布密度,都远远超过宋、明时期所置寨堡与卫所。下面以康雍时期、乾隆时期、嘉庆及以后时期②为例探讨湖南武陵山(即湘西)区域内营汛设置在不同时期的数量变化与空间分布情况。

一、"康雍时期"营汛体系的初建

"康雍时期"为湘西"改土归流"开始、进行和完成时期,这一时期,湘西营汛建置处于起始阶段,未形成完整、周密之体系。箅子坪长官司(治今凤凰县竿子坪镇)与五寨长官司(治今凤凰县沱江镇)是区域内最早开始"改土归流"之地,因而清代营汛体系在湘西的建置亦最早由此开始。康熙二十五年(1686年),清朝廷在平定"红苗"之后,为维持地方稳定,按其形势,建置了东、西、南、北四汛③。东汛驻扎老寅寨,位于今凤凰县吉信镇岩口村东南境;西汛驻扎木里,位于今千工坪镇木里村;北汛驻扎地良坡,位于今凤凰县竿子

---

① 光绪《乾州厅志》卷5,第119页。

② 以上三个时期之划分以"改土归流"与"乾嘉之乱"为节点,一方面,"改土归流"是营汛体系在这一区域内建置之始;另一方面,"乾嘉之乱"是这一区域内影响重大之事件,对其境营汛体系设置产生了非常重大的影响;其中间阶段为营汛体系的建立与发展阶段。因此,这三个时期又可称为营汛体系"起始阶段"、"发展阶段"与"调整阶段"。

③ 《苗防备览》卷21,第803页。

坪镇从良坡;南汛驻扎残成,今地不详。

康熙四十七年(1708年),俞益谟在上言中指出,湖南红苗所在"地方辽僻,苗路如梳,设塘卡而不由塘卡出入,设游巡而游巡过后始发。自王会营(今凤凰县黄合乡黄合村①)至镇溪所(今吉首市),绵亘三百余里,岂能比肩接袂,寸寸为防。况有附近奸民为苗耳目,某塘兵多兵少,何时巡来巡去,皆一一得其要领,夫前此抚苗而苗愈肆,今责防苗而卒难防。"②显然,此处所言红苗聚居地即历史文献所言"六里苗地",属箽子坪长官司管辖,其地于康熙四十二年(1703年)便"输诚纳粮",设百户、寨长进行管理,若以编户纳粮为"改土归流"之标志,则其时便已"改土归流"。面对箽子坪长官司所辖各寨"输诚纳粮",如何真正有效控制和管理其民成为棘手问题。从俞益谟所呈奏折可见,康熙四十七年(1708年)以前,湖南红苗聚居地域内虽已有塘卡之设置,但区域内苗民聚居地自然环境复杂,又地域辽阔,认为要以塘卡、游巡防苗,则必寸寸周密,难以实现;又有"奸民"在其中,塘卡之具体设置多被透露,以致并未达到防守与治理的效果。反映出营汛体系初建时不甚完善,并未取得预期效果。

至雍正四年(1726年),湖广镇箽副将董象台上奏称:"(镇)标四营内将大小汛塘布兵多寡,虽定制昭然,然于地方之缓急,游巡之冲险计之,自应随时制宜损益,咸当庶资巡防而有裨益。"其"亲历巡查,尚有未协之处,如中营之硬寨(今凤凰县都里乡硬寨村)一汛,孤悬苗薮,实扼野牛塘(今详址无从考证,疑在硬寨村附近)等寨顽苗之咽喉,但离前营之新寨(今凤凰县腊尔山镇新寨村)窎远,须应添汛以资声援。"因此,董象台根据实际情况提出了营汛设

---

① 本文所涉及古今地名的对照,为笔者根据各地方志、《苗防备览》(岳麓书社2013年版)、《苗疆屯防实录》(岳麓书社2012年版)等文献记载,与中国国家地名信息系统、20世纪90年代各市县所编地名志(录)、2019年湖南省分省地图册(中国地图出版社2019年版)、"Google earth"软件等结合考证的结果。

② 《湖广提督俞益谟奏陈所属苗民情况及抚剿之法折》,康熙四十七年闰三月十五日,中国第一历史档案馆编:《康熙朝汉文硃批奏折汇编》第1册,档案出版社1984年版,第913—917页。

置与更改的建议。

首先,关于中营营汛设置,董象台提出:

> 相度地势,于硬寨迤东之芭蕉冲(今凤凰县都里乡芭蕉冲村)地方应
> 设一大汛,无如此地水泉甚少,于冬月仅可供五六人之食,今于此地酌拨
> 管队一名,带兵五名防守,接应硬寨。又于芭蕉冲下三里许之下硬寨添设
> 一汛,拨队目一名,率兵十四名防守,上可与芭蕉冲、上硬寨犄角,下可与
> 新寨声援。

> 又查古桑营(今凤凰县都里乡古桑营村)处于山凹之中,应移出半里
> 许蝦蟆井高阜处,外可以接连上硬寨,内可与龙鄂营(今凤凰县阿拉营镇
> 东境)、新寨相表里。又永安哨(今凤凰县廖家桥乡西境)、木林硚(今凤
> 凰县沱江镇木林桥村)两处村寨民烟稠密,各应安兵伍名,稽查匪类以杜
> 苗民串诱之弊。添设既周,庶星罗棋布,而会哨传旗,首尾得以相应矣。

其次,关于左营的营汛设置,董象台认为:

> 左营之平郎营(今吉首市社塘坡乡劳动村西境)相度地势更属险要,
> 当日设立之始,应建于河之南,不应设于河之北,中隔大溪,每于山水陡发
> 即难飞渡,但营垒创制已久,未便更张,(臣)趁水发之际,亲临看视,实难
> 会哨,今于此汛捐俸设造渡船一只,庶传旗往来,不致阻滞。再于平郎营
> 之东坡边苗长上下寨(疑此为劳神上下寨,即今劳动村)之总路添一小
> 汛,安队目一名,带兵十名,可以稽察、盘查,且为平郎营之声援。再湾溪
> (今吉首市湾溪社区)地方,上接木林坪(今吉首市木林坪社区),下接二
> 炮台(今属吉首市龙凤社区),外达拿拿坳(疑位于今吉首市棒棒坳社
> 区),为苗民出入之中路,应添一小汛,安兵五名,稽查奸宄。以上各添设
> 汛兵均于本营酌量抽调。①

据董象台奏陈添设汛兵事宜折可见,其在营汛方位设置上考虑极尽周详。

---

① 以上连续引文均引自《湖广镇筸副将董象台奏陈添设汛兵事宜折》,雍正四年三月二十
日,中国第一历史档案馆编:《雍正朝汉文硃批奏折汇编》第7册,第19—20页。

首先,其认为汛塘虽有大小、布兵多寡之分,但湘西所属各地缓急不同,如康熙四十七年(1708年)俞益谟曾言"苗路如梳,设塘卡而不由塘卡入,设游巡而游巡过后始发",既不能寸寸设防,但应随时制宜,即随时调整以资巡防;其次,在添设营汛方面,亲自巡视,根据各地地理位置、地势、自然环境等多方面因素,进行较为全面之布局,相应在硬寨、芭蕉冲、下硬寨三地设汛,形成相互犄角之势;又对境内古桑营之位置作出调整,在永安哨、木林硚设兵稽查;同时对平郎营周边进行调整,在上下寨之总路、湾溪地方设汛。

雍正六年(1728年)四月,湖广总督迈柱上奏治理"苗疆"宜"循雕剿之法",其中提到"镇筸凶苗倚恃险阻,山野之性难驯,故时入内地,肆行窃劫,或捉人掘骸,勒银取赎,向为邻近州县居民之害。"因此,"特设重镇,多布汛防"。① 当年十二月,湖广总督上奏密陈"改土归流"事,言称"永顺、保靖、桑植三土司(辖地涉及今龙山县、永顺县、保靖县、桑植县、古丈县、花垣县)新经'改土归流'……其建设营制,缘地方广阔,必声息联络相通,分布管辖,乃资弹压。"②一方面,说明汛防在治理湘西与保护邻近州县居民方面的作用,强调设置汛防的重要性;另一方面,承认对于新"改土归流"区域而言,设置防汛,建设营制,乃为管控主要方式。

因此,无论筸子坪长官司、五寨长官司,还是永顺、保靖、桑植等土司所辖区域营汛建设,一方面受地方自然地理形势影响多有限制,另一方面又受湘西治理经营之迫不及待的影响,在"改土归流"之初多处于探索设置阶段,并在中央与地方官员的共同商讨下逐步建立与调整。基于此,至晚在雍正八年(1730年)时已在这些区域之重要关隘设兵驻防(详见表6-1)。③

---

① 《湖广总督迈柱奏陈治理苗疆宜循雕勦之法折》,雍正六年四月二十日,《雍正朝汉文硃批奏折汇编》第12册,第241页。此处所指"苗疆"根据具体内容可知为"湘西苗疆",即湖南武陵山区(湘西)。

② 《湖广总督迈柱奏密陈永顺、保靖、桑植三处改土归流善后事折》,雍正六年十二月初二日,《雍正朝汉文硃批奏折汇编》第14册,第107页。

③ 雍正《湖广通志》卷14,《景印文渊阁四库全书》第531册,第446—451页。

表 6-1　雍正时期湘西关隘概况表

关隘名称	地理位置与驻兵情形(历史文献记载)
凤凰营	南与贵州铜仁府联连界,西北壤接红苗;康熙三十九年(1700年),以沅州镇总兵官移驻五寨司城为镇篁镇总兵官;康熙四十三年(1704年),复移辰沅靖道驻其地,添设凤凰营通判一员、吏目一员,革去土司,统归管辖;雍正四年(1726年),改吏目为巡检;雍正七年(1729年),将乾州旧辖拜亭以下、湾溪以上红苗一百零五寨、百户五名,改归凤凰营管辖
王会营	在司南六十里,营系原设,近亭子关,接壤铜仁府
池河营	新设,在司西边,直连贵州,并本省六里新抚红苗,西蜡耳、东糯塘,最关紧要,移游击一员,添设把总一员,带兵二百名驻防
岩　口	新设,在司西,系各寨要隘,移晒金塘守备,带兵一百名驻防;其晒金塘已属内地,改驻千总
地良坡	新设,在司西北,抵六里,设千总,带兵一百名,总控五冲
栗　林	新设,在司西,与六里鸦有寨交界;设把总,带兵四十名驻防
押宝寨	新设,在司西北,设把总,领兵四十名驻防
阳孟寨	新设,在司西北,与六里排彼交界;移守备,带兵一百名驻防
乾　州	康熙三十九年(1700年),以沅州镇游击一员移驻其地;康熙四十二年(1703年),添设同知一员、巡检一员;康熙五十三年(1714年),设下哨百户十九名,六里百户五名,约束苗人
镇溪所	在州东北。旧辖有苗地十里,其上六里隔保靖境,今新设吉多营管辖。唯下四里仍属所辖,东连泸溪县,北连永、保二县,西与红苗接壤;康熙三十一年(1692年),设守备一员驻防,今改驻千总
吉多营	在吉多坪,为上六里四应之地,扼要之区。东接镇篁属红苗,西接贵州木树汛,南接贵州芭茅坪汛,北接保靖新寨汛。雍正八年(1730年),苗民向化,建造新营,设永绥协副将一员、都司同知各一员、经历一员、把总二员驻其地
望高岭	在营东,外委一名,兵二十九名分防
排彼寨	在营东,与篁属红苗阳孟寨接界;外委一名,兵十九名分防
排补寨	在营东,守备一员,巡检一员,外委一名,兵九十九名分防
岩落寨	在营东,千总一员,兵三十名分防
隆团寨	在营西,守备、把总各一员,巡检一员,兵一百一十名分防
米糯寨	在营西,与四川酉阳接壤,千总一员,兵八十五名分防
补抽寨	在营南,把总一员,兵四十名分防
葫芦寨	在营南,把总一员,兵四十五名分防
夯尚寨	在营南,外委一名,兵十四名分防
鸭保寨	在营北,把总一员,兵五十名分防

关隘名称	地理位置与驻兵情形(历史文献记载)
尖 岩	在营北,千总一员,兵五十名分防
长潭寨	在营北,把总一员,兵五十名分防
谷坡寨	在营北,外委一名,兵十四名分防
排料寨	在营东南,外委一名,兵十四名分防
鸭由寨	在营东南,把总一员,兵五十五名分防
老王寨	在营西北,与四川酉阳接壤;外委一名,兵十九名分防
花园寨	在营西北,千总一员,兵一百名分防

资料来源:雍正《湖广通志》。

　　结合文献记载与表6-1可知,其池河营、岩口、地良坡、栗林、押宝寨(鸭保寨)、阳孟寨均为新设,属凤凰营,加之前所设王会营,共同为凤凰营之主要关隘。乾州所属则有镇溪所、吉多营、望高岭、排彼寨、排补寨、岩落寨、隆团寨、米糯寨、补抽寨、葫芦寨、夯尚寨、鸭保寨、尖岩、长潭寨、谷坡寨、鸭由寨(鸦酉寨)、排料寨、老王寨、花园寨等关隘。与雍正《湖广通志》所记载其他州县关隘相较而言,这一区域关隘设置与其他区域关隘不同,一方面是数量之多,远超其他州县;另一方面是清朝廷在这一区域内之关隘均设有兵士分防,或设守备、把总、千总等员,以凤凰营、池河营、镇溪所、吉多营、花园寨驻防兵力最多。

　　较之前一时期,对其境关隘之防守更为成熟。在营汛体系建设方面,镇筸镇(驻扎于今凤凰县)统领标下设中、左、右、前四营,驻扎五寨司苗边等处,并黔阳(今湖南省洪江市)、麻阳二县城汛;又有沅州协(今芷江侗族自治县),其兵驻扎沅州城并分防各驿路与水旱塘汛;九溪协(今慈利县)、永顺协(今永顺县)皆以雍正七年(1729年)"改土归流"之事拨兵分防新置之桑植县、保靖县各塘要隘或要隘塘汛;并于常德水师营内抽拨提标兵等改隶驻扎于吉多坪(今花垣县吉卫镇),安设各要隘险汛。① 从此处描述来看,镇筸镇内未言塘

────────

① 雍正《湖广通志》卷24,《景印文渊阁四库全书》第532册,第18—22页。

汛,仅吉多坪地有言安设各要隘险汛,较之雍正七年新设永顺县、桑植县、保靖县、龙山县,湘西"三厅"在汛塘体系建置上更缓。所言吉多坪安设各要隘险汛应即指在其关隘设汛,按此推断,则这一区域关隘派兵防守性质与汛塘一致,可以认为湘西关隘之防守设置为其汛塘体系设置基础。

因而这一时期为湘西地区营汛建设并未形成明显体系的初建与萌芽时期。汛兵设置亦存在弹性,并未固定。如雍正十年(1732年)三月,谕内阁:

> 湖南镇箪镇,地接苗疆,原辖四营,额设兵丁三千名,以资弹压。嗣因议分四路塘汛,直抵六里新营。该抚以六里新经招抚,地方紧要,奏请添设兵丁四百名,曾经部议准行。今闻六里开辟之地,所设永绥协营,幅员五百余里,以形势而论,尚在镇箪之外,止安设兵丁一千六百名。至镇箪所管苗疆界址,亦仅五百余里,现有额兵三千。较之永绥兵制,数已加倍,且永顺、保靖等处,已建设营汛,与镇箪益成犄角。是镇箪额设之兵,尽足以供守卫而资调遣,新增兵丁,甚属无益。著该督抚、提镇等,确查地方形势。有要紧营汛,应添兵丁之处,即将镇箪新设之四百名,酌量派拨,以资防御,不必固执前见。务于地方营伍,实有裨益,以为经制久远之计。①

即认为汛兵之数量与地方形势密切相关,是否增添均从是否可资防御出发。同时,提出永顺、保靖之营汛与镇箪之营汛互为犄角,实为共同治理湘西地区的军事体系,凸显了"周边"对于"核心"之控御。② 至雍正十二年(1734年)时即初步表现出"(湘西)苗疆一带地方塘汛联密、星罗棋布,皆有重兵屯扎……"③局面,说明经过"改土归流"后几年的建设,地方营汛体系得到了很好的发展。

---

① 《世宗宪皇帝实录》卷116,雍正十年三月,第7537页。

② 此处"周边"与"核心"以红苗聚居之六里地域为标准,即后之凤凰、乾州、永绥三厅为中心,其他则为周边。

③ 《署湖南巡抚钟保奏请恩加辰永靖道兵备之衔以便巡查苗境折》,雍正十二年十月十七日,《雍正朝汉文硃批奏折汇编》第27册,第145页。

二、乾隆时期营汛体系的完善

乾隆时期,营汛体系建设在"康雍时期"基础上发展得更为全面,各地方志对其记载也更为详细(详见表6-2至表6-6)。

表6-2　乾隆时期凤凰厅营汛塘卡表

名　　称	备注（文献所载兵数、形势等）
凤本岩地	控制诸苗,设重镇于城中,列营分汛,棋布星罗,防边安内之计,可谓至矣;雍正八年(1730年),开辟六里,镇标安设塘汛,直抵六里新营
芦荻坳	离镇城五里,山险坡高,声势联络,击柝相闻,以备守望;汛兵五名
新路坡	汛兵五名
小箭道卡	
老营哨卡	
团鱼脑	
聂家塘卡	
全胜营	
隘　口	
龙鄂营	西北五里至教场坪,此系苗寨,与隘口二汛为犄角之势;驻外委把总一员,兵丁二十名
教场坪	驻把总一员,兵丁十六名
浪中江	汛兵五名
凤凰营	厅标把总一员,带领兵丁五十名
威远营	系黔、楚接壤要隘,数汛犄角声援,防范捍卫;驻千总一员,兵丁二十六名
庆宁营	汛兵五名
三岔隘	
亭子关	西南一里抵贵州铜仁县属民村生意脑交界,汛兵五名
麻　冲	西北二十里至仡佬寨。驻外委把总一员,兵丁十三名
仡佬寨	北六里至新寨,西北一里五分至贵州铜仁协岩坳汛交界;驻外委把总一员,兵丁十三名
新　寨	北三里至池河营,东七里至乌巢河,抵前营汛;驻守备一员,把总一员,总一员,兵丁一百五十五名

续表

名　称	备注(文献所载兵数、形势等)
池河营	汛兵五名
苟　若	汛兵十名
栗　林	北四里至黑土寨,又五里至凉水井;驻把总一员,兵丁三十七名
黑土寨	北一里抵永绥协,与石岩汛交界;汛兵十五名
潭　江	汛兵七名
四路口	汛兵七名
长　坪	西南六里七分至盛华哨,西十五里八分至糯塘下寨,北八里六分至骆驼冲。驻游击一员,把总一员,带领兵丁九十九名
糯塘下寨	汛兵十名
黄茅坡	汛兵十名
骆驼冲	驻把总一员,兵丁二十五名
木　里	汛兵十名
万溶江	汛兵十名
塘　寨	汛兵十名
火略坪	驻外委把总一员,兵丁二十八名
岩　口	驻守备一员,把总一员,兵丁一百零八名
天星寨	驻外委把总一员,兵丁二十三名
龙蛟洞	驻外委一员,兵丁二十八名
凉水井	汛兵十名
司门前	驻千总一员,兵丁二十五名
太平关	汛兵十名
老婆潭	驻把总一员,兵丁二十六名
赤兰坪	汛兵十名
庙　坳	汛兵十名
火烧滩	汛兵六名
新　寨	驻千总一员,兵丁二十三名
下硬寨	汛兵十名
硬　寨	汛兵五名
岩板井	汛兵五名
盛　华	外委把总一员,兵丁十二名

续表

名　　称	备注(文献所载兵数、形势等)
孤　塘	汛兵十名
打　郎	汛兵十名
花狗田	汛兵六名
靖疆营	汛兵八名
高楼哨	汛兵六名
得胜营	驻游击一员,外委把总一员,兵丁七十六名
武定营	汛兵六名
三脚岩	驻外委把总一员,兵丁十八名
龙潜营	汛兵五名
瑞安营	汛兵五名
龙滚营	驻把总一员,兵丁二十四名
龙凤营	汛兵六名
晒金塘	驻千总一员,兵丁二十八名
重郎坡	汛兵五名
旧司坪	驻外委把总一员,兵丁十八名
杀苗坪	汛兵四名
木林坪	汛兵五名
湾　溪	汛兵五名
火麻营	汛兵十名
上麻冲	汛兵十名
地良坡	驻千总一员,兵丁四十一名
暴木营	驻外委一员,兵丁十八名
鸭保寨	驻守备一员,把总一员,兵丁一百零八名

续表

名　　称	备注（文献所载兵数、形势等）
隆　　朋	驻外委一员,兵丁十八名
米　　坨	汛兵十名
旦　　喇	汛兵十名

资料来源:乾隆《凤凰厅志》。

表6-3　乾隆时期乾州厅营汛塘卡表

名　　称	备注（文献所载兵数、形势等）
二炮台	离乾城五里,旧建边墙,时依山为四台,声势联络,击柝相闻,以备守望,此其一也;南至右营湾溪汛五里,系镇箪大路转西小道至龙图营八里;汛兵五名
龙图营	西至强虎哨三里,汛兵五名
强虎哨	西南三里至右营平隆汛,东五里至劳神寨,西五里至岔溪,此汛扼凤属□苗寨,溢与劳神、两岔二汛为犄角之势;驻千总一员,兵丁三十名
两岔溪	西五里至龙爪溪,汛兵十名
龙爪溪	西五里至岑头坡,汛兵十名
岑头坡	西十里至右营鸭保寨
小　　庄	离乾城五里,东至大庄汛十五里;汛兵五名
大　　庄	东十里至河溪汛,汛兵五名
河　　溪	东三十里至辰协潭溪汛,汛兵五名
镇溪所	乾溪东北十五里,东过渡五里至镇靖营,北八里至镇宁营,此为永、保各处水陆要害;驻千总一员,汛兵五十名
镇靖营	东北五里至溪头,东十五里至着落汛;汛兵五名
溪　　头	东北五里至新建营,汛兵四名
新建营	东北五里至良章营,汛兵五名
良章营	东北五里至榔木坪,北五里至然杓,连冈叠嶂,磴路崎岖,汛兵五名
榔木坪	东五里至喜鹊营,山路峻陡难行;汛兵五名
喜鹊营	东六里至永顺龙鼻嘴,北三里至保□荡坨汛,皆系羊肠鸟道,与永、保两汛为犄角;驻把总一员,汛兵四十七名

续表

名　　称	备注(文献所载兵数、形势等)
着落村	东八里至把布寨,汛兵四名
把布寨	东十五里至烂草坪,汛兵四名
烂草坪	东三里至马泥村,驻外委把总一员,汛兵十九名
马泥村	东五里至辰协溪口汛,以上自着落至马泥汛俱系民地,山路崎岖,草木丛并不输蜀道难也;汛兵四名
然 构	北五里至然蜡脑,汛兵十名
然蜡脑	北五里至夯坨,汛兵十名
夯 坨	北十五里至保靖营夯沙汛,驻外委把总一员,汛兵二十九名
仙镇营	离乾城五里,北五里至马滚坡,行山峡中,石嶙峻嶒,不能安步;汛兵五名
马滚坡	坡高五里许,下临绝壑,雨则上下危险,北五里至镇宁营,汛兵八名
镇宁营	北五里至木林隘,东南五里至镇溪所,汛兵五名
木林隘	西十五里至平郎营,磴路高下陡险,舆马难行,中有平郎渡。汛兵五名
平郎营	西五里至老平郎寨,裹涉河者三四次,其水常没马腹,雨涨则不能过;驻外委把总一员,汛兵十名
老平郎	西五里至鬼者,依山临河,径路欹仄,盘旋山腰。汛兵十名
鬼 者	西北过河上天门山,最为高峻险要,手足并行十五里至杨孟寨,西南十里至桃枝汛,此为永绥咽喉;驻外委把总一员,汛兵九名
杨孟寨	西北十里至永绥排比汛,驻守备一员,把总一员,汛兵一百名
桃枝寨	西三里至大新寨,汛兵十名
大新寨	西七里至排楚汛,驻把总一员,汛兵三十名
排楚汛	西五里至黄脑寨汛,汛兵十名
黄脑寨	西三里至高岩汛,又三里至永绥粮仓高岩汛,汛兵十名
高 岩	西北十三里至永绥望高岭汛,乾州往永绥水路止此,其陆路白鬼者至此,俱系高山峻岭,鸟道一线,左倚峭壁,右临深河;汛兵十五名
一渡水	离州城三里,西至三岔坪三里,汛兵五名
三岔坪	西至麦地溪五里,汛兵二十名
麦地溪	西北至劳神寨五里,西至强虎哨五里,南至龙图营五里,汛兵十名
劳神寨	万山围绕,深在"苗巢",为强虎哨犄角,相去五里;驻厅标把总一员,汛兵五十名

资料来源:乾隆《乾州志》。

表 6-4 乾隆时期永绥厅营汛塘卡表

名 称	备注(文献所载兵数、形势等)
翁岔塘	兵十五名
广车塘	兵十名
排补美汛	驻守备一员,外委把总一员,兵八十九名
排比(彼)汛	驻外委千总一员,兵十九名
岩落汛	驻千总一员,兵三十名
排料讯	外委把总一员,兵十四名
补抽汛	分汛,把总一员,汛兵二十五名
夯尚汛	分汛,外委一员,汛兵十九名
盘打构汛	汛兵二十名
鸦有(西)汛	分汛,把总一员,汛兵五十名
泛石岩汛(塘)	汛兵十名
葫芦坪汛	驻把总一员,汛兵五十名
杆子坪汛	汛兵十名
著盘汛(塘)	汛兵五名
小排吾汛	汛兵十名
鸭保汛	汛兵四十四名
刚溪汛(塘)	汛兵十名
着落汛(塘)	汛兵十名
米糯汛	分汛,千总一员,汛兵四十五名
木树河汛(塘)	汛兵十名
李梅汛(塘)	汛兵十名
老王寨汛	分汛,外委一员,汛兵十四名
茶洞汛	汛兵五名
泓场汛	汛兵十名
洞乍汛(塘)	汛兵十名
潮水溪汛(塘)	汛兵十名
张坪马汛(塘)	汛兵十名
隆团汛	千总一员,汛兵八十名
后土坡汛(塘)	汛兵十名
摆头冲汛(塘)	汛兵十名

续表

名　称	备注（文献所载兵数、形势等）
窝郎榜汛（塘）	汛兵十名
花园汛	驻扎守备一员,外委一员,汛兵一百名
河口汛	分汛,外委一员,汛兵二十名
蜡耳堡汛（塘）	汛兵五名
排乍汛（塘）	汛兵五名
尖岩汛	分防,千总一员,汛兵三十名
夯都汛（塘）	汛兵十名
齐溪汛（塘）	汛兵十名
假明汛（塘）	汛兵五名
略把汛	汛兵十名
老铁坪汛（塘）	汛兵十名
谷坡汛	分汛,外委一员,汛兵十四名
长潭汛	分汛,把总一员,汛兵二十五名
擢马卡汛（塘）	汛兵五名
排蜡弩汛	汛兵十名
水坳塘	兵十名
高岭汛	兵十九名
高岩汛	驻右营把总一员,兵三十名;外委一员,兵二十名
铅厂塘	兵十名
老旺寨塘	兵五名

资料来源:乾隆《湖南通志》（据乾隆二十二年刻本影印）与乾隆《辰州府志》（据乾隆二十年刻本影印）。另:括弧内与最后之水坳塘、高岭汛、高岩汛、铅厂塘、老旺寨塘为乾隆《辰州府志》所载。从两者所载相同汛塘可见,在地方官员笔下,汛与塘并无差别,因而在同一时期不同方志中同时出现两种称呼。

表6-5　乾隆时期永顺县营汛塘卡表

名　称	备注（文献所载兵数、形势等）
金鱼潭塘	汛兵各五名
别些（坡）塘	汛兵五名
旧司治汛	分防把总一员,汛兵十六名

名　　称	备注（文献所载兵数、形势等）
西喇塘	汛兵三名
虎视坪塘	汛兵五名
倚窝坪塘	汛兵五名
小龙村塘	汛兵五名
博古坡塘	汛兵五名
王村汛	水汛,分防千总一员,汛兵二十名
一碗水塘	汛兵五名
新寨塘	汛兵五名
旦武营汛	分防把总一员,汛兵四十六名
土蛮坡（塘）汛	外委一员,汛兵十九名
勺哈塘	汛兵五名
傍胡（湖）塘	汛兵五名
小井塘	汛兵三名
牛栏溪塘	以上西路陆塘
李家坪塘	汛兵二名
细砂坝塘	汛兵二名
颗砂塘	汛兵二名
岩门塘	汛兵五名
贮库坪塘	汛兵五名
洗坝湖汛	分驻外委一员,汛兵十名
贺虎塘	汛兵五名
龙爪关塘	汛兵五名
麻阳坪塘	汛兵五名
毛坪塘	汛兵五名
高望塘	汛兵五名
山枣溪塘	汛兵五名
树坪塘	汛兵三名
七溪塘	汛兵三名
夹树坪塘	汛兵三名
惹毛塘	汛兵三名

续表

名　称	备注（文献所载兵数、形势等）
王家峒塘	汛兵五名
田家峒塘	汛兵五名
洗溪塘	汛兵五名
龙鼻嘴塘	汛兵十五名
杉木村塘	汛兵三名
万氏(民)峒塘	汛兵五名
中寨塘	汛兵三名
喇集溪塘	汛兵三名
列夕塘	汛兵三名
三百峒塘	汛兵三名
南渭州塘	水塘,汛兵三名
新寨塘	汛兵五名
官坝塘	汛兵五名
茅坪塘	汛兵五名
凤滩汛	水汛,兵数不详
捧夕岭塘	兵数不详
倚窝坪塘	兵数不详
水井塘	兵数不详
施溶溪塘	兵数不详
李家坪塘	兵数不详
桑木滩塘	兵数不详

资料来源:乾隆《湖南通志》(据乾隆二十二年刻本影印)、乾隆《永顺县志》(据乾隆五十八年刻本影印)。《通志》记载汛兵数量较为详细,《县志》仅记总数,因而此处以《通志》所载为基础

表6-6　乾隆时期保靖县营汛塘卡表

名　称	备注（文献所载兵数、形势等）
白棲关塘	汛兵五名
巴慈塘	汛兵三名
格者湖塘	汛兵五名
积谷庄塘	汛兵五名

名　称	备注(文献所载兵数、形势等)
尧洞塘	汛兵三名
塔普塘	分设外委一员
鱼塘塘	汛兵五名
涂乍塘	汛兵五名
乱岩溪塘	汛兵五名
排若塘	汛兵五名
葫芦寨汛	分防把总一员,汛兵二十二名
大岩塘	汛兵五名
夯不吾塘	汛兵五名
中坝塘	汛兵七名
卡大让塘	汛兵五名
鼻子寨塘	汛兵十三名
两岔河塘	汛兵五名
夯己汛	分驻分委一员,汛兵十三名
依堵堵塘	汛兵八名
排大坊汛	分驻把总一员,汛兵二十一名
夯略峡塘	汛兵十名
空坪塘	汛兵十名
夯沙汛	分驻千总一员,汛兵四十五名
阿稞塘	汛兵十名
格若汛	分驻把总一员,汛兵二十一名
新寨塘	汛兵五名
清水江塘	汛兵五名
古铜溪汛	分驻把总一员,汛兵二十一名
桐油坪塘	汛兵五名
宾洞河塘	汛兵五名
普棲塘	汛兵三名
西落汛	分驻外委一员,汛兵五名
小江口塘	汛兵三名
扒母寨塘	汛兵三名

续表

名　　称	备注（文献所载兵数、形势等）
杉木树塘	汛兵八名
里耶汛	分驻外委一员,汛兵十四名
普戎塘	汛兵三名
昂洞塘	汛兵三名
龙马嘴	汛兵八名
誓溪河塘	汛兵五名
龙溪塘	汛兵五名
马老胡塘	汛兵二名

资料来源:乾隆《湖南通志》。

　　表6-2至表6-6所列乾隆时期凤凰、永绥、乾州三厅及永顺、保靖二县汛塘设置状况,较之"康雍时期"这一区域汛塘的设置状况:

　　第一,就汛塘设置数量而言,乾隆时期远远超过"康雍时期"所置汛塘总量,且这一时期地方志明确记载了各地"塘汛"系统,将其确定为这一地区基层军事管理单位。而凤凰、永绥、乾州三厅所置汛塘,在"康雍时期"多属于议论添设时期,并未形成相对稳定或固定的系统。至雍正八年(1730年)时,基本形成以其境内"关隘"为中心的"汛塘"体系,在重要关隘设游击、守备、千总、把总等带兵防守,但仅有27处,且大多位于凤凰、永绥二厅境内。经雍正后期及乾隆初期对这一区域的经营,至晚在乾隆中期便形成了较为稳定与完善的汛塘体系,在总量上远超前一时期,凤凰厅境内有大小汛塘75处,永绥厅有50处,乾州厅有40处,合计共165处。

　　第二,在具体设置方面,延续"康雍时期"的设置,以三厅各要隘为中心,以"康雍时期"各地方官员所提出之具体建议及已设"关隘"(汛塘)为基础,深入苗寨。从乾隆时期凤凰、乾州、永绥三厅所置汛塘可见,雍正四年(1726年)所呈《湖广镇篁副将董象台奏陈添设汛兵事宜折》中议设之芭蕉冲、下硬寨、东坡边苗上下寨地方、湾溪地方四汛,芭蕉冲疑因其地"水泉甚少",后并未设置;下硬寨于乾隆时设汛,安汛兵十名,守兵较之硬寨为多;东坡边苗上下寨地方亦未见设置;湾溪地方依其所言,置小汛,安兵五名。①

又根据具体形势对原有兵数等进行调整,如池河营在雍正时期为最关紧要之地,设游击一员、把总一员,带兵二百名驻防,②至乾隆时期则仅设汛兵五名。③ 考池河营之设置始于明永乐五年(1407 年),招抚"叛苗"后,为控制"苗蛮"而置④,因而在"改土归流"初期仍设重兵驻守。至乾隆时期,以池河等地"効顺有年",仅设汛兵五名。又地良坡雍正时派兵 100 名驻防,乾隆时则减为 41 名。考其地昔为"征苗粮运必由(之路)"⑤且地势险要,递运艰难,又与"生苗"近,因此留兵较多,至乾隆时期,在其附近设上麻冲(今凤凰县竿子坪镇麻冲村)腰站⑥等汛塘,皆置兵防守。其他如补抽汛、米糯汛、隆团汛、尖岩汛、长潭汛等所置兵数均裁减较多,夯尚汛、葫芦坪汛则稍有增加,其余汛塘兵数基本未发生改变。

第三,永顺县与保靖县汛塘体系快速建立。雍正《湖广通志》编纂时已有言于"改土归流"后新设桑植、保靖等县各要隘汛塘,说明自"改土归流"完成后,清朝廷即开始着手建设其境之汛塘体系,以控御其地,至雍正十年(1732 年)时其境所置营汛已与镇筸形成掎角之势,雍正十二年(1734 年)已"塘汛联密,星罗棋布"。据乾隆《湖南通志》、乾隆《辰州府志》、乾隆《永顺县志》等记载,至乾隆时期,永顺县境内共置汛塘 53 处,保靖县 42 处。较之两县与三厅汛塘设置过程,两县汛塘体系的建立速度明显快于三厅,其原因应与清朝廷较早在永顺、保靖二土司系统内设置同知、经历等流官参与"管理",又土司"改土归流"时呈有"地图"等相关,而最为主要之因素是自然地理形势及"土、苗向化"程度的不同。

---

① 参见乾隆《凤凰厅志》卷 16,《故宫珍本丛刊》第 164 册,第 94 页。
② 雍正《湖广通志》卷 14,《景印文渊阁四库全书》第 531 册,第 446—447 页。
③ 乾隆《凤凰厅志》卷 16,《故宫珍本丛刊》第 164 册,第 94 页。
④ 参见乾隆《沅州府志》卷 48,《稀见中国地方志汇刊》第 40 册,中国书店 1992 年版;道光《凤凰厅志》卷 3,《中国地方志集成·湖南府县志辑》第 72 册。
⑤ 刘应中:《康熙二十四年平苗记》,《湖南苗防屯政考》卷 3,《国家图书馆藏清代兵事典籍册档案册汇览》第 43 册,学苑出版社 2005 年版,第 470 页。
⑥ 道光《凤凰厅志》卷 11,《中国地方志集成·湖南府县志辑》第 72 册,第 190 页。

总之，相对于"康雍时期"汛塘体系建设而言，乾隆时期湘西汛塘体系已相当庞大与成熟，并形成了相对稳定的格局，直至"乾嘉苗民起义"爆发。

三、"乾嘉苗民起义"后营汛体系的调整与变化

"乾嘉苗民起义"，即乾隆六十年至嘉庆十一年（1795—1806 年）间爆发于今湘、鄂、渝、黔四省市交界地域的"苗民起义"。据吴荣臻研究，参加这一起义的人数多达二十万，涉及当时湖南凤凰、永绥、乾州、麻阳、泸溪、辰溪、沅陵、保靖、永顺，贵州松桃、铜仁、印江和四川酉阳等府厅州县的大片苗民聚居区域，折损清朝兵力甚多，消耗战费达七百多万两白银。[1] 给湘西地方与清朝都带来了非常重大的影响。起义结束后，如何避免"苗民起义"的再次发生，如何更有效地管理和控制这一地域成为清朝廷面临的又一重大问题。基于此，各地方官员根据地方情形提出了多种善后方法，而军事体系的调整与完善成为其中最为重要的部分。

严如熤言"（湘西）苗疆设立各汛，讲于稽防者，亦密矣。而布在苗巢之中，其所为某营某汛者，不过数人、数十人，徒形单弱，无益防维。此次勘定之后，审度时势，议为添兵并汛，而于苗巢另设苗弁，以资稽防。盖以苗治苗，诚边防大计焉。……至设弁必有衙署，增兵必添营房，边徼新定，百废具兴，擘画尤有非易者。"[2]道出湘西营汛设置之重要性，而经历动乱之后，如何"审度时势"添设营汛至关重要。

嘉庆元年（1796 年）和琳即有奏言"苗疆营汛应分别归并，以联声势"，且提出在平定"苗民起义"后，应于湘西所属凤凰、永绥、乾州三厅"择其要隘处所，酌添兵丁及文武大员以资弹压"，而以分驻湖南武陵山（湘西）腹地汛塘之

---

① 吴荣臻：《乾嘉苗民起义史稿》前言，贵州人民出版社 1985 年版，第 3 页；吴荣臻：《关于乾嘉苗民起义的几个问题》，《苗族史文集——纪念乾嘉起义一百九十周年》，湖南大学出版社 1986 年版；吴荣臻主编：《苗族通史》，民族出版社 2007 年版等对此皆有叙及。
② 《苗防备览》卷 11，第 602 页。

额兵不能管理或弹压苗民,建议将湘西"苗境内所有零星塘汛,全行撤出"。①

嘉庆二年(1797年),毕沅、姜晟、鄂辉等亦建议"将孤悬苗疆零星塘汛撤回"②,并奏言湘西所属"凤凰、永绥、乾州等处兵力较单",请"于事定后择其要隘处所,酌添兵丁及文武大员以资弹压"等。③

基于上述建议,清朝廷一方面审时度势,根据具体形势变化在原所设汛塘基础上设营添兵或另设新营拨兵驻守;另一方面按和琳所奏,将湘西苗民聚居区域内散漫零星之汛塘全行撤出。与乾隆时期所置汛塘相比,在数量与具体设置上均发生了重大变化(详见表6-7至表6-11)。④

表6-7　嘉庆时期凤凰厅营汛塘卡表

名　　称	备注(文献所载兵数、形势等)
观景山营卡	驻千总一员,兵四十名
冷风坳营卡	驻把总一员,兵四十名
大坡脑营卡	驻外委一员,兵三十名
坨田二坳营卡	驻外委一员,兵十九名
青坪湾营卡	驻额外一名,兵十五名
擂草坡营卡	驻外委一员,兵三十名
凤凰营	驻中营守备一员,把总一员,外委一员,额外一名,兵二百二十名
落潮井汛	驻把总一员,外委一员,兵四十名
鸦拉营汛	驻把总一员,额外一名,兵三十六名
宜都营	驻外委一员,兵三十名
苗蓿冲汛	驻千总一员,外委一员,兵七十名
得胜营	驻扎游击一员,把总一员,外委一员,额外一名,兵三百名
城北黄岩江汛	驻外委一员,兵二十八名

---

① (清)鄂辉:《平苗纪略》卷30,《清代方略全书》第46册,北京图书馆出版社2006年影印本,第644页。

② 《湖南苗防屯政考》卷首,《国家图书馆藏清代兵事典籍档册汇览》第43册,第92—93页。

③ 《平苗纪略》卷41,《清代方略全书》第47册,第578—579页。

④ 表6-7至表6-11资料来源均为《苗防备览》"营汛考"。

续表

名　称	备注（文献所载兵数、形势等）
四方井汛	驻外委一员,兵二十名
清溪哨汛	驻千总一员,额外一名,兵六十名
黄土坳汛	驻外委一员,兵二十名
靖江营汛	驻千总一员,额外一名,兵六十名
高楼哨	驻外委一员,兵二十名
三脚岩汛	驻外委一员,兵三十名
旧司坪汛	驻把总一员,兵四十名
龙滚汛	驻把总一员,兵四十名
晒金塘汛	驻右营中军守备一员,把总一员,额外一员,兵二百名
廖家桥	驻都司一员,把总一员,外委二员,额外二名,兵二百四十名
城西泉盛营汛	驻千总一员,外委一员,兵七十名
乐豪汛	驻守备一员,把总一员,外委一员,兵二百名
樱桃坳	驻把总一员,兵四十名
菖蒲塘	驻兵十名
四路口汛	驻千总一员,外委一员,兵八十名
潭江汛	驻把总一员,兵四十名
岩门营	驻游击一员,千总一员,把总一员,外委一员,兵三百名
麻阳县城左营	游击中军守备一员,把总一员,额外一名,兵二百名
石羊哨	千总一员,外委一员,兵六十名
芦荻坳	额外一名,兵十一名
高村汛	把总一员,兵四十名
滥泥汛	把总一员,兵三十名
太平溪汛	驻外委一员,兵三十名
九曲湾汛	驻外委一员,兵二十名
齐天汛	驻外委一员,兵二十名
其他	原设米沙、小坡、铜信溪、江口、陇家铺、黄桑林、袁坪、陶伊、迷河、渡头、龚溪、石野、南村共十三塘,每塘兵五名,共兵六十五名,照旧安设;其蓬溪塘、潭家寨、白泥田三塘,原设兵三名,各添兵二名,共十五名

表6-8　嘉庆时期乾州厅营汛塘卡表

名　称	备注（文献所载兵数、形势等）
城　内	驻副将一员,中军都司一员,千总一员,把总一员,外委一员,额外一名,兵三百名
湾溪汛	驻守备一员,把总外委各一员,额外一名,兵一百四十名
三岔坪汛	驻千总一员,兵四十名
强虎哨汛	驻守备一员,把总一员,外委一员,兵一百六十名
河溪汛	驻千总一员,外委一员,额外一名,兵八十名
桂岩坡	驻外委一员,兵二十名
上庄园	驻外委一员,兵二十名
田家园	驻外委一员,兵二十名
标营坡	额外一名,兵二十名
小庄汛	驻外委一员,兵二十名
中岩屋汛	驻额外一名,兵二十名
张排寨汛	驻千总一员,兵四十名
镇溪营	游击一员,把总二员,外委一员,额外一名,兵二百二十名
喜鹊营汛	驻守备一员,把总一员,外委一员,兵二百名
镇靖营汛	驻额外一名,兵二十名
溪头营汛	驻把总一员,兵三十名
良章营汛	驻把总一员,兵三十名
鸦溪汛	驻外委一员,兵二十名

表6-9　嘉庆时期永绥厅营汛塘卡表

名　称	备注（文献所载兵数、形势等）
花园镇	副将一员,都司一员,千总一员,把总二员,外委二员,额外二名,兵五百名
西山梁营卡	驻把总一名,额外一名,兵八十名
北山梁营卡	驻把总一名,额外一名,兵八十名
滚牛坡营卡	驻守备一员,把总外委各一员,额外一名,兵一百六十名
吉多下寨汛	驻外委一名,兵五十名
黄土坡汛	驻千总一员,外委一员,兵六十名

名　称	备注（文献所载兵数、形势等）
董马汛	驻把总一员，额外一名，兵五十名
城西葫芦坪汛	驻千总一员，额外一名，兵六十名
杆子坳汛	驻外委一员，兵二十名
城北小排吾汛	驻外委一员，兵二十名
鸭保寨汛	驻守备一员，把总一员，外委一员，额外一名，兵一百六十名
镇北腊耳堡汛	驻千总一员，额外一名，兵六十名
河口汛	驻外委一员，兵二十名
镇西凉水井汛	驻中营游击，中军守备一员，把总一员，外委一员，额外一名，兵一百六十名
排楼寨	驻外委一员，兵四十名
隆团营	驻都司一员，千总一员，把总一员，外委一员，额外一名，兵三百名
镇东张坪马汛	驻把总一员，兵六十名
刚刚寨	驻外委一员，兵二十名
沙子坳	驻右营都司中军守备一员，把总一员，外委一员，兵一百六十名
镇西老旺寨	外委一员，兵四十名

表 6-10　嘉庆时期永顺县营汛塘卡表

名　称	备注（文献所载兵数、形势等）
古仗坪营	向无营汛，惟于附近之旦武营、土蛮坡、龙鼻嘴、山枣溪、新寨五处设把总一员，外委一员，兵七十名，分防；嘉庆二年（1797 年），以该处为永保藩篱，奏添设古仗坪营，设都司一员，千总二员，把总二员，外委二员，额外三名，兵四百名，合原驻兵七十名，共兵四百七十名驻扎本营，分安各汛
本　营	驻都司一员，把总一员，额外一名，兵一百八十名
土蛮坡汛	驻把总一员，兵三十名
旦武营汛	驻千总一员，兵四十名
龙鼻嘴汛	驻千总一员，兵四十名
新寨汛	驻外委一员，兵二十名
南山枣溪汛	兵十名
黑潭坪汛	驻把总一员，兵四十名

名　　称	备注（文献所载兵数、形势等）
曹家坪汛	驻外委一员,兵二十名
床机坡汛	驻外委一员,兵二十名
南岩坳汛	驻额外一员,兵十六名
南排沙汛	驻额外一员,兵二十名
卖若塘	兵六名
半坡塘	兵六名
河蓬塘	兵六名
蔡家庄塘	兵六名

表 6-11　嘉庆时期保靖县营汛塘卡表

名　　称	备注（文献所载兵数、形势等）
县　　城	驻参将一员,中军守备一员,把总一员,外委一员,兵二百名
城东二月坡汛	驻外委一员,兵二十名
城南丛桂坡汛	驻外委一员,兵二十名
城西南龙头山汛	驻额外一名,兵二十名
城西北烟霞山卡	驻额外一名,兵二十名
城西北狮子桥管卡	驻千总一员,额外一名,兵五十名
城东北鳌溪汛	驻把总一员,兵四十名
城东北集古汛	驻外委一员,兵三十名
城东北岩板桥汛	驻额外一名,兵二十名
城东北梯拉汛	驻额外一名,兵三十名
城东三岔河汛	驻额外一名,兵二十名
城南古铜溪汛	驻把总一员,兵五十名
城南新寨汛	驻外委一员,兵三十名
城东南格者汛	驻外委一员,兵二十名
城东南涂乍汛	驻把总一员,兵五十名
城东鱼塘汛	再额外一名,兵二十名
城东葫芦汛	驻千总一员,额外一名,兵七十名
城东积谷汛	驻把总一员,兵四十名

名　　称	备注(文献所载兵数、形势等)
城东大岩塘汛	驻额外一名,兵二十名
城西乱岩溪汛	外委一员,兵三十名
城西里耶汛	驻外委一员,兵三十名
城西江口汛	驻额外一名,兵二十名
城西龙溪汛	驻外委一员,兵三十名
其他	旧设龙马嘴塘、誓溪河、马老乎(胡)、普戎、昂峒、扒木(母)寨、杉木树、白栖关、巴惹、尧洞、排若、普溪、西落汛、清水江塘、桐油坪塘、费峒(宾洞)河塘共十六塘汛,兵七十二名,照旧安设

据表6-7至表6-11,嘉庆时期凤凰厅共设营汛(塘)43处,永绥厅20处,乾州厅18处,保靖县39处,永顺县16处,总体数量较之乾隆时期大为缩减,但又不仅仅是单一裁减,而是有增有减。

第一,凤凰厅(治今凤凰县)境内添设了观景山、冷风坳、大坡脑、坨田二坳、清坪湾、擂草坡六营卡(均位于今凤凰县沱江镇)为镇篁城外保障;新设落潮井(今凤凰县落潮井镇①)、鸦拉营(今阿拉营镇)、宜都营(今阿拉营镇宜都村)、苜蓿冲(今廖家桥镇苜蓿冲)、太平溪(今址不详)、九曲湾(今址不详)、靖江(疆)营(今吉信镇大桥村靖疆营)、清溪哨(今沱江镇青瓦村)、黄土坳(今沱江镇黄土坳)、四方井(今沱江镇四方井)、黄岩江(今木江坪镇西南境)、乐豪(今廖家桥镇西境)、泉盛营(今廖家桥镇永兴坪村)、菖蒲塘(今廖家桥镇菖蒲塘村)等汛。

而雍正、乾隆时期所置凉水井、苟若塘、黑土寨、威远营、麻冲汛、三岔隘、亭子关、龙鄂营、庆宁营、教场坪、隘口、仡佬寨、池河营、新寨、米坨、鸭保寨汛、地良坡、老婆潭、武定营、赤兰坪、庙坳、隆朋、旦喇、暴木营、上麻冲、火麻营、重郎坡、龙凤营、杀苗坪、瑞安营、木林坪、司门前、骆驼冲、盛华、火略坪、天星寨、

① 此部分所言凤凰厅各塘汛均在今凤凰县内,因而笔者标注今名时为避免县级政区名称的重复,在镇级行政区划名称前省略"凤凰县"三字。

龙蛟洞、太平关、火烧滩、下硬寨、孤塘、木里、打郎、万溶江、花狗田等,位于今凤凰县廖家桥镇都里村、竿子坪镇三拱桥村、麻冲乡、山江镇、千工坪镇、腊尔山镇、两林乡、禾库镇境内的塘汛,均因地处苗民聚居区域深处,皆为和琳所奏"散漫零星"且"孤悬苗境"①,应概行撤出之塘汛,而一律撤出。

第二,乾州厅(治今吉首市)根据形势新添设了桂岩坡、上庄园、田家园、标营坡(以上四汛均位于今吉首市乾州古城附近②)、岩屋汛(今河溪镇中岩屋村)、张排寨汛(今河溪镇张排寨村)、鸦溪汛(今吉首市区雅溪社区)7汛。以龙图营、两岔溪、龙爪溪、岑头坡、大庄、新建营、着落村、把布寨、烂草坪、马泥村、然杓、然蜡脑、夯坨、仙镇营、马滚坡、镇宁营、木林隘、平郎营、老平郎、鬼者、杨孟寨、桃枝寨、大新寨、排楚汛、黄脑寨、高岩、一渡水、三岔坪、麦地溪、劳神寨等,位于今吉首市矮寨镇、己略乡、白岩乡、太平乡、排吼乡、丹青镇、排绸乡境内的31处塘汛"散漫零星,孤悬苗境",概行撤出。

第三,永绥厅(治今花垣县)境新设城外西山梁营卡、北山梁营卡、滚牛坡营卡、吉多下寨汛、黄土坡汛(以上五汛均位于今花垣县吉卫镇境内)、董马汛(今花垣县排吾乡董马村)、排楼寨(今花垣县花垣镇排楼村)、刚刚寨(今花垣镇西南境)、沙子坳(今花垣县石栏镇砂子坳村)等营汛。

以"散漫零星,孤悬苗境",撤出了位于今花垣县边城镇、民乐镇、补抽乡、双龙镇、长乐乡境内的假明汛、齐溪汛、后土坡汛、摆头冲汛、窝郎榜汛、排乍汛、李梅汛、米糯汛、着落汛、刚溪汛、洞乍汛、木树河汛、铅厂汛、潮水溪汛、著盘汛、高岩汛、高岭汛、排补美汛、排彼汛、排蜡弩汛、尖岩汛、夯都汛、广车塘、岩落汛、排料汛、长潭汛、谷坡汛、老铁坪汛、略把汛、擢马卡汛、鸦有(酉)汛、夯尚汛、盘打构汛、泛石岩汛、补抽汛、望高岭汛、水坳塘、翁岔塘等处塘汛。其中排补美汛、排彼汛、岩落汛、排料汛、补抽汛、夯尚汛、鸦有(酉)汛、米糯汛、老旺寨汛、尖岩汛、谷坡汛、长潭汛、高岭汛均为雍正时置兵驻守,且自雍正至乾隆时期除个别汛塘分防汛兵数量有变化外,大部分汛塘基本保持稳定的数量,至嘉庆时期全行撤出,反映了自雍正至乾隆、嘉庆三个不同时期对湘西苗民聚居区域的控制与开发程度。

第四,保靖县县境新设城东二月坡汛、城南丛桂坡汛、城西南龙头山汛、城西北烟霞山卡、狮子桥管卡、城东北鳌溪汛、集古汛、岩板桥汛、梯拉汛、城东三岔河汛(以上均位于今保靖县迁陵镇附近)十处汛卡。以"散漫零星,孤悬苗境"①撤出了塔普塘、夯不吾塘、中坝塘、卡大让塘、鼻子寨塘、两岔河塘、夯己汛、依堵堵塘、排大坊汛、夯略峡塘、空坪塘、夯沙汛、阿稞塘、格若汛(以上皆位于清时期由保靖南通往永绥、乾州二厅之道路两旁,即今迁陵镇以南、复兴镇以东、葫芦镇两岔村、涂乍村以西之长潭河乡水银村、水田河镇、吕洞山镇境内)14处汛塘。

第五,永顺县(治今永顺县,包括后设古丈坪厅,即今之古丈县),"乾嘉苗民起义"平息后,以古丈坪为保靖、永顺藩篱,地处扼要,原设之营汛不足防范,于其地设古丈坪营。新设黑潭坪汛、曹家坪汛、床机坡汛、岩坳汛、排沙汛、卖若塘、半坡塘、河蓬塘、蔡家庄塘,并于原设土蛮坡汛、旦武营汛、新寨塘、龙鼻嘴塘、山枣溪塘(以上新设及添设诸塘均位于今古丈县中南部之古阳镇、默戎镇、岩头寨镇、坪坝镇境内)酌添官兵。但所添设官兵总量较之"三厅"与保靖都更少,可见永顺自乾隆后除古丈坪所属区域外,已多非湘西管控的重要区域。

除根据新形势添设并撤出营汛外,清朝廷还根据具体形势对原设营汛的军事价值与地理区位等进行新的评估与认识,并作出相应的调整。如花园汛(今花垣县花垣镇)自雍正至乾隆时期均设汛兵一百名驻守(为同时期汛兵数量最多的汛,突出显示了花园地理位置的重要性),至嘉庆二年(1797年)二月丙戌,以花园为永绥"咽喉重地,甚属扼要",在其地设总兵以资控制,改汛为

---

① 《苗疆屯防实录》卷13,第296页。

镇,在花园镇驻扎副将一员、都司一员、千总一员、把总二员、外委二员、额外二
名、兵五百名。又如鸭保寨,雍正时设兵五十名,乾隆时设兵四十四名,无太大
变化,至嘉庆时,则以"永绥城垣,窄小低洼,不能容驻多兵,且在苗寨腹内。"①
在其附近设卡驻兵,以资防守,在鸭保寨拨驻守备一员、把总一员、外委一员、
额外一员、兵一百六十名。

基于三个不同时期湘西地区营汛的考证与梳理,可见湘西地区自"康雍
时期"至乾隆、嘉庆时期营汛设置数量与分布空间发生的明显变化,显示出清
朝湘西区域治理过程中存在的进入与退出的阶段性特征,也反映出湘西地区
一体化进程的曲折性与阶段性。

然而,嘉庆时期汛塘设置不仅与乾隆时期相比发生了较大变化与调整,其
在前后几年间亦多有调整与变动。如嘉庆二年(1797 年)永绥厅境新设城外
西山梁、北山梁、滚牛坡、吉多下寨、黄土坡、董马、排楼、小排吾等营汛,至嘉庆
七年(1802 年)时,以"苗地归苗,各路营汛全行裁撤,仅存该厅一城并隆团一
线营汛,孤悬孑立,四面皆苗,不特无以示威,且一切日用薪蔬无不仰给,苗人
往往居奇垄断,而官兵粮饷必须远赴花园支领,经由苗寨,领运维艰,(兼)之
兵役难招,工作难兴,种种窒碍,实有难以存立之势",又有"匪苗往往潜出滋
扰",因而对厅境营汛作了重新调整,将嘉庆二年所设西山梁、北山梁、滚牛
坡、葫芦坪、箪子坳、吉多坪、黄土坡、小排吾、董马、鸭保一城十汛官兵全行撤
回,又于"八排寨、茶洞、老石山、立树、小寨、曾门、路沙、老旺寨、岩坳、吉洞、
坳口、峨碧、老鸦塘十三处安设一营十二汛。"②

嘉庆以后,以道光《凤凰厅志》、同治《保靖县志》、宣统《永绥厅志》所载
道光时期凤凰厅境汛塘设置、同治时期保靖县境汛塘设置及宣统时期永绥厅
汛塘设置为例,比较各厅县自雍正时期以来汛塘的设置,③道光、同治时期所

---

① 《苗疆屯防实录》卷 13,第 292、293 页。

② 《部覆移驻永绥厅协安营设汛各事宜(嘉庆七年正月准咨)》,《湖南苗防屯考》卷 2,《国
家图书馆藏清代兵事典籍档册汇览》第 43 册,第 389—390 页。

③ 此处所言各厅县汛塘设置详情,因非直接相关,在此不一一列出,仅使用笔者统计分析
后的结论。

置汛塘较之嘉庆时期所置汛塘的规模有所扩大,恢复了嘉庆时期所撤出"孤悬苗境"的塘汛。如道光时期,恢复了凤凰厅乾隆时已置、嘉庆时撤出之鸭保寨、岩板井、全胜营、栗林、花狗田、木林坪等汛塘;同治时期,保靖县增设了万岩溪汛、牙科汛、水荫场汛、五里坡汛、梭西洞汛、禾坡汛、保安汛,均为苗民聚居区域的重要关隘。可见,嘉庆之后,道光、同治两朝对湘西汛塘体系之建设与维护仍为其治理主要方式,较之嘉庆初年,对湘西的控制有所恢复与深入,也侧面反映了民、苗关系的相对缓和。至宣统时期,清朝廷已然"千疮百孔",无力顾及湘西地方管控与治理,《厅志》所载关隘、险要之地,即自雍正以来所置塘汛之地,仅茶洞堡、擢马卡两地设兵驻守,其余皆撤。

第二节　融入基层:汛塘设置与村寨管理

一、康熙时期营汛的初建与村寨管理的发展

本节所言村寨中的"苗寨(砦)"不同于前文所探讨的、作为军事据点或堡垒的寨堡,而是南方民族区域的基层聚落形态与行政管理单位,其较为普遍地出现于明代。如《明史·石邦宪传》称:嘉靖年间,石邦宪"与川、湖兵进贵州,破苗砦十有五。"①根据前文对寨堡、卫所等军事建置的研究,可知以两宋时期广设寨堡作为军事据点为标志,湘鄂山区内较为系统的军事管理制度已初步形成。明代卫所制度的建立,延续了以往军政兼理的制度,与土司制度相辅相成,在治理的广度与深度上较之以往有所增强。

据文献记载,湘西地区以军事机构管理地方村寨的尝试,可以上溯至明朝"军民所"。如明代已设置镇溪所土千户来管理苗民,"乾州(治今吉首市),在辰郡西南一百七十里,辖十里苗民,其上六里为苗,而下四里则土人也。明时

---

① 《明史》卷211《石邦宪传》,第5595页。

以镇溪所土千户领之。"①据雍正《湖广通志》记载,"镇溪所所辖,原系泸溪县
(今泸溪县)五种蛮民。明洪武初,因赋重,有不服造册者,爰设镇溪军民千户
所。将旧粮额一万三千有零除一万石,置正千户一员、副千户二员,相兼管事。
以其地一百二十四苗寨分为十里,命杨二等充百夫长;其畸零不成户者一百三
十二名,编充支粮土军,有事奉调。聚则为军,事平班师,散则为民,故名军民
所。"②镇溪军民千户所治今湘西吉首市,即清代乾州之地。据文义,镇溪千户
所从泸溪县分治而来,其基层单位有124苗寨,被分为10里,由百夫长进行管
理。实际上最终成为土司辖区,"令永顺土司担承",而由于当时矛盾复杂,治
理难度较大,土司管理实际上形同虚设。"兵戈几无虚日,土司徒有担承
之名。"③

　　入清以后,在湘西地区设置营汛管理村寨,实则与康熙年间针对湘西地区
的一次军事行动有关。康熙二十四年(1685 年),因为部分苗民经常劫掠镇溪
所等地,清朝廷派遣辰州、偏沅等地方守备、提标等各协营官兵及永顺、保靖两
土司兵共同前往治理地方。清军的到来,使当地形势发生重大变化。当地沿
边三岔等 25 苗寨以及"生苗"排那等 13 寨先后"纳款",归顺官军。"是役也,
用兵不满半万,始于乙丑(康熙二十四年)季秋,至丙寅(康熙二十五年)仲春,
六阅月而平服百余苗寨。"④此次军事行动相当顺利,当地社会秩序很快得到
恢复。

　　然而,善后工作,即如何管理这些"归顺"的苗寨,将之纳入王朝统一行政
体系之内,则成为清廷地方(湘西)治理的主要问题之一:"……百余年桀骜,
一旦剿抚,平服之苗,善后事宜所当亟请也。"⑤对此,当地官员会集各方协调
善后工作。有官员提出设置塘汛,并提出使保靖土司担任守御责任,或命令忠

----

　　① 《新建乾州学宫记》,乾隆《乾州志》卷3,《华东师范大学图书馆藏稀见方志丛刊》第12
册,第276页。
　　② 雍正《湖广通志》卷14,第447页。
　　③ 宣统《永绥厅志》卷3《地理门二·建置》,第136页。
　　④ 《平苗序》,乾隆《乾州志》卷3,第305页。
　　⑤ 乾隆《乾州志》卷3,第302页。

顺苗官率领"熟苗"进行防守。然而,保靖土司(治今保靖县)所在地区距离这些"归顺"苗寨较远,单纯设置塘汛并不能胜任防御工作。同时,湘西地域广阔,苗民居处零星散落,个别忠顺的"苗弁"(即土著苗官,如镇溪所土指挥陈国典等)根本无法进行基本的基层管理工作。因此,在综合考虑各方面因素后,当时主管官员最终决定,按照具体形势,将所有"归顺"的百余苗寨分为四个部分,交由熊鸣鹤、杨正玉、周佳儒、石世龙等人负责的东、西、南、北四汛"带管",由此开启了当地营汛管理苗寨(笔者称之为"军管苗寨"制度)的先河(详见表6-12)。

表6-12　雍正时期营汛带管村寨表

汛　　名	驻扎地	带管村寨	数量
东　汛	老寅寨	臭屎寨、塘寨、把金、龙峒、脚峒、夯柳、岩口、鸭保、大塘、大田、构皮、鹊儿寨、西门峒	14
南　汛	木　里	龙井、岩罗寨、□水峒、新寨、石灰窑、毛都搕、官庄、麻阳寨、猪槽坑、排楼梁、红岩井、湄亮、枫木坪、老菜溪、茶山、故塘、两头羊、苟喇岩、岩壁喇、新里、大梅山、司门前、马鞍山、熊垄、龙垄、马使屯、茶林	28
北　汛	地良坡	三岔坪、晒金塘、廖家大寨、半屯鸡、鬼猴溪、欧阳坡、三凳坡、羊关冲、茨岩、拜亭、彝溪、中麻冲、夯勒、补板、暴木营、旧司坪、重郎坡、麻栗湾、龙皮林、狗脑坡、杀苗坪、泡水、清水塘、上麻冲、下麻冲、白菓窑、齐把角、排那、补顶寨、十八湾、三寨、鬼党、茶溪口、鬼倒溪、龙瓜溪、火麻营、余孔、白菓树、雀寨	41
西　汛	残　成	八十水、东尾、蜡果、白垠、米多、丑夯、鹅栗寨、米留坨、报水坨、孤沙、暴木寨、龙篷、阿东、那科、架打、虫排、来岩、尾坡、革多、阿鸡公、云炉、果溜、阿有寨、留朵把、龙蛟峒、木首寨、仡挌、廷孔、上水塘、各约、皮罗	33
合计			116

从提出在当地设置汛塘,并指令保靖土司承担守御的责任,到责令土官带领"熟苗"进行防守可以看到:首先,清廷最初在湘西地区设置汛塘管理苗寨的出发点在于协助防守,即"分防"。其管控的主要任务是苗寨的治安与苗民的日常行为。通过这一方面的管理,以改变该地民众以往"出没无常,往往劫

掠村乡,辰(州)、沅(州)、泸(溪)、麻(阳)边境遂无宁岁"的混乱局面。① 其次,将归顺苗寨纳入营汛管理后,营汛及其成员可以安抚苗寨苗民的抵触情绪,使归顺民众能够感念朝廷恩德,诚心向化,服从清廷的各级行政管理。最后,将苗寨纳入营汛管理后,营汛要负责管理与控制所辖苗寨与其他苗寨之间的往来与联系。可以说,"军管苗寨"体系的建立,是充分吸收明朝在湘西民族地区管理失控的惨痛教训,从清朝湘西治理的全局出发,通过营汛的直接管理,尝试用一种较实际的管理方式,将各苗寨治理纳入中央朝廷的统治体系之中。

为了更好地实现营汛对于苗寨的管理,清廷大胆起用曾经效力于明代的湘西哨堡官员进行管理,任命明朝湘西地方的土哨官熊鸣鹤、杨正玉、周佳儒、石世龙为新设东、南、西、北四汛的抚苗千总,带领其原辖汉土兵官或其后代实现对新归顺苗寨的管理。因此,地方官员倡言:"各汛苗寨虽多寡不一,盖各从形势之便而四分之。又苗寨或大或小之不同而多寡,衰益也。四汛通共一百一十六寨,俱付各抚苗千总钤束,以近苗之弁抚管征服之苗,不费朝廷俸饷。"②据此可知,清朝营汛在湘西初建之时,所起用管理苗寨的人员均为未编入绿营体系的汉土官兵,朝廷没有支付俸饷。

在授命明代土哨官为四汛抚苗千总,对归顺苗寨进行管理之外,清朝官府还继续留任"生长苗地,忠义效顺",熟悉地方的明代镇溪所土指挥。其中,"屡著勤劳"的原土官陈国典负责全面把控与管理,得到很大的信任,"总率抚绥各苗,自为孝信贴服"③。其原管寨阳等16寨均为所谓"良苗"。但是,其驻扎地距离新设四汛较远,并不便于其管理。因此,经过考察之后,迁移其驻扎地:"惟龙蓬一处正在各苗适中之地,爰令国典移驻此汛,居中控扼,审度苗情,统领四千总,加意抚驭。仍听镇篁协(治今凤凰县)不时差拨弁目巡查,遇

---

① 《红苗归流始末》,乾隆《乾州志》卷4,第400页。
② 刘应中:《平苗序》,乾隆《乾州志》卷3,第305页。
③ 乾隆《乾州志》卷3,第302—303页。

有缓急发兵应援。"①至此,我们可以看出"军管苗寨"制度的基本框架,即在营汛系统"带管"之下,日常事务仍由各土官(弁)进行直接统领,通过土官及其所领兵员实现对苗寨的管理。

康熙时期所建立的"军管苗寨"制度,可谓苗寨管理较为清晰的责任制度。在宏观层面上,由营汛统辖,维护湘西非汉族群聚居地区稳定,而具体管理事宜,交由土官(弁)约束与处理,并非以往单纯的"以苗制苗",实际上构成了营汛与土官之间特殊的联系,从而成为湘西土司制度的有机组成部分。当然,设置四汛,分管百余苗寨,虽然均为形势便利、大小不同等共同考虑之结果,但是各汛所管苗寨数量多寡不同,在治理上尚显粗放,且用于管理的官员均为土官,从侧面反映出这一时期湘西地区汛塘之发展处于尚未成熟阶段的事实。而这一时期(清初)"军管苗寨"制度的建立,不仅表明湘西地方治理的复杂性及地域差异,也反映出清王朝为处理湘西问题所采取的循序渐进措施,与营汛体系互为补充,可以视为清朝为加强民族区域基层治理,促进民族融合而进行的初步尝试。

事实证明,以营汛"带管"苗寨,在相当长的时间里,成为这一时期湘西地区行之有效的管理方式。如未设汛进行分管的苗寨,在清军撤离之后,即"劫杀如故,(康熙)三十七年(1698年)杀陷官兵七十余名","三十八年(1699年),杀掳官兵数百名"。其中,"镇(算)城数十里,营哨、民村,尽被焚掠",损失最为惨痛。② 因此,清廷"改协为镇,以沅州镇总兵移驻镇算城",设前、中、左、右四营,"民苗皆系镇营"。③ 在这种情况下,"军管苗寨"制度的实施范围进一步扩大。如据《湖广通志》卷14《关隘志》记载:

乾州(治今吉首市西南乾州镇):康熙三十九年(1700年),以沅州镇游击一员移驻其地。康熙四十二年,添设同知一员、巡检一员。康熙五十三年(1714年),设下哨百户十九名、六里百户五名,约束苗人。自拜亭以下至镇溪

① 乾隆《乾州志》卷3,第307页。
② 《红苗归流始末》,乾隆《乾州志》卷4,第402页。
③ 乾隆《乾州志》卷2,第234页。

所红苗二百二十寨,俱归管辖;雍正七年(1729年),除改归凤凰营管辖外,实辖红苗一百一十五寨。

麻阳县(治今麻阳苗族自治县)下凤凰营:"雍正四年(1726年),改吏目为巡检。七年,将乾州旧辖拜亭以下、湾溪以上红苗一百零五寨、百户五名,改归凤凰营管辖。"①

雍正年间,湘西地区营汛管辖的苗寨数量逐渐增加,"军管苗寨"制度得到进一步扩展与巩固。雍正七年(1729年)十一月,湖南辰沅靖道王柔深入苗地考察,并在奏陈湘西地方情形时指出:"……红苗内之险巢,共有四十五寨,其各寨内之凶苗,共有一百二十余名。又查红苗界外,即系六里,土苗逼处,广衮五百余里,乃楚、蜀、黔三省咽喉,实为红苗之内巢深穴。"王柔会同镇臣提出一系列治理措施,明确指出"安兵设官"为清理积弊并治理地方的要策。②"将各营所管汛地画清疆界,均分寨数,责令各汛弁百户,以便就近管辖。并于镇篁四营令各由所属红苗地方,分设四路塘汛,直抵六里新营,使通声息……"③本着更好地治理湘西,保持湘西地方社会稳定与和谐的宗旨,王柔等人策划的多种举措在实地调查基础上,根据具体形势,进一步明确了各营汛管理苗寨的责任范围与界限。

第一,营汛作为基层军事组织,其所承担的首要管理内容是治安。如湖广镇篁副将董象台即提出各营、汛、塘所承担苗寨管理的主要任务为巡防、"稽查匪类",以杜绝不同苗寨之间民众互相串通、诱惑为乱。同时,盘查往来各苗寨的人员,以防"奸宄"进入苗寨,扰乱地方。因此,在硬寨、下硬寨设汛,形成互为掎角之势。又对古桑营的位置进行调整,在永安哨、木林砑设兵稽查。在平郎营上下寨、湾溪地方设汛,派汛兵驻守。④

第二,营汛管理苗寨所属苗民,对招抚的苗民进行引导教育,使其归服朝

---

① 雍正《湖广通志》卷14,第446—447页。
② 参见《世宗宪皇帝硃批谕旨》卷142,《景印文渊阁四库全书》第422册,第406页。
③ 《世宗宪皇帝硃批谕旨》卷142,第406—407页。
④ 参见《湖广镇篁副将董象台奏陈添设汛兵事宜折》,雍正四年三月二十日,《雍正朝汉文硃批奏折汇编》第7册,第19—20页。

廷,并成为其招抚其他未归顺苗寨及苗民的帮手。如在归顺苗寨内设置营汛后,"于三分耗羡内动支奖赏归顺之苗,使诸苗既感且畏,自获踊跃向化"①,给予财物上的鼓励,收到良好效果。

第三,营汛既有管理苗寨的权利,就有保护各寨苗民生命财产安全的责任。责权相符,才能让"军管苗寨"制度深入人心。如王进昌等人在率领官兵进入湘西所属六里、七里、八里、九里、十里各苗民聚居地时,每招抚一寨,即"命官设汛",为苗民"保护身家",使苗民"各得相安耕凿,共乐太平"。② 安乐和谐的效果,证明"军管苗寨"制度得到了当地基层社会民众的认可。

第四,营汛可以在一定范围内管理所属苗寨的纠纷案件。如雍正八年(1730 年)四月,永顺县民张志贤打伤刘名科等四人一案与石教化等打死石往哥等四人一案,因人犯均在功、冲两旗地方,同知、巡检驻地均距离较远,审理与处理案件存在不便,于是便将案件交由所属营进行查拿审理。反映出营汛在管理地方诉讼案件时,具有地利之便,时效性更强。③

第五,营汛在地方还有监管、查勘并限制客民进入的职责。如面对客民络绎不绝前往永顺等地苗寨购买苗民田地的行为,便由营汛对其购买行为与事实进行查勘、汇报、限制,以防止客民随意进入,扰乱地方。④

雍正八年(1730 年),清朝军队"抚定六里生苗三百五十寨于吉多坪,设副将一员,即崇山卫故地也,归镇筸镇统辖,锡(赐)名永绥协(治今花垣县)。"⑤雍正皇帝对当时的设置情况较为满意,言"六里保靖,既有官兵控制,又兼有镇筸四营为之协助,内外交攻,势如破竹,自可以畏慑其心志,而永绝其劫掠之根株矣。"⑥至此,湘西营汛系统与贵州等地相联结,形成较为完善的治理体

---

① 《世宗宪皇帝硃批谕旨》卷 142,第 490 页。
② 《世宗宪皇帝硃批谕旨》卷 142,第 415 页。
③ 参见《世宗宪皇帝硃批谕旨》卷 142,第 431 页。
④ 参见《巡察湖广等给事中唐继祖奏陈严禁革役犯案之人于新设府县改名充役等永顺苗疆事宜五条折》,《雍正朝汉文硃批奏折汇编》第 17 册,第 932 页。
⑤ 宣统《永绥厅志》卷 2,《中国地方志集成·湖南府县志辑》第 73 册,第 36 页。
⑥ 《世宗宪皇帝硃批谕旨》卷 142,第 407 页。

系，大大提升了清朝在西南地区的军政治理能力。"由六里至崇山卫，直抵贵州正大营等处，逐寨招抚，随地设汛，使两地声息相同，互为策应。""再有接连镇筸四营所属之红苗地方，亦令四营各安塘汛，直通六里，内外联络，则六里红苗孤立其中，尤易就化诲"，而"此番化诲，西南一带可以声应气通矣。"①可以说，"康雍时期""军管苗寨"的建立与发展，取得了明显成效，在湘西地方治理体系中开始占据重要地位。而原本因"欲籍兵威而使之（苗民）慑伏"②设置的重镇、营汛在"军管苗寨"制度建立后，其所管理事务逐渐呈现细致化、多样化的特征，成为军事与行政事务兼管的基层军事组织，形成了较为稳定的制度化管理形态。

然而，湘西地区"军管苗寨"制度的实施并非一帆风顺，其建立与发展过程中的"兵力单弱"问题十分突出，地方管控任务也因此十分艰巨。

首先，湘西所在地区地势极端复杂，大大增加了地方治理的难度。"（其地）乃楚、黔、蜀万山之交，悬崖深涧，鸟道羊肠，瘴雾蛮烟，触者生疾。其为苗种不一，大率倚箐峒，凿巉岩，列寨数百处，山路如梳，彼则上下如鸟兽，我兵莫能越也。内巢生苗，地更险峻，依古以来不通声教。"③这种复杂的地理环境，使湘西地区（湖南武陵山区）成为西南边疆与中原王朝腹地之间巨大的阻隔。

其次，尽管明代已开始在湘西地区设置边墙，然苦于兵力有限，治理效果并不理想。"边民犹受其患。及至明末，堵守无人，边墙俱已倾圮。"至清代，中央朝廷重视湘西地方治理，不断增兵，但数量依然有限，根本不足以应对。如"设官兵一千六百名，以资弹压。于康熙二十三年（1684 年），为裁兵之成议已久等事，案内裁去五百名，仅存一千一百名。副将驻扎五寨司城，居中调度，须兵守备驻防乾州，控驭须兵，分防麻阳县、镇溪所以及大小塘汛八十余处，在

---

① 《世宗宪皇帝硃批谕旨》卷 216，《景印文渊阁四库全书》第 425 册，第 489 页。

② 《湖广总督迈柱奏陈治理苗疆宜循鹮剿之法折》，雍正六年四月二十日，《雍正朝汉文硃批奏折汇编》第 12 册，第 241 页。

③ （清）吴文溥著，南野老人辑：《苗疆指掌》之《抚苗说》，丙部丛书类专集门《南野堂全书》第 12 册《南野堂续笔记》，复旦大学图书馆古籍部藏（书号：1843），嘉庆初年刻本，嘉兴陈其荣珍藏部。

在须兵……"①至湘西营汛体系发展的后期,竟出现了"安营设汛,虽曰星罗棋布,然兵额有数,每塘不过十余人,少者数人,各塘相距七八里、十余里不等,故汛广则兵单,兵单则势弱。苗人大寨数百户,则丁壮数百人,视此寥寥数兵,不无生其玩易之心"的困境②。而这种困境,伴随着"改土归流"后大量外地客民的涌入,以及当地人口构成与社会关系的复杂化,使湘西地区基层治理难度急剧加大。

二、乾隆时期汛塘与民、苗寨:客民进入引发的基层治理问题

雍正时期,湖广土司先后进行"改土归流",设置府厅州县,纳入中央王朝直接统治,完成政治转型,"蛮不出境,汉不入峒"③的习惯边界以及由关隘、寨堡、边墙所组成的湘西非汉族群聚居区与卫所及州县之间的军事与地理分界线由此打破,原"化外"之苗"编户齐民",纳入国家直接统治。与此同时,受主客观因素影响,客民开始大量进入这一地区。如谭其骧先生提出"永顺、保靖、龙山三县旧属土司辖地,清雍正间始'改土归流'。故其地之汉人自什九皆是雍正而后移入者。"④后曹树基教授又一次提出湘鄂交界的少数民族居住区"'改土归流'之前,虽有一些汉人流入,但属零星的人口迁移。'改土归流'之后,出现较大规模的人口迁入,主要是汉人向少数民族聚居地的迁入。"⑤都说明"改土归流"后大量客民进入湘西非汉族群聚居区之事实。具体而言:

凤凰厅,自康熙四十三年(1704 年)苗人向化,撤销土司管理后,其境内康熙四十六年(1707 年)至乾隆二十一年(1756 年),已有民户 12249 户⑥;乾州

---

① 郭琇撰:《华野疏稿》卷 2,《景印文渊阁四库全书》第 430 册,第 764 页。
② (清)段汝霖撰,伍新福点校:《楚南苗志》卷 5,岳麓书社 2008 年版,第 118 页。
③ 同治《增修施南府志》卷 29,《中国地方志集成·湖北府县志辑》第 55 册,第 511 页。
④ 谭其骧:《湖南人由来考》,《长水集》上,人民出版社 2011 年版,第 370 页。
⑤ 曹树基:《中国移民史》第 6 卷,福建人民出版社 1997 年版,第 141 页。
⑥ 道光《凤凰厅志》卷 11,《中国地方志集成·湖南府县志辑》第 72 册,第 72 页。

厅,康熙三十九年(1700 年)设厅,康熙四十三年人口统计中有民户 2557
户①;永绥厅,雍正七年(1729 年)随保靖"改土归流",雍正十年(1732 年)编
查户口时仅记有苗户,至乾隆八年(1743 年),其地招汉民安插共有 944 户。②
至乾隆十六年(1751 年)清查时,新增内地徙入民户 1914 户③;保靖县,雍正
七年"改土归流"设县后境内有客户 1418 户④;永顺县,乾隆七年(1742 年)有
客籍 5446 户⑤,至乾隆二十五年(1760 年),增至 9155 户⑥;龙山县,"改土归
流"后其境内客民在乾隆时期有 7000 户左右。⑦

可见,乾隆时期湘西地区已有大量客民进入并定居。然而受自然环境及
原有政治、经济、文化环境不同之影响,客民的大量进入导致了民、苗矛盾的产
生与积累,如永绥老人言"明季始有少数汉族,来往乡村墟场贸易,称为客人,
均相安无事。迨明末清初,作客者源源而来,散处各地,人数日多,势大力强,
始用柔软狡诈之手段,盘剥苗民。一般知识浅薄之苗族,遂上圈套。因其可欺
而欺,地方官府亦为之助势。始则忍气吞声,不能与较。"⑧

针对这一问题,乾隆时期永绥地方官员提出在永绥地方将汉民、客民与苗
民同寨者搬出另立新寨⑨。事件起于乾隆六年(1741 年),据永绥、乾州同知
王玮称,永绥地方在初建营治时,并未安插汉民,历经十余年后,汉民进入甚
多,据统计,迁居汉民暨客民等共有 944 户,男妇大小共 3398 名口,与苗民混

---

①　光绪《乾州厅志》卷 3,《中国地方志集成·湖南府县志辑》第 46 册,第 75 页。

②　《湖南省例成案》"刑律·盗贼",杨一凡、刘笃才编:《中国古代地方法律文献丙编》第 4
册,第 165 页。

③　宣统《永绥厅志》卷 15,《中国地方志集成·湖南府县志辑》第 73 册,第 243—244 页。

④　同治《永顺府志》卷 4,《中国地方志集成·湖南府县志辑》第 68 册,第 100 页。

⑤　乾隆《永顺县志》卷 3,《中国地方志集成·湖南府县志辑》第 69 册,第 123 页。

⑥　同治《永顺府志》卷 4,《中国地方志集成·湖南府县志辑》第 68 册,第 100 页。

⑦　嘉庆《龙山县志》卷 2,《稀见中国地方志汇刊》第 41 册,第 76 页。

⑧　石启贵:《湘西苗族实地调查报告》,湖南人民出版社 2008 年版,第 230 页。

⑨　《永绥地方开辟之初招汉民安插共有九百四十四户,置产佃耕,民苗杂处,良顽不一,伤
令各立一寨,概行搬出居住,另行立甲稽查,后有私招民人,严究驱逐》,载《湖南省例成案》"恐吓
取财",《中国古代地方法律文献丙编》第 4 册,第 165—177 页,本部分所引内容凡未标注来源,即
为此案原文。

杂居住,"若不及时设法稽查,恐汉民良顽不一,其狡诈者或将欺骗愚苗,固不免争差滋扰。倘经官处断,稍有未平,而苗民之蠢悍者,且恐又致有焚杀之事端。"且"六里地方,山多田少,今经数年之间,汉民入内垦种者,已将及千户,不及请禁止,恐将来接踵而至,络绎不绝,则汉民日众,地土日窄,在苗民等必致耕种乏地,饥冻不免,势必觊觎汉民之饶裕,滋生劫夺之事端,更大有未便。"因而请将"住居各里汉民,除附近营汛居住者听其照旧住居外,其有与苗人同寨杂处者,应请饬各立一寨,概令搬出,共相居住,不许与苗民混杂,仍令将汉民设保甲,客民立客总,各责其稽查约束。"①可见,地方官员对可能出现的民、苗矛盾及问题均有预见,因而提出将汉民搬出另设一寨居住,以图解决民、苗矛盾,避免民苗争差滋事。

当时将民寨与苗寨分离的具体治理措施是相当严密的。一方面,湘西地方官府下令湘西所属南北各营汛,监督执行"苗人住居地方,禁止私招汉民",且不得容留外来之人的规定,对民、苗的往来进行管理,发挥其稽查的关键作用,以防止"汉奸"进入苗寨,引发苗民与客民之间的矛盾。② 另一方面,地方官员也在分离土、客,另立新寨上煞费苦心。如永绥同知景士凤奏称,在永绥、花园、排补美、隆团等处,相依城汛,挈眷居住,贸易生理,安居乐业者,可不令搬出另立新寨。而"置产佃种,有与苗人同寨杂处者,奸良未辨,难容混淆,自应饬令搬出,另居隙地,各立村寨。"具体而言,布政使署按察使张璨会同排补美、隆团两巡司亲自勘察,将其余居住汉民是否搬出另立村寨进行分类处置。

然而,将迁入汉民分离出来,另立新寨,需要针对不同情况进行处理,应对工作相当烦杂。如相隔苗寨尚远的汉民聚落,可以继续居住,毋庸迁移,致滋扰累。而七里略把、夯都二处,九里葫芦坪、龙孔、翁岔三处,十里排蜡弩、豆子寨、洞中寨三处,汉民较为集中,且贴近苗寨,为避免事端,只好另择空隙之地

① 《湖南省例成案》"恐嚇取财",《中国古代地方法律文献丙编》第4册,第171页。
② 《永绥地方开辟之初招汉民安插共有九百四十四户,置产佃耕,民苗杂处,良顽不一,饬令各立一寨,概行搬出居住,另行立甲稽查,后有私招民人,严究驱逐》,载《湖南省例成案》"恐嚇取财",《中国古代地方法律文献丙编》第4册,第173页。

290

搬迁。其他一些汉民零星散户与苗人同寨，无法自成一村落，就在营汛附近各立保甲村寨，目的都是为了缓解与避免基层矛盾及事端。

同时，为了稳定地方秩序，清朝地方官府也加强了军事管控措施。如上述所建新的村寨，基本上以略把、夯都、葫芦坪、翁岔、排蜡弩、尖岩、排补美、排料为中心，而这些地方在乾隆时均置有塘汛，如略把汛、夯都汛、排蜡弩汛，均置汛兵十名；葫芦坪汛，雍正时置兵四十五名分防，乾隆时驻把总一员、汛兵五十名；翁岔塘，兵十五名；尖岩汛，雍正时设兵五十名分防，乾隆时置千总一员、汛兵三十名；排补美汛，雍正时置守备一员、巡检一员、外委一名、兵九十九名分防，乾隆时驻守备一员、外委把总一员、兵八十九名；排料汛，雍正时设兵十四名，乾隆时增驻外委把总一员。① 其中，葫芦坪汛、尖岩汛、排补美汛均为非常重要的军事隘口，均置有重兵把守。

显然，乾隆时期地方官员已意识到大量客民进入所带来的民、苗矛盾以及可能产生的严重后果，所以有预见性、有计划地提出民、苗分居方法，将汉民迁至汛塘附近另立村寨，采用保甲制度进行管理。说明在湘西非汉族群聚居区的民村已经采用了保甲制度，但是，苗寨并未编入保甲，反映出当时民村与苗寨治理之间存在的根本差异。如谢晓辉在其研究中所言，在"凤凰、乾州建厅后，只有绿营体系，才在境内民村和苗寨中较普遍展开"，而"苗寨所设寨长、头人，直接分管于绿营营汛"②。因此，能对苗寨进行直接管理的实质上仍然只有绿营体系下的营、汛、塘，其实质仍然是"军管苗寨"，此时"军管苗寨"制度所扮演的角色与民村所设置的保甲制度相当，甚至更为重要，对苗寨的管理与发展十分关键。

将客民迁至汛塘附近的空隙之地，一方面，实现了汛塘对苗民与客民之间往来交易的管理，可以有效防止客民再次混入苗寨，与苗民混居，侵占苗民田地，引发彼此之间的矛盾；另一方面，另立民村并在其地实行保甲制度，没有影

---

① 参见雍正《湖广通志》、乾隆《湖南通志》《辰州府志》。

② 谢晓辉：《傅鼐练兵成法与镇篁兵勇的兴起：清代地方军事制度变革之肇始》，《近代史研究》2020年第1期。

响乾隆以来在湘西地区业已形成的汛塘建设与布局。这些已经在湘西"星罗棋布"的汛塘原本即为管控苗寨的基层组织,因此,将客民迁出另立村寨,实行保甲制度,不仅没有影响"军管苗寨"系统对苗寨的管理,反而排除了外来客民进入苗寨对汛塘管理造成的治理困境,使汛塘对苗寨的管理变得更加简单明了,提高了有效性。这一时期,湘西地区汛塘数量增至数百,使苗寨处于汛塘所形成的网络包围之中,甚至形成以汛塘单独控制某一苗寨的局面,较之康熙时期以"四汛"笼统带管百余苗寨的情形,控制力度明显加大。各汛塘管理职责由"诘奸缉盗而安民"转变为地方社会基层事务管理,出现"楚南之习,汛防多与民事,凡雀角细故,诉之塘汛"的情形①。据相关文献记载:"(苗疆)文员怯懦,不敢深入峒寨,一切争讼劫杀等事,多属(营汛)武弁管理。"②可见,"军管苗寨"制度的实施,对湘西地方社会的治理、土客矛盾的处理具有十分重要的参考性与决定性意义,是维持当时湘西地方稳定的重要手段。

地方行政系统与汛塘体系分别管理民寨与苗寨,表面上看有阻碍民苗交往之嫌,但在当时社会矛盾异常复杂的情况下,地方官员以此为手段实现土客交往稳定化、长期化,保持地方秩序的稳定,促进跨越边界的民族融合,具有一定的合理性与可操作性。这一方案的实施,在相当长的时间内,取得了可观的效果。然而,伴随外来客民数量的日益增多,民族间相互通婚以及交易关系的增多,民、苗混居状态进一步加深,最终仍不可避免地触发了土客与民苗之间的矛盾,爆发了对湘西乃至整个西南地区影响重大的"乾嘉苗民起义",使康熙时期以来逐步形成、乾隆时期逐步完善起来的"军管苗寨"管理体系发生了巨大变化。

三、嘉庆时期"民苗界限"的划分与营汛调整

湘西非汉族群聚居区地域广大,非汉族群人口众多,随着汉民的大量进

---

① 同治《永顺府志》卷6,《中国地方志集成·湖南府县志辑》第58册,第188页。
② 《清高宗实录》卷167,乾隆七年五月己卯。

292

入,乾隆前中期所采取的"民苗分居"措施,并未从根本上解决因资源紧缺等所带来的民、苗或土、客矛盾,以至于乾隆晚期出现了永绥地方官员所言"大不便"的治理难题。"至清乾隆六十年(1796 年),汉官汉族,互相勾结,狼狈为奸,藉事屠杀,不知凡几。际此时期,苗民处于水深火热之中,忍无可忍,以故联合。各乡苗族一经动员,蜂拥起事,竟将客人驱逐出境。"①湖广总督曾经在《善后章程》中特别强调了当时的困境:"户口日滋,地界有限"导致生计日绌,又因为"苗禁"松弛,"客、土二民均得与苗人互为姻娅,因之奸民出入,逐渐设计盘剥,将(湘西)苗疆地亩,侵占错处,是以苗众转致失业,贫难无度者日多。"因此,当石三保、石柳邓等"假托疯癫,倡言烧杀客民,夺回田地"时,苗民"无不攘臂相从"②。"乾嘉苗民起义"由此爆发,清朝中央与地方大量人力、物力、财力卷入其中,结果官民双方均损失惨重,对封建王朝统治体系与湘西地方社会秩序均造成重大影响。

在平定"乾嘉苗民起义"后,清朝廷对湘西地区军事布防格局进行了重新调整。首先,开始重新处理曾经处理过却终未能杜绝之"民苗混居或混杂"问题。清廷认为"逆苗滋事,皆因附近客民平时在彼盘踞",遂下旨令地方官于"事竣后着逐一清厘,毋许客民再与苗民私相往来交易,复奉谕旨客民侵占之地着办理善后。"③可见,善后的首要措施便是划分出明确的"民苗界限"。因此,嘉庆五年(1800 年)七月,湖南巡抚祖之望、湖广总督姜晟、湖南提督王柄在上奏中明确提出了划分民地与苗地之"界限":"三厅苗民交涉之地,乾州厅属,由二炮台起,至喜鹊营止;凤凰厅属,中营暨上前营一带,以乌巢河为界,下前营暨右营一带,以山溪为界,外为苗地,内为民地;永绥厅四面皆苗,惟花园一带本系民村,仍听民居住,其余苗地,悉行归苗。"④

其次,确定"民苗界限"后,清朝官府规定从前民占、民买、民垦苗地一律

---

① 石启贵:《湘西苗族实地调查报告》,湖南人民出版社 2008 年版,第 230 页。
② 《苗疆善后章程六条并部复》,载《苗疆屯防实录》卷 4,第 74—75 页。
③ 光绪《乾州厅志》卷 7,《中国地方志集成·湖南府县志辑》第 46 册,第 198 页。
④ 《苗疆屯防实录》,第 174、254—256 页。

退还,使客民全行撤出。而逼近苗寨,不便取回之苗地均给良苗佃租。① 即提出划分民、苗界址,使"苗地归苗,民地归民",并在《"苗疆"建置沿革筹办边务屯防节略》《覆奏湖南"苗疆"均屯经久章程》等多处明令"禁止民人擅入苗寨"②及"汉民仍不许擅入苗地"③。较之乾隆时期对"民、苗分居"所实施之"另择一地,新立村寨,令民人搬出居住,"嘉庆时期所实施之"民苗分居"涉及区域更广,"界限"更为明确。而康熙、雍正及乾隆中前期以来所建立、完善的营汛体系与"军管苗寨"制度亦受到重大影响,湘西境内各厅根据自己的特点进行了相应的调整。具体而言:

乾州厅,嘉庆时期根据形势新添设桂岩坡、上庄园、田家园、标营坡、岩屋、张排寨、鸦溪7处汛塘,并在湾溪、强虎哨、河溪、溪头、喜鹊营、镇靖营等营汛添加兵力防守。同时撤出"散漫零星,孤悬苗境"之龙图营、两岔溪、龙爪溪、岑头坡、大庄、新建营、着落村、把布寨、烂草坪、马泥村、然杓、然蜡脑、夯坨、仙镇营、马滚坡、镇宁营、木林隘、平郎营、老平郎、鬼者、杨孟寨、桃枝寨、大新寨、排楚汛、黄脑寨、高岩、一渡水、三岔坪、麦地溪、劳神寨30处汛塘。新设之上庄园、田家园、标营坡及添设兵力之良章营、溪头汛、湾溪汛等④均处于乾州厅新划二炮台至喜鹊营这一南北向"民苗分界线"上。而所撤出之汛塘,均位于二炮台至喜鹊营一线以西,即其线以西为苗地,以东为民地。

凤凰厅,中营暨上前营一带,以乌巢河为界,下前营暨右营一带,以山溪为界,外为苗地,内为民地。嘉庆时期所添设观景山、冷风坳、大坡脑、坨田二坳、清坪湾、擂草坡六营卡均位于镇筸城暨辰沅永靖兵备道、凤凰厅军民府之四围;其他新设营汛如鸦拉营(了刺营)、宜都营、苜蓿冲、乐豪汛、菖蒲塘、樱桃坳,在原基础上增添兵力之汛塘如小凤凰营、全胜营、廖家桥等均位于中营苗

---

① 参见《苗疆屯防实录》,第174、254—256页。
② 《苗疆屯防实录》卷3,第40页。
③ 《苗疆屯防实录》卷5,第104页。
④ 新设营汛兵力及其他原汛塘增加之兵力均为笔者详细统计与梳理之结果。

地之西白泥江沿岸;新设四方井、擂草坡两汛,添设兵力之原四路口汛、潭江汛等均位于前营花苗地之南、乌巢河北岸。又前所言中营苗地位于白泥江与乌巢河两河中间地带,其地域内未置营汛,因而以上营汛为共同防范中营、前营苗民所置。而镇箪城外新增六处营卡,四处位于其西北及北面之乌巢河两岸,其防御目的显见。其他新设清溪哨、黄土坳、黄岩江等汛,在原设基础上添加兵力之晒金塘、得胜营、高楼哨、旧司坪、龙滚营、靖疆营等塘汛,则位于右营一带南部,多位于"边墙"外,仅旧司坪、晒金塘位于墙内,共同防范右营之苗。

而其他原设之凉水井、苟若塘、黑土寨、威远营、麻冲汛、三岔隘、亭子关、龙鄂营、庆宁营、教场坪、隘口、亿佬寨、池河营、新寨、米垞、鸭保寨汛、地良坡、老婆潭、武定营、赤兰坪、庙坳、隆朋、旦喇、暴木营、上麻冲、火麻营、重郎坡、龙凤营、杀苗坪、瑞安营、木林坪、司门前、骆驼冲、盛华、火略坪、天星寨、龙蛟洞、太平关、火烧滩、下硬寨、孤塘、木里、打郎、万溶江、花狗田等塘汛均因地处新划"苗界"之内而撤出。

永绥厅与凤凰厅、乾州厅不同,全境位于湘西"边墙"之内,四面皆苗,唯花园一带原为民村,因此善后处理时提出花园一带仍让民居住,其余苗地,悉行归苗。按前文言,乾隆时期已将永绥厅境内新进汉、客民与苗民混居者搬出另立新寨,其中永绥、花园、隆团、排补美附近之民以城汛相依,未令搬出,其余多另搬移新寨。但究其始终,另立新寨虽是民、苗分寨而居,实质上仍为民、苗寨相间。因此,永绥一厅之"苗事"最繁,"乾嘉苗民起义"后,以永绥"孤悬苗境",有《奏永绥厅协移驻花园茶洞,并改设营汛,划清民、苗界址》《奏永绥厅协全行移驻,并酌撤留防官兵、土塘苗兵》《部议移驻永绥厅协安营设汛各事宜》《黔抚奏移驻永绥厅协,民苗不愿,应再行稠议》《片奏永绥厅协现在移驻》《奏复永绥厅协必得移驻》《云督奏永绥厅协业已移驻,现在照旧实力防氛》《奏遵旨加设营汛严密巡防,现在办理情形》《云督覆奏永绥厅协移驻,楚苗并无阻挡之事,两省边界均属宁谧》《部议移驻永绥厅协,移驻文武官员兵役俸饷等事宜》等诸多奏折,其核心内容就是反复讨论永绥厅协及营汛、民苗界址划分问题。①

　　最终,清朝官府将永绥协移驻于花园,撤出原设于苗境之假明汛、齐溪汛、后土坡汛、摆头冲汛、窝郎榜汛、排乍汛、李梅汛、米糯汛、着落汛、刚溪汛、洞乍汛、木树河汛、铅厂汛、潮水溪汛、著盘汛、高岩汛、高岭汛、排补美汛、排彼汛、排蜡弩汛、尖岩汛、夯都汛、广车塘、岩落汛、排料汛、长潭汛、谷坡汛、老铁坪汛、略把汛、擢马卡汛、鸦有汛、夯尚汛、盘打构汛、泛石岩汛、补抽汛、望高岭汛、水坳塘、翁岔塘等处汛塘。仅留厅城及隆团一线营汛以防守,在厅城东、西、北三面设西山梁营卡、北山梁营卡、滚牛坡营卡、吉多下寨汛、黄土坡汛、董马汛等汛,并保留原设小排吾汛、杆子坳汛、葫芦坪汛;隆团、花园一线则新设沙子坳、老旺寨、排楼寨、刚刚寨、凉水井等汛,保留原设蜡耳堡汛、河口汛、隆团营、鸭保寨、张坪马等汛塘。则自花园暨绥靖镇总兵署至永绥军民府暨永绥协副府基本处于一线之上,此线为搬运兵粮、军火及往来行旅通行之路②,所撤出之汛塘位于此线之东、西,以东面较多。因而嘉庆时期永绥厅境内营汛虽总体呈一线分布,但并无像凤凰厅、乾州厅境明确的"民苗界限",其所置汛塘在护卫厅城,维护厅协与民众关系以及稳定地方秩序方面也发挥了更为重大之作用。

　　显然,"乾嘉苗民起义"后,清朝廷更加清晰地认识到"军管苗寨"制度在湘西非汉族群聚居区实施过程中所面临的兵力单薄与管控困难问题,明确湘西非汉族群聚居区虽总体兵力充足,但分配到各个汛塘,兵力实为单薄的困境,因而改变以往以单个汛塘管控苗寨的策略,取而代之,集中兵力于新划"民、苗界限"边界地带新添营汛,或在原设汛塘基础上添设兵力以统摄、防范并控制苗民。这种方式与康熙、雍正及乾隆前中期所实施之苗寨管理表面看似不同,但实质都是依靠营汛(塘)之设置,进行管控,以期实现"民苗为二以相安"③。

――――――――――

　　①　《苗疆屯防实录》卷11至卷12,第254—281页。

　　②　参见《苗疆屯防实录》卷11,第270页。

　　③　(清)贺长龄:《清经世文编》卷88《兵政十九》,中华书局1992年点校本,第2187页。

这种明确划分民地与苗寨界限的做法,实质是康熙、雍正、乾隆时期"民苗混居"形成的严重倒退,使得当时跨越边界的民族融合进程受到了一定程度的影响。但是,清朝官府后来也在界限地带内通过设置固定集场等多种方式,继续维持民、苗之间的交流与交易,事实上,并未完全中断清朝前中期以来所开创的跨越边界的民族融合进程。

综上可见,清朝前期在湘西凤凰厅、乾州厅、永绥厅设置之后,各苗寨划属不同厅,尝试通过营汛管控,实现其治理地方社会的目的。雍正时期,营汛设置数量与规模有所增加,汛塘设置逐渐规范,层级明晰,并有了固定兵额,开始了绿营兵在湘西非汉族群聚居地区的全面建设。与此同时,为打破历史时期所形成的"苗疆"与内地之间有形与无形的边界,为开创、维护与保持湘西民族地区社会的稳定,中央王朝在湘西逐步建立营汛体系的同时,在基层治理上开始尝试建立一种较为稳定的"军管苗寨"制度,以一种较为固定的方式,实现对湘西地区的基层治理,并与营汛体系相衔接。康熙时期为"军管苗寨"制度的初创期,以一汛管多寨,汛的管理者均为熟悉地方情形的明代土哨官,称之为"抚苗千总","不费朝廷俸饷",未纳入绿营体系,与雍正时期及以后常驻的绿营兵存在差别,具有特殊性与过渡性。乾隆时期,王朝统治在湘西地区进一步得到稳固,在苗民地区广设汛塘,以"一汛塘一苗寨"之方式对重要苗寨进行了较为全面的管控。

嘉庆时期,因"乾嘉苗民起义"的爆发,旧有的管控模式不得不进行调整。鉴于汛塘分散,兵力单薄不足以控御地方的状况,将原设大量汛塘一一撤出,以"民苗界限"取而代之,或在所划"界限"地带新设营汛,或在原汛塘基础上增加兵力,控制"民苗"往来,防范土客纠纷,以图杜绝"苗患"的再度发生。与此同时,新的屯防军体系在湘西地区开始形成,并逐渐成为与汛塘一样管理地方民、苗村寨的基层军事组织。虽然屯防军与绿营军制度不同,其经费来源于屯田,由地方屯官等主持工作,而绿营军经费却来源于朝廷,由清廷及其地方官员任命的长官主持工作。但屯防军与绿营军一样承担各村寨防御、安保、税收、教化等职责,弥补汛塘在湘西地区管理能力的不足,凸显出清代在湘西民族地区治理过程中不同军事体系的共同职责与作用,以及其同样的"军政兼理"特征。

可以说,湘西"军管苗寨"制度的形成与发展,为进一步深化湘西非汉族群聚居区的基层治理,加快湘西地区与内地"一体化"进程发挥了不可忽视的作用与影响。但是,受湘西地区固有自然与人文环境的影响,以及王朝兵力不足、基层民族人口构成变化等多方面的影响,有清一代相应的治理方式与措施始终处于相对固定又不断调整的状态。虽然几经调整,我们仍可看到"军管苗寨"制度在湘西区域基层治理中的重要性与重大作用。可以说,清代湘西地区所实施的"军管苗寨"制度是湘西地区最终完成跨越边界的民族融合与社会转型的最重要影响因素之一,这种有计划地将营汛体系与基层苗寨管理相联结的措施试图打破原有的"边界"与分割,在曲折与艰辛中加强了湘西非汉族群聚居区内外的交流与融合,为湘西民族地区最终的社会转型奠定了基础,其历史地位与贡献是不可低估的。

第三节 维护秩序:汛塘体系与客民管理

从前文可知,客民是"改土归流"后湘西人口的重要组成部分,对其进行规范管理是湘西治理的重要方面,随之产生的苗、客关系问题更是清代湘西的重要社会问题。基于此,清廷多次调整相应的法律规范,并利用汛塘体系推动这些规范在基层的实施,试图以此为契机使湘西的地域政治运作逐渐与内地趋同,以完成湘西"内地化"。

一、清廷及其地方官府对客民的规制

湘鄂山区南部非汉族群聚居区域之城步、会同、靖州、通道、麻阳、沅陵、宁远、新化、道州等地客民的进入早于湘西地区,但仍然存在严重的土客矛盾,如道州至清代时仍有客民"以行迹靡定莫可究诘,又多在深林密菁之中奸宄潜

藏,往往滋事……其害不可胜言矣"。① 反映了道州境内未入籍客民所造成的严重社会问题,说明对客民的管理与规范,无论在政治转型较早的区域还是新近转型的湘西地区都十分重要。

据文献记载,清朝廷根据客民进入的实际情形,在湘西地区确立的有关客民管理的规范大致有以下几个方面:

第一,对客民进入的限制。《巡察湖广等给事中唐继祖奏陈严禁革役犯案之人于新设府县改名充役等永顺苗疆事宜五条折》记载永顺府"近有别府杂识、征员、外委、土弁滥给执照,各处游民十百为群,扶老携幼,络绎不绝至永顺各县,云买田地,今往开垦。及询所买之田又并无契券,现经营汛查报,窃思永顺乃新设地方,田亩未勘丈,果有土民无力开垦,愿行招佃之处,应指界立契,呈明印官查勘给照,方准开垦,若无照擅入,与征员、土弁滥行给照者,请勒督抚概行严禁以杜衅端,并查给照员弁有无受贿情弊,指名参处,以儆滥妄。"②从奏折内容可知客民进入湘西并非毫无限制、随意进入,而必须持有代表官方的征员、土弁等所给印照。尤其针对购买田地,前往开荒的客民必须持有印契证明其所属田土之四至,并由印官查勘之后才可留下开垦,严禁无照之客进入。若为虚假印照,则严惩其所发印照之官员。

与四川等省或地区积极招徕垦荒并给予多种政策鼓励③不同,湘西地区荒地是否对外开放、招徕客民开垦,对于清朝地方官府而言是一件十分慎重的事情。雍正十年(1732年)《湖南巡抚赵弘恩奏覆六里荒田不宜招卖垦种等事折》《湖广总督迈柱奏覆六里荒地以劝导苗人自恳为宜折》《湖广提督岳超龙奏覆与督抚斟酌六里荒地劝垦事宜折》《湖南巡抚赵弘恩奏覆遵议王柔所请令腹内农民分垦苗地等事甚不适宜折》都反复斟酌是否引客民至六里"苗疆"开荒,最后根据六里苗地实际情况,从稳定地方出发,否定并禁止招徕客民进

---

① 光绪《道州志》卷3,《中国地方志集成·湖北府县志辑》第48册,第58页。
② 中国第一历史档案馆编:《雍正朝汉文硃批奏折汇编》第17册,第932页。
③ 参见杨鸿雁:《略论清朝对客民的法律调控措施》,《贵州大学学报》2009年第2期。

行开垦。① 从永顺府严格控制入境开荒客民,要求必须持有执照,且田土四至清楚,到禁止客民进入六里苗地都反映了清朝对客民进入湘西的限制。

第二,客民与土民一同纳入保甲制度管理。"保甲之设原为稽查匪类,弥盗安民要务"②,湘西地处偏远,多深山密箐,设立保甲以维护地方安全十分重要。雍正八年(1730 年),永顺府知府袁承宠"查土司地方,江西、辰州、沅泸等处外来之人甚多,有置有产业、葬有坟墓,住居三五十年以致二三代者皆自称客家,不当土差",而思"川蜀等处凡住居三十年以上置有产业,丁粮俱准为土著。"因此提出"……土民、客家应一例编里",规定永顺府内"既有产业居住年久,应与土民一例编甲,以便稽查。至于初至贸易客民并无产业、居址未定者不在此限,但亦须房主保管以杜奸匪。"③即规定凡是在永顺府内居住时间较长且有产业的客民都必须与土民(当地人)一样纳入当地的里甲制度管理,而入境时间较短又无产业的客民必须由所居住房主负责,纳入监管范围。

在设置保甲的具体方面,保靖县知县王钦命提出保靖县《详定保甲》方法及其编设保甲的过程,雍正五年(1727 年)"册式将都村分注于前,各村四至以及同姓之众寡分注于后,将十甲、十牌、十户逐一分晰于内,又于一户之下开明土著、客籍,日后设立学校可以分别取录,不至客籍起借名假冒之弊而使土著有失上进之志也。现在捐备纸张发各乡者,每订一本,令其于都内各村庄无分土民、客家逐户挨编。"④即逐户查编,将其境内土民与客户一起编甲,但注明其土著或客民身份。并言奉旨"将绅衿之家一体编次,如有仍前不入编次者,比照脱户律治罪"⑤。即客户若不编次,亦会按照户律治罪,反映对其整体编入保甲制度之强制性。

又龙山县"本客、土、苗杂居,其俗不一,苗民于龙最少,盖曩时土司所招

---

① 参见中国第一历史档案馆编:《雍正朝汉文硃批奏折汇编》第 22 册,第 120、201、219、437 页。
② 同治《保靖县志》卷 12,第 203 页。
③ 同治《永顺府志》卷 11,第 379 页。
④ 同治《保靖县志》卷 12,第 204 页。
⑤ 同治《保靖县志》卷 12,第 204 页。

以为佃及逋逃于斯者现一体编甲。"①将"附居落籍者,为客家,一体编甲",而"历经训饬劝禁,土苗蒸蒸向化,客民亦安分"②,反映出将客民一体编甲所取得的效果,说明其实际可行。

第三,对客民买卖田地产业的规定。按前有言雍正初期"永顺乃新设地方,田亩未勘丈,果有土民无力开垦,愿行招佃之处,应指界立契,呈明印官查勘给照,方准开垦",至"改土归流"后,永顺分设郡县,与内地"一体化",进入永顺的客民以及贸易人等在满足前所言居住时间、有产业的条件下基本纳入户籍或买产落籍。在薄赋轻徭、休养生聚的政策调节下,永顺府乾隆时期,山头地角可垦之处俱经劝令垦种,田土价值较前昂贵已不啻倍蓰。然比之内地尚属便宜,因而成为客民相继进入置产之地。

但永顺府始为非汉族群聚居之地,境内有土民、苗民等群体,并未完全实现"一体化",难免出现土民与苗民"生齿日繁"状况,因此必须防患于未然,于是官府对客民在永顺府内购买田土作了详细规定:"谕令土苗,如欲变动田土,止许卖与本籍土苗,或暂时典给汉民,银到取赎,不得再听汉民谋买,其有从前抵当或卖而未绝者,均听随便,照依契价赎回,不许揩勒并添银找价,复卖与汉民。若已经卖绝,中明契正者亦不得混赎捏争。至入籍客民现有之产,将来止许当卖与此处汉、土、苗民,不得贪图重价,再引外处人来此买住,俱令各该处乡保牌甲稽查禀报,如土民等任听谋买,则倘肆行奸狡,仍敢不遵则解回原籍,不许容留,乡保等失查徇隐,分别责处,如此禁制,庶往后各有田土耕食矣。"③即自乾隆十二年(1747年)起,规定永顺府境内之田土不能再卖予外来新进客民,只能在本府内部买卖,土、苗只能卖予本籍土、苗,入籍客民只能卖予本府汉、土、苗民。

在乾州厅,乾隆十二年便有"定例"规定"汉民毋论居住年份久暂,一概不许购买苗田,如有汉民希图粮轻再买田,与土、苗贪得重价给汉民者,将民、苗

① 嘉庆《龙山县志》卷7,第132页。
② 同治《永顺府志》卷10,第353页。
③ 同治《永顺府志》卷11,第381—382页。

4 4 4 4

分别责惩,仍令苗人备价赎回。"①以此保护境内苗民利益,与永顺府对客民购买土、苗田地的规定相比更为严格,此"定例"杜绝了新进客民置产,但对长久居住的客民并没有起到法律约束作用,仍有久居之客民私行典买苗人土地,未有告发。因此,乾隆十八年(1753年),有地方官上言"乾属既尚有此等情事,是明系奉行不力,致民、苗□违禁例,应请通饬查禁,照例办理。"②

第四,设客总、经历专管客民。"改土归流"后,在苗寨内多设百户、寨长以管束苗民。客民则由客总、经历等管束,如龙山县"土人有罪,小则土知州长官等治之,大则土司自治,若客户有犯则付经历,以经历为客官也。"③

从以上对客民的规范来看,虽然将客民与土民、苗民一起纳入保甲制度,准其落籍,并设客总、经历等管理,但在购置产业尤其是田土方面仍然存在严格的限制,尤其在湘西地区,其田土购买有"定例"禁止购买,若被发现则会"财业两空"。对客民这些方面的管制,明显反映了地方官在民苗关系处理上的考虑,为进一步规范民苗关系,同时产生了针对民苗两者在住居、婚姻、交易等方面的具体规范,对民、苗之间的往来作了详细规定。

二、民、苗交往的有限自由

客民的大量进入,无论在生产、生活还是经济、教育、文化等各方面都对湘西原居非汉族群产生了不可忽视的影响,面对"新人""新事物"的进入,一方面是吸收与吸纳对本族群有利的方面,另一方面则不可避免地产生矛盾与冲突。对此,中央与地方共同制定了不少"定例""章程""条款"等对民、苗进行限制,以图"防微杜渐,使民苗永永相安于无事"④。

这些"定例""章程""条款"等法律规范"汉、夷"皆适用,即乾隆四年(1739年)《抚驭苗夷,恩威并济》言"固不可使汉民凌虐苗民,亦不可使苗民

---

① 《湖南省例成案》"户律",《中国古代地方法律文献丙编》第3册,第303页。
② 《湖南省例成案》"户律",《中国古代地方法律文献丙编》第3册,第306页。
③ 嘉庆《龙山县志》卷16,《稀见中国地方志汇刊》第41册,第252页。
④ 《湖南省例成案》"名例",《中国古代地方法律文献丙编》第2册,第81页。

302

扰害汉民,凡遇事到官,立即据理直断,不使延累,按法惩奸,原不以汉夷歧视也。"①规定在法律制度之下无"汉、夷"之区分,遇有民苗纠纷等事务时尤为此。

具体而言,以《湖南省例成案》为例,清廷所颁以控制苗客关系的"定例""章程""条款"主要包括以下几个方面的内容:

第一,各立村寨,实行民、苗"分居"管理,置乡约②、保甲约束,③此即杨亚东所言"夷汉分治"。为什么要进行"夷汉分治",具体如何执行,湘西地区永绥厅六里苗地民、苗分治的案例完整地记录了整个过程,同时反映了分治所参考的主要因素。

乾隆六年(1741年),永绥地方查有迁居汉民暨客民人等九百四十四户,共三千三百九十八名口,将住居时间长的客民驱逐回原籍,会导致其流离失所,不便于地方社会的稳定与治理,有所不便;但永绥六里地方山多田少,若客民接踵而至,络绎不绝,则汉民日众、土日窄,必然导致苗民耕种乏地,进而与汉人之间滋生事端,因此上有令地方言"苗人住居地方禁止私招汉民,亦不得容留外来之人,查出严加究治,并令南北各路汛弁设簿稽查,以杜汉奸潜入"④,以限制客民的进入。反映出永绥地方在客民管理过程中,营汛所承担的工作主要为"稽查",以防止"汉奸"进入湘西非汉族群聚居区域。

对已在境内之客民,住居城汛附近者照旧居住其地,而与苗人同寨之客民则令其搬出共同居住,不许其与苗民混杂。为此,永绥同知王玮会同排补、美隆团两巡司亲察各里民、苗所居具体情况,对有客民混居苗寨的,按实际情况在其营汛周边择隙地另立村寨,令客民搬移居住,如将"七里之罟把、夯都二

---

① 《湖南省例成案》"名例",《中国古代地方法律文献丙编》第2册,第79页。

② 在湖南宝庆府、永州府亦有设乡约,道光《宝庆府志》卷101言其为虑人不能悉遵王化而立,即其主要作用为教导地方,在"苗疆"则教导其地土民,以使其遵王化,懂礼仪。

③ 《永绥地方开辟之初招汉民安插共有九百四十四户置产佃耕,民苗杂处,良顽不一,饬令各立一寨概行搬出居住,另行立甲稽查,后有私招民人严究驱逐》,载《中国古代地方法律文献丙编》第4册,第165页。

④ 《湖南省例成案》"刑律",《中国古代地方法律文献丙编》第4册,第173页。

处,九里之葫芦坪、龙孔、翁岔三处,十里之排蜡弩、豆子寨、洞中寨三处,汉民稍多,俱系贴居苗寨,究难任其混杂,致启异日诱引滋事之端","查晷把、夯都与尖岩汛相近,勘有隙地,令其搬出居住;葫芦坪、龙孔、翁岔附近麻阳寨勘有隙地,搬移居住;排蜡弩、豆子寨、洞中寨与排补美该巡司所管汛地较近,则有隙地搬居。"①在将所住与苗民混杂或贴近的客民择近营汛隙地设立村寨搬居后,又于"每里设立乡约一名,承宣讲劝以敦风化。每村寨设立保甲一名约束稽查,责有攸归。"②

可见其实行"夷汉分治"的出发点包括两方面,一是不致客民失业,成为"难民";二是避免客民增多导致湘西土地矛盾激化引发民苗争端扰乱社会,因此,与"夷汉分治"同时执行的规定还有禁止新客民的进入。在民苗分治的具体过程中,将客民从苗寨中搬出另立民村居住,而新建民村的地点选择基本都以是否靠近营汛为标准,只有极少部分因营汛距离其产业较远而择相对较近的空隙地设置民村,以此将客民纳入营汛系统的监督之下,凸显了营汛系统在湘西地区基层治理中的重要地位。

第二,限制民苗之间"私相往来",包括民苗之间互认亲戚与通婚等方面。雍正五年(1727年)正月二十五日《署湖北总督傅敏奏陈苗疆事宜五条折》第一条便为"请勅部定议自后申严其禁,凡已经婚配者,姑免离异,其聘定未成者,自雍正五年为始,概不许违律嫁娶,犯者从重治罪,该管官弁失察一并严加议处。"③雍正硃批为"九卿确议具奏",至闰三月,兵部议覆"俱应如所请,从之","严禁苗、民互为婚姻"④,禁止民苗互婚则成为法律禁止之例。

然而随着"改土归流"的完成,大量客民进入,与苗瑶相互往来,还是载《湖南省例成案》"刑律",出现"苗瑶向化,乐与民人亲近,而民人亦因其亲近,遂与之交往,或认干亲,或结兄弟"情况。但客民与苗瑶"彼此绸缪,及至偶有

---

① 《湖南省例成案》"刑律",《中国古代地方法律文献丙编》第4册,第175页。
② 《湖南省例成案》"刑律",《中国古代地方法律文献丙编》第4册,第177页。
③ 中国第一历史档案馆编:《雍正朝汉文硃批奏折汇编》第8册,第933—934页。
④ 《世宗宪皇帝实录》卷55,《清实录》第7册,第6689页。

参差,苗性刚愎,即成仇怨,更有奸民因苗瑶愚直,易于笼络,故为恩结以图。有事听其指挥,亦有奸苗平日恩结民人,遇事供其报效,久之必致拘衅。"因此,乾隆二十四年(1759 年)《抚绥苗疆应行应禁事宜各条款》又一次明言"禁民苗私相结纳",上令"有苗各厅州县务须严禁民人,不许与苗瑶私相交结,并令岗寨各总长晓谕各苗瑶不得与民人往来,违者必究。"① 乾隆二十五年永顺府臬司严有禧上《民苗不许结亲疏》再次强调民苗婚姻带来诸多问题,请求严令禁止,② 与乾隆二十四年所禁条款一致。

自雍正初年至乾隆二十五年,为何反复多次明令禁止民苗婚姻。考其原因,民苗婚姻是民苗往来最为直接有效的方式,将民苗双方更加紧密地联系在一起,又婚姻与户籍、财产有着紧密的联系,一旦民苗结亲,"民变苗"或"苗变民"的情况都有可能发生,湘西田产的归属状况也可能发生变化,客民能够以婚姻为纽带更加深入苗民内部,获取利益。若民苗婚姻不能禁止,则其他方面的法律规范也难以区分和实现。

第三,禁止客民买苗产与富苗佃给客民耕种。前文有言乾隆十二年(1747 年)乾州便有定例不准客民购买苗田,但至乾隆十八年(1753 年)时仍有奉行不力者,因而请求查禁。乾隆二十四年,又一次明禁民买苗产,令有苗产卖给民人者速照原价赎回,并示禁民人不许擅买苗产。还规定如富苗产多,只许佃给本岗寨之穷苗耕种,不得佃给民人,违者究处。③

第四,谨慎设立交易市场,严格管控市场交易。雍正八年(1730 年),保靖县知县王钦命为详请设立苗界市场,考察古铜溪、张家坝为水路冲要,便于交易,又有张家坝原设有巡检一员、相隔一二里之里耶设有把总一员、古铜溪设有把总一员,若设置市场则可监察约束,因而拟于此二处设立市场,一月六期,于初二、初八、十二、十八、二十二、二十八此六日,令民苗各至其地,聚集货物,彼此公平交易,以有易无。限制其于是日辰时交易,申时即散,不许先期而预

①　《湖南省例成案》"名例",《中国古代地方法律文献丙编》第 2 册,第 84 页。
②　参见同治《永顺府志》卷 12,第 404—405 页。
③　《湖南省例成案》"名例",《中国古代地方法律文献丙编》第 2 册,第 88 页。

至,亦不许过市而仍留。而往来交易之人,丁苗人内着苗长、寨长于开市之日押苗人以同来,复押以同往,不许于交易之时任听滋事,如民苗抬价、短货、争竞生事等情立解徇门,严加究处。①

据王钦命详设市场案可见,首先,在交易市场的选择上,一方面要考量其地理位置的具体情况,包括其周边民苗状况、交通状况;另一方面还必须参考附近营汛的设置状况,看其是否方便弹压。其次,在交易的时间上,对交易日期与时辰均有具体的规定,明令其不得先至,亦不得逗留。此外,对于往来交易之苗人,规定由苗长、寨长押队同来同往,限制其往来市场之自由。至乾隆二十一年(1756 年),仍有规定"每逢集期责成文武官亲往巡查,不得视同内地集场可查不可查也。"②

综上可见,清廷地方官府对湘西地区客民的管理有着较为完善的规定。然而,无论是清廷对湘西客民的规制,还是对湘西汉民与苗民之间交往关系的限制,在所有规范或限制得以实施或发展的过程中,清朝在湘西地方的军事设置均起到了关键与决定性作用。乾隆时期,实行"民苗分居",其客民安置地以是否设置营汛为主要标准;设置交易市场亦以其周边是否有营汛设置为标准,甚至要求在所置市场周边同时存在多个营汛共同兼制,保证市场交易正常进行不致滋事。说明对湘西地区客民及民苗关系的法律控制大部分是在清朝基层军事系统之下执行与实行的,客民与苗民均处于基层军事系统的管控之下。

第四节　提供保障:汛塘体系与基层集场的设置及发展

施坚雅将中国市场划分为基层市场、中间市场与中心城市三类③,而费孝

---

① 参见同治《保靖县志》卷 12,第 204 页。
② 《湖南省例成案》"户律",《中国古代地方法律文献丙编》第 3 册,第 88 页。
③ 施坚雅:《中国农村的社会和市场》,中国社会科学出版社 1998 年版,第 10 页。

通将市场划分为军事政治类与商业类两大类,军事政治类即为围墙式驻军城镇。① 在非汉族群聚居的湘西地区,基层市场占据了主导,其地方社会彼此交易所形成之较为固定的场所构成基层市场,这些市场最早出现的时间不可确定,直到清代"改土归流"后才逐渐形成一定规模,载入各地方志,自成体系。因而此处所谈论之"市场",为湘西地区汉民与苗民非汉族群之间交易所产生的集场,不包含非王朝权力或汉民介入前纯粹的苗民等非汉族群体之间所建立的交易市场②。这些集场自发展之初是为商业还是为军事政治,有何自身发展特征,是本节所要探讨的内容。

一、清代湘西地区集场的设置与分布

湘西地区"改土归流"前,历史文献关于其区域内集场设置及交易往来的记载极少,但并不意味着其境内不存在集场交易行为。如在两宋时期,区域内非汉族群与"省民"(汉族群)土地私自交易问题十分突出。嘉定七年(1214年),臣僚在上书中便提到:"夫溪洞之专条,山傜、峒丁田地不许与省民交易,盖虑其穷困而无所顾藉,不为我用。今州郡谩不加恩,山傜、峒丁有田者,悉听其与省民交易,但利牙契所得,而又省民得田输税,在版籍常赋之外可以资郡帑泛用。而山傜、峒丁之米,挂籍自如,催督严峻,多不聊生,往往奔入生界溪洞受顾,以赡口腹,或为乡导,或为徒伴,引惹生界,出没省地,骎骎不已,为害甚大。"而除土地交易外,必然存在其他方面的相互交易。又有言"宜明敕湖广监司行下诸郡,凡属溪洞山傜、峒丁田业,不得擅与省民交易,犯者以违制论。仍归其田,庶山傜、峒丁有田可耕,不致妄生边衅。"③显然,以田业为例,侧面反映出当时湘鄂山区内各族群之交易往来、基层集场的形成与维持,不仅由来已久,而且与当地各族群之间的关系状态密切相关,并在很大程度上得到

---

　　① 费孝通:《中国绅士》,惠海鸣译,中国社会科学出版社 2006 年版,第 55 页。

　　② 因这部分内容史料记载极少,暂不展开讨论。

　　③ (元)马端临:《文献通考》卷 328(引湖南安抚赵亮之言),第 2575 页。乾隆《乾州志》卷4,《华东师范大学图书馆藏稀见方志丛刊》第 12 册,第 387 页。

了地方官府的承认与管理。而禁止交易的目的,在于保障非汉族群基本生活,避免发生纷争。

元全元三十一年(1294年),"于会溪(今古丈县罗依溪镇会溪坪)设立宣抚司,禁约省民、洞蛮,止于会溪交易。"①所言会溪坪不仅是宣抚司治所,也是元代省民(即"内地"汉民)与湘西非汉族群之间交易的临界点,应为目前历史文献所载最早的湘西基层集场。其所设宣抚司,在于控制"省民"(汉民)与"洞蛮"(非汉族群)之间的交易与往来,反映了政治、军事控制与湘西非汉族群聚居区域集场设置之间互相依赖与互动的关系。

明洪武初年,设"高岩巡检,以通交易"②。高岩巡检,位于明初所置崇山卫境内,反映明代湘西地区集场较之元代有了进一步发展,即集场开始在湘西腹地设置。然而,据《明实录》记载,崇山卫置于洪武十一年(1378年)③,后不久即因"孤悬苗地,转运难艰,议撤。"④因而高岩集场与崇山卫之命运极可能相同,所存时间并不长。因此,无论宋代"省民"(汉民)与苗民、瑶民等非汉族群之间的交易,还是元代会溪交易集场与明代高岩集场的置废,都已明显地反映出湘鄂山区范围内族群关系、军事设置与集场之间相互联系的紧密性。

入清以后,伴随"改土归流"的进行与完成,清朝廷在湘西基层广置汛塘,全面进入并控制湘西地区。清代汛塘系统组织严密,号称"郡有镇守,邑有分防,星罗棋布,如常山之势。"⑤汛塘系统建立后,湘西地区族群关系进入了一个相对平稳的阶段,乡村集场也随之较快地发展起来(详见表6-13至6-17)。

---

① (清)段汝霖撰,伍新福点校:《楚南苗志》卷3,第99页。
② 乾隆《乾州志》卷3,《华东师范大学图书馆藏稀见方志丛刊》第12册,第233页。
③ 《明太祖实录》卷121,第1964页。
④ (明)沈瓒编撰,(清)李涌重编,陈心传补编,伍新福校:《五溪蛮图志》,岳麓书社2012年版,第122页。
⑤ (清)于成龙撰:《于清端政书》卷4,《景印文渊阁四库全书》第1318册,第658页。

表6-13　清代凤凰厅集场概况表

集场名称	集场概况(即文献描述)	存续时间①	与汛塘关系②
西门江集	城东北四十里;设立文武衙门弹压	乾隆时期	不详
箭塘集	城西北三十里;设立文武衙门弹压		乾隆·小箭道卡
凤凰集	城西南六十里;设立文武衙门弹压		乾隆·凤凰营
永宁哨集	城西南四十里		明·永宁哨
靖疆营集	城东北六十里		乾隆·靖疆营
新寨集	城西北六十里		乾隆·新寨
箪子哨集	城东北六十里		明·箪子哨
南门外场	附城,百日场	道光时期	存城防守
廖家桥场	城南二十里,三、八日期赶		嘉庆·廖家桥
落濠场	城南三十五里,五、十日期赶		嘉庆·乐豪汛
鸦拉营场	城南四十五里,二、七日期赶		嘉庆·鸦拉营汛
新寨场	城西七十里,四、七日期赶		乾隆·新寨
新厂场	城南四十五里,四、九日期赶		不详
杜望场	城南六十里,三、八日期赶		明·杜望巡检
永新场	城南七十里,五、十日期赶		不详
长凝哨场	城北十二里,一、六日期赶	道光时期	明·长宁哨
得胜营场	城北四十里,五、十日期赶		乾隆·得胜营
箪子坪场	城北六十五里,四、九日期赶		箪子坪长官司
水打田场	城东三十里,三、八日期赶		不详
强虎哨场	城北九十里,三、八日期赶		乾隆·强虎哨
江家坪场	城南四十五里,二、七日期赶		不详

资料来源:乾隆《凤凰厅志》、道光《凤凰厅志》。

①　此处时间以最早方志记载为准,后一时期方志若有言具体设置时间则以其所言具体时间为准,未言具体时间则以所载方志时间为其设置时期。后一时期所载与前一时期重复之集场以前一时期为准,不再重复统计入表格。

②　即是否设置汛塘(以前文汛塘设置为参考,仅列最早设置汛塘时间及名称)及其他军事单位,后文表格皆同。

表 6-14 清代永绥厅集场概况表

集场名称	集场概况(即文献描述)	存续时间	与汛塘关系
永绥城市			存城防守
隆团市			雍正·隆团寨
花园市		雍正时期	雍正·花园寨
排补美	不详		雍正·排补寨
米糯			雍正·米糯寨
南门外场		乾隆时期	存城防守
邪诺场	逢四、逢九,每月六场		
猫儿寨场	逢五、逢十,每月六场		不详
龙潭场	逢五、逢十,每月六场		
茶洞客场	逢五、逢十,每月六场		乾隆·茶洞汛
茶洞汛客场	逢四、逢九,每月六场		乾隆·茶洞汛
排大鲁场	逢一、逢六,每月六场	宣统时期	不详
鸭保场	逢二、逢七,每月六场		雍正·鸭保寨
夯上场	逢四、逢九,每月六场		雍正·夯尚汛
排打扣场	逢二、逢七,每月六场		向设小汛
卫城场	逢三、逢八,每月六场		不详
排碧料场	逢二、逢七,每月六场		雍正·排料汛

资料来源:乾隆《永绥厅志》、宣统《永绥厅志》。

表 6-15 清代乾州厅集场概况表

集场名称	集场概况(即文献描述)	存续时间	与汛塘关系
南门外场	附城百日场		不详
镇溪所场	城东十五里,百日场。		乾隆·镇溪所
河溪场	城东三十里,三八日场。		乾隆·河溪汛
马颈坳场	城东北四十里,一六日场	光绪时期	不详
大新寨场	城西四十里,四九日场		乾隆·大新寨
坪朗营场	城西二十五里,三八日场		乾隆·平郎营
洽比场	城东北四十里,二七日场		不详
大河坪场	城西四十里,一六日场		

资料来源:光绪《乾州志》。

表 6-16　清代保靖县集场概况表

集场名称	集场概况（即文献描述）	存续时间	与汛塘关系
古铜溪	不详	雍正时期	雍正·设把总驻防
张家坝			雍正·巡检司
塔普	城南四十里		乾隆·塔普塘
葫芦寨	城南六十里		乾隆·葫芦寨汛
复兴场	县东南二十五里十五都,二、七期,有外委分防,货物杂集,为往永绥大道,旧名古铜溪		雍正、设把总驻防
普济场	县城南门外,三、八期,多市畜养	同治时期	乾隆·普棲塘
水荫场	县西南四十里四都,三、八期,右营守备驻此,货物杂集,为邑巨镇		同治·水荫场汛
葫芦寨场	县南六十五里六都,五、十期,左营千总驻此,环接苗寨,货物杂集,旧名捆香坝		乾隆·葫芦寨汛
鼻子寨场	县东南五十五里七都,二、七期,属苗寨,旧名红车河		乾隆·鼻子寨塘
夯沙坪场	县西南百二十里七都,五、十期,属苗寨,与乾州所里交界,旧名永和		乾隆·夯沙汛
阿稞场	县东南八十五里八都,二、七期,属苗寨		乾隆·阿稞塘
茅沟寨场	县西南七十里九都,一、六期,通四川羖容大道		不详
卧党场	县西南八十五里十都,二、七期,后枕天台山,与四川羖容界		
卡棚场	县西九十五里十都,四、九期		
太平坝场	县西百五十里十都,二、七期,对市即四川川河界		
拔茅寨场	县西三十五里十三都,二、七期,对市即杀鸡坡,为往里耶要道		
比耳场	县西北七十里十二都,二、七期,市肆相向,货物杂集,为上游巨镇		

续表

集场名称	集场概况(即文献描述)	存续时间	与汛塘关系
里耶场	县西北白二十里十二都,一、六期,巡检置此对岸属龙山,人烟辐辏,货物繁集,为入四川水陆大道,邑之市场胥莫能比	同治时期	乾隆·里耶汛
玛瑙湖场	县北七十里一都,今移至对山寨交易,属永顺		乾隆·马老胡塘

资料来源:雍正时期内容来源于雍正《保靖县志》,同治时期内容来源于同治《保靖县志》《永顺府志》。另因乾隆《湖南省志》未记载集场状况,又无乾隆时期方志可查,因而缺失乾隆时期集场设置情况。

表6-17　清代永顺县集场概况表

集场名称	集场概况(即文献描述)	存续时间	与汛塘关系
王村市	在县南,离城九十里。上通川、黔,下达辰、常诸处,为永郡通衢、水陆码头;凡进城货物,必于此处催夫背运,设施溶州巡检一员,并外委一员驻扎于市,同对岸千总一员专司巡缉,建有仓厫、贮谷,并建有公馆一所	乾隆时期	乾隆·王村汛
旧司城	在县东,离城三十里。乃土官世居之所,其创建年月世远无征,凡土司衙署、宗堂悉在城内,铺店颇多;雍正二年(1724年),设同知一员驻扎于此;七年(1729年)裁改,今设把总一员驻扎巡查		乾隆·旧司治汛
颗砂	在县东北,离城四十里。人烟繁盛,景物清幽,又有曲水流觞,双松掩映,实永邑胜地。原任宣慰使彭肇槐于雍正二年(1724年)迁建衙署于此,改土初,永顺城郭未建,郡守与邑宰俱驻扎焉		乾隆·颗砂塘
西坝湖	在县东南,离城八十里;为永定、大庸各路往来要区,人烟辏集,田壤环绕,客民列肆其间,亦永境中宏敞者	乾隆时期	乾隆·洗坝湖汛
列夕	在县西,离城八十里;自王村以上进猛峒小河,往来行舟多泊焉。民居罗列,商贩聚处,桐油、香油、杂油、桔子药材等货于此收买,亦要区也		乾隆·列夕塘

续表

集场名称	集场概况（即文献描述）	存续时间	与汛塘关系
十万坪	在县东北,离城八十里;为桑植要道,居民稠密,商贾往来,田土膏腴,远山环秀	乾隆时期	不详
杉木村	在县东北,离城一百二十里。为桑植、九溪要道,民居环聚,竹木交荫,葱蔚可观		乾隆·杉木村塘
勺　哈	在县西,离城二十里。为龙山要道,河流中演,人户夹岸而居,林树青葱,楠木、椆木多产其内		乾隆·勺哈塘
旦武营	在县南,离城一百五十里;为乾州要道,逼近镇箽、永绥各红苗,最为紧要。原设把总一员,带兵五十稽查防范,营房之外阛阓数间,米、盐、布匹,贸迁有无,其值最昂,故货亦不缺,谚云价高招远客信然		乾隆·旦武营汛
古仗坪	在县南,离城一百三十里,四面高峰叠嶂,中开一坪,永顺府同知衙门驻扎其地,溪流环绕,绿柳垂荫,差可人意;但地连镇箽,最近红苗,官署孤悬,旁仅店舍数间,后之策边者,尚宜留意		嘉庆·古丈坪营
田家洞	在县南,离城一百里,为苗洞总路,居民聚集,重峒叠巘,亦要区也		乾隆·田家峒塘
百楼(栖)关	在县西,南离城一百二十里,路通保靖,新辟官道,直达省会,民居稠密,峰峦高耸		不详
店房	在县西北,离城七十里路,通龙头、里耶,直达川省西阳、黔省铜仁等处,居民众多,商贾,诚要地也		
夹树坪	在县西,离城五十里,系保靖往来之地,烟火连绵,竹木蓊郁		乾隆·夹树坪塘
李家坪	离城五十里,为桑植、茅峒往来要道,地势平敞,竹木成丛,设有外委一员防汛于此		乾隆·李家坪塘
岩板铺	城东六十里。桑植要区,商民贩聚处	同治时期	不详
三家田	城东七十五里,桑植要道		
荆州街	城东北六十里,人烟绸密,列肆其间		
盐井	城西四十里,逼近龙山,两县交易多聚于此		
储库坪	城东五十里,永定往来要道		
叀湖	城东南九十里,永定、王村往来要道		

续表

集场名称	集场概况（即文献描述）	存续时间	与汛塘关系
龙鼻嘴			嘉庆·龙鼻嘴汛
河蓬	不详	同治时期	嘉庆·河蓬塘
坪扒			不详
蓑衣坡			

资料来源:乾隆《永顺县志》、同治《永顺府志》。另:后设古丈坪厅所辖集场亦包含其中(因古丈坪厅设置较晚,且其境内之塘汛、集场多与永顺县重复,因此本书未单独列出),据光绪《古丈坪厅志》记载,坪扒、龙鼻嘴、蓑衣坡、河蓬均属古丈坪厅,光绪时新增清吉场、丫角山场、枸杞坪场。

(一)"雍乾时期"湘西集场的设置与分布

据表 6-12 至表 6-16 可以看出,在凤凰厅乾隆时期置有西门江集、箭塘集、凤凰集、永宁哨集、靖疆营集、新寨集、箪子哨集 7 处集场。据文献记载,前三处集场因位置重要,地方官府特别"设立文武衙门弹压",而后四处集场"俱系乾隆十九年新设试开",均为军事驻防之地①。永宁哨集、箪子哨集、箭塘集、靖疆营集,自明代即设有永宁哨、箪子哨、箭塘哨、靖江哨,均曾置兵驻守;西门江集、箭塘集、凤凰集、靖疆营集、新寨集在乾隆时亦均置有营汛。如凤凰集,在雍正时期即置有凤凰营,至乾隆时期,又设"厅标把总一员,带领兵丁五十名"。新寨,雍正时已置汛,乾隆时期又"驻守备一员,把总一员,千总一员,兵丁一百五十五名"②。

永绥厅雍正时期已置有永绥城市、隆团市、花园市、排补美、米糯 5 处集场,所在地均为雍正时期永绥厅重要关隘。在永绥城市为存城防守;隆团市置有隆团寨,设"守备、把总各一员,巡检一员,兵一百一十名分防";花园市置花园寨,设"千总一员,兵一百名分防";排补美置排补寨,设"守备一员,巡检一

---

① 乾隆《凤凰厅志》卷5,《故宫珍本丛刊》第164册,第34—35页。
② 乾隆《凤凰厅志》卷16,《故宫珍本丛刊》第164册,第94页。

员,外委一名,兵九十九名分防";米糯置米糯寨,设"千总一员,兵八十五名分防。"①乾隆时期仅新增南门外场一处,为围墙式集场,亦为绿营兵存城防守。

保靖县,雍正《保靖县志》记有古铜溪、张家坝两处集场,同治《永顺府志》所载塔普与葫芦寨亦为雍正时期设置,乾隆时期无新设集场的记载。而古铜溪、张家坝等处均设置汛塘。古铜溪,雍正时设把总驻防,乾隆时仍置汛,并"分驻把总一员,汛兵二十一名。"张家坝,设巡检司驻扎;塔普、葫芦寨为乾隆时置塘汛,塔普塘"分设外委一员",葫芦寨汛"分防把总一员,汛兵二十二名"。② 这些记载十分清晰地道出了集场与汛塘之间密切的依存关系。

永顺县乾隆时期置有王村市、旧司城、颗砂、西坝湖、列夕、十万坪、杉木坪、勺哈、旦武营、古丈坪、田家洞、百栖关、店房、夹树坪、李家坪 15 处集场,其中,除十万坪、百栖关、店房 3 处外,其余各集场在乾隆时期均置有汛塘。如王村市置有王村汛,设"分防千总一员,汛兵二十名";旧司城有旧司治汛,设"分防把总一员,汛兵十六名";旦武营有旦武营汛,设"分防把总一员,汛兵四十六名";西(洗)坝湖置有洗坝湖汛,设"分驻外委一员,汛兵十名"。③

可见,清代湘西各厅县在雍正、乾隆时期所置31处集场,仅永顺县有3处集场无军事(汛塘)建置记载,反映出湘西地区汛塘军事体系的建设与其乡村集场的发展之间存在必然的、紧密的联系与很高的依存度,是可以肯定的。

(二)"乾嘉之乱"后湘西集场的设置与分布

"乾嘉之乱"的发生,对湖南地方与中央朝廷造成了巨大冲击,使其不得不再次慎重考量湘西地区的安全与稳定问题,重新布置基层汛塘格局,以便进行更有效的防守与控制。嘉庆元年(1796 年),和琳在上奏中提出:"(湘西)苗疆营、汛应分别归并,以联声势。"又提出在平定"苗民起义"后,应于凤凰、

---

① 雍正《湖广通志》卷 14,《景印文渊阁四库全书》第 531 册,第 450—452 页。
② 乾隆《湖南通志》卷 51,《中国地方志集成·省志辑·湖南》第 2 册,凤凰出版社 2010 年影印本,第 124 页。
③ 乾隆《湖南通志》卷 51,第 124 页。

永绥、乾州三厅"择其要隘处所,酌添兵丁及文武大员,以资弹压",又以湘西腹地汛塘兵额不能管理或弹压苗民为由,建议将"苗境内所有零星塘汛,全行撤出"。① 嘉庆二年(1797年),毕沅、姜晟、鄂辉等官员亦建议"将孤悬苗疆零星塘汛撤回"②,并奏言"凤凰、永绥、乾州等处兵力较单",请"于事定后择其要隘处所,酌添兵丁及文武大员以资弹压"③。中央王朝采纳地方官员的建议,一方面"审时度势"(此处"势"既包括形势,也包括地势),根据形势变化在原所设汛塘基础上设营添兵或另设新营,拨兵驻守;另一方面,按和琳所奏,将湘西苗民聚居区内散漫零星之汛塘全行撤出,湘西地区基层汛塘系统因此发生了十分重大的改变,乡村集场之设置也随之改变。根据表6-12至表6-16,可以看出:

凤凰厅在道光时期共有集场14处,除新寨场、篁子坪(两处里程稍有变化)为乾隆时期已置外,其余南门外场、廖家桥场、落濠场、雅拉营场、新厂场、杜望场、永新场、长凝哨场、得胜营场、水打田场、强虎哨场、江家坪场均为乾隆后新设。这些集场中,杜望场,明时曾设杜望巡检;长凝哨,明隆庆时以长冲设哨;得胜营场、强虎哨场,乾隆时皆置有营汛;廖家桥场、落濠场、鸦拉营场,嘉庆时均置营汛,有重兵驻扎;新厂场、永新场、水打田场、江家坪场未见有置塘汛记载,显然大部分集场仍建于过去的重要军事驻地。而此14处集场中,南门外场、廖家桥场、落濠场、雅拉营场、新厂场、杜望场、长凝哨场、得胜营场、篁子坪长、强虎哨场10处均处于"乾嘉之乱"后新划"民、苗界限"地域,即新的汛塘兵力集中地带。

乾州厅,光绪《乾州志》载境内有集场8处,南门外场为附城,为防守重地。镇溪所场、河溪场、大新寨场、坪朗营场在乾隆时分别置有镇溪所、河溪汛、大新寨、平郎营等营汛,且大新寨地方在明时原设高岩巡检以通交易,河溪地方亦曾置河溪巡检④;马颈坳场、恰比场、大河坪场未置塘汛,但马颈坳场、

① 《平苗纪略》卷30,《清代方略全书》第46册,第644页。
② (清)但湘良:《湖南苗防屯政考》卷首,《国家图书馆藏清代兵事典籍档册汇览》第43册,学苑出版社2005年影印本,第92—93页。
③ 《平苗纪略》卷41,《清代方略全书》第47册,第578—579页。
④ 参见光绪《湖南通志》卷30。

大河坪场曾属良章营,①仍然多位于重要军事驻地。其中南门外场、镇溪所场、河溪场、马颈坳场、恰比场均位于"乾嘉之乱"后新划"民、苗界限"地域,即新的汛塘兵力集中地带。

而永绥厅在雍正、乾隆时期所置6处集场,原即处于"民、苗界限"地带,并无明显变化。可见,湘西地区汛塘撤出并重新集中于"民、苗界限"周边,对湘西地区乡村集场的设置产生了十分重大的影响,使乡村集场亦形成以"民、苗界限"为中心的分布格局。

然而,从各厅县内乡村集场与汛塘设置的时间关系上看,自同治时期开始,在同一时期既设汛塘,又置乡村集场的数量明显减少,即同治及同治以后所置乡村集场多分布于清代雍正、乾隆、嘉庆时期所置汛塘地,反映出伴随湘西地区社会的发展与转型,乡村集场与基层军事建置汛塘的依存关系在逐渐减弱。具体而言,同治时期,保靖县境内集场增至15处,其中复兴场即为原古铜溪场,后萧条,于嘉庆时重设;②普济场、鼻子寨场、夯沙坪场、阿稞场、里耶场、玛瑙湖场均在乾隆时期设置过汛塘;茅沟寨场,旧有防营驻扎;③拔茅寨场,置有防兵守拔茅寨塘;④比耳场,同治时置有比耳塘,属龙山县;⑤卧党场、卡棚场、太平坝场等未详汛塘建置。永顺县,同治时增置岩板铺、三家田、荆州街、盐井、储库坪、耸湖、龙鼻嘴、河蓬、坪扒、蓑衣坡10处集场,仅龙鼻嘴、河蓬在嘉庆时曾置汛塘。永绥厅,宣统时置有集场12处,其中鸭保场、夯上场、排碧料场,雍正时已置兵驻守;茶洞客场、茶洞汛客场乾隆时置茶洞汛;排打扣,"向设小汛",嘉庆时撤;⑥鸭诺场、猫儿寨场、龙潭场、排大鲁场、卫城场未见置汛塘记载。至宣统时期,汛塘名存实亡,多已无绿营兵驻守,乡村集场与汛塘之间的关系几乎不可见。可见湘西地区乡村集场发展

① 参见吉首市志编纂委员会编:《吉首市志》,湖南出版社1996年版,第416—417页。
② 马本立主编:《湘西文化大辞典》,岳麓书社2000年版,第112页。
③ 段木干主编:《中外地名大辞典》,人文出版社1981年版,第2621页。
④ 参见同治《保靖县志》卷12。
⑤ 参见嘉庆《龙山县志》卷10。
⑥ 《苗防备览》卷4,第484页。

至清末,与基层汛塘系统之间已然没有太多关联,发生了从"军政兼理"到"民治"的根本转变。

显然,从两个时期前后湘西地区集场的设置与分布可以看出,"改土归流"初期与"乾嘉之乱"平定初期,湘西地区集场之设置对于汛塘等军事建置的依赖程度是极高的,如古铜溪、张家坝、茶洞三处场市在设置过程中,即将是否设置汛塘作为集场设置的必要因素之一。

二、集场设置中汛塘环境的考量:以古铜溪、张家坝、茶洞为例

"改土归流"前,湘西地区所置与"外界"沟通交流的集场极少,明洪武初供以交易之高岩巡检也因崇山卫的撤销而荒废。笔者认为,其症结之一在于苗民与汉民之间的市易需求,缺乏对人身安全与公平交易等方面的基本保障。如《戒苗条约》提到:"盐、布二项是你苗急需,皆因你们性好劫杀,以致无人进来交易。即有转卖进来的,其价又贵,是以你苗历来常受寒冷淡食之苦,殊觉可怜。你若不劫杀,则汉人进来交易者多,将尔土产以换盐、布,岂不两得其利? 再若尔果守法,可以自到乾州五寨司买去,其价更贱。"①反映出湘西非汉族群聚居地区集场衰落的原因,很大程度在于当时以苗民为主的非汉族群与汉民关系紧张,导致汉人进入湘西腹地从事交易者极少。如无安全与公平交易的保障,则不会有稳定的交易行为,更无所谓长期存续的集场。但是,布帛、盐、米又为苗民日常生活所急需,因此,伴随"改土归流"的进行与完成,解决苗民所需,设立集场势在必行。而安全保障与公平交易问题,则是地方官员在设置集场时必须考量的重要因素。

雍正时期在保靖县设置古铜溪与张家坝两场,地方官员王钦命即上言

---

① 中国第一历史档案馆编:《湖广提督俞益谟奏陈所属苗民情况及抚剿之法折》,康熙四十七年闰三月十五日,《康熙朝汉文硃批奏折汇编》第 1 册,档案出版社 1984 年影印本,第 913—917 页。

《详设市场》①,反映两场选址与设置缘起、考量因素及具体过程。其开篇即提出"为详请设立苗界市场,以免民苗出入滋事"之目的,表明保靖虽"改土归流",但其地与湘西腹地相连,对于苗民的管控仍为主要任务,因而在其地设立市场尤须谨慎考量。指出"古铜溪在县东南,张家坝在县西南。古铜溪兼通水道,可行小舟,名曰小江,水源直通六里红苗,民人常舟运货物入内;至张家坝亦水陆皆通,民苗相接,并连四川酉阳土司,四方贸易多聚于此,拟于此二处设立市场"②。可见,古铜溪、张家坝为当地出入往来之重要通道,是相邻各省商路交汇之地,水陆交通便利,贸易兴旺,商贾聚集,为设置集场的上乘之选。

选定合适地点后,如何避免"民、苗滋事",成为当地官府考量的最主要任务,即"不欲使民、苗私相往来,以杜其勾引之渐,必别为之所,俾之易粟、易布,以通有无,则市集之在苗疆更宜加之意矣。但开集设场,或称经纪,或号牙行,大约均非善类。藏奸聚匪,启争致衅,恒出于此,选择以慎初,稽察以善后,享其利,勿□其弊,是在官兹土者。"③显然,对于交易商贾群体的评价,并不公允,但是,维护市场交易公平,避免矛盾激化,则是集场兴旺最基本的保障。对此,王钦命提出:"场市既立,必须委员监察约束。"雍正七年(1729年)所置张家坝司巡检④与古铜溪(领兵)驻防把总,皆为其提供了保障。又张家坝"相隔一二里之里耶,设有把总一员。"因而至交易日期,以张家坝巡检与里耶把总,监察张家坝场市;以古铜溪把总一员监察古铜溪场市,同时派在城典史前往协司巡视。⑤ 由此可见,地方官员在场市选址时,对考察地点周边之防守力量有必然考量。而"惟各处集场原许民、苗按期赶趁,以有易无,应令汛屯员

---

① 雍正《保靖县志》卷4有记载,但记载不全,因而此处所引为同治《保靖县志》卷12(同治十年刻本)所载全文。
② 光绪《湖南通志》卷30,第911页。
③ 乾隆《凤凰厅志》卷5,《故宫珍本丛刊》第164册,第34页。
④ 雍正《湖广通志》卷16,《景印文渊阁四库全书》第531册,第551页。
⑤ 雍正《保靖县志》卷4,《故宫博物院藏稀见方志丛刊》第93册,第489—490页。

弁亲为弹压,无许市侩侵欺,一切公平互市,交易而散。"① 又说明派遣官员与兵弁驻扎于集场的目的,在于保证集场公平交易与安全进行,遏止市侩欺压良善。在这种情况下,集场与汛塘的位置需要尽量靠近,这正是清代汛塘系统与湘西集场分布格局发生耦合与交集的关键所在。

与古铜溪、张家坝集场设置相较,茶洞场之设置过程更突出地表现了集场设置与周边汛塘环境之密切关系。首先,在永绥厅"改土归流"之初,"凡有往苗地贸易者,许令呈明本地方官给予印照,开明人数、物件、往回日期,塘汛验明放行。"② 反映了民、苗贸易活动中汛塘的基础与关键作用。永绥地方官员张天如认为这种交易多有不便,因而提出在湘西非汉族群聚居区的边缘地带设立集场。他借鉴前任地方官员设置南关集场失败教训,提出于茶洞地方设立集场的意见。他认为"河道之广狭,民居之多寡,货物之能否聚集,塘汛之能否弹压"③ 等为茶洞是否可置集场的决定因素。又指出茶洞场交通位置良好,且"茶洞土人四十余户,客店二十余户,民居比连,塘房在高坡之上,易于瞭望稽查"④。同时,他也提出永绥所属之花园、尖岩、本城、隆团俱有汛塘,同样有军事管控的保证。如若茶洞集场开设成功,那么,其他汛塘附近地方亦可设立市集。

张天如上呈说明情况后,上批示"派场协等妥议"。场协经过实地考察,重新勘察茶洞汛及其周围汛塘的设置,认为茶洞汛原只设兵五名,为老王寨汛外委分防所属塘汛,而老王寨汛原设外委一员、兵丁十四名(雍正时有兵十九名),相离茶洞汛有 18 里之遥,实为茶洞汛要隘,不足弹压,而且兵丁巡防难周,实属单弱。⑤ 认为若要在其地设立市场,则必须移驻弁兵以资巡防,因而"请将老王寨汛外委一员并原带防汛兵丁十四名之内酌撤九名,一并移驻茶

---

① 道光《凤凰厅志》卷 8,《中国地方志集成·湖南府县志辑》第 72 册,第 129 页。
② 《苗寨每逢市集交易日期责成文武官亲往巡查》,《湖南省例成案》《市厘》,《中国古代地方法律文献丙编》第 3 册,第 455 页。
③ 《苗寨每逢市集交易日期责成文武官亲往巡查》,第 457 页。
④ 《苗寨每逢市集交易日期责成文武官亲往巡查》,第 457—458 页。
⑤ 《苗寨每逢市集交易日期责成文武官亲往巡查》,第 469 页。

洞汛,合之该汛原兵共足十四名。责令该外委带领防范稽查,一转移间,不但于三省交界要隘足资保障,而于开设市场,稽查苗民方属有济。"则"每逢场期,场协任饬令花园、隆团二汛守备、千总不时更替前往稽查弹压"。[①]

从张天如实地考察河道、居民、汛塘等状况,到重新派员勘察周边汛塘具体设置的过程,突出显示了地方汛塘分布在集场设置及维护中的关键性作用。非汉族群聚居地区集场的设置,并非轻而易举之事。汛塘的设置,实质上代表了清朝廷对于湘西集场的军事管控与市场管理。因此,汛塘分布及其兵力设置的更改,与集场设置及分布密切相关,若当时缺乏汛塘对于集场交易秩序的维护与管理,集场的设置与长期持续几乎是不可能的。

三、从"军管"到"民治":湘西集场的历史发展与最终走向

"改土归流"之初,如何谨慎处理各非汉族群之间、非汉族群与汉民之间的关系,保证地方和谐稳定,是湘西地方官员所要考虑的最主要任务。在集场交易中,如何处理不同族群间的关系,又是能否保证公平交易、集场存续与否的关键。因此在每一集场设置时,都必须有周密的考量,且"设立有案"[②]。地方官府为了保障交易的安全与公平,"每逢集期,责成文武官亲往巡查,不得视同内地某场,可查不可查也。"[③]

而要完成这一任务,作为基层军事组织的汛塘变得尤为重要,也成为集场选址的重要考量因素。其中,茶洞场的设置最为典型——地方官员在设置过程中对周边汛塘的相距里程,附近塘汛兵额的调整、营房的移建等,均有缜密的思考及妥当的安排,深刻地反映了周边汛塘分布及具体设置对于集场运行的重要作用。因此,"改土归流"的完成、族群之间关系的改善、塘汛系统的建立,为湘西集场的发展创造了有利条件,使得雍正、乾隆、嘉庆时期集场大多设

---

① 《苗寨每逢市集交易日期责成文武官亲往巡查》,第469—470页。

② 《苗寨每逢市集交易日期责成文武官亲往巡查》,第478页。

③ 《苗寨每逢市集交易日期责成文武官亲往巡查》,第478页。

在汛塘之地或其附近,两者在设置与方位上的耦合与交集,反映了特殊时期、特殊地域集场与军事管控之间的特殊关系。这种关系也反映了湘西社会从宋明时期"羁縻"到这一时期"军政兼理"的转型。"乾嘉苗民起义"后,清朝官府在湘西地区大兴"屯政",屯防职能之一就是"弹压各处集场"①。

但伴随清朝的衰落与汉族移民的进入,民族交流与融合进一步加强,安全保障问题进一步淡化,湘西集场与汛塘系统依存关系逐渐弱化,甚至完全脱离,既反映出封建王朝衰落过程中军事控制的松弛与地方民众对于自由交易与往来需求的强烈愿望,也反映出在新型体制下湘西社会经济发展中逐渐市场化(民治)的趋势,这一趋势也是市场发展的必然要求与最终走向。

---

① 参见王瑞莲:《论清朝前期对湘西苗民的治理》,《民族论坛》1991 年第 1 期。

第七章　地名时空:地名学视野下的
　　　湘鄂山区治理

　　地名随着人类社会的产生而产生,随着人类社会的发展而发展,是时代的标志,是各种地理实体、行政区域和居民点的标识,承载着丰厚的文化内涵,折射出历史、地理、宗教、语言、社会、经济等各种世相百态。它具有"活化石"的功能,是人类珍贵的历史文化遗产。陈正祥认为,地名作为代表一个地方的符号,其来源和演变除了受天然环境的影响外,也常为文化的接触所左右。现今的地名应被视为文化遗产的一部分。它能反映当地的地理环境,并赋有文化层指标作用,都是非常明显的事实。① 因此,研究一个区域的地名有助于了解这一区域的历史、文化、民族、生活、经济等各个方面。同时,通过进一步深入研究地名的由来与变迁可以透视区域历史地理、民族民俗、宗教信仰、社会经济等内在文化现象,为历史研究提供更多现实依据,一方面与历史文献记载互为映证,另一方面亦可以补充部分历史文献记载的不足。

　　湘鄂山区自秦汉时期开始即已为非汉族群聚居之地,对该地区的治理活动亦早已开始,如宋代在这一地域便广设寨堡控制。因而本章将历代王朝对湘鄂山区的治理追溯至明代以前,对区域内各市县与历代地方治理相关的基层地名进行统计分析与比较,探寻湘鄂山区治理作为历史时期这一区域重要事务在地名中留下的痕迹,总结其特点,窥探其与历史时期湘鄂山区政区与军事建置间的联系与差异。

---

① 陈正祥:《中国文化地理》,生活·读书·新知三联书店 1983 年版,第 214 页。

第一节 尝试与奠基：地名学视野下
明代以前湖南山区治理

一、明代以前湖南山区行政区划与族群认知

从前文关于湘鄂山区人口构成研究中可以看到，湘鄂山区不仅生活着苗人，还生活着土、瑶、僮等人群，这些人群族称多形成于明清时期。先秦时期，统曰为"蛮"，又称"南蛮"；秦汉时期，称"巴郡南郡蛮"①"武陵蛮"①"零陵蛮""桂阳蛮"；三国时期，称"宜都郡夷与建平郡夷""武陵蛮"；魏晋南北朝时期，称"建平夷""天门蛮""武陵蛮""莫瑶""溪人"；隋代，称"蛮蜒"与"莫瑶"；唐代则以地域，冠以"蛮""夷"，称"邵州山洞蛮""辰州蛮""黔中蛮"；五代十国，则称"溪洞诸蛮"，包括"溪州蛮""武陵诸蛮""梅山蛮"等；宋代与五代十国基本相同，以"溪洞诸蛮"统称，具体有"富州蛮""叙州蛮""锦州蛮""溪州蛮""渠阳蛮""桂阳蛮""梅山洞蛮"等；②元代与宋代大致相同，至明代始出现"苗""蛮"之分，至清时期则划分更细，仅"苗"即有"百苗"之说。

伴随不同时期湖南山区族群称谓的变化，湖南山区所辖州县行政区划亦存在不断变化。而行政区划发生变化意味着中央王朝与这一区域所生存族群之间关系发生变化，这种关系变化发生的原因主要包括两个方面：一是中央王朝"大一统"发展趋势要求，二是这些区域内族群面对的不稳定环境，需要一个强有力的政权参与管理与治理。因而，自秦汉设置郡县开始，即开始了对湘鄂山区非汉族群的治理，唐宋时期进一步发展，明清时期达到高潮，并最终完成。

首先，湘鄂山区江华县、桂阳县、芷江县、慈利县、邵阳县、宁远县、蓝山县、

---

① 又称"五溪蛮""槃瓠蛮"。
② 此处湘鄂山区各时期各民族称谓状况，参考吴永章主编：《中南民族关系史》，民族出版社 1992 年版。

永兴县、辰溪县、沅陵县等均为汉代所置,这些州县在秦时多属黔中郡管辖,黔中郡所辖地域广阔,名虽曰郡,其所辖地域却大多处于羁縻状态。因此,其汉代所设县与秦时属郡管辖而言,在行政归属上更加明确,同一区域内州县数量的增多,无疑反映着中央王权控制的深入,也意味着将原属黔中郡之羁縻地纳入国家正式行政体系直接管理。

其次,隋唐时期所置临武、宜章、泸溪、石门、道州、永明等县,据《通典》记载,设县之前多为古"蛮夷"地,秦、汉、三国时期多属道、刺史等羁縻统治。因此,从"蛮夷地"到设立经制正州县,实为从"羁縻"到王朝直接管理的过程。然而,部分州县因地处"蛮夷地",虽置县却在相当长时间内仍为羁縻状态,如泸溪县"自唐初置县,壤地辽廓,时皆苗瑶峒寨,羁縻而已,编户之民,供赋之士,入版籍者无几。"①

再次,宋代湖南山区除隋唐及以前已置州县区域外,其余地区基本分属晃州、波州、奖州、峡州等羁縻州,这些羁縻州多为"五溪之酋"②管控,如晃州即为"五季以来,蛮酋田氏据守处"。③ 宋朝统治者通过广设寨堡,"令相度沅州,乞于宜、洽州地分修寨,波、晃州地分建堡。"④在奖州设奖州寨(后又改曰奖州铺);⑤在峡州设安江寨,通过逐步"蚕食"方式,进行军事管控,逐渐进入和影响这些区域,进而设置州县。

最后,至清代,是湘鄂山区大量设置州县的又一高潮。永顺、保靖、凤凰、乾州、永绥、古丈等宋代设置羁縻州、明代设置土司管辖的区域,在这一时期全面"改土归流",置为厅县。

因此,湖南山区政区的设置与变化过程即为中央王朝与湖南山区非汉族群关系发展变化过程,也为中央王朝治理湖南山区过程。就此而言,中国古代湖南山区之治理始于秦汉,而终于清。

---

① 乾隆《泸溪县志》"凡例",《故宫珍本丛刊》第163册,第170页。
② 《宋太宗皇帝实录校注》卷27,第95页。
③ 乾隆《沅州府志》卷9,第504页。
④ 《续资治通鉴长编》卷358,第8574页。
⑤ 乾隆《沅州府志》卷22,第634页。

二、现代地名所记录：明代以前湖南山区治理活动

从以上所言州县设置的时间差异可知，历史时期中央王朝对湘鄂山区的治理从未间断，这在湖南山区现存地名中表现尤为明显，统计分析湖南山区各州县20世纪80年代《地名录》或《地名志》所记载基层地名，发现明代以前湖南山区治理活动以"征剿"为主，较少涉及本土话语或本土防御体系的建设，具体而言：

地名所追溯中央王朝对湖南山区的治理活动最早为汉代，如石门县内新关"相传东汉时，伏波将军马援曾在此渡水作战，故名'将军渡'。明初，武德将军覃添顺见该地水险可凭，山峻可固，乃设关戍守，始称新关。"①地名释义中"作战"一词，可见东汉王朝的湖南山区治理。考湖南山区各州县地方志，存在众多与伏波将军马援相关的自然实体地名，尤其各州县地方志在阐释这一区域壶头山地名时，几乎均言及马伏波征援之事，如沅陵县壶头山，为"马援征五溪蛮停军处"②。且形成"伏波信仰"，建有伏波庙、马神庙、马王庙等以祀伏波，沅陵县伏波将军庙即"祀汉忠成侯马公援"；③靖州有马援祠，言"马援，汉伏波将军，征五溪蛮，军次下隽，进营壶头，卒于军，沿江建祠祀之。"④且有马神庙，"宋元丰间，本州奏其神即伏波将军，彝人畏信之，乞加爵号昭灵王，或云庙本湖南马氏所创，盖马氏自诧伏波后裔，夸示蛮瑶，弹压溪洞云。"⑤说明汉代对湖南山区的治理北至石门，南至靖州。但据俞益谟考证，乾州"隔越汉境，不得与靖州诸苗相接壤，东汉用兵时，武威将军刘尚以万人俱陷，伏波将军马援师次壶头，功未底成。"⑥意味着这一时期湘鄂山区治理未至湖南武陵山腹地（湘西）。

---

① 石门县人民政府编印：《石门县地名录》，1983年，第11页。
② 同治《沅陵县志》卷4，《中国地方志集成·湖南府县志辑》第62册，第183页。
③ 同治《沅陵县志》卷14，第261页。
④ 光绪《靖州直隶州志》卷7，第105页。
⑤ 光绪《靖州直隶州志》卷末，第242页。
⑥ 俞益谟：《苗源说》，光绪《乾州厅志》卷14，第364页。

三国时期,湖南山区有9处地名与"征剿"相关。其中靖县有营盘、神子团、诸葛桥、上营寨、下营寨、小哨6处,黔阳县有草坡头、洗马潭、古楼坪3处(详见表7-1),除草坡头外,其余地名皆与诸葛亮"南征"相关。靖县所存营盘、诸葛桥两地名应与清代所属诸葛营相关,光绪《靖州直隶州志》记载"诸葛营,在州南二十里。诸葛亮抚溪洞,驻师于此,相传今古城是也。"①而据《续后汉书》记载,诸葛亮"南征"最南到达湖南山区零陵、桂阳二郡②,因此除靖州、黔阳县外,清代湖南山区境内宝庆府、永州府、会同县等均有诸葛亮"南征"相关地名,可见三国时期蜀国势力已深入湖南山区南部,覆盖湘鄂山区大部。

唐代是湖南山区州县设置的一个高潮期,但有关这一时期中央王朝对湖南山区治理的地名却较为少见,仅有辰溪县椒坪溪、靖县隘门口、新晃县凉伞3处(详见表7-1)。从仅存三处地名可看出:一方面,唐代在湖南山区大部分区域设置羁縻州,以羁縻制度管理地方;另一方面,并未完全"放任不管",亦存在对区域的"征讨"。而三地所属,辰溪县早在汉代时已置县,但因其地处山区,又紧邻非汉族群聚居区,其境至唐代,乃至明代仍为中央王朝"征剿"重点区域;而靖州与晃州在唐时皆属羁縻统治,直至宋末、明初才分别设置州县。

五代时期,有关湖南山区治理的地名集中在靖县,有马王桥、马方坪两处(详见表7-1)。据光绪《靖州直隶州志》记载,其境有马王城"在州西十里飞山上,一名马王坪。五代时,马氏遣将讨飞山峒蛮屯兵处。《大明一统志》:楚马氏时,飞山峒酋播全盛遣其党杨承磊略武冈,马氏命昌师周讨之,援萝蹑石直抵飞山,缚降者为乡导,袭飞山,擒全盛斩之,尽平巢穴,今环山壕堑遗址犹存。"③中所言马王坪,与马方坪应为一地,反映五代时期,楚王对靖州之"征讨"。且经过这一系列"征讨",靖州在五代时期均为楚王马希范管理,后以其地置诚州。

宋代,有关湖南山区治理的地名分布较散,辰溪、靖县、麻阳、桑植、石门、通道、沅陵、黔阳、绥宁等县皆有零星分布,如辰溪椒坪溪、靖县贯堡渡、麻阳县

---

① 光绪《靖州直隶州志》卷1,第24页。
② 参见(宋)萧常:《续后汉书》卷1,《景印文渊阁四库全书》第384册。
③ 光绪《靖州直隶州志》卷1,第23页。

岩门、桑植县向天湾、石门县三板桥、通道县临口、沅陵县乌宿、绥宁县关峡（详见表7-1），均与宋代湖南山区治理相关。这些地名主要表现为两个方面：一是宋代对湖南山区之"征讨"与抚绥，如靖县之名即源于"宋崇宁元年（1102年），平诸瑶，以示安宁。"①二是在"征讨"过程中，有设县（建城墙）与设寨堡两种方式，且存在降县为寨现象，说明宋廷对这一区域之控制程度并非一成不变，也说明湖南山区治理难度之大。

至元代，并未发现与湖南山区治理直接相关的地名，从石门县所存几处与元代相关地名来看，石门县在元代基本与"内地"同。而通道县有上寨，为"元素播阳所直辖，曾设土司衙门，故名播阳司。今名上寨，系处土寨村上游而获名。"②说明元代已在湖南山区置土司（土官）管辖。

表7-1 明代以前湖南山区治理相关地名表

地　名	备注（《地名录》或《地名志》释义原文）	属县
椒坪溪	相传唐宋"平蛮"，进剿至此，声称剿平该地，因有一溪，村得名剿平溪。后演变为椒坪溪	辰溪
靖　县	五代时于此置诚州，宋崇宁二年（1103年）改诚州为靖州，1913年废靖州为靖县，解放初（期），建制未变，1959年并入通道，1961年复置靖县；宋崇宁元年（1102年），平诸瑶，以示安宁，遂有靖名	靖县
马方坪	五代楚王马氏遣吕师周讨飞山峒蛮潘全盛，屯兵于此，故名马王坪；后演变为马方坪	
马王桥	五代后晋天福年间（公元936—942年），楚王马希范征蛮驻师于靖，览山川之形势，以地当冲要而建石桥，故名马王桥，曾改名通济桥；此街以桥而名	
营　盘	三国时期，诸葛亮曾率兵在此扎营，现尚存营迹；群众称之为营盘，村以此得名	
神子团	三国时期，诸葛亮在此扎过营寨，得名诸葛城；后相传此地出了神仙子弟，故变为神子团	
诸葛桥	相传三国时期诸葛亮南征路过此地，因溪水阻隔，一夜建成一单拱石桥，故有诸葛桥之称；村以此桥而名	

---

① 靖县人民政府编印:《湖南省靖县地名录》,1984年版,第15页。
② 通道侗族自治县人民政府编印:《湖南省通道侗族自治县地名录》,1984年版,第30页。

地　名	备注(《地名录》或《地名志》释义原文)	属县
贯堡渡	村处渠江南岸,与甘棠溪口对峙相望,昔日是洪、靖要道渡口;此村宋元丰时傍渠阳县址,曾设城堡;清光绪时这一带为"贯"的建制,故名贯堡渡	靖县
上营寨	传说三国时期,孔明在此扎过兵营,故有营寨之称。村处营寨上段,故名上营寨	
下营寨	相传孔明在此扎过兵营,村寨处上营寨之下段,故名	
隘门口	相传唐朝官员段宏玉,家住青靛山,将城外江东街口,建一炮楼,称隘门关。此村一隘门关口而名	
小　哨	相传三国时期在此村设过哨口,故名	
达岚公社	据民间传说,湘西天王庙(白帝宫)所祀罗姓三兄弟,生前曾因平叛有功,为奸臣所忌,在酒中暗下毒药,饮后,行至此处,头已耷拉不起,故名"耷拉",后演变为达岚(注:另据县志记载,白帝宫天王姓杨,是湖南乾州鸦溪人;兄弟三人武艺超群,曾率村民三十六人歼敌数千,敉平叛乱;南宋朝廷闻知,把他们召到临安(今杭州)。因见其人状貌奇异,深恐将来成为边地祸患,就赐毒酒一坛,令其回家与妻子共饮;兄弟三人走上归途,行至桃源白马渡,因天气酷热难耐,开坛取酒解渴,三人都中毒而死;公社以此得名	泸溪
上　寨	(大队驻地)元素播阳所直辖,曾设土司衙门,故名播阳司;今名上寨,系处土寨村上游而获名	
多来堡	古时此地建堡屯兵,防守坚固,入侵者均难攻克,故名	通道
临　口	脱出山口,濒临旷野,故名。据《武冈州志》记载,宋崇宁五年(1106年),临口曾设临冈县治。宋绍兴三十年(1160年),降县为寨;明置临口司,清设临口汛;解放后为乡政治所	
凉伞公社	据《湖南通志》和《沅州府志》的记载与考证,唐代的羁縻晃州即在此	新晃
岩　门	宋、元、明、清朝代,在此设置县丞,四周筑有石砌城墙,建有四门,故名	麻阳
向天湾	相传南宋向天子战死此湾,现存向天子庙遗址可考	桑植
新关公社	相传东汉时,伏波将军马援曾在此渡水作战,故名"将军渡";明初,武德将军覃添顺见该地水险可凭,山峻可固,乃设关戍守,始称新关	石门
蒙泉公社	相传,北宋黄庭坚受贬,"安置黔州,复移戎州",道过此地,投宿花山寺,见花山(楼金山)下龙潭泉水清澈,乃题"蒙泉"二字……蒙泉因此闻名	

地　名	备注(《地名录》或《地名志》释义原文)	属县
花薮公社	境内花薮坪,古称花草坪。相传,东晋始建一寺,后几遭回禄,唐、宋、元、明、清都曾修葺或重建;明时,有一京官巡视至此,看见这里花草繁茂,山水秀丽,遂题"三薮花开飞化雨,七峒翠拥护禅林"一联,并书"花薮寺"横额,花薮由此闻名	石门
三板桥公社	三板桥历史悠久,相传,宋朝岳飞部将高宠率兵经此,被溪水阻隔,即用三块长石板搭桥通过,故名三板桥	
官渡桥公社	官渡桥,建于元至正年间,相传,该桥竣工时,适逢石门县官经此,因而取名官渡桥	
渡水公社	相传,很早以前,该水下游,河床高,河面窄,水流不畅,中上游常遭淹没;元末明初,盛姓基祖迁此定居,为开垦彼岸,常驾木筏过河,故称渡水	
子良坪公社	据《向氏族谱》载:元朝末年,向氏基祖子良,从四川迁到这里定居,开发此坪,后人遂称子良坪	
商溪公社	据传,宋朝末期,商溪就得到了开发	
乌　宿	乌宿古为土家族、苗族、汉族杂居之地,昔称八蛮洞口,征战不息。据《读史方舆纪要》及《湖南通志》载,"府西二十里大酉山口,古为……不狼寨";五代时,曾设酉溪寨,宋初置慢水寨	沅陵
界亭驿大队	界亭驿,古为沅陵东南边境重镇,曾设驿站,修有长亭,界亭驿由此得名	
芷江镇	由于芷江独特的地理位置,该镇也成了历代兵家的必争之地;汉朝统治者平定"南蛮",明代王守仁镇压"苗反",都曾在这里屯兵驻守,清代更成了统治者镇压西南少数民族起义的前沿阵地,不断派大军驻芷镇压	芷江
道　县	历代封建统治者在此高筑石城,设州建郡,控制边陲	道县
硖洲公社	《方舆纪要》:"宋初置峡州,谓之峡州新城。"	黔阳(今洪江市)
草坡头	传说三国时一苗王经常在此练兵马	
洗马潭	传说三国时,诸葛孔明率军南征,在此溪潭洗过战马	
古楼坪	村居山脚,相传三国诸葛亮南征至此,于坪上修一高楼,悬鼓于上,鼓演变为"古"	
赤　板	传说唐代,蒙姓将领血洗苗族,因称赤板	绥宁
关峡苗族人民公社	宋朝的关峡寨,清朝的关峡堡,均建于此	

资料来源:《湖南省辰溪县地名录》《湖南省靖县地名录》《湖南省泸溪县地名录》《湖南省麻阳县地名录》《湖南省石门县地名录》《湖南省通道县地名录》《湖南省新晃县地名录》《湖南省沅陵县地名录》《湖南省芷江县地名录》《湖南省道县地名录》《湖南省黔阳县地名录》《湖南省绥宁县地名录》。

就总体数量而言,有关湖南山区治理的地名数量并不多,但基本记录了历代湖南山区治理轨迹与方式及建置详情。从空间上言,所涉及州县主要为辰溪、靖县、麻阳、桑植、石门、通道、新晃、沅陵、芷江、道县、黔阳、绥宁,以方位划分,这些州县多位于湘西南地区,即雪峰山—八十里大南山区,今怀化市境内。又以靖县所存地名最多,说明靖县在明代以前,曾为湖南山区治理重要区域。

第二节　地名所折射:明代湖南山区以湘西南为重心的治理

自明代开始,湘鄂山区及其邻近地区"苗患"问题开始凸显,苗民所在区域成为明清两朝重点治理区域,并伴随王朝始终,逐步形成带有政治意义的"苗疆"(其范围涉及整个湘鄂山区,其中湖南武陵山区被称为"湘西苗疆")一词作为专称。关于治理过程与具体措施,正史和地方志已有诸多记载,但其话语更多属于官方,地方和基层如何认识并不明了。因此本节以基层地名为切入,分析明代湘鄂山区治理在地名中留下的痕迹,透过地名分析其在治理过程中的军事设置与时空差异。

一、现代地名中明代湖南山区治理印象

"苗疆"一词虽至明中晚期才出现于典籍中,但"苗患"问题自明初开始即已成为朝廷治理贵州、湖南等地的棘手问题,如魏源所言"历代以来皆蛮患,而明始有苗患也"。[①] 湖南山区"苗患"问题的客观存在,是朝廷不可忽视的问题,其成为湘鄂山区民众基本生活的一部分,以地名的形式流传至今。分析湖南山区各市县地名录中所载相关地名,大致可分为以下几大类:

---

① 魏源:《苗防论》,《中国边疆研究资料文库·边疆民族资料初编》·《西北及西南民族》第15册,第83页。

1."征苗"地名

面对"苗患"问题,明朝廷的首要任务是"征剿",经统计,湖南山区各市县地名录记载中,直接言及明代"征苗"活动的地名有靖县拜正、辰溪县门家院、王洋屯、卢墓坡、吴家人、王家大队、袁家、李家、刘家(详见表7-2)。

这些地名直接反映了明廷的"征苗"活动,同时反映这一活动下明代湖南山区地方移民聚落的形成及对地方聚落人口、民族发展的影响。从历史时期民族文化发展而言,促进了文化的交流与发展。从各市县统计数据来看,以辰溪县"征苗"地名最多,说明明代湘鄂山区治理可能主要集中在这一区域。

2.军事防御地名

任何一项军事行动都是有目的和有计划的,"苗患"问题作为非汉族群聚居区域治理的主要问题,需要长期投入与关注,因而必须在其地建设一套适应地方发展的防御体系,以随机应变,应付"苗患"。分析湖南山区现代基层地名,可见明廷治理湖南山区所置军事防御体系大致包括以下几个方面:

第一,设置巡检司。巡检司是宋至清代地方军事机构,多设置于少数民族地区或州县交界地区,在重要关口承担巡逻、缉私、捕盗等务。溆浦县镇宁司(详见表7-2)即有"镇宁司巡检署,在县治东北六十里,明洪武初建。"①按前文对湖南山区地域的界定,溆浦县属湖南山区,而相邻安化县属低山丘陵区、靠近平原区,因此,此处所言镇宁司地处湘鄂山区与湘鄂平原区分界地带,所承担职责比其他一般巡检司更加繁重,有"防苗"职责。

第二,设置卫所与军屯。明代地方军事体系以卫所为核心,军屯是卫所体系的重要组成部分。湖南山区在治理过程中形成了自己的卫所体系,但地名中有关"卫所"建置的地名很少,仅今花垣县老卫城(详见表7-2)以此为名。

关于军屯,《明实录》言"更定天下卫所屯田,守城军士,视其地之夷险要僻,以量人之屯守为多寡,临边而险要者,则守多于屯;在内而夷僻者,则屯多

---

① 民国《溆浦县志》卷5,第70页。

于守;地虽险要,而运输难至者,屯亦多于守。"①反映了军屯在卫所制度中的重要性,并以具体状况规定"屯守"比例分配。湖南山区兼具以上几种情况,因而设屯亦多。溆浦县塘湾垅、通道县黄家堡大队(详见表7-2)皆为明代屯军遗留地名,既反映明初设堡屯兵的实施,也反映军屯所带来的移民与当地民族结构及人口状况的改变。

第三,健全的信息传递系统。信息传递系统是地方经营与治理必不可少的,其体系的完整与否,是上令能否顺利传达的关键,在中央王朝的西南边疆经营中尤为重要。从基层地名命名中,我们可以看到塘报、驿站、烽火台三种不同信息传递系统。

首先,建设"塘报"系统。塘报是由塘兵所传递的文报,"是依托汛塘之制的组织体制,由塘兵传递的以军事情报和战事动态以及强盗流寇活动消息等为主要内容"②。通道县甘溪以明、清两代"设立干溪塘"③得名,干溪塘即为当时塘报系统中一部分。

其次,设立驿站。靖县西里驿、三里驿、芷江县公坪、沅陵县界亭驿(详见表7-2)均以其地曾设驿站命名。据《明太祖实录》记载,界亭驿为洪武十四年(1381年)所置马驿,④为辰州府沅陵县三驿站之一,是湖广重要通道。

从各地名释义中亦可知,驿站的主要功能是为政府传递文书,在军事活动中具有非常重要的作用,是上传下达是否通畅的必要保障。比较两县地名中关于驿站设置的里程,一为距离二十里设一驿,一为距离六十里。查《明太祖实录》记载,"自岳州至辰州府,凡一千八十一里,以六十里为一驿"⑤,又"谕水西、乌撒、乌蒙、东川、芒部、沾益诸酋长曰:今遣人置邮驿,通云南,宜率土人随其疆界远迩,开筑道路,其广十丈,准古法,以六十里为一驿,符至奉行。"⑥

---

① 《明太宗实录》卷30,第552页。
② 倪延年:《中国新闻法制通史》古代卷,南京师范大学出版社2015年版,第236页。
③ 《湖南省通道侗族自治县地名录》,第122页。
④ 《明太祖实录》卷140,第2201页。
⑤ 《明太祖实录》卷140,第2201页。
⑥ 《明太祖实录》卷142,第2232页。

皆以六十里为设驿标准,说明文献所记载驿站设置里程与地名中所反映实际里程存在差距,若地名所言为实,则反映湘鄂山区驿站设置具有特殊性。又有"谓兵部臣曰:驿传,所以传命而达四方之政,故虽殊方绝域不可无也"①,强调驿站建设的重要性。

最后,烽火台的设置。与塘报、驿站稍有不同,其传达的主要为即时军情,载体为烟火,而非文书,是历史悠久而传统的军事信息传递方式。至明代,除放烽烟之外,还加入了点炮,使军情传递更加快速与准确。桑植县烟台(详见表7-2)即以曾置烽火台为名。

第四,关隘。关隘是古语所言"天时不如地利,地利不如人和"中"地利"的核心,具有极其重要的军事价值,而重要的关隘往往是历代王朝政治控制与军事震慑的支点。② 明代被认为是中国历史上关隘体系发育最为成熟与完整的时期,这一时期少数民族区域创置了大量关隘与卫所体系相应和,是防御和治理非汉族群聚居区域的重要军事手段。在湖南山区即有大量以"地利"为条件设置的关隘,并以地名的形式流传,如石门县新关、磨峒隘、芷江县小关(详见表7-2)均以其曾设关隘命名。这些关隘不仅戍守,还参与"征苗"或平乱,如洪武五年(1372年)"澧州洞蛮作乱袭杀"即为"安福隘军民守将讨平"。③

第五,建设边墙。今吉首市"强虎"以明代在其地"筑有城墙防护,故名墙护,后演化为强虎。"④此处所言强虎即为明嘉靖三十一年(1552年)八月,"刘甫等迹知黑苗,袭斩其首以献,朝议设三藩总督留岳镇抚,开府沅州,岳乃疏罢弯溪等堡,更设一十二哨,曰乾州、曰强虎、曰箄子、曰洞口、曰清溪、曰五寨、曰永安、曰石羊、曰铜信、曰小坡、曰水塘凹、曰水田营及镇溪所,共一十有三,各哨以土兵仡蛮等数百人,复召募打手数十人戍守。"⑤中强虎哨,是"苗乱"之后设以"防苗"的湘西边墙的基本单位。

① 《明太祖实录》卷166,第2549页。
② 安介生:《雄关漫道》,长春出版社2012年版,第14页。
③ 《明太祖实录》卷73,第1338页。
④ 吉首市人民政府编印:《湖南省吉首市地名录》,1982年版,第42页。
⑤ 乾隆《乾州志》卷2,第398、399页。

以上基层地名所反映的明代军事防御体系包括卫所、巡检司、军屯、汛塘、驿站、烽火台、关隘、边墙诸方面，基本涵括了明代湖南山区治理的主要军事建置，也映射了明代湘鄂山区治理活动对湖南基层民众生活产生的深远影响。

3.土司参与

土司是一把"双刃剑"，其在对外扩张或挑起动乱时，是明朝边疆治理的主要对象，但其必要时又是明廷控制地方的重要力量，尤其在湘鄂山区，朝廷需要熟悉地方、适应地方环境的军队平定或治理地方。

明代湖南山区土司主要有永顺、保靖、桑植、大庸、慈利等宣慰司或安抚司。从前文明廷对土司在湘鄂山区治理中的角色认定，①可知明廷认为土司是治理地方非汉族群的主要力量。因而万历四十七年（1619 年）曰："楚、蜀、黔三省俱邻苗穴，然楚、蜀辖苗虽多，各有土司为之领袖，不能侵入，其势犹缓。"②反映楚、蜀"苗患"问题在土司的管制下，相对贵州较为缓和，说明土司在湘鄂山区治理中确起到了积极作用。

据地名录记载，桑植县有洪家、土城台、洗笔溪（详见表 7-2）3 处地名与土司治理地方非汉族群相关，从地名所记录的时间而言，反映湖南山区土司自明初开始已为明廷所用。一方面，以"地利"建设"关隘"与"城池"防御体系；另一方面，接受明廷对土兵的征调，参与"征苗"活动。

表 7-2　明代湖南山区治理相关地名表

地　名	备注（《地名录》或《地名志》释义原文）	属县
镇宁司	此地为安化通溆浦的要道，明代设镇宁巡检司，并驻有军队缉盗防乱，故名镇宁司	
增家寨	此处地势险要，相传苗族人们在此设卡立寨，后来人口越来越增多，故名增家寨	溆浦
塘湾垅	初来开发此地的五姓军人（传说明初曾实行驻兵屯田的办法），为占地而赶走了少数民族，曾在此搪搁一下，故名搪搁垅（搪搁，意即耽误），后演变为塘湾垅	

---

① 参见本书第一章第三节。
② 《明神宗实录》卷 581，第 11042—11043 页。

地　名	备注(《地名录》或《地名志》释义原文)	属县
拜　正	明朝将领邓子龙到此征剿,打了败仗,故称败阵;后演变为拜正	靖县
西里驿	明朝时期,距二十里设一驿,供传递政府文书之人中途休息。从石家驿向西南,到此是二十华里,设一驿,故名西里驿	
黄家堡大队	据考,此地于明初已设堡屯兵,并以黄姓命名	通道
甘　溪	古名乾溪,后演变为今名;明、清两代在此设立乾溪塘	
下　营	明朝,此地设有两个兵营,以马河南岸为上营,北岸为下营	
老营洞	明朝曾在洞口设立兵营而得名	江华
镇忠营	明朝兵营,五里设烟火,十里设营房,上有白芒营,下有赴马营,此地是各营房的指挥驻地,而得名镇忠营	
上　营	明朝,此地设有两个兵营,以马河南岸为上营,北岸为下营	
军　塘	明朝,在塘边建居,曾因驻军开田,故名	
所　城	原名锦田寨,元末明初设锦田千户所,建城驻兵;道光十八年(1838年),是"江兰厅理瑶府"所在地	
新　关	相传东汉时,伏波将军马援曾在此渡水作战,故名"将军渡";明初,武德将军覃添顺见该地水险可凭,山峻可固,乃设关戍守,始称新关	石门
磨峒隘	昔为石门县通往西北山区的水陆必经之地,明初,武德将军覃添顺曾在此设隘戍守,故名磨峒隘	
所街公社	所街之名,始于明朝。明洪武三年(1370年),在澧水左岸设立添平千户所,命武德将军覃添顺戍守;所署对面,人户逐增,渐成小街,故称所街	
门家院	一说明永乐二年(1404年),朝廷派兵征"五溪蛮"至此,一明姓士兵留此落户,村名明家院。后明姓人迁水井冲,张姓人迁此,易明为门,得此名;一说该村处大院子前,进出大院子,此村为必经之路,有如门户	辰溪
王洋屯	相传明代时,朝廷派兵至此平"五溪蛮",封该地一人为王侯,村得名王爷屯,后习称王洋屯;系舒茅洞、岩垴上、王喜湾之片村	
卢墓坡	相传明朝中期,朝廷派卢将军带兵征剿苗瑶,在婆冲湾对阵,被苗人砍死,后葬于此坡,村建此,得名卢墓坡	
吴家人	因吴姓得名。吴姓人系瑶族,大约在明代"征苗"时,避入深山而留下,繁衍至今,已汉化	

续表

地　名	备注(《地名录》或《地名志》释义原文)	属县
王家大队	明末,王姓人被派此"征苗",后安家,得名王家;为区别附近另一王家,又名马路上王家	辰溪
袁　家	被派此"征苗"之袁姓人在此安家,得名袁家	
邱　家	明末,邱姓人被派此"征苗",后安家,得名邱家	
李　家	被派此"征苗"之李姓人在此安家,得名李家	
刘　家	明代"征苗"时,附近少数民族均被赶走,唯此村刘姓瑶族人留下了,故村名留家,又名刘家	
巡田公社	公社驻巡检司。巡检司历为新宁、武冈通往东安的咽喉要道,明清以来曾在此设有巡检司,故名	新宁
洪家公社	明朝洪武二年(1369年),桑植土司庹守珠,为捍御苗瑶,弹压边寨,设置五关三隘(五关即黑崇关、扎口关、龙爪关、鸿家关、野鸡关),鸿家关为五关之一,后人将鸿家关演化成洪家关	桑植
土城台	相传明洪武二年(1369年),土官庹守珠曾在此台垒筑土城,城址现存	
烟　台	明初,此处建有以火报警楼台	
花　垣	明朝时期,此地属保靖宣慰司彭氏之花园;雍正八年(1730年),厅治设吉多坪。此为花园汛,永绥协右营	花垣
吉　卫	古为夜郎国之夜郎坪……明洪武元年(1368年)改夜郎坪置崇山卫、崇山千户所;三十年(1397年),设六里以总戒驻扎,后因水陆险阻,艰于饷运,加上苗民多次起义,才撤去镇守,遂为土民所有	
老卫城	明朝初年,此地设崇山卫	
仙镇营	明代于此设兵营镇守,先于乾州,故名先镇营,后演化为仙镇营	吉首
强　虎	明代于此筑有城墙防护,故名墙护,后演化为强虎	凤凰

资料来源:《湖南省溆浦县地名录》《湖南省通道县地名录》《湖南省靖县地名录》《湖南省江华瑶族自治县地名录》《湖南省辰溪县地名录》《湖南省石门县地名录》《湖南省桑植县地名录》《湖南省新宁县地名录》《湖南省花垣县地名录》《湖南省吉首市地名录》《湖南省凤凰县地名录》。

二、地名所折射:明代湖南山区治理以湘西南为重心

通过以上对湖南山区各市县明代非汉族群治理相关地名的统计与分析发

现,明代湖南山区的"征苗"活动、防御体系建设,基本都集中在湖南武陵山区("湘西苗疆")以南区域,反映出地名文化在不同时期的区域差异性。然而就目前苗族史学研究而言,大多数苗族史研究者均将视角集中在"湘西苗疆"的"苗患"问题与治理上,极少关注湘西南与湘南在历史时期的"苗患"与治理问题,反映出大多学者认为"湘西苗疆"为湖南山区乃至整个湘鄂山区治理重心的观点。本书透过地名,认为湖南山区治理重心自明代至清代存在变化过程,而明代湖南山区治理的重心并非"湘西苗疆"(湖南武陵山区),而是以今怀化市所辖靖州苗族侗族自治县、通道侗族自治县、溆浦县、芷江侗族自治县为中心的湘西南地区(雪峰山—八十里大南山区)。

分析这一重心形成的原因,与明廷所面临的"苗患"问题以及朝廷西南边疆经营政策密切相关。首先,据《明实录》记载,明时期"苗患"更多集中于"湘西苗疆"以南区域。洪武十一年(1378年)至十八年(1385年),有靖州五开"洞蛮"吴面儿等作乱,持续时间长,"上遣使赍敕谕之曰:三苗不仁,自古帝王多抚之,而终不遵化,是以累世为良民患"①;洪武十四年(1381年),"五溪蛮作乱""靖州蛮作乱";②洪武十九年(1386年),"靖州苗蛮复叛";③洪武二十四年(1391年),"五开、堂崖诸洞苗蛮作乱",④持续至洪武二十六年(1393年);洪武三十年(1397年),"靖州洞蛮杨高等作乱",⑤"黔阳、辰溪等处蛮民相扇为乱"⑥。至正统时期,仍有"靖州、五开、铜鼓各卫屯堡及绥宁、会同等县,屡为苗贼攻劫,杀伤军民,势益滋蔓。"⑦成化时期,亦有"湖广靖州、铜鼓、五开、武冈等处苗贼为患",⑧"武冈、沅州、溆浦境内俱有苗贼,杀掠焚毁为

① 《明太祖实录》卷121,第1959页。
② 《明太祖实录》卷137,第2167—2168页。
③ 《明太祖实录》卷178,第2693页。
④ 《明太祖实录》卷214,第3160页。
⑤ 《明太祖实录》卷253,第3655页。
⑥ 《明太祖实录》卷254,第3668页。
⑦ 《明英宗实录》卷176,第3403页。
⑧ 《明宪宗实录》卷28,第552页。

患。"①绝大部分"苗患"问题都集中在"湘西苗疆"以南区域,一直到明中晚期特别是明末,"湘西苗疆""苗患"问题才开始凸显。

其次,正统时期尚宝司司丞夏瑄言湖广、贵州"苗患","其祸始于频岁征伐云南,往来供役,不胜其苦。又因生、熟苗互争田土,有司受其贿赂,判与不公。亦因边将及有司剥削侵凌,激其为变,中间又有逃亡军民并客商人等漏我虚实,助其为害,以致猖獗如此。"②认为频岁征伐云南是"苗患"频繁发生的一个根本原因,事实即如此。贵州建省与"一线路"的建设与维护是明朝经营西南的重要决策,经由湖广至云南的"东路",是其经营西南边疆的重要通道,而明代"苗患"所集中的湘西南正处于湖广至贵州通道上。洪武三十年(1397年)八月,"清平卫奏:黔阳、辰溪等处蛮民相扇为乱。楚王桢曰:今黔阳等处蛮人聚众劫掠,必谓官军征进,故乘夜出没,欲梗阻饷道,沮我师行。今发官军二万四千余人,从尔护卫军后,至则令护卫指挥一人总之,与都督汤醴宓、冉忠驻营黔阳、辰溪之地,如蛮人复来,就擒捕之,以通驿道。"③即道出这一区域治理对驿道交通的重要性。

又"洪武年间,辰州府下至常德府桃源县原有界亭、马底二堡,上至沅州原有麻溪、十里、中河三堡,每堡甲军二百名,俱于辰州卫多余军内拨守。又全调一所军人,分拨各堡,就彼开种田地,专一接递,就令守御地方,直抵云南。一路站堡,程程相接,民无劳力。"但"每遇递送、进贡方物、赏赐军需,皆由陆路以行,常德府夫送至辰州,辰州府夫送至沅州,往回跋涉,动经旬月,民力不堪。"④可见"苗患"的产生与明朝廷经营西南边疆的策略是紧密联系的,而其治理重心由其策略所决定。因此,明代湖南山区治理的重心集中在今湖南省怀化市是当时明朝廷经营西南边疆现实需要所决定的。

综上所述,从现代基层地名出发,以其在民间流传的含义为根据,可看出

---

① 《明宪宗实录》卷29,第565页。
② 《明英宗实录》卷185,第3708页。
③ 《明太祖实录》卷254,第3668页。
④ 《明宪宗实录》卷40,第825—826页。

明代湖南山区已形成较为全面、系统的、治理地方、管理地方非汉族群的防御体系,同时也印证了前文所言明代湖南山区卫所与土司两大军事防御体系建设在湘鄂山区治理中的基础性作用与意义。最重要的是这些地名的存在与分布,直观地呈现了明代湖南山区治理重心的变化,将之与历史文献记载相结合,折射出文献与地名背后历史时期疆域治理中更深层次的本质,更加凸显地名在历史研究中的意义。

第三节　地名所呈现:以"湘西"为中心的清代湖南山区治理

清代是湘鄂山区治理情形发生变化最大的时期。在历代治理基础上,这一时期湖南山区的治理重心逐渐由包括湘南(五岭—阳明山—九嶷山—诸广山区)、湘西南(雪峰山—八十里大南山区)、湘西(湖南武陵山区)在内的大片区域集中至湘西地区,非汉族群的治理问题也开始逐步集中于湘西,呈现明显的时空差异与特征。

一、地名所呈现:明、清两朝湖南山区治理的时空差异

以湖南山区泸溪、溆浦、通道、靖州、辰溪、凤凰、古丈、吉首、花垣、保靖、永顺、芷江、麻阳、新晃、怀化、石门、慈利、桑植、龙山、沅陵20个市县的8万余地名为样本,从中得到与历史时期非汉族群治理相关地名300余个,这些地名绝大多数以明、清时期湖南山区治理活动为命名,少部分以明代以前非汉族群治理活动为命名。明、清时期湖南山区治理活动相关地名,又以清代湘西治理活动命名地名数量远超明代。从其在各市县的分布来看,清代湖南山区治理活动相关地名在区域内的大多市县均有分布,但各有侧重(详见表7-3)。

表7-3　清代湖南山区治理相关地名表

地　名	备注(《地名录》或《地名志》释义原文)	属县
烟墩边	清代,村旁山上设有一信号烽火台,群众称之为烟墩;村处山下,故名烟墩边	靖县
铺　口	因于清同治年间在此扎过营盘,把守靖州第一关口,且旧时开过伙铺,故名铺口	
新　寨	相传过去此地屯兵驻营,原名营新团,清朝年间,该地出了一员总兵,改名新寨,以示新出人才	
地伏屯	此地清朝时期是靖州防御外袭、屯伏兵马之地,村以此故名	
黄桑坪苗族公社	清朝在此设过兵营,曾立千总衙门,属黄旗军,故又名黄伞营	绥宁
水　口	清雍正年间建居,名永安,后设兵营,称永安营;于道光十七年(1837年)建立圩场,改名水口市	江华
泮　水	清雍正年间曾设兵营,叫泮水营,习惯称泮水	
马鞍山	清初曾设兵营,叫马鞍营;清道光六年(1826年),胡姓迁居此地,改名马鞍山	
塘　站	清朝时此地设有塘站,名县前塘,人称塘子;后人们在塘站旁摆设摊担,建造房屋,得名塘子边	辰溪
君家石	相传在三百多年前,一石姓人由朝廷派此"平瑶",后定居,自认是朝廷之官,为君,其地怪石嶙峋,自称君家石	
七营台	相传清军曾于此塔驻扎七个营寨	桑植
堂　房	早年官府(为)便于统治人民,每隔二十五里设一堂	
塘坊坪	清朝,从官坪至此,曾设一堂坊,统制(治)该区人民。后变堂坊为塘坊	
卡鸡坡	清末,官府曾于此坡设立关卡	
官坪大队	相传清朝向姓官员来桑征服苗瑶驻扎此坪	
唐家山大队	清朝,唐启明将军驻扎此山	
扎溪口	清时,向姓土王驻扎此溪口	
扎　山	相传向土王官兵曾驻扎此山	

续表

地　名	备注(《地名录》或《地名志》释义原文)	属县
老营哨	此街在清朝期间,建有营盘,设有哨卡,以防外犯,故得名	凤凰
阿拉营	乾隆年间,清兵在此扎营,名为鸭浪营,后误写为阿拉营	
宜斗营	村子所在地形似牛肚,清末,清兵在此设过营,得名牛肚营,因方言关系,习惯写为宜斗营	
营　盘	村后一山,形似圆盘,在清朝时修有一座小城,驻扎清兵,故名营盘	
铁马坨	传说清朝苗民起义,清兵败退,有一将领骑马跑到坨里的竹林躲藏,得名躲马坨,后因一铁匠迁居此地打铁,改名铁马坨	
报国营	系苗语,因年代久远无记载,其确切来历含义已无从查考;清朝军队在"报国"这个地方扎过营,得名报国营	
黄合营	清末,有两个土皇(土司)在此会盟,取名皇合,后清兵在此设兵营,取名黄合营	
亭子关	此地过去为湖南通往贵州之要道,建有一座路亭,并设有关卡,故名亭子关	
安井关	此村与贵州接壤,解放前设有关卡,守卫较严,安定无事,俗称安静关,后习惯写成安井关	
营　盘	解放前,此村曾是旧军队驻扎的地方,得名营盘	
良子上	清朝时,此地曾设过良子(哨卡),后建村,就此取名良子上	
桩　梁	清末清兵在此山扎营,撤走后,营地留有许多拴马桩,后人们来此建村,取名桩梁	
都　首	清末苗民造反,围攻此寨三天三夜,全寨人都来守寨,此后称为都守;因"都守"含义不好,1956年初级社时改为都首	
高粱子	清末,清兵在杉木坪坡上设立梁子(哨所),因地势高,故名	
洞门卡	村旁边有一岩洞,解放前在此设有哨卡,取名洞门卡	
定岭卡	解放前,在山岭上定有哨卡,故名叫定岭卡,意为"定在山岭上的哨卡"	
三里湾	此村在一山湾内,解放前村边有凤凰至所里(今吉首)的第三道碉卡,取名三碉湾,后因此名不好听,于1964年改为三里湾	
梁子上	解放前,此村设过哨梁子,故名梁子上	
青吉哨	清朝末年,此村设有营哨,名叫清吉哨,取"清静、吉利"之意,并以此为村名,后来习惯写成青吉哨	
梁子上	解放前此村设有一所哨梁子(哨卡),故取名为梁子上	

续表

地　名	备注(《地名录》或《地名志》释义原文)	属县
江边营	村前有条溪,清朝在此设过兵营,取名江边营	
梁子上	清末清兵在此设过梁子(哨卡),村在梁子上端,俗称梁子上	
清水哨	村边大路上有一井,水清凉,清时曾在此设了一守粮哨卡,村由此取名为清水哨	
岩坎营	清末,此地驻扎兵营,并用岩石砌成墙坎,取名为岩坎营	
都　里	清末,苗民起义赶走汉族地主之后,陆续迁来此地居住;苗语都里意为大家都要来住,故名都里	
古双营	清朝时,清军在此地设过兵营,故名鼓双营,后为书写简便,写成古双营	
黑潭营	清末,清兵在此扎过营,取名黑潭营,后以此作村名	
营　盘	清朝时,在此地设过兵营,得名营盘	
卡　上	村上有一条大道,常设有哨卡,故名卡上	
吉　信	"吉信",早期地名叫水门河,因产油麻,又叫油麻坨。乾隆六十年(1795年)间,清军镇压苗族人民起义,在此打了一仗并获胜,后在此地建立兵营,取名得胜营;新中国成立后,为体现民族团结,建镇时命名为团结镇,1958年撤镇,改用吉信	凤凰
高楼哨	此村地势较高,解放前设有炮楼、哨卡,故名高楼哨	
新梁子	清末时,此地设有一梁子(哨卡),后逐渐成为村庄,故名新梁子	
吉　卡	此村居住麻姓人,苗语麻姓称卡,吉为苗语的助词,故名吉卡	
坪坡卡	此村住在坡上,山顶较平,清朝时设有哨卡,故名	
大坡卡	此村住在大坡脚下,清朝时设有哨卡,故名大坡卡	
炮台坡	此村居于坡顶上,清兵曾在村内修筑炮台,故名	
拜亭卡	古时此村有个亭,亭内有泥佛像,过路者都要到亭内拜佛,后清兵在此设卡,故名拜亭卡	
靖疆营	此地住过清兵,原名林哨,后一清朝官员嫌此名不好,改为靖疆营(取绥靖苗疆之意)	
碉　上	因此村解放前设有碉卡得名	
长炮卡	解放前,官府在村后长岭上设立哨卡,配有小炮,取名长炮卡	
高坡营	村子地势较高,清兵在此扎过营,故名高坡营	

续表

地　　名	备注(《地名录》或《地名志》释义原文)	属县
矮梁子	此村地势比邻近的几个寨子都低,清兵在此地设过哨梁子(哨卡),故名矮梁子	
铁虎哨	据过去风水先生说,此地是虎形地,嘉庆二年(1797年)在此设哨,城墙坚固,故名铁虎哨	
矮梁子	地势较矮,清朝同治年间,清兵在此设过哨梁(哨卡);称为矮梁子,村由此得名	
老营盘	清朝时,这一带最先设营盘,故名老营盘	
三炮台	清朝军队在此地设炮台,此处排为第三,故名三炮台	
首　云	据传说,古时此地设过兵营,并是方圆几十里内最先有军队驻扎的地方,得名首营;因凤凰方言营、云读音相同,长期习惯写为首云	
叭　固	清朝乾隆年间,清军镇压苗民起义,曾在此地设过总兵营,故又叫做总兵营	
得胜坡	据传说,苗民起义军在此村打了胜仗,故取名得胜坡	凤凰
千门哨	清同治年间,清兵镇压湘西苗民起义,清将福康安派一支千余人的部队在此设营哨,取名千门哨	
箭　塘	该村正中有一口水塘,原有清兵常在塘岸射箭瞄靶,故得名箭塘	
营　盘	据说古时有军队在此驻扎,取名营盘	
关门坳	解放前,村前坳上设有防土匪关卡,因而取名关门坳	
关　洞	村前有一大岩洞,解放前,洞口曾设有关卡,村子得名关洞	
中　路	解放前,为防土匪,在一条大路上设有几个关卡,此村居于中间卡子附近,并当大路,取名为中路	
禾库公社	传说清朝嘉庆年间,苗族起义领袖吴八月在这里指挥义军,以少胜多,以弱胜强,将清军官兵打得落花流水,尸积如山,血流成河,天星山,至今还引以苗民传诵	
较场坪	古传此村驻扎过军队,常在村前坪地练兵,故得名较场坪	
吉　云	原名吉营,古时此有驻兵,取名报木营,后因苗语音读变化而成吉云	

续表

地　名	备注(《地名录》或《地名志》释义原文)	属县
古丈坪	古丈坪,前清乃土长官司寨名,为古时打仗之地,故名古仗坪,后仗作丈,取均田丈地之意	古丈
老塘坊	位于县城南郊;古时三里设一碉,十里设一塘,此地设塘时间久,故名老塘坊	
官　坝	此村于前清时系苗、汉两族居住,后被苗王霸占,故名官霸,后演变成官坝	
堂　上	清朝时,五里为一堡,十里为一堂,此地设过官堂,故名堂上	
堂西岐	清朝时期,五里为一堡,十里为一堂,此村距大西岐正十里,故名堂西岐	
旦武营	村下有一水凼,据说以前官府于此设过小武营,故名凼武营,后演变成旦武营	
营盘上	此村地形似盘,清朝时,一官住此,带兵扎营护守,故名营盘上	
万官堂	以前永顺府在此设官堂理民事,立匾曰"万官堂",村以此得名	
土墙坡	村居山坡,过去村人为防外患,筑土墙围之,故名土墙坡	
花　垣	明朝时期,此地属保靖宣慰司彭氏之花园。雍正八年(1730年),厅治设吉多坪。此为花园汛,永绥协右营	花垣
大营盘	清朝时期,此地驻有守备官,设立营盘,故名	
烽火屯	清朝时期,此地设烽火报警屯,故名	
卡　地	清朝时期在此地设哨卡故名	
佳　民	相传此村始祖为贾姓,故名;《永绥厅志》上为假明汛,后演变为佳民	
坪良子	此地有一大坪场,清朝时期在此练兵,故名(俗称兵为良子)	
营　盘	清朝时期,此地设兵营,故名	
烽火场	清朝时期,在此地设烽火报警,故名烽火场	
跃马卡	以此地有一岩石像跃出的马,山头上曾设哨卡,故名	
吉　场	清朝嘉庆八年(1730年)在此设吉洞坪汛,并开设墟场,故名	
营　盘	嘉庆年间,此地设营盘,故名	
太平屯	清朝嘉庆年间,此地设屯驻兵,命名太平屯	
小溪屯	清朝嘉庆年间,在小溪边设屯,命名小溪屯	
长　新	清朝嘉庆年间,在此地设长庆屯,解放后雅化为长新	

地　名	备注(《地名录》或《地名志》释义原文)	属县
洞山屯	该村位于人洞口,清朝嘉庆年间在此设屯,故名	花垣
永　丰	清朝嘉庆年间,在此地设屯,命名永丰	
清平屯	清朝嘉庆年间,此地设屯,驻有守备,命名清平屯	
营盘上	清朝时期,此地设有营垒,故名	
隘门口	清朝时,此地设关隘,进出茶洞必须由此经过,故名	
木山屯	古时此地是木油山,清朝时设屯,故名	
玉落屯	此地土质肥沃,清朝时在此设裕饶屯,后演变为玉落屯	
吉　卫	古为夜郎国之夜郎坪……明洪武元年(1368年)改夜郎坪置崇山卫、崇山千户所;(洪武)三十年(1397年),设六里以总戒驻扎,后因水陆险阻,艰于饷运,加上苗民多次起义,才撤去镇守,遂为土民所有;(雍正)八年(1730年)"改土归流",设副将营于吉多坪,赐名永绥,又设六里同知;(雍正)九年(1731年),凤凰通判徐加惠兴筑土城(今老卫城),(雍正)十年(1732年)改设永绥同知,(雍正)十一年(1733年)同知永泰改建砖城……嘉庆七年(1802年),将厅治移驻花垣,并移协于茶洞,至此,卫城城垣方毁	
老卫城	明朝初年,此地设崇山卫,雍正九年(1731年)改置六里同知,兴筑土城;雍正十三年(1735年),在今吉卫新建石城,命名卫城,故将此处称老卫城	
螺蛳蕫	嘉庆九年(1804年),借黔螺蛳蕫设汛,驻有守备、把总外委,并由湖南抽兵200驻守	
崇山卫	原土城、护城河遗址仍存	
大　哨	雍正八年(1730年),平定六里生苗,在此设大哨卡得名	
小　哨	清朝时期,"改土归流"后,在此设小哨卡,故名	
排　哨	苗语意译,排指坪;清朝平定六里生苗后在此设哨,故名	
黄瓜寨	历史上是苗族反清的根据地	
下金牛	有关于嘉庆苗民起义的传说	
安峒寨	传说,乾嘉起义时,苗族首领石生富驻兵于此山,后因清兵派大兵围山,石指挥部下将大小土台炮全部放完,暗暗撤去,清兵数日后不敢上山,故将此寨喊成安峒寨	
排谷美	清朝嘉庆二年(1797年)以前曾设巡检署于此,建有仓廒	

续表

地　名	备注(《地名录》或《地名志》释义原文)	属县
岩　锣	清嘉庆十一年(1806年)正月,该村苗族首领石贵银与金牛寨石宗四率领苗民起义,金彩、破口、白岩、张家、麻阳等十四寨苗民响应之	花垣
排　料	清末民初,在此设置屯仓,有千总、屯丁驻守,并开设墟场	
龙　潭	古时此地为苗疆要塞,地当湖南通往四川、贵州的大道,亦为本省通往苗疆的要道。嘉庆年间,苗民抗清,此地为抗清的前沿阵地……清朝时期,此地曾为镇标右营驻扎	
龙门寨	是苗族反清首领石果堂出生地,"三年打不通龙门寨"的历史佳话,是指清兵三年攻不下此寨	
保楼大队	以清朝时期在此修筑寨堡得名	
早堡子	此山包曾建过石碉,故名	
杨家屯	杨姓在此居住,清朝时设屯,故名	
上水田溪	古为花垣、松桃交界要隘,乾嘉起义期间,清军兴兵四川,前往黄瓜寨,曾驻镇道大员于此	
哨把寨	此地位于湖南、贵州两省交界处,古时边民常发生械斗,曾设哨把关于此,故名	
谷哨坪	此地是山谷中的坪坝,清朝时设有哨卡,故名	
干　溪	古为苗疆要区,清道光丁未年(1847年),苗族首领孙文明带领苗民于此起义	
斗　拱	乾嘉起义期间,屡经清兵洗劫	
土　屯	古时,此地筑土围墙,以预防敌人入侵,故名	
振武营	清代于此设有兵营镇守,前称镇静营,后演化为振武营	吉首
营　盘	从前此地设有兵营,故名	
卡　子	该村是过去设哨卡的地方,故名	
万马兵	传说乾隆时有一大龙捣乱了清朝的统治,就派千军万马来此斩龙,在此安营扎寨,故名	
头炮台	清朝在此设立第一炮台,故名	
二炮台	清朝于此设立第二炮台,故名	
大营盘	清朝在此设有大兵营,故名	
小　城	清代在此村筑有小城,供练兵住宿,故名	
关　喉	清代设有关卡,故名关喉	
营　盘	清代在此村设有兵营,故名	

347

地　名	备注(《地名录》或《地名志》释义原文)	属县
营　盘	此村在清代设有兵营,故名	吉首
冲角营	因座落于冲角边,清代在此设有兵营,故名	
土麻营	该村原为土家族居住,清代设有兵营于此,故名土蛮营,因土蛮有贬义,后改作土麻营	
炮路坡	清代于此坡设有炮台,并修有大路通往,故名	
喜鹊营	该村驻地形像喜鹊窝,清代设兵营于此,故名	
卡　子	从前此地设有哨卡,故名	
上卡娘	原名看娘坪。后来官兵在此设卡,故名卡娘坪;分为上下两寨,此村位在上,得名上卡娘	
卡　坪	此村座落于山头坪地上,原先设有哨卡,故名	
云　扎	相传清朝一位将官,带一营士兵,在此驻扎,故名	永顺
扎营坪	相传清兵在此驻扎过,故名	
得胜坡	乾嘉时期,苗族人民暴动,在此山上取得胜利,故名	保靖
渴　洞	该村有一山洞,清朝战乱时,村民在此洞避难,口渴无水喝,故名	
梁子山	梁子为方言,系敌对之意;本村境内有一山,清朝战乱时,人们占领此山头与清兵对抗,堵击清兵前来侵扰,故名	
较场坪	本村有一块大坪,清朝驻军曾在此教练兵马,故名	
杨家坪	该村在清朝时有一位姓杨的武官在此修了一块大坪,操练兵马,故名	
传　木	该村从前是官府传送文件的小站,传送文件通知的人以木牌为号,一站传送一站,故名传木听,后简称传木	
龙溪塘	境内有一山岭似龙,岭下有溪,清朝时曾在此设置汛塘(驻兵和传送公文的地方),故名	
香井坡	该村位于山坡,传说土王与清军在此交战,得名相争坡,后雅化为香井坡	龙山
·落王坡	该村位于山坡,传说土王在此地被清军打败,故名	

资料来源:《湖南省靖县地名录》《湖南省绥宁县地名录》《湖南省江华瑶族自治县地名录》《湖南省辰溪县地名录》《湖南省桑植县地名录》《湖南省凤凰县地名录》《湖南省古丈县地名录》《湖南省花垣县地名录》《湖南省吉首市地名录》《湖南省永顺县地名录》《湖南省保靖县地名录》《湖南省龙山县地名录》。

将所统计湖南山区清代治理相关地名与前文明代治理相关地名比较发现:明代湖南山区治理相关地名集中在溆浦、靖州、石门、辰溪、桑植五县,以溆浦、靖州、辰溪最多,而"征苗"、军事防御体系设置、土司参与"征苗"为其地名主要特征。清代湖南山区治理相关地名则集中在凤凰、保靖、花垣、古丈、吉首等市县,总数约占整个湖南山区治理活动相关地名总数的70%,且以上几个县区域治理相关地名极少涉及明代及明代以前非汉族群治理活动,凸显了清代湖南山区治理活动对这一区域的影响。

可见,明、清两代湖南山区治理相关地名的地域分布存在明显"南北"差异,即明时期湖南山区治理相关地名主要分布在湘西以南以今怀化市为中心的湘西南地区,而清代湖南山区治理相关地名集中在以湘西土家族苗族自治州为中心的清代"湘西苗疆",反映了明、清两朝湖南山区治理重心的南北差异与发展变化过程,这在目前有关湘鄂山区的区域研究与苗族等民族史研究中几乎没有引起注意。

分析出现以上差异与变化的原因,与明、清两朝西南治理策略以及所面临的具体形势密切相关。

首先,根据《明实录》记载,明代湖南山区非汉族群动乱主要集中在湘西南一带,尤其在明前中期,以苗民为主的非汉族群动乱集中在以"靖州"为中心的区域发生,直至明中晚期,"湘西苗疆""苗患"问题才开始凸显,成为明朝关注的重点。据前文分析,这与明廷经营西南边疆密切相关,为控制西南边疆,征戍云南,先是设置贵州行省,然后广设卫所,开通和维护贵州"一线路",保障经贵州进入云南的交通。与其他进入云南的两条线路相比较,此路是最为便捷也使用最多的驿道,因此维持此条驿道的通畅是明朝经营西南边疆中非常关键的方面。而伴随驿道的开通,"苗患"问题亦变得突出,明正统时期尚宝司司丞夏瑄言湖广、贵州"苗患""始于频岁征伐云南,往来供役,不胜其苦。"[1]即从侧面反映了这一问题。湘西南地区正处于湖广进入贵州的交通要

---

① 《明英宗实录》卷185,第3708页。

道上,其"苗乱"频发与此密切相关,而其区域内社会稳定与否对驿道的运行有着至关重要的作用,因此成为明代湖南山区治理的重心。"湘西苗疆"因处于驿道之北,对明朝经营西南边疆并无过多影响,因而在这一时期并非王朝经营西南边疆的重点。

其次,清初剿灭农民起义军与南明政权、平定"三藩之乱",湖南山区几乎成为主要战场,区域内土司与民众面对政权纷争与替换表现出左右摇摆,至清中期仍有部分地方保留有这些动乱政权所颁发印契。湘西南地区与湘南地区经过明代的治理,"苗患"问题已不再是区域内主要问题,伴随清廷剿灭农民起义军与南明政权,并平定"三藩之乱",两区域纳入清朝稳定的统治秩序之中。与湘西南地区及湘南地区的相对稳定相反,"湘西苗疆"的"苗患"问题变得突出与尖锐,对其境土司的治理与"生苗"的控制成为清朝区域治理的主要任务之一,尤其在清中期与晚期,伴随流官与客民的进入,以"土地"为中心的"苗客"矛盾频发,加之客观自然环境影响与朝廷税收政策影响,导致大规模"苗民起义"爆发,出现湘西"苗疆五年一小乱,十年一大乱"①局面。因此,清代湖南山区治理的重心由明代的湘西南地区转移至"湘西苗疆",即由今湖南省怀化市为中心的湘西南区域转移至今湘西土家族苗族自治州所在湘西地区。

二、地名视阈下"苗民起义"的本土话语

明、清时期湖南山区治理缘起于非汉族群动乱,在正史与汉族官员所书写的文献中,对非汉族群动乱及治理多从中央王朝出发进行叙述,较少关注和记述本土对"苗民起义"或"苗患"等非汉族群动乱的看法,仅一些本地所流传诗歌中包含对"苗民起义"进行歌颂的话语。然而,经过对湖南山区相关地名的梳理,笔者发现湖南山区地名中存在不少直接以"苗民起义"或"苗反"命名的地名,这些地名较为全面地反映出本土民族与汉族等不同群体对"苗民起义"的认识。

---

① 芮逸夫、凌纯声:《湘西苗族调查报告》上册,南天书局有限公司1978年版,第55页。

如凤凰县铁马坨、得胜坡、禾库公社(详见表7-3)皆为从苗民角度以"苗民起义"为线索进行命名的地名,侧重于"苗民起义"中清廷"征苗"活动失败的书写,有对"苗民起义"取得胜利的歌颂,属于明显的本土话语。

都里地名释义(详见表7-3)表面上记述苗民通过起义赶走汉族地主,实质上反映了"苗民起义"发生的原因与汉族进入并占其耕地相关,也反映了赶走汉族地主之后苗民的喜悦。

都首、吉信、叭固、千门哨(详见表7-3)之命名则明显表现为王朝话语,从王朝角度书写与认识"苗民起义",认为其为"苗反",清廷充当镇压角色,在地名中强调清廷"征苗"活动所取得胜利,及其在"征苗"过程中与完成后所设置的防御措施。

因此,地名对于历史事件的记载包括本土话语与王朝话语两个方面,一方面反映出王朝活动对地方基层的影响,另一方面又凸显地方对本土话语的坚持,通过地名的形式来歌颂属于自身的"起义"活动,保靖县黄瓜寨、下金牛、安峒寨、龙门寨、干溪等地皆属此类地名。这些地名反映不同话语的同时,也反映出这一区域"民、苗"矛盾与"苗患"问题的突出,因而非汉族群治理成为伴随区域发展的重大问题,也成为区域历史地名命名的主要方面。

三、以"湘西苗疆"为中心的清代湖南山区治理

清代湖南山区治理地名约占有关湖南山区治理地名总数的70%,突出了清廷湖南山区治理活动对地域社会的影响。同时,以地名为载体反映地方基层对湖南山区治理活动的认识与看法,反映清廷在治理湖南山区过程中所采取的具体措施与战略设置,赋予清代湖南山区地名文化特殊性与典型性。相关地名集中在凤凰、保靖、花垣、吉首等市县,皆属清代"湘西苗疆",因而此处以传统所言"湘西苗疆"所存湖南武陵山区治理相关地名为例,探讨其所涵括的清代"湘西苗疆"治理的主要内容。

具体而言,湖南武陵山区("湘西苗疆")治理相关地名,凤凰县有58个,花垣县有45个,吉首市有19个,保靖县有6个,明显集中于凤凰县与花垣县。

根据各地名命名原则,可将其治理相关地名分为以下几类:

第一,烽火台地名。烽火台是历史时期用以传递信息最早的方式,具有即时性,在山川阻碍、交通不便的地区发挥着重要作用。明清时期,驿站的开通与汛塘的设置使信息传递变得快捷,以文书形式进行上传下达成为主要信息传递手段,烽火台作为传统信息传递手段仅零星存在,或为地方防盗所用。其设置在地名中的留存较少,湘西地区仅花垣县有烽火屯、烽火场(详见表7-3)以烽火台为命名。从地名释义可见,烽火台又名"烟墩",主要功能为传递信号与报警。

第二,营、汛、塘地名。营地名,即直接包含或以清代所置"营"为命名的地名。凤凰县有20个,约占其治理地名总数的34%;古丈县有2个;花垣县有4个;吉首市有8个。这些与营汛相关地名,在《苗防备览》中多有记载,如黄合营,地名释义为"清末,有两个土皇(土司)在此会盟,取名皇合,后清兵在此设兵营,取名黄合营。"①《苗防备览》记为"王会营",在"城西南七十里。旧名火草营,地势险峻,在楚疆绝徼,为两省要隘之区。东与永宁小凤凰比邻,西与黔省民、苗接壤,南抵铜仁,北通中营苗巢。附近之栗树坪、皮冲、江口等处为苗人出入要路,其天星塘高峻,可作炮台,旧设小汛。中营民险。"②据前所言,亭子关亦在"城西南七十里",则知黄合营位置与亭子关大致相同。

又有靖疆营(详见表7-3),《苗防备览》记其在"城北三十里。高山峡中,地势平敞,往时结营善地,扼太平广苗路,附近之油草塘、罗平各处,俱可设立炮台,新添官防守。前营民要。"③高楼哨位于"城北三十七里",则两者仅相距七里,与周边新梁子、坪坡卡、大坡卡、拜亭卡、碉上、长炮卡、高坡营等地名中所反映哨卡、碉卡设置形成一个相对完整的体系,对这一区域进行防御控制。因此,营的设置与关卡、哨卡、碉卡的设置具有高度一致性,将几者结合分析,可以确定清代湘西地区主要防御与治理重点,甚至分析其区域变化过程与

① 《湖南省凤凰县地名录》,第27页。
② 《苗防备览》卷4,第475页。
③ 《苗防备览》卷4,第468页。

轨迹。

汛塘是清代绿营制度的基本组成单位,设置广泛,也是清廷控制地方的基层军事组织。据清代湖南各府州县志记载,湖南全省汛塘系统完善,设置众多。但在湘西地区现存地名中与此相关的地名留存却不多,仅古丈县老塘坊、保靖县龙溪塘(详见表7-3)以此命名。地名释义阐述了设塘规制为"十里设一塘",且汛塘的主要职责为驻兵,维护地方安全与传送公文,又以维护地方安全为中心职责。

第三,关卡、哨卡、碉卡地名。通过这类地名,可以分析一地军事形势与险要情形。凤凰县有22个,约占其区域治理地名总数的38%,具有典型性。关卡如亭子关、安井关(详见表7-3)均以曾设关卡为名。据《苗防备览》"险要考"记载,亭子关在"城西南七十里。山势峻嶒,接贵州铜仁,明时边墙从此筑起,亦苗疆要地。中营民要。"[1]安靖关在"城西南六十五里"[2],应即为地名释义中所言"安静关"。两关仅相距五里,皆位于湖广通贵州要道上,在距离五里范围内设置两关,凸显了这一区域的重要战略地位。

哨卡地名如高楼哨,以其地曾设哨卡得名。《苗防备览》将其记为险要,言其在"城北三十七里。在高山脚下,负山而立,颇为雄峻,前临数峰,可设卡助声势,新添官弁防守。民险民要。"[3]而据地名录统计,在高楼哨附近还有新梁子、坪坡卡、大坡卡、拜亭卡、长炮卡等地名(详见表7-3)均以其地曾在清时设有哨卡而得名,反映这一区域哨卡设置集中,也突出高楼哨一带险要地势与重要性。碉卡与关卡、哨卡类似,皆设于险要之处,如靠近高楼哨有地名碉上,即因"解放前设有碉卡得名"。[4]

第四,炮台地名,即直接包含"炮台"或与炮台设置相关的地名。如凤凰县高楼哨、长炮卡地名来源均反映哨卡所置之地配有炮楼或炮装置,但是与凤

① 《苗防备览》卷4,第476页。
② 《苗防备览》卷3,第447页。
③ 《苗防备览》卷4,第468页。
④ 《湖南省凤凰县地名录》,第107页。

凰县炮台坡、二炮台、吉首市头炮台、二炮台、炮路坡(详见表7-3)地名比较,所反映的则明显不同,一为单独设置,一为附庸设置。而"二炮台、三炮台,城南五里。软坳上下,不甚险峻,为往镇筸要路。"①说明炮台亦设置于险要之地。

分析炮台地名的分布,炮台坡与前所言高楼哨、新梁子、坪坡卡、大坡卡、拜亭卡、靖疆营、碉上、长炮卡、高坡营近,即其所处区域哨卡、营汛均有设置;头炮台、二炮台与仙镇营近,炮路坡与喜鹊营近。仙镇营、喜鹊营,据《苗防备览》记载均为险要,喜鹊营"重冈复嶂,径路诘曲,与永顺之龙鼻岩,保靖之乱岩溪接界,往时边墙加筑至此止,极为要隘,近加设大营防守。民险民要。"仙镇营"在高岩河西岸,山峻路仄,亦为险要。"②则炮台所置与营汛、哨卡所置原则一致,多设于险要之处,几者往往相近,形成一个相互联系的军事圈。

第五,军屯地名。"乾嘉苗民起义"结束后,清廷在湘西"苗疆"划分"民苗界限",重修边墙,建设严密的屯防系统,军事屯田制度即为其中一个重要方面。③ 据《苗疆屯防实录》记载,今凤凰县得胜坡(清得胜营)、黄合营(清黄会营)、安井关(清安靖关)、亭子关等地均设有屯卡,但地名释义中未提及,说明地名的命名与流传是经过选择的结果。

这类地名以花垣县为代表,流传最多。太平屯、小溪屯、长新、洞口屯、永丰、清平屯、木山屯、玉落屯、杨家屯(详见表7-3),均以清时所置军屯命名,且其屯基本为嘉庆年间所置。④ 与《苗疆屯防实录》记载清时永绥厅境内裕饶、禾山、长庆、小溪、永丰、太平、洞口、清平均设有屯卡一座一致。⑤

第六,堂坊、官堂地名。古丈县堂上、堂西岐、万官堂均以官堂命名(详见

---

① 《苗防备览》卷4,第481页。
② 《苗防备览》卷4,第479—480页。
③ 傅鼐:《苗疆屯防实录》即专门记述嘉庆以后苗疆屯防的具体状况与实施变化过程等内容。
④ 花垣县人民政府编印:《湖南省花垣地名录》,1982年版,第52—72页。
⑤ 《苗疆屯防实录》卷15,第340、341页。

表7-3),一言"五里为一堡,十里为一堂",[①]一言"设官堂理民事"[②]。另桑植县有堂房,是"早年官府便于统治人民,每隔二十五里设一堂。"塘坊坪"清朝,从官坪至此曾设一堂坊,统制该区人民。后变堂坊为塘坊。"[③]从以上地名释义可知官堂与前文所言"塘"不同,其主要职能为管理民事,统治各堂所辖人民。而检索湖南山区各县方志与正史、总志,均未发现有关堂坊与官堂的记载。但不同县域内均有此地名记载,认为其在基层中确实存在。从两处所言设置里程的不同,又可见其特殊性与灵活性。

综上所述,湘西区域治理地名主要涉及烽火台、汛塘、关卡、哨卡、碉卡、营汛、炮台、军屯、堂坊(官堂)几个方面,皆为治理苗疆所设,除堂坊属政治管理范畴外,其余皆为军事设置。烽火台与汛塘均有传递信息功能,关卡、哨卡、碉卡、炮台、营汛则以军事防御功能为主,军屯则为军事防御提供保障,堂坊则管理基层民事,是一个相对完整的体系。

通过分析以上几类地名分布发现,汛塘、关卡、哨卡、碉卡、营汛、炮台、军屯地名大多相近或相邻,反映出设置原则的一致性,凸显区域军事战略之重要性与险要形势。与专门记载湘西治理相关的专著《苗防备览》《苗疆屯防实录》相较而言,有共同的记载,也有互相补充的地方,说明地名一方面有据可查,另一方面又可以作为史料补充,具有重要价值。

第四节　朝廷与地方:地名学视野下的
湖北武陵山区治理

一、中央王朝对湖北武陵山区土司的治理

元、明、清时期,湖北武陵山区境内置有数量众多、大小不一的土司,这些

①　古丈县人民政府编印:《湖南省古丈县地名录》,1982年版,第15页。
②　《湖南省古丈县地名录》,第48页。
③　桑植县人民政府编印:《湖南省桑植县地名录》,1983年版,第56、140页。

土司一方面服从中央王朝调配,另一方面又是"不服王化"的地方顽固势力,对中央王朝而言,既是维护地方稳定的主要力量,又是造成地方动乱的主导因素①。其所造成的地方动乱构成湖北武陵山区社会主要问题,因此中央王朝对湖北武陵山区的治理,集中体现在土司治理上。

具体而言,湖北武陵山区军事治理始于宋代寨堡的设置。彼时,区域南境多属羁縻州,因而防御重心在其南,寨堡亦多置于其南。元代始设土司,开始出现专门针对土司的军事建置。如五峰县,元末土司错处其间,长茂司(今五峰县采花乡长茂司村)之南,菩提隘(今长乐坪镇荒口村)之西隶属容美土司。元代,即在其境内置长茅关、渔洋关、百年关等关口以防御土司。

长茅关"以其地势狭长且较平坦,又盛长茅草得名。元末,长阳设指挥一员,以弹压土司,名长茅关。"②据雍正《湖广通志》记载,明代名长毛关,"在(长阳)县西南二百三十里,交长毛司界。"③显然,设置长茅关主要为防御长毛司。

渔洋关"据《长乐县志》记载,'渔洋,古长阳之南境'。兹查《中国历史地图集》,北宋时名鱼羊寨,相传以其盛产鱼、羊得名。又据《长阳县志》述,'元时设关,以备土司',因紧靠渔洋河,故名渔洋关。"④

百年关,"据《长乐县志》记载,古属长阳县,'改土'(1735年)后划入长乐县(今五峰县);'明朝天启年后,百年关以西属土司,隶容美'。《长阳县志》述,元代在此处山口上设关以堵御土司。"⑤雍正《湖广通志》记载,"在(长阳)县南,西至峒口交容美土司界。"⑥可见百年关所防御土司为容美土司。

以上三关,加招徕旧关堡、梭草关、菩提隘,均为元时所设"以备峒蛮"。⑦

---

① 参见本书第一章第三节。
② 五峰县地名领导小组:《湖北省五峰县地名志》,1982年,第95页。
③ 雍正《湖广通志》卷13,《景印文渊阁四库全书》第531册,第410页。
④ 《湖北省五峰县地名志》,第145页。
⑤ 《湖北省五峰县地名志》,第168页。句中"改土"指"改土归流"。
⑥ 雍正《湖广通志》卷13,第410页。
⑦ 雍正《湖广通志》卷13,第410页。

反映元代对于湖北武陵山区土司之治理以防御为主,并没有明显表现出将其纳入"王权"直接管理的意图。

明朝在元朝所设土司基础上,一方面承认元时已置土司,另一方面又增置不少土司以共同管辖地方,同时在湖北武陵山区设置施州卫、大田军民千户所与支罗百户所,在其邻境设置瞿塘卫、荆州卫、忠州守御千户所、黔江守御千户所、枝江守御千户所、夷陵守御千户所等对土司形成军事兼制。① 咸丰县高乐山镇"明朝以前,高乐山镇为大水田,属散毛土司地。明洪武二十三年(1390年),割散毛司之半,设大田军民千户所,派流官镇守。"②即为此明显表现。

基层地名如怀来峒隘"明初,蓝玉引兵到此镇压土司的反控制权,土家族人民以此关对抗官兵的进攻,后土家族人民败此,遭到了蓝玉的血醒镇压。统治者以此炫耀史业,故称怀来峒隘。清属木册土司辖。"③板栗园"长期为土司所统治,据旧《县志》载,元属木册安抚司,明玉珍改长官司,明设木册长官司,属高罗安抚司。明朝洪武年间,当地土司曾多次发难,明朝京国公蓝玉,几度用兵,在此地及周围进行镇压。"④均明显表现出明朝对湖北武陵山区土司的直接治理,且与元朝在土司"边界"设置关隘以防御土司相比而言,明朝对湖北武陵山区土司的军事治理更加具有主动性,且深入各土司腹地。但是随着明朝走向衰败,土司势力又有所发展,出现"天启元年(1621年)土司侵边,菩提隘巡检兵寡难御,遂退札渔洋关,至七年(1627年)裁渔洋关巡检,而土蛮出没抄掳,愈不可制矣"⑤之状况。

入清以后,土司归附,清朝继续以土司管辖地方,但土司"恣意妄为",终成为清廷不可不"改土归流"的对象。"改土归流"前,康熙三年(1664年),撤

---

① 参见本书第五章第五节。
② 鹤峰土家族自治县地名领导小组办公室:《鹤峰土家族自治县地名志》,1982年版,第17页。
③ 《湖北省宣恩县地名志》,第18页。
④ 《湖北省宣恩县地名志》,第285页。
⑤ 雍正《湖广通志》卷13,第410页。

明时所置指挥、千百户,设施州营,并革荆州镇马步战守兵共 542 名永远驻防施州。①

至雍正十三年(1735 年)"改土归流"后,清廷在湖北武陵山区设置州县,推行绿营兵制度,广泛设置营、汛、塘。乾隆元年(1736 年),改卫置府,置"施南协副将一人,驻扎施南府;中营中军都司一人,兼辖左、右二营,兵三百九十六名;左营守备一人,驻扎咸丰县,千总二人,把总四人,兵六百三十八名;右营守备一人,驻扎利川县,千总一人,把总五人,兵五百三十八名。""卫昌营游击一人,驻扎鹤峰州,中军守备一人,千总二人,把总四人,兵七百名。"②千总、把总、外委千总等分驻宣恩县、来凤县、唐崖司、大旺司、忠峒司、高罗司、东乡司、建南司、南平、忠路等地,辖汛塘约 150 处,较明代卫所、巡检之设置,这一时期兵防设置与分布更为深入与广泛,营汛体系建设逐步完善。

基层地名如高木寨以"1735 年'改土归流'后,清政府在此驻兵扎寨得名";③干沟塘,"镇旁有一条季节性小河,由于清代在此设置武备兵营(塘),驻塘兵五名,故称干沟塘"④;塘坊坪"清朝时期,每距 15 华里设一个塘,此坪设过塘,故名。"⑤均与清代湖北武陵山区治理相关,其中关于塘的地名尤为突出,《关于"塘"地名考》言:

宣恩设塘的地名有:椒园塘,清属施南里,县城西北 8 公里,今属椒圆公社辖;倒洞塘,清属施南里,县城西北 15 公里,今属桐子营公社辖;大岩坝塘,清属石虎里,县城西 24 公里,今属晓关公社辖;黄草坝塘,清属石虎里辖,县城西 45 公里,山势尚险,抵咸丰县界,今属晓关公社辖;干沟塘,清属东乡里,县城南 7.5 公里,今属和平公社辖;刘家庄塘,清属东乡里,县城东南 12.5 公里,今属和平公社辖;茅坝塘,清属东乡里,县城南 20 公里,今属和平公社辖;细沙坝

---

① 参见同治《增修施南府志》卷 16。
② 《钦定大清会典则例》卷 112,第 315 页。
③ 《鹤峰土家族自治县地名志》,第 168 页。
④ 《湖北省宣恩县地名志》,第 145 页。
⑤ 《湖北省宣恩县地名志》,第 310 页。

塘,尊垦东乡里,县城东 45 公里,今属长潭河公社辖;杨二溪塘,清属东乡里,县城东 60 公里,山势高险,抵鹤峰县界,今属椿木营公社辖;万寨塘,清属东乡里,县城东北 30 公里,抵恩施县界,今属万寨公社辖;蛾影塘,清属东乡里,县城东北 45 公里,抵恩施县界,今属万寨公社;板寮塘,清属高罗里,县城南 35 公里,今属高罗公社辖;干坝塘,清属忠建里,县城西南 70 公里,土司皇城,今属李家河公社辖;玛瑙湖塘,清属忠峒里,县城东南 90 公里,今属龙潭河公社辖;金陵寨(经历寨)塘,清属忠建里,县城西南 70 公里,今属李家河公社辖。①

以上"塘"地名的广泛分布反映了"改土归流"后,清王朝湖北武陵山区治理以汛塘为中心,遍布全境之基层军事控制体系。

二、地名学视野下湖北武陵山区土司的地方治理

土司是中央王朝湖北武陵山区治理的主要对象,但同时也是中央王朝借以治理湖北武陵山区的主要地方势力。如龙潭安抚司因其内"峒蛮"作乱而废,永乐二年(1404 年)并其地于散毛土司,但龙潭与散毛相距较远,不便治理"夷民",又复置龙潭安抚司。② 其余如高罗安抚司、木册长官司、东乡五路安抚司等皆以"招复蛮民"而复置。显然,中央王朝借助土司力量管理湖北武陵山区土民。土司在湖北武陵山区治理中具有政治、经济、军事等多重作用,其军事设置是其治理湖北武陵山区的重要保障。透过地名,可以看到湖北武陵山区土司在治理地方过程中,形成的较为完善的军事体系。

1.“营”的设置

湘鄂武陵山区与土司相关的基层地名中,以"营"为"通名"的地名最为常见。营是土司正规部队的编制,依其势力大小,土司拥有"营"的多少不等,宣慰司一般拥有五营土兵,称为前营、后营、中营、左营、右营。营兵的职责主要是"各保关寨",土司在其辖区边境的重要关口,均设有兵丁把守,如遇其他土

---

① 《湖北省宣恩县地名志》,第 180 页。

② 《明太宗实录》卷 52,第 784—785 页。

司入侵,兵丁就施放狼烟报警,此起彼应,使土司能很快纠集土兵拒敌。

湖北武陵山区咸丰县,地处当时川、湘、鄂三省交界地,南邻湖南山区土司,西邻川东南(今渝东南)土司,既要参与国家军事活动,防守邻近土司的侵犯,又要防止土民暴乱,维护土司统治与社会治安。如"隆庆五年(1571 年),讨金峒叛蛮,覃壁参政,冯成龙监军,副使张大业,其屯兵处名国公寨。"①可见咸丰诸土司不可避免地参与军事行动,因而"营制"也就普遍存在,受此影响,"营"成为一些地方命名通名,表达对过去战略位置的认识。如安家营"此地原是安姓的寨子,土司王曾在此安扎过兵营,故名。"罗家营"原是罗姓的一个寨子,土司王曾扎过兵营,故名。"高家营"原属高家村院,土司王曾扎过兵营,故名。"杨家营"为杨家村院,土司王曾在此扎过兵营,故名。"赵家营"原是赵家的村寨,传说土司曾扎过兵营,故名。"②均以土司曾在其地扎营命名。五峰县、鹤峰县境内均有土司军队设营防御相关地名,如五峰县黄柏营以其"山多黄柏,据传土司军队曾在此驻扎过,故名黄柏营。"③鹤峰县黄家营以"田土王在此扎营,故名。"④可见,土司"营制"体系较为完善。

2. 防御系统的建设

关卡是军事防御系统的重要部分,一般设在具有重要军事防御价值的地方,对军事防守有重要意义。清朝地方官府在湖南武陵山区(湘西)复修边墙时,"每一山巅,或出一营汛,或设一堡卡。其旁均有碉楼、哨楼,或数座,或数十座。"⑤堡卡与关卡起相同作用,具有军事防御功能。土司之间常有"争斗",仅土司间相互利益关系而言,建立关卡也十分重要。

在地名中,咸丰县关里槽"相传在'改土归流'前,西坪蛮夷土司为防外侮,在山槽垭口上设过关口,故名。"⑥鹤峰县邬阳关"曾是容美土司时北寨险

---

① 同治《咸丰县志》卷 12,第 78 页。
② 湖北省咸丰县地名办公室编:《湖北省咸丰县地名志》,1984 年版,第 146—148 页。
③ 《湖北省五峰县地名志》,第 289 页。
④ 《鹤峰土家族自治县地名志》,第 45 页。
⑤ 《苗疆屯防实录》卷 3,第 40 页。
⑥ 《湖北省咸丰县地名志》,第 81 页。

隘",所在邬阳地"是鹤峰的边陲要地,土司时就已建关卡。"①五里坪"地理位置重要,土司和清王朝均在五里坪立关设卡,派驻重兵防守。"②奇峰关"故旧时是容美土司治地的雄关,地势险要,有'一夫当关,万夫莫开'之险,为古时兵家必争之地……公元1735年以前,容美田氏土司曾在关口东南面2公里处设'关山土司',总理容美西路防务。并在关北面的杉木界山顶设寨,与奇峰关互成犄角,彼此呼应,防备外司犯境。一旦有警,土兵便吹牛角鸣号,依次传递,不逾刻而达州治。实为当时重要设防之地。"老关寨以"土司曾在此设立山寨、关卡,故名。"③又有关寨"相传土王曾在此扎寨设卡,派兵驻守,故名。"④均以所在地有关卡命名。

从地名释义可见,这些关卡均处于险要或重要位置,是土司自我防御、抵抗外侮、守护领地,利用地利之便设置关口的一种积极措施。从分布而言,这些关卡多为容美土司设置,侧面反映出容美土司势力之强大与军事设置之完善。

3.城防建设

城池作为地方官府或政权所在地,或区域经济发展的中心,其设计之初必然考虑其防御功能,因而城池本身即为防御性工程。在湘鄂山区,山多地险,更要以城池建设作为根本,以防非汉族群或其他反对势力的入侵。"城池之设,所以卫内而捍外也。恃陋而不备,复隍堪虞,增垒而加修,登陴可守。古者计丈,数揣厚薄,度高卑,仪沟洫,斯作斯筑,伊减伊匹,非徒以壮观瞻。即凭以固宗社厅城,矻然雄峙,砺山带水称重镇矣。夫治安之本,固在人和防守之坚,亦资地利,是又抚斯土者之所,当随时绸缪也。"⑤即反映出城池建设对地方治理之重要,而从目前研究来看,湘鄂山区土司基本都建有"司城",这在各地方

---

① 《鹤峰土家族自治县地名志》,第28、26页。
② 《鹤峰土家族自治县地名志》,第92页。
③ 《鹤峰土家族自治县地名志》,第165页。
④ 《鹤峰土家族自治县地名志》,第179页。
⑤ 道光《凤凰厅志》卷1,第40页。

志中均有记载。

然而,除各行政中心修建城池外,湘鄂山区的非中心地区亦建有不少具有防御功能的城池。如利川县铜锣关人民公社大南门"传说谭陵侯在马头场立皇城,此地是南边要塞,故名。"①来凤县土城坡,以"清代散毛土司曾于此坡上筑城,以防来犯者,故名。"②官城"相传清代土司曾在此修城,故名官城。"③可见,"司城"以外城池立于险要或扼要之地,其主要功能为防范入侵者,与城池一样具有"卫内而捍外"功能。

4. 寨堡体系

湖北武陵山区寨堡体系建设始于宋代,而宋代寨堡既具有军事功能,又具有一定行政功能,多位于湖北武陵山区南部羁縻州区域,至明、清时期发展为纯粹的军事设施,仅具备军事功能。作为军事设施,多建于险要之地。因此,湖北武陵山区多高山峡谷,形势险要,多可设寨防守之地。

梳理湖北武陵山区各州县地名,五峰县有寨洞"相传早年曾有土司军队驻此山洞,故名。"④鹤峰县火寨头"相传田土王与刘将军作战而在此扎过寨。刘多次强攻,均被田土王用火击退,故名。"寨坪"传说田土王在此扎过寨,故名。"天星寨"相传田土王与其一姓刘的作战,在此扎过寨,故名。"城墙口"土司时代,唐姓隘官曾在此建筑寨墙。因此村正处寨墙门口,故名。"老关寨"土司曾在此设立山寨、关卡,故名。"鲁山寨"传说田土王曾在此扎过寨,地形险要。"大寨"相传田土王曾在此地扎过寨。"⑤均以其地扎过寨而命名。

从各地名释义来看,多有"相传"二字进行限定,说明其真实性有待商榷。在此,笔者不探讨其是否真实,而认为地名中广泛存在的这种以"寨"为名的

---

① 利川县地名领导小组办公室编:《湖北省利川县地名志》,1984 年版,第 80 页。
② 湖北省来凤土家族自治县地名办公室编:《来凤土家族自治县地名志》,1983 年版,第 56 页。
③ 《来凤土家族自治县地名志》,第 181 页。
④ 《湖北省五峰县地名志》,第 329 页。
⑤ 《鹤峰土家族自治县地名志》,第 42、43、45、165、171、174 页。

现象,恰好反映了这一地区"寨堡"曾大量存在的事实。而寨堡多设于险要之地,有修筑"寨"墙之举,一方面,反映武陵山地区有地利之便,使土司在建置寨堡系统时具有天然优势;另一方面,"寨"墙的修筑,反映了土司寨堡建设之完善性。

5. 塘防建设

塘是清廷为了更有效地控制地方而在基层设置的一种军事组织,一般有绿营兵把守。一方面为建立与基层在政治、经济、文化等各方面联系,另一方面也为维护朝廷统治,维持当地秩序。在湖北武陵山区,除清朝廷设置汛塘外,地方土司亦有汛塘体系,这在正史、地方志中均无记载,但可通过地名窥探部分。

湖北武陵山区来凤县塘防坪、鹤峰县堂坊上、宣恩县干沟塘、塘坊坪等均以清所置"塘"为名。但以土司所置"塘"为名,仅有来凤县塘防坪,以其"地平坦,清代土司曾在此建塘设防,分兵把守,故名塘防坪。"①显然,一条数据难以证明其确实存在,但它至少反映了土司可能存在与清廷一样的汛塘体系建置。

6. 信息传递系统

在军事活动中,无论是防御还是进攻,信息的获取都至关重要。清廷在复修湘西边墙时,哨峒是最为常见的一个信息传递峒位,在每一个重要位置均有设置。土司亦十分重视其作用,在地名中亦有迹可寻,如咸丰县南峒门即为"公元1623年,当朝赐建土司城,土王为防备蛮苗入侵,在城南边设一峒哨门,故名。"②除哨峒外,湖北武陵山区土司还存在相互合作——"合哨",地名合哨溪"曾是田土王驻扎的西坪府寨,覃土司驻覃家尖,两土司和睦相处,共御外敌,兵丁放哨在此汇合,故名合哨溪。"③即为明显体现,反映土司之间的共同防御行为。湖北武陵山区土司统治区域内,还有传统以"火"传递信息之方式,如利川县元堡嘴烽火桶子"早年为覃土司政权地,筑有烽火桶子作通讯联

---

①　《来凤土家族自治县地名志》,第366页。
②　《湖北省咸丰县地名志》,第141页。
③　《鹤峰土家族自治县地名志》,第24页。

络之用,故名。"①五峰县火焰尖"因早年田土司曾在此山顶上搭有哨棚,以火报警,故名火焰尖。"②均对此有所记述。

从以上分析可见,湖北武陵山区土司具有较为完善的军事体系,除土兵系统外,其他设置亦较为完善,其中以鹤峰县所留存相关地名最多,侧面反映出容美土司在历史时期势力的强大与其军事建置之间存在的密切关系。

---

① 《湖北省利川县地名志》,第 283 页。
② 《湖北省五峰县地名志》,第 320 页。

结　语

一、湘鄂山区与平原区之间的"界域(过渡地带)"

湘鄂山区是以自然地理形势划分的区域,作为区域,其与相邻区域之间必然存在某种"界限",如安介生所言"界限或界线在区域地理研究中的重要意义早已为中外学者所肯定,没有界限则没有区域。"且"在历史时期区域变迁之中,界线或界限的客观表现形式往往是复杂的,在大多数情况下并不是以泾渭分明、截然分开的单线条形式表现出来的,而通常是一个又一个交叉性与过渡性均极为突出的区域。这些区域在属性上并不完全等同于政治地理与军事地理意义上的边界地区。"①他将这种区域称之为"界域"(笔者也称之为过渡地带),并以"松潘"为例,提出"界域"在"历史民族地理"研究中具有以下几方面特征:

第一,"界域"具有一定的自然地理基础,即在地貌上往往拥有显著的山水分界线,或本身处于自然地区分界带上。既有突出的分割性与封闭性,又未与外界完全阻隔;第二,在居民人口构成上,"界域"内的民族种类较为复杂,存在很大的共同性与兼容性;第三,"界域"受到王朝及周边政权显著的影响,如在不同政权及民族矛盾较为激烈时期,"界域"往往成为不同政权交争之地,进而演变为边防重镇;第四,"界域"地区民族构成与历史时期复杂的政治

---

① 安介生:《历史民族地理之"界域"研究——以地处川、青(藏)、甘之交的松潘地区为核心》,载安介生、邱仲麟主编:《有为而治:前现代治边实践与中国边陲社会变迁研究》,三晋出版社2014年版,第3页。

与军事形势变化密切相关。

从前文关于湘鄂山区的人口构成及政区建置可见,湘鄂山区亦为少数民族聚居区域,因此,有关其地域的政区与军事地理问题研究,也是历史民族地理研究的一部分,因而安介生所提出的"界域"问题在湘鄂山区亦存在,但具体区域不同,"界域"的具体表现必然也存在差异。

据现代少数民族人口的分布情形可知,西南地区是我国少数民族集中的聚居区,而西南是一个泛化的地理概念,湘鄂山区(今两湖民族地区)在历史时期亦曾被纳入西南民族地区范畴。① 因此,历史时期湘鄂山区与平原区之间的"界域"又可以称之为西南民族地区与中东部汉族地区之"界域"暨过渡地带。对历史时期汉族地区与非汉族地区间过渡地带的研究具有重要借鉴意义,有助于推动地理学视野下的历史时期民族交往交流交融研究。

具体而言,笔者通过对湘鄂山区政区、民族人口与自然地理形势的详细分析发现,自北而南,巴东、长阳、长乐、石门、慈利、桃源、溆浦、安化、邵阳、零陵、祁阳、永兴等州县地处湘鄂山区边缘,在历史时期政区建置、非汉族群人口构成及数量与分布、自然地理形势等方面均与湘鄂山区内部府州县存在较大差异,表现出明显的"界域"特征,具有明显的过渡地带性质。

(一)"界域"内外②的自然地理形势差异

第一,湖北武陵山区。湘鄂山区之北界,即湖北武陵山区之北界,就地理形势而言,其北界可分为西北、正北、东北三部分,其西北以方斗山为界,正北以巫山为界,东北以长江为界。其与湘鄂平原区"界域"存于其北部巴东县、东部长阳县、长乐县,从前文所梳理三县境域内各山体具体分布与明清时期地方志所绘县境图,可明显看出三县不同区位间山体数量、山体海拔等的差异——巴东县山体多位于其西及南,高山亦多在此区域;长阳县与长乐县山体

---

① 参见张勇:《"西南"区域地理概念及范围的历史演变》,《中国历史地理论丛》2012年第4期。

② 本书将"界域"以西称为"界域内",以东称为"界域外"。

数量亦为西多东少,且山体总体为西高东低,如今人所言:长阳县,地处鄂西南山区,境内山重水复,沟壑纵横,西部多高山峻岭(海拔多在1000米左右),东部邻近江汉平原(海拔多在50米以下),多低丘河谷。① 可见巴东、长阳、长乐所构成的"界域"地带内东西地形地貌上的明显差异,而这也是湖北武陵山区与湖北平原区地形地貌差异的缩写,"界域"之西为武陵山区,多高山峡谷,"界域"之东则为江汉平原,多低丘河谷。

第二,湖南武陵山区。湖南武陵山区与平原区之"界域"从自然地理形势差异而言,存于慈利、石门、桃源三县。

首先,自慈利县至石门县(慈利县位于西,更靠近湖南武陵山区腹地;石门县位于东,距离湖南武陵山区腹地稍远),慈利县境内已出现山体分布不均衡状况,山体及高山多位于其西、北两面,南、东两面山体分布较少,且多为低山。至石门县,境内仍多山,但无关于"高山"记载;其次,桃源县西部山体多且高,东部山体少且低,与慈利县大致相同;最后,石门再往东,为清代所置澧州(今澧县、临澧县、津市一带),其东为安乡县,文献称其为"泽国"②,地形地貌又表现出明显差异。

显然,慈利、桃源两县境内便存在明显东、西地形地貌差异,石门又与慈利县存在东、西地形地貌差异,再往东临澧、安乡等县又与石门县存在明显地形地貌差异。即由石门县、慈利县、桃源县构成的湖南武陵山区"界域"地带存在东、西地理形势差异,"界域"内外又存在更大差异——"界域"以西为湖南武陵山区腹地,多高山峻岭(海拔多在1000米以上);以东则为"泽国",属于今洞庭湖平原(海拔多在40米以下),差异巨大。

第三,雪峰山—八十里大南山区。雪峰山—八十里大南山区与湘鄂平原区"界域"存于溆浦、安化、邵阳三县。溆浦县地势南高北低,多狭小平原;安化县位于溆浦县东北、新化县北、桃源县南,其地势变化较之溆浦县境更为明

---

① 参见《长阳县志》,1992年版。
② 同治《直隶澧州志》卷1,第84页。

显,与桃源县境一样西高东低,按今人描述,其县地势从西向东倾斜,西部最高海拔 1622 米,东部最低 57 米,相对高差 1565 米;①而邵阳县西、南高,东、北低,均显示出区域内地形地貌差异。即这一"界域"之西、南为湖南山区雪峰山区腹地,境内多高山,且遍地皆山,如会同、靖州、通道、城步等州县即如是;以东则靠近洞庭湖平原,多为低山丘陵或平地,存在明显地形地貌差异。

第四,五岭—阳明山—九嶷山—诸广山区。五岭—阳明山—九嶷山—诸广山区与湘鄂平原区以零陵、祁阳、永兴三县为界,形成"界域"。"界域"以南多为崇山峻岭,以北则靠近洞庭湖平原,多低山丘陵与平地。三县内部则形成相对差异,如零陵县山体多分布于县东靠近阳明山之西麓,其西、北两面山体均较少。

因此,湘鄂山区与湘鄂平原区之"界域"基本处于山区向平原或低山丘陵过渡地带,存在明显的地形地貌差异,这种差异突出了自然地理形势尤其是其中地形地貌对于"界域"形成的强大影响力。湖北武陵山区与湖北平原区之"界域"北以长江为限,东以江汉平原西部边缘为限。湖南山区与湖南平原区,西北以石门、慈利、桃源三县为"界域","界域"之西为武陵山区,东为洞庭湖平原;西为云贵高原东缘,东为江南丘陵地带;西南以雪峰山区域之溆浦、安化、邵阳三县为"界域",地处第二阶梯与第三阶梯分界区域,地形地貌差异明显;南部以零陵县及永兴县为界域,是湖南南部丘陵地带与中部低山平原的分界区域。

为何"界域"以西多山体、地势较高就成为历代中央王朝治理的重点区域了呢? 其影响因素是多方面的,就地理环境而言,这一地区均为崇山峻岭之区,溪涧阻深,道路险阻,多瘴疠之气。而"在现代之前的世界……山,特别峻峭的高山会把人分隔",②这种地理环境一方面为生活在这一区域的非汉族群

---

① 湖南省安化县地方志编纂委员会编:《安化县志(1986—2000 年)》,方志出版社 2005 年版,第 1 页。

② [美]詹姆斯·斯科特:《逃避统治的艺术》,王晓毅译,生活·读书·新知三联书店 2016 年版,第 19 页。

结　语

提供了生存环境,使其在这种特定环境中形成了不同的社会、生活、文化、组织等,即"不同寻常的地理环境,也形成了他们不同寻常的政治和文化形态。"①另一方面也为这些族群与中央王朝之间的抵抗提供了有利的地理条件,成为明清朝廷认为的"苗疆"之地。严如熤言"五溪为南维奥区,地险风悍,伊古以来,未有能晏然者,或整挞伐之师,或严防维之术,有事变,即一代之设施乘其间。"②即为此种地理环境作用的结果。

以清代湖南武陵山区(湘西)的凤凰厅为例,其地处武陵山中段,重岩叠嶂的地理环境成为地方"土民""苗民"等非汉族群聚集为乱或避乱的优势,如"马鞍山,在厅南三十里,高三里许,顶有井,汲取不竭,土人曾避乱于此。""大天星寨山,在厅北四十里,高约四十余丈,周围千余步,上有田有水,惟苗人啸聚时相与耕凿,其地迄今戡定日久,盖亦废之。又小天星寨山,两山相连,拔地而起,中岐为两,险绝相等,四面如削,上广下敛,形如张盖,为红苗盘踞处。康熙四十三年(1704年),尚书席尔达从间道上,破其寨落,苗众就抚。""大腊尔山,厅西六十里,高约十里,万峰丛杂,备极险阻。康熙乙丑,逆苗据险于此。"等都反映出这种山地地形与喀斯特地貌为地方"叛众"提供的有利地理条件,无形中支持了地方与中央的对抗,使中央在对这些地方进行治理与管理时,相对于平原地区来说艰难数倍。

(二)"界域"内外的人口构成与分布

根据历史文献的记载,湘鄂山区自秦汉始为"苗民"等非汉族群聚居地,但其经历了自洞庭湖由东向西、西南迁移与聚集过程,分布亦随之变化,由长江南北分布局面逐渐转为聚居长江以南区域,最终在隋唐时期基本形成包括湘鄂山区在内的相对稳定的湖北武陵山区(湖北西南部)、湖南武陵山区(湖南西北部)、雪峰山—八十里大南山区(湖南西南)与五岭—阳明山—九嶷

① ［美］濮德培著:《万物并作:中西方环境史的起源与展望》,韩昭庆译,生活·读书·新知三联书店2018年版,第194页。
② 《苗防备览》卷14,第660页。

山一诸广山区(湖南南部)等分布区,即最晚自隋唐时期开始,湘鄂山区便形成了相对稳定的人口结构,至清代族群划分日益细致,具体构成与分布更加明了。

第一,湖北武陵山区"界域"之巴东县,嘉靖、康熙、同治《巴东县志》均记载了自明成化时期起各时期户口数,且万历时期户口有民户、军户、杂役户之区分,但无关于非汉人口数量记载。但从巴东县"土人以林木深箐名荒"①可知其境明时即有"土人",分布于其县境南与鹤峰(明、清属容美土司)交界处,或因其曾被容美土司占据,或因户口数量太少,未载入志书。长乐县所记载户口数亦未载非汉人口,仅言民户。而长乐县境内原设有土司,"鹤、长纳土,本属蛮荒,截长补短,汉、土相错。"②说明其境内必有"土人"。长阳县,地方志未记载其境内非汉人口数量,但其与"容美土司"接壤之地"汉、土混杂",③说明其境内确有"土人"。

因而,作为"界域"的三县在人口构成上,为"汉、土混杂"格局,总体以"汉"为主。其"土"主要分布于巴东之南、长阳与长乐之西,与三县高大山体多分布于各境西部相同。与"界域"以西之湖北武陵山区腹地各州县相较,明清时期湖北武陵山区腹地各州县以"土人"为主,如宣恩、恩施境内"土民"占各境总人口一半以上。

第二,湖南武陵山区"界域"之慈利、石门、桃源三县在清代方志中均无关于非汉人口的专门记载。但慈利县在清代有"苗瑶内附"④,县西青龙寨有"明末土人练团"于其地⑤;石门县"土人多浴于"温水,⑥且嘉庆《石门县志》专著"苗瑶志"言其境"苗瑶"主要为添平所覃氏⑦,即原"地方土酋";桃源县

---

① 嘉靖《巴东县志》卷1,第1216页,山名"杨柳荒"释义。

② 同治《宜昌府志》卷2,第47页。

③ 《湖北巡抚宪德奏报容美土司已将侵占长阳县土地退归折》,雍正五年正月十九日,《雍正朝汉文硃批奏折汇编》第8册,第874—875页。

④ 同治《续修慈利县志》卷2,第213页。

⑤ 同治《续修慈利县志》卷3,第255页。

⑥ 嘉庆《石门县志》卷6,第293页。

⑦ 参见嘉庆《石门县志》卷24,第348—349页。

有龙洞,在县"西二百里,地接辰阳……明季土人多避乱其中。"①皆反映了三县土、苗等群体的存在,但其不载于户口数据之中,说明所占比例与总数量极少。从其分布来看,多位于三县西境,即各县高大山体分布区域。

而三县("界域")以西之武陵山区腹地各州县则多"苗""土"人口记载。其中清代桑植、永顺、龙山、保靖、辰溪等县以"土民"为主,仅有少量苗民与汉民;凤凰、乾州、永绥三厅则以苗民为主;古丈坪厅兼有土民与苗民;黔阳、辰溪、泸溪三县有部分瑶民,数量相对较少。"界域"以东湘鄂平原区域,"长、岳、常、澧四郡无苗瑶",②极少非汉人口分布。

第三,雪峰山—八十里大南山区"界域"之溆浦、安化、邵阳三县均以汉人为主。溆浦县,按民国《溆浦县志》记载,有999户瑶民分布于县治南或东南靠近雪峰山腹地区域;安化县,为故"梅山蛮"地,境内有"安化州蛮"③,自宋代设县后,逐渐"向化",至明清时期已无"蛮"称,境内几乎无苗、瑶分布;邵阳县仅有极少数瑶民分布于县西北雪峰山东部边缘地带。瑶民的分布与溆浦县、邵阳县高大山体在其境内的分布大体一致。

而三县("界域")以西,雪峰山—八十里大南山区腹地,靖州、通道二县人口以苗民为主,特别是通道县,明时境内"苗丁"占总丁数79%,至清嘉庆时期,苗民仍占总丁数42%;绥宁县、城步县、武冈州则为苗、瑶杂处,且清代城步县内苗、瑶总量多于汉民。"界域"溆浦县之东、北,邵阳县之北鲜有苗、瑶分布。

第四,五岭—阳明山—九嶷山—诸广山区"界域"之零陵、祁阳、永兴三县。零陵、祁阳境内均有少量瑶峒,分布于两县相邻之阳明山边缘区域;永兴县则"素无苗无瑶,峒亦无",后有少量进入④。"界域"以南,如蓝山、道州、宁

---

①　吴之琳:《龙洞记》,光绪《桃源县志》卷14,《中国地方志集成·湖南府县志辑》第80册,第480页。
②　嘉庆《石门县志》卷24,第348页。
③　(清)毕沅:《续资治通鉴》卷77,中华书局1999年点校本,第1926页。
④　光绪《永兴县志》卷24,第455页。

远、永明、江华、新田等州县瑶民则较多,且多分布于各大山体之中。

可见,"界域"之东、西地域在民族人口分布上存在明显差异。以西,即湘鄂山区腹地,多苗、土、瑶人口分布;以东,即湘鄂平原区域,则以汉人为主,极少民族人口分布。而作为"界域"的州县本身亦存在这种差异,即作为"界域"的各州县靠近湘鄂山区腹地的区域有少量苗、土、瑶人口分布,靠近湘鄂平原的区域则几乎为汉人,鲜有非汉人口分布,是具有明显过渡性的中间地带。

(三) 宋至清时期各"界域"州县的政区归属形态

"界域"之政区归属形态,即作为"界域"的各州县在历史时期所属高一级政区情况,以各州县最终设置时间为起始。

第一,湖北武陵山区"界域"之巴东、长阳、长乐。宋时期,巴东属归州,长阳及长乐大部分属峡州,与四川所属夔州交界(时湖北武陵山区属夔州)。元时期,巴东属澧州路,长阳及长乐大部分皆属河南江北行省峡州路,与时属四川行省夔州路所辖的湖北武陵山区交界。明时期,长乐县治属施州卫,巴东、长阳皆属荆州府,与施州卫交界。清时期,均属宜昌府,西与湖北武陵山区施南府交界,北与四川夔州府交界。

第二,湖南武陵山区"界域"之石门、慈利、桃源。宋时期,石门、慈利属澧州,与夔州、峡州、辰州、常德府交界;桃源属常德府,与郴州、澧州、邵州、潭州交界。元时期,石门、慈利皆属澧州路,与夔州路、峡州路交界;桃源县属常德路,与澧州路、辰州路、天临路交界。明时期,慈利、石门属岳州府,与施州卫交界;桃源属常德府,与辰州府交界。清时期,石门、慈利属澧州,地处澧州与永顺府及施南府、宜昌府交界,即与湖北武陵山区、湖南武陵山区腹地交界;桃源县属常德府,与辰州府交界。

第三,雪峰山—八十里大南山区"界域"之溆浦、安化、邵阳。宋时期,溆浦属辰州,与邵州交界;安化属潭州,与邵州、常德府交界;邵阳属邵州,与潭州、永州、武冈州、衡州交界。元时期,溆浦县属辰州路,安化县属天临路,两县即为两路交界;邵阳属宝庆路,与天临路、衡州路交界。明清时期,政区归属相同,溆浦县属辰州府,安化县属长沙府,两县为两府交界;邵阳属宝庆府,与永州府、长沙府、衡州府交界。

第四,五岭—阳明山—九嶷山—诸广山区"界域"之祁阳、零陵、永兴。宋时期,祁阳、零陵属永州,与邵州、衡州、道州、全州交界;永兴属郴州,与衡州交界。元时期,零陵、祁阳属永州路,与宝庆路、衡州路、全州路、道州路交界;永兴县属郴州路,与耒阳州交界。明清时期,零陵、祁阳属永州府,与宝庆府、衡州府交界;永兴属郴州,与衡州府交界。

显然,湘鄂山区各"界域"州县至晚在宋时便处于所属政区及与所属政区同级政区的交界地,其中包括与湘鄂山区所属各府(或州,或路)交界。因此,湘鄂山区"界域"自宋时便已初具雏形,经过元明时期的发展,至清时期更加清晰,并最终确定。

综上所述,笔者认为湘鄂山区与湘鄂平原区之间"界域"存在以下三个方面特征:

第一,"界域"地带本身地形地貌存在明显差异与分化,多呈现为西高东低;而"界域"内外,即东、西两面区域之地形地貌,以"界域"为分水岭,呈现出西部多高山峡谷,东部多低地平原的态势,差异明显。

第二,"界域"地带,民族人口组成较为简单,靠近湘鄂山区的区域在历史时期有少量"土、苗、瑶"居住,靠近湘鄂平原区所居者则多为汉人,明显可见"界域"民族人口数量与类别的东西部差异。而"界域"内外,内则为湘鄂山区,民族人口较多,且以"土、苗、瑶"为主;外则为湘鄂平原区,基本为汉人聚居。

第三,"界域"的形成是历史发展的结果,从政区建置的发展过程看,湘鄂山区与湘鄂平原区之"界域"自宋时期开始便多处于两个或两个以上府(或州,或路)一级政区交界区域。

（四）历史时期西南民族地区与中东部汉族地区之"界域"

以湘鄂山区与湘鄂平原区"界域"特征类推,笔者认为湘鄂山区与湘鄂平原区"界域"亦可称之为历史时期西南民族地区与中东部汉族地区间"界域"，即过渡地带。

首先，西南民族地区与中东部汉族地区以湘鄂山区与湘鄂平原区之间"界域"为过渡地带，过渡地带以西为云贵高原，与湘鄂山区一样多高山峡谷，箐林密布，属于我国地势三阶梯的"第二阶梯"；以东则为长江中下游平原与江南低山丘陵区，地势平坦，属于我国地势三阶梯的"第三阶梯"。因此，此"界域"正处于我国地势"第二阶梯"与"第三阶梯"分界过渡地带，东、西地形地貌差异明显。

其次，西南民族地区与中东部汉族地区以湘鄂山区与湘鄂平原区之间"界域"为过渡地带，过渡地带以西、以南区域自秦汉时期开始即为少数民族聚居地，分布着苗、瑶、土家、彝、壮等众多少数民族；以东则如前文所言，自秦汉开始即多为汉族人口聚居地。东、西民族人口数量与分布存在明显差异。

最后，历史时期西南民族地区政区建置过程中，贵州建省以前，分属四川、云南、湖广、广西管辖，彼此之间似一个区域整体。而湘鄂山区与湘鄂平原区之间"界域"以西之湘鄂山区曾在唐代时与贵州、广西多个州县同属"黔中道"管辖，作为"界域"的巴东、长阳、长乐均地处黔中道与山南东道交界地域，石门、慈利、桃源、溆浦、安化、邵阳等均地处黔中道与江南西道交界地域。同时，这一时期，江南道"为州五十一，县二百四十七"[1]，51州均为羁縻州，"隶黔州都督府"[2]。所言黔州都督府为开元时期所置黔中道治所所在，因此江南道分为东、西两道及增置黔中道以前属江南道的51羁縻州均属黔州管辖，而分置后的江南西道内均为郡县，并无羁縻州。即石门、慈利、桃源、溆浦、安化、邵阳等成为当时经制州县区域与羁縻州区域间的分界与过渡地带。可见历史时期政区设置已表现出对西南民族地区与中东部汉族地区的区分。

因此，在研究历史时期西南民族地区时，不应该忽视两湖民族地区（湘鄂

---

① 《新唐书》卷41，第1046页。
② 《新唐书》卷43，第1119、1143页。

山区)在其中的角色与地位,应从"全域性"的整体视角,利用多学科方法,从多角度理解历史时期西南民族地区的发展与变迁,看到区域之间的互动与联系,重视如两湖民族地区一样的、在"边疆"与"内地"之间的中间过渡地带在历史时期的发展变迁与作用,看到这类区域治理与王朝国家治理间的关系。

二、从"湘鄂山区"到"湘西苗疆":历史军事地理视域下区域治理重心的转移

"苗疆"一词最初出现时指代为苗地(即以苗民为主的非汉族群聚居地),伴随中央王朝地方治理程度的加强,逐渐演变为一个具有高度政治含义的区域代称,成为中央王朝重点治理的区域。而随着时间的发展与治理的深入,"苗疆"所指地域范围,在王朝统治者及其地方官员眼中逐步缩小,使"苗疆"从一个泛化的地域概念,逐步发展为以"黔东南""湘西"为核心的精确地域概念。① 即由一个较大的区域概念,缩小为一个较小的区域概念。

湘鄂山区在明清时期亦曾被纳入"苗疆"范围,但随着王朝治理的深入与府州县制度的完善,大部分区域较早纳入了中央王朝"一体化"进程,因而在"苗疆"治理过程中,更加突出"湘西苗疆"(湖南武陵山区)存在的问题,使后人及今之研究者的焦点亦集中到"湘西苗疆",忽略了湘鄂山区均曾为"苗疆"的事实,及其所呈现的中央王朝及地方眼中的"苗疆"在两湖地区经历了从湘鄂山区到湖南武陵山区(湘西)的变化过程。为何会出现这种变化? 笔者认为与历代中央王朝的军事治理存在不可分割的联系。以湘鄂山区历代军事体系的建置与发展为例,即可看到,从湘鄂山区到"湘西苗疆"的变化过程与必然性。

(一) 湘鄂山区寨堡时空分布格局

寨堡为湘鄂山区军事体系建设之始,其在湘鄂山区内广泛分布,是宋朝在

---

① 参见周妮:《明清"湖广苗疆"政区与军事地理问题研究》,复旦大学博士学位论文,2019 年。

湘鄂山区的基层军事控制体系。

1. 宋代湘鄂山区寨堡分布格局

湖北武陵山区寨堡总体数量不多,主要分布于其南境各羁縻州附近,以今宣恩县境分布最多,占所置寨堡总数一半以上,最北为南平寨,最东为连天寨,均处于往来重要交通路口。对河流的依赖度不高,仅三分之一沿河流分布。

湖南山区寨堡数量众多,呈现三大分布特点:一是呈点—带—面格局分布,形成以武陵山与雪峰山之中间地带为中心,向东南部八十里大南山区及五岭—阳明山—九嶷山—诸广山区扩散的格局,但地处武陵山腹地的"湘西苗疆"在这一时期基本无寨堡建置;二是寨堡绝大部分沿河流分布;三是地处交通要道或边界重区。

首先,武陵山与雪峰山之间有沅陵、吉首、泸溪、辰溪、麻阳、会同、靖州等地,就寨堡分布数量而言,这一地区寨堡数量相当于所有其他湖南山区寨堡之总和。其西北为武陵山,东南为雪峰山,中以沅江为沟通,是两山系之间相对平坦之地,为宋廷寨堡设置提供了便利的自然条件。武陵山区为苗民、土民等非汉族群集中聚居区域,腹地如宋时所设上溪洲、渭州、保静州等羁縻州未置寨堡,仅羁縻管控。雪峰山区为瑶人聚居区域,时有动乱,宋朝廷必须设置寨堡控制。越过雪峰山,邵州、永州、道州、郴州有湘水之便,亦有设寨堡之便,同时,这一地区担负着捍卫长沙等府之责,也有设寨堡之需。因此,形成了以武陵山与雪峰山之中间地带为中心,向东南部八十里大南山区及五岭—阳明山—九嶷山—诸广山区扩散的格局。

其次,根据宋代湘鄂山区各寨堡今址可见,大部分寨堡皆位于河流沿岸,这与当时河流作为重要交通线路密切相关。斯科特认为"在前现代社会,水运可能是个例外,通航的河道可以克服距离所带来的困难。"[1]道出了河流尤其是具有通航功能的河流,对于国家控制如湘鄂山区一样高山峡谷纵横地区

---

① [美]詹姆斯·斯科特:《逃避统治的艺术》,王晓毅,生活·读书·新知三联书店2016年版,第55页。

的重要性。可以说,控制了湖南山区交通要道,便等于控制了湖南山区非汉族群顺水攻入"内地"的前路,同时,也为王朝与地方之间政令的上传下达、军事物资运输等提供了便利条件与保障。

最后,除沿河流分布外,寨堡主要分布在陆上交通要道与边界重区。对陆路的控制与水路一样具有重大意义,而边界重区则主要以防"蛮瑶"为目的,即所言"凡控扼要害及地界阔远处皆置寨"①。

2. 明清湘鄂山区寨堡分布格局

明清时期寨堡与宋代寨堡不同,宋代寨堡除军事职能外,还兼有管理地方的行政职能,明清时期寨堡则只具备军事职能。

(1)明时期

明代湖北武陵山区寨堡分布与宋代相比,在数量上明显增多,分布格局与宋代相比亦发生了明显变化。这一时期,寨堡主要分布于其北境,以明代恩施县及建南、忠路等土司境(今利川市)分布最多。

明代湖南山区寨堡分布格局与宋代相比,亦发生了较大变化。这一时期城步、江华、武冈、邵阳、靖州、沅州、芷江、新化等州县所置寨堡最多;新宁、宜章、黔阳(今洪江市)等县次之;永顺、保靖二宣慰司境仍鲜有记载。

这一时期,可谓湘鄂山区军事体系及其空间格局发生变化的重大转型期。湖北武陵山区防御重心由宋代南部羁縻州地区转移到了中北部土司辖区,寨堡设置重心随之北移,设置了"南坪堡""红砂堡—召化堡"两个既具有重要战略地位,又具有典型性的寨堡。湖南山区寨堡重心从宋代武陵山与雪峰山中间地带转移到了阳明山以南五岭、九嶷山、诸广山一带,而武陵山腹地"湘西苗疆"区域与宋代一样几乎没有寨堡建置。

(2)清时期

这一时期,湘鄂山区寨堡的空间分布格局再一次发生变化,湖北武陵山区寨堡分布以利川、恩施、来凤最多,其次为宣恩与鹤峰、咸丰。清代湖南山区所

---

① 道光《宝庆府志》卷94,第1411页。

置寨堡数量不多,且分布区域较之宋、明时期要小,以永州、郴州两地所辖较多,其次为靠近湘西之区域。

湖北武陵山区与湖南山区之间寨堡空间格局分布也在这一时期呈现出较大差异。清代湖北武陵山区寨堡与宋、明两代形成的有"重心"的分布格局不同,呈现出"遍地开花"的分布格局,这种格局的变化反映着中央朝廷当时当地非汉族群之间矛盾的变化;湖南山区寨堡却不同,其分布不仅没有呈现"遍地开花"的格局,反而较之宋、明两代寨堡分布范围与地域更为狭窄,且呈片状分布。

分析宋、明、清三个时期寨堡分布格局与数量出现差异的原因,与各时期中央王朝地方政治制度及西南治理政策与形势变化密切相关。

首先,宋、明时期湖北武陵山区境内寨堡分布重心发生南、北颠倒之原因,在于宋朝廷在湘鄂山区所实施政治制度为羁縻州制,湖北武陵山区中北部之施州为经制州,南境与湖南交界地域却多为羁縻州,因此寨堡多置于其南境,防范羁縻州非汉族群北上。明代湖北武陵山区境内广设土司,其南境及相邻之湖南境亦皆设土司,其西亦为土司,因此寨堡多建于其北、东两面,土司与经制州县相交地域,以形成对土司的防守。说明宋、明两代寨堡设置目的,一为防羁縻州非汉族群向北侵扰经制州(即施州),二为防范土司侵扰经制州县(如湖北武陵山区北界之四川夔州、东界之宜昌府属长阳、巴东等县),其实质都是以寨堡控制地方非汉族群,防范其侵扰经制州县。

其次,明代湖南山区境内寨堡数量较之宋代有所增加,但是其重心由辰州转移至靖州、武冈、邵阳、新化一带,分析出现这种格局变化的原因。一方面,与宋、明时期湖北武陵山区寨堡分布重心发生变化的原因一样,宋时期,湘西北地区多设羁縻州管辖,寨堡主要位于羁縻州与经制州县交界又更靠近羁縻州之区域;明时期,设置土司控制其内部,在土司辖区外又多置卫所进行控制,因而寨堡设置不及宋代普遍。另一方面,明时期,湘西南与湘南地区多置经制州县管理地方,地方所属苗、瑶等非汉族群聚居区域并未置土司专门管辖,虽置有卫所,但所管苗、瑶等非汉族群居住分散,又有地方"流寇"动乱,因而广设寨堡,以防御苗、瑶等非汉族群扰乱地方与"避乱"。

清代寨堡的修建与设置较之宋、明两代又存在明显差别。首先,湘鄂山区土司"改土归流"并设置州县,清朝廷在湘鄂山区完善了基层营汛建制,广设汛塘,形成严密的基层控制系统。寨堡的修建更多与地方社会发展状况相联系,常常成为民间修建"避乱"或"自保"之地,如清代湖北武陵山区寨堡设置多受明末清初农民起义、康熙时期"三藩之乱"、嘉庆时期"白莲教起义"及太平天国运动等影响。

因此,湘鄂山区寨堡分布格局随着时间的推移在不断发生变化,而其变化与中央王朝地方政治制度之实施、区域治理之政策、地方社会之状况都密切相关。其职能与性质也随之发生变化,由政治、军事双重职能转变为军事职能,由官修逐渐转变为民修。其功能由防御和控制,转变为"避乱"。但在具体分布特点上,这些寨堡多具有以下共同特点:第一,分布在河流沿岸,尤其是宋代所设寨堡十分注重对于水路的控制;第二,分布在陆路交通要道;第三,设于险要之地,具有明显的地理优势。

(二)　湘鄂山区卫所空间分布格局及其成因

卫所既具有行政职能,又具有军事职能,在湘鄂山区最重要的是军事职能,如万历《湖广总志》言"设卫所控驭者二十有九"[1],即将卫所作为控驭地方的主要军事机构,可以说卫所与前所言明代寨堡体系共同构成了明代湘鄂山区军事控御体系。就其内部卫所的分布而言[2]:

施州置有一卫,一千户所,一百户所;岳州府境有三卫,五千户所;永顺宣慰司曾置一卫;保靖宣慰司曾置一卫;辰州府境有二卫,一千户所;靖州境有一卫,二千户所;宝庆府境有一卫,二千户所;永州府境有二卫,四千户所,一百户所;衡州府境有一卫,二千户所;郴州境有一卫,二千户所,三百户所。

---

① 万历《湖广总志》卷31,《四库全书存目丛书》第195册,第119—120页。

② 此处所言千户所为相对独立之千户所,不包括各卫所辖以方位命名之左、中、右千户所。

显然,按府境划分,以岳州、永州二府所置卫、所最多;按湖北武陵山区、湖南武陵山区、雪峰山—八十里大南山区、五岭—阳明山—九嶷山—诸广山区划分,以湖南武陵山区、五岭—阳明山—九嶷山—诸广山区分布最多,其次为雪峰山—八十里大南山区。按各卫所辖千户所数量言,以靖州卫与宁远卫,一卫辖四千户所为最多;按各卫、所之兵力分配而言,以大田千户所,一所戍军多达三千余人,直逼一卫戍军总量,兵力为最多。因此,明代湘鄂山区卫所从空间分布而言,覆盖全境,又以湖南武陵山区("湘西苗疆")、五岭—阳明山—九嶷山—诸广山区(湘南)最为集中,而武陵山与雪峰山两大山系之间存在一个卫所设置较少的缓冲地带。

笔者认为出现这一分布格局的原因有三点:第一,湖南武陵山区("湘西苗疆")边缘为卫所集中分布地带,是因其地为土司集中地带,又施州卫所辖多个土司均与其连界,土司之间相互往来"勾结",构成对明廷地方统治之威胁,明廷既要使其为己所用,又必须要控制其延伸发展,侵犯经制州县,必然在其边缘地区广置卫所以控御。第二,雪峰山—八十里大南山(湘西南)地区为"一线道"的必经区域,是明廷进入贵州、云南之重要通道,也是进入广西之重要通道,在整个西南边疆经略中占据了十分重要的地位,因此要保障交通,保证西南经略的顺利进行,就必须加强这一地区的控制,卫所成为其中最为重要的军事控制手段。第三,五岭—阳明山—九嶷山—诸广山区苗民、瑶民等非汉族群居住分散,无法如湘鄂武陵山区一样设置土司管辖,因而在其境广设卫所及寨堡进行尽量全面的控制。第四,在武陵山区与雪峰山区中间出现缓冲地带,缘于这一地区相对两侧而言地势较低,且有河流贯穿,州县建置较早,且自宋时便已广设寨堡控制,发展至明时期,不再需要强有力的、直接的军事管控。

与湘鄂山区内部卫所建置相对应的是其边缘地区卫所体系,据前文分析,其边缘卫所主要分布于其北、东、西三面,有全面包围之势,亦即封锁之势。具体而言,又主要集中在湖北武陵山区之三面,这由湖北武陵山区西、北、东三面均直接与经制州县相邻所决定。湖南山区,其西部为"贵州苗疆",设于贵州之卫所既有兼制湖南山区之责,又有管制其本身地域之责,且其境之平溪卫、铜鼓卫等原皆曾属湖广。其东部之卫所,因湘鄂山区腹地所置卫所已多,因而边缘之设置则相对较少。

(三) 湘鄂山区汛塘时空分布格局

汛塘是清代绿营兵制的基层建置,遍布湘鄂山区各州县,除原属土司管辖区域汛塘设置较晚外,其余州县均在清初便已广设汛塘,至土司地区"改土归流"设置州县,再着手建立汛塘体系时,其余州县已基本完成基层汛塘建置。梳理湘鄂山区各州县汛塘设置状况,发现区域内汛塘设置除湖南武陵山区("湘西苗疆")在不同时期数量与位置变化较大外,其余皆相对稳定,置于各州县境内交通要道上,极少发生变化。

湖南武陵山区("湘西苗疆")汛塘分布的时空变化与秦树才在研究云南汛塘时提出的汛地固定化特征①有所不同,表现出汛塘设置所具有的"时势性"与"特殊性"特点。具体而言:

自康熙时期筸子坪、五寨二长官司"改土归流"开始,清朝廷便开始于其地安塘设汛,至雍正时期,永顺、保靖、桑植三大土司"改土归流",则开始了更为全面与系统的汛塘体系建设。康熙时期始置汛塘之凤凰、乾州、永绥一带,在雍正时期已基本建立以重要关隘为中心的汛塘体系,乾隆时期则在此基础上扩大汛塘辐射范围,建立健全永顺、保靖二县汛塘体系。汛塘覆盖面广,以致原本设置"以诘奸缉盗而安民"之汛塘成为地方社会处理基层民事之处,即"楚南之习汛防多与民事,凡雀角细故,诉之汛塘,名曰投塘。"②

比较雍正、乾隆、嘉庆三个时期湘西"三厅二县"③之汛塘设置,总体而言,以"三厅"汛塘建置最早,也最为完善,但是"乾嘉苗民起义"的发生,使其汛塘体系分布格局发生了重大变化。"二县"汛塘自"改土归流"后形成相对稳定

---

① 参见秦树才:《清代云南绿营兵研究——以汛塘为中心》,云南大学博士学位论文,2002年。
② 同治《永顺府志》卷6,第188页。
③ 即凤凰厅、乾州厅、永绥厅、永顺县、保靖县。

的分布格局,受"乾嘉苗民起义"影响相对较小,因而在嘉庆时期调整汛塘体系时并未出现"三厅"那样大规模的添设或撤出状况。

所设各汛塘地理位置,自雍正时期初设,至乾隆时期广设,又至嘉庆时期添设、撤出,所有曾设汛塘之地,据严如熤①考证,均属"湘西苗疆"险要之地,或为民险、民要,或为苗险、苗要、苗隘等,均为经理"湘西苗疆"之重要据点。且多建有汛堡、屯卡、碉楼、哨台等以防御。②

道光、同治时期所置汛塘较之嘉庆时期所置汛塘的规模有所扩大,恢复了嘉庆时期所撤出"孤悬苗境"之汛塘。③ 至宣统时期,清朝廷已然"千疮百孔",无力顾及"苗疆"地方之管控与治理,时《厅志》所载关隘、险要之地,即自雍正以来所置汛塘之地,仅茶洞堡、摆马卡两地设兵驻守,其余皆撤。作为清朝控制地方之基层军事体系至此接近消亡,也反映了清朝统治即将结束的必然结果。

(四) 对"一线道"的军事保障与历史军事地理视域下地方治理从湘鄂山区到"湘西苗疆"的重心转移

由上可见,寨堡、卫所、汛塘为不同时期、不同军事防御体系建置之结果,纵观三者在湘鄂山区分布格局的变化,可见自寨堡至卫所、汛塘,有逐渐深入、最终遍布全境的总格局变化。

具体而言,宋代始设寨堡,多分布于羁縻州周围及交通要道或边界点,未深入"湘西苗疆"腹地。至明代,将卫所置于湖北武陵山区、雪峰山—八十里大南山区、五岭—阳明山—九嶷山—诸广山区腹地,并形成对整个湘鄂山区包围兼制的边缘卫所体系,但其在"湘西苗疆"境内设置卫所的尝试均以失败告终,撤销设置于"湘西苗疆"境内的卫所,意味着明代与宋代一样,在"湘西苗疆"的军事建置为空白状态。这无疑为清代"湘西苗疆"取代湘鄂山区成为清

---

① 《苗防备览》卷4、5,第467—490、500—506页。因条目内容数量众多,此处不一一列出。
② 参见《苗疆屯防实录》卷15,第334—371页。
③ 此为笔者统计分析后的结论。

朝伴随始终的问题区域埋下了伏笔,也清晰地呈现出历史时期军事治理对于"湘西苗疆"最终形成的影响。至清代,"湘西苗疆"成为湘鄂山区治理中最为棘手的区域,在完成境内土司"改土归流"后,在各州县广置汛塘,很长一段时间内实现了对区域的基层军事控制。

显然,不同时期中央王朝军事体系的建置均有不同的考虑,从以羁縻州治理为中心的寨堡体系建置,到以土司、瑶民治理、入贵(州)驿道("一线道")为中心的卫所体系建置,再到以"湘西苗疆"基层治理为中心的汛塘体系建置与反复调整,均是不同时期现实需要所决定的,有着明显的时代发展与变化痕迹。

而从寨堡、卫所、汛塘三大军事体系的历史发展进程,我们又可以看到,三者之间并非孤立存在,如宋时所置台宜寨,明时置为添平守御千户所;索口寨,明时置为九溪卫;安福寨,明时置为安福守御千户所;镇溪寨,明时置为巡检司,又置为镇溪守御千户所;乌速寨、明溪寨等在清时均置为汛塘;亦有如收溪寨者,至清时仍复为寨。此外,宋代所设寨堡至明代多设为巡检司,亦为明代地方治理的重要机构,即宋代所置寨堡并未因其废置而真正废弃,而多以另一种形式存在。因此,寨堡、卫所、汛塘是有机联系的整体,三者的共同作用,推动了湘鄂山区"一体化"进程的完成。

结合本书关于地名学视野下的湖南山区治理研究,笔者认为从湘鄂山区到"湘西苗疆",不仅是历史时期军事建置的结果,更是中央王朝西南边疆治理策略影响下选择的结果。即湘鄂山区作为中央王朝中原地区与西南边疆地区的中间地带,是由中原进入西南边疆最为便捷的必经之道。因此,中央王朝的湘鄂山区治理策略,必然受到不同时期西南边疆治理策略的影响,与王朝国家的整体治边策略保持着高度一致。

首先,宋、明两代的湘鄂山区治理,均以"湘西苗疆"外围为重心。所建置寨堡多集中于宋代"湘西苗疆"以北与施州交界的羁縻州附近与东面辰州(沅陵)、澧州及湘西南靖州、沅州境内;卫所则多集中于"湘西苗疆"以东明代岳州府、五岭—阳明山—九嶷山—诸广山区永州府、雪峰山—八十里大南山区辰州府、靖州一带。其中,澧州、辰州、沅州、靖州均为中原通往西南边疆云南、贵州、广西的交通要道所经地区,是"一线道"的重要起始段,因此,宋、明时期"湘西苗疆"未置寨堡、卫所进行军事管控之时,在寨堡、卫所军事力量的保障下,雪峰山—八十里大南山区(湘西南)却相继设置了通道、黔阳、绥宁、新化、新宁、靖州、城步等州县,这些州县的设置保障了由中原经湖南进入广西、贵州等的交通路线("一线道"),对于中央王朝经营西南边疆具有重大意义。

其次,在基本完成对雪峰山—八十里大南山区的治理后,中央王朝经营"苗疆"的重心才开始转向"苗患"多发的"湘西苗疆",通过"改土归流",设置州县,进而广泛进行军事建置,形成严密的军事网络。但因"湘西苗疆"长期处于王朝军事直接控制之外,又有其自身的特殊环境,致使区域治理问题成为伴随清廷始终的难题,在治理过程中出现了"深入—退出—再深入"的局面,在"空间"设置上不断地进行着调整。这使其成为广为人知的区域代称,掩盖了湘鄂山区其他区域亦曾被称为"苗疆"的事实。

因此,在西南边疆治理的研究中,不能忽视湘鄂山区作为中间地带对"一线道"提供军事保障的作用与所受到的影响,应该认识到西南边疆治理策略下"一线道"军事保障对于其中间地带的影响。正是在这种因素的影响下,湘鄂山区历代军事治理产生了循序渐进的过程,使作为中间地带的两湖地区治理出现了从湘鄂山区到"湘西苗疆"的空间"内缩"现象与过程。毋庸置疑,这一过程是不同时期王朝国家权力深入的结果。而这一结果通过不同时期治理重心的空间变化整体表现,又通过不同时期不同军事体系建置分布格局具体呈现,反映出历史时期中央王朝国家治理与特殊区域空间变化所存在的必然联系。

这种必然联系不仅存在于湘鄂山区,也广泛存在于历史时期其他特殊区域,尤其是历史时期边疆民族地区,如从"贵州苗疆"到"黔东南苗疆"的历史认知变化,也是区域"内缩"的结果。而其"内缩"必然是王朝国家逐步深入,基层军事体系与管理体制逐步建立并完善的结果。

三、历史时期军事体系建置与社会转型

宋代以来在湘鄂山区所置军事体系是具体的、发生在其地域与人群中的可见之事实,从王朝到地方,从点到面,一方面王朝通过这些军事建置,将州县制度根植于非汉族群聚居的湘鄂山区,使国家层面的地方管理更加细化,从而对地方社会进行整体性把控;另一方面,这些具体的军事设置又在具体的方面,对所在地方产生着某些细小影响,逐步深入地方,改变着基层地方对于中央王朝的认知,改变着一地基层民众对于主体社会、文化等各方面的认知。可以说,湘鄂山区军事体系建置对其社会各方面之发展变化产生了十分重大的影响。

第一,是对地方政治制度建立与发展之影响。宋代在羁縻州附近设置寨堡,是宋廷企图逐步控制与改变羁縻州政治形态将其纳入经制州县管理的一种尝试性措施,通过同时具有政治与军事职能的寨堡管理与控制地方,在可控制时,废除寨堡,将寨堡所辖区域归入邻近州县,或在原设寨堡基础之上建立新的州县,如贯保寨,元丰三年(1080年)置寨,元丰五年(1082年)即改置为渠阳县。又如罗蒙寨,元丰八年(1085年)置寨,元祐三年(1088年)即废寨,于崇宁初改为通道县。在不可控制时,即废除寨堡,并量度毁撤其城壁,如渠阳寨即此。① 显然,宋代这一地区寨堡的设置为州县制度建立前对地方的试探,使一部分地区通过寨堡的军事控制,服从寨堡政治管理,从而建立经制州县,纳入国家直接管理。另一部分未纳入管理的地区,则在明代置为土司政区。

明代卫所设置对于地方政治之影响则表现为多个方面,一是在湖北武陵山区,其卫所设置于腹地,对于境内土司产生强有力震慑,表现出中央王朝对于湖北武陵山区军事控制的加强,某种程度上影响着地方政治;二是在岳州府境内设置的添平、麻寮、安福等千户所,将其地域原有"土酋"纳入中央

----
① 《续资治通鉴长编》卷417,第10127页。

王朝的地方军事体系,以其控御地方,改变了原来"羁縻"的性质;三是在已设置州县的山区设置卫所,加强对山区的政治控制,完善地方州县政治建构。

清代汛塘的广泛设置推动了清朝基层政治管理的建立和完善。一方面,是在较早完成州县建置的地区继续加强其政治影响;另一方面,是在"改土归流"新设州县地区,汛塘成为更加全面控制地方的军事建置。这些地区建置州县时间较晚,对于清朝地方政治制度与管理不甚了解,甚至多未"入籍",通过汛塘的建置可在某种程度上改变这种状况。尤其是在"湘西苗疆",明显表现出汛塘对于基层村寨之管理,以"塘"管"村",严密清朝对于地方基层之政治控制,逐渐形成和完善清朝地方基层管理制度。

军事是政治驱动下改变并推行政治实践的最主要因素,因而寨堡、卫所、汛塘都是在各中央王朝政治驱动下全面建立与完善,同时又反作用于政治,是推动中央王朝在地方的政治治理与发展最为重要的媒介与因素。所以,寨堡、卫所、汛塘对于地方政治制度的建立与发展具有极为重要的影响。

第二,是对地方社会经济发展之影响。无论寨堡、卫所还是汛塘,使其发生作用并产生意义的根本主体为人,而人是地方社会经济发展最为主要的影响因素,是无数组合的人共同推动着地方社会各方面的发展与变化。宋代设置寨堡,其寨堡主要组成人员包括寨将、义军、土丁、弓兵等,由中央朝廷直接统率,并为其提供耕田和技术指导以及生产所需器物如种子、耕牛等,同时,开始少量组织汉民进入屯田耕种,与普通民众相比,产生了"有田"与"无田"之差异,于是产生了雇佣或租佃关系,也因此产生了田地、谷物等交易,①促进了地方经济之发展。

卫所对地方社会经济发展最为重要的影响在于卫所屯田,虽以卫所所处地理位置不同,有"屯、守"多寡之分②,但屯田仍是其物质保障主要来源。屯

① 参见本书第六章第四节。
② 《明太宗实录》卷31,第552页。

田之人多为卫所戍军及其家属,且大多为汉民。对于湘鄂山区而言,大批汉民进入并建立屯田制度,一方面带入了先进的生产技术,促进了山区土地开发与地方经济发展;另一方面,也埋下了相互之间土地占有之矛盾。而伴随卫所移民与屯田开发,湘鄂山区市场经济亦得到了更好的发展,如在明初所设崇山卫内即曾开设市场以通交易。

汛塘之建置更是全面带动了地方基层市场的发展,以汛塘控制地方,在重要路口稽查往来行人,为农村市场的设置提供保障。以"湘西苗疆"为例,其在"改土归流"前,市场设置极少,"改土归流"后随着汛塘建置之完善,其市场设置快速增加并日益完善,形成合理交易网络。

第三,是对地方社会文化发展之影响。寨堡设置对于地方社会文化而言,未产生较大影响,但卫所系统却产生了非常大的影响,一方面,卫所体系所带入之移民最多,伴随移民进入的是汉文化的进入;另一方面,伴随卫所屯军的增多,各州县卫所等开办学馆等,儒学体系得以在地方建立与推广,促进了地方民族文化的多元性发展,加强了民族文化融合。汛塘的设置,则是汉文化的全面进入与植入,当然,这种进入与植入并不意味着湘鄂山区非汉族群的全面汉化,而是更多地表现为本土文化与汉文化两者之间的融合与发展。

可见,历史上湘鄂山区军事体系建置从政治、经济、文化等各个方面对地方社会的发展起到了不同程度的促进作用,正是这些日积月累的促进,使湘鄂山区最终完成社会转型,纳入王朝国家"一体化"进程,推动了区域内各民族交往交流交融,实现了中华民族多元一体化。而诸如寨堡、卫所、汛塘一类军事体系建置除在湘鄂山区建置外,在历史上其他民族地区亦有广泛建置,通过这些军事建置,建立了中央王朝与地方之间更为紧密的联系,也促进了各民族地区政治、经济、文化等各方面的发展,推动了各民族之间的交往交流交融。

参 考 文 献

一、通用典籍

1.（汉）司马迁：《史记》，中华书局 1982 年版。

2.（汉）班固：《汉书》，中华书局 1962 年版。

3.（晋）陈寿：《三国志》，中华书局 1982 年版。

4.（晋）常璩：《华阳国志校注》，刘琳校注，巴蜀书社 1984 年版。

5.（南朝宋）范晔：《后汉书》，中华书局 1965 年版。

6.（南朝梁）沈约：《宋书》，中华书局 1974 年版。

7.（南朝梁）萧子显：《南齐书》，中华书局 1972 年版。

8.（唐）房玄龄等：《晋书》，中华书局 1974 年版。

9.（唐）魏征、令狐德棻等：《隋书》，中华书局 1973 年版。

10.（唐）白居易：《白氏长庆集》，上海古籍出版社 1994 年版。

11.（唐）樊绰：《蛮书校注》，向达校注，中华书局 1985 年版。

12.（唐）杜佑：《通典》，中华书局 1988 年版。

13.（唐）李吉甫：《元和郡县志》，中华书局 1983 年版。

14.（后晋）刘昫等：《旧唐书》，中华书局 1975 年版。

15.（宋）欧阳修等：《新唐书》，中华书局 1975 年版。

16.（宋）司马光等：《资治通鉴》，中华书局 1956 年版。

17.（宋）李焘：《续资治通鉴长编》，中华书局 2004 年版。

18.（宋）曾公亮：《武经总要前集》，湖南科学技术出版社 2017 年版。

19.（宋）楼昉：《崇古文诀》，上海古籍出版社 1993 年版。

20.（宋）李埴撰：《皇宋十朝纲要》，燕永成校正，中华书局 2013 年版。

21.（宋）苏颂：《苏魏公文集》，中华书局 1988 年版。

22.（宋）祝穆：《方舆胜览》，施和金点校，中华书局 2003 年版。

23.（宋）王象之：《舆地纪胜》，李勇先点校，四川大学出版社 2005 年版。

24.（宋）王存：《元丰九域志》，王文楚、魏嵩山点校，中华书局 1984 年版。

25.（宋）王应麟：《通鉴地理通释》，傅林祥点校，中华书局 2013 年版。

26.（宋）欧阳忞：《舆地广记》，李勇先等校注，四川大学出版社 2003 年版。

27.（宋）李昉：《太平御览》，中华书局 1960 年版。

28.（宋）乐史：《太平寰宇记》，王文楚等点校，中华书局 2007 年版。

29.（宋）钱若水修：《宋太宗皇帝实录校注》，范学辉校注，中华书局 2012 年版。

30.（宋）陈傅良：《历代兵制》，中华书局 2017 年版。

31.（宋）李心传：《建炎以来系年要录》，胡坤点校，中华书局 1988 年版。

32.（宋）李曾伯：《可斋续稿》，复旦大学图书馆古籍部藏（系统号：001259878）。

33.（宋）王象之：《舆地碑记目》，中华书局 1985 年版。

34.（宋）王称：《东都事略》，上海古籍出版社 2012 年版。

35.（宋）萧常：《续后汉书》，中华书局 1985 年版。

36.（宋）杨仲良：《宋通鉴长编纪事本末》，《续修四库全书》第 387 册，上海古籍出版社 2002 年版。

37.（元）脱脱等：《宋史》，中华书局 1985 年版。

38.（元）陶宗仪：《游志续编》，台湾商务印书馆 1977 年版。

39.（元）陶宗仪：《南村辍耕录》，中华书局 1959 年版。

40.（元）李克家：《戎事类占》，齐鲁书社 1995 年版。

41.（明）宋濂等：《元史》，中华书局 1976 年版。

42.（明）李贤等：《大明一统志》，三秦出版社 1990 年版。

43.（明）曹学佺：《蜀中广记》，《景印文渊阁四库全书》第 591 册，（台北）商务印书馆 1986 年版。

44.（明）顾炎武：《天下郡国利病书》，上海古籍出版社 2012 年版。

45.（明）陆深：《蜀都杂抄》，《续修四库全书》第 735 册。

46.（明）《明实录》，上海书店出版社 2015 年版。

47.（明）王圻：《续文献通考》，现代出版社 1986 年版。

48.（明）李东阳等撰，申时行等重修：《明会典》，中华书局 1989 年版。

49.（明）陶承庆：《文武诸司衙门官制》，《四库全书存目丛书》第 260 册，齐鲁书社

1996 年版。

50.(明)叶向高:《苍霞续草》,北京出版社 1997 年版。

51.(明)陈子龙:《明经世文编》,中华书局 1962 年版。

52.(明)丁绍轼:《丁文远集》,《四库未收书辑刊》第五辑第 25 册,北京出版社 2000 年版。

53.(明)周圣楷编纂,(清)邓显鹤增辑:《楚宝》,岳麓书社 2008 年版。

54.(明)范景文:《昭代武功编》,《四库禁毁书丛刊补编》第 15 册,北京出版社 2005 年版。

55.(明)沈瓒编撰,(清)李涌重编,陈心传补编:《五溪蛮图志》,伍新福校,岳麓书社 2012 年版。

56.(明)佚名:《大明官制》,《美国哈佛大学燕京图书馆中文善本汇刊》第 16 册,商务印书馆、广西师范大学出版社 2003 年版。

57.(明)茅元仪:《武备志》,《续修四库全书》第 963—966 册。

58.(明)柯维骐:《宋史新编》,复旦大学图书馆古籍部藏(系统号:001124065)。

59.(明)陆应阳撰,(清)方炳增辑:《广舆记》,《四库全书存目丛书》史部第 173 册。

60.(清)张廷玉等:《明史》,中华书局 1974 年版。

61.(清)和珅等修:《(乾隆)大清一统志》,《景印文渊阁四库全书》第 163—624 册。

62.(清)毕沅修:《续资治通鉴》,中华书局 1957 年版。

63.(清)《清实录》,中华书局 2008 年版。

64.(清)魏源:《圣武记》,中华书局 1984 年版。

65.(清)穆彰阿、潘锡恩等纂修:《(嘉庆)大清一统志》,上海古籍出版社 2008 年版。

66.(清)《世宗宪皇帝硃批谕旨》,《景印文渊阁四库全书》第 416—425 册。

67.(清)《钦定大清会典》,《续修四库全书》第 794—814 册。

68.(清)《大清会典则例》,《景印文渊阁四库全书》第 620—625 册。

69.(清)徐松:《宋会要辑稿》,上海古籍出版社 2014 年版。

70.(清)顾祖禹:《读史方舆纪要》,中华书局 2005 年版。

71.(清)许鸣磐:《方舆考证》,清济宁潘氏华鉴阁本。

72.(清)查继佐:《罪惟录》,《四部丛刊》三编景手稿本。

73. (清)洪亮吉:《(乾隆)府厅州县图志》,《续修四库全书》第 625—627 册。

74. (清)嵇璜等:《续文献通考》,《景印文渊阁四库全书》第 626—631 册。

75. (清)龚景瀚:《澹静斋文抄》,《续修四库全书》第 1474 册,上海古籍出版社 2002 年版。

76. (清)李兆洛:《历代地理志韵编今释》,江苏广陵古籍刻印社 1992 年版。

77. (清)顾炎武:《肇域志》,上海古籍出版社 2011 年版。

78. (清)丁宝桢:《四川盐法志》,《续修四库全书》第 842 册。

79. (清)爱必达:《黔南识略》,《中国方志丛书》第 151 号,成文出版社 1968 年版。

80. (清)卢文弨:《抱经堂文集》,王文锦点校,中华书局 1990 年版。

81. (清)段汝霖:《楚南苗志》,伍新福点校,岳麓书社 2008 年版。

82. (清)严如熤:《苗防备览》,黄守红标点,朱树人校订,岳麓书社 2013 年版。

83. (清)来保等:《平定金川方略》,《景印文渊阁四库全书》第 356 册。

84. (清)贺长龄:《清经世文编》,中华书局 1992 年版。

85. (清)吴文溥著,南野老人辑:《苗疆指掌》,复旦大学图书馆古籍部藏(书号:1843),嘉庆初年刻本,嘉兴陈其荣珍藏部。

86. (清)鄂辉:《平苗纪略》,《清代方略全书》,北京图书馆出版社 2006 年版。

87. (清)托津:嘉庆《钦定大清会典》,《近代中国史料丛刊三编》,文海出版社 1992 年版。

88. (清)徐家干:《苗疆见闻录》,《西南稀见丛书文献》,兰州大学出版社 2003 年版。

89. (清)佚名:《苗疆屯防实录》,伍新福校点,岳麓书社 2012 年版。

90. (清)但湘良:《湖南苗防屯政考》,《国家图书馆藏清代兵事典籍档册汇览》第 43—46 册,学苑出版社 2005 年版。

91. (清)王锡祺辑:《小方壶斋舆地丛钞》,杭州古籍书店 1985 年版。

92. (清)龙文彬:《明会要》,中华书局 1956 年版。

93. (清)赵尔巽等:《清史稿》,中华书局 1977 年版。

94. 《中国边疆研究资料文库·边疆民族资料初编》《西北及西南民族》,知识产权出版社 2011 年版。

95. 同德斋主人编:《湖湘文库(甲编)·广湖南考古略》,湖南教育出版社 2010 年版。

96. 杨一凡、刘笃才编:《中国古代地方法律文献丙编·湖南省例成案》,社会科学文献出版社 2012 年版。

　　97. 中国第一历史档案馆编:《康熙朝汉文硃批奏折汇编》,档案出版社 1984 年版。

　　98. 中国第一历史档案馆编:《雍正汉文硃批奏折汇编》,江苏古籍出版社 1991 年版。

　　99. 中国第一历史档案馆、辽宁省档案馆编:《中国明朝档案总汇》,广西师范大学出版社 2001 年版。

二、明、清及民国地方志

　　1. 嘉靖《宁德县志》,《天一阁藏明代方志选刊续编》第 41 册,上海书店 1990 年版。

　　2. 嘉靖《巴东县志》,《天一阁藏明代方志选刊续编》第 62 册。

　　3. 嘉靖《衡州府志》,《天一阁藏明代方志选刊》第 59 册,上海古籍书店 1981 年版。

　　4. 嘉靖《云阳县志》,《天一阁藏明代方志选刊》第 66 册。

　　5. 万历《新宁县志》,《日本藏中国罕见地方志丛刊》,书目文献出版社 1992 年版。

　　6. 万历《重庆府志》,《上海图书馆藏稀见方志丛刊》第 209 册,国家图书馆出版社 2011 年版。

　　7. 万历《湖广总志》,《四库全书存目丛书》第 195—197 册。

　　8. 万历《郴州志》,《天一阁藏明代方志选刊》第 58 册。

　　9. 万历《慈利县志》,《天一阁藏明代方志选刊》第 59 册。

　　10. 隆庆《永州府志》,《天一阁藏明代方志选刊》第 57 册。

　　11. 隆庆《岳州府志》,《天一阁藏明代方志选刊》第 57 册。

　　12. 弘治《永州府志》,《天一阁藏明代方志选刊续编》第 64 册。

　　13. 康熙《巴东县志》,《故宫珍本丛刊》第 134 册,海南出版社 2001 年版。

　　14. 康熙《靖州志》,《中国地方志集成·湖南府县志辑》第 64 册,江苏古籍出版社 2013 年版。

　　15. 康熙《邵阳县志》,清康熙二十三年刻本。

　　16. 康熙《蓝山县志》,《故宫博物院藏稀见方志丛刊》第 88 册,故宫出版社 2013 年版。

　　17. 康熙《郴州总志》,《中国地方志集成·湖南府县志辑》第 21 册。

　　18. 康熙《麻阳县志》,清康熙刻本。

　　19. 康熙《岳州府志》,清康熙二十四年刻本。

　　20. 康熙《九溪卫志》,国家图书馆藏本。

21. 康熙《永定卫志》,《稀见中国地方志汇刊》第 41 册,中国书店 1992 年版。

22. 康熙《天柱县志》,《中国地方志集成·贵州府县志辑》第 22 册,巴蜀书社 2006 年版。

23. 雍正《广西通志》,广西人民出版社 2009 年版。

24. 雍正《湖广通志》,《景印文渊阁四库全书》第 531 册。

25. 雍正《四川通志》,《景印文渊阁四库全书》第 559、560 册。

26. 雍正《保靖县志》,《故宫博物院藏稀见方志丛刊》第 93 册。

27. 雍正《黔阳县志》,《中国地方志集成·湖南府县志辑》第 61 册。

28. 乾隆《湖南通志》,《中国地方志集成·湖南省志辑》第 1—4 册,凤凰出版社 2010 年版。

29. 乾隆《永顺县志》,《中国地方志集成·湖南府县志辑》第 69 册。

30. 乾隆《长阳县志》,《故宫珍本丛刊》第 143 册。

31. 乾隆《鹤峰州志》,《故宫珍本丛刊》第 135 册。

32. 乾隆《凤凰厅志》,《故宫珍本丛刊》第 164 册。

33. 乾隆《乾州志》,《华东师范大学图书馆藏稀见方志丛刊》第 12 册,北京图书馆出版社 2005 年版。

34. 乾隆《永绥厅志》,《南京图书馆藏稀见方志丛刊》第 154 册,国家图书馆出版社 2012 年版。

35. 乾隆《沅州府志》,《稀见中国地方志汇刊》第 40 册。

36. 乾隆《辰州府志》,岳麓书社 2010 年版。

37. 乾隆《桑植县志》,《故宫博物院藏稀见方志丛刊》第 93 册。

38. 乾隆《来凤县志》,《故宫博物院藏稀见方志丛刊》第 83 册。

39. 乾隆《绥宁县志》,《故宫博物院藏稀见方志丛刊》第 90 册。

40. 乾隆《桂阳县志》,《中国地方志集成·湖南府县志辑》第 28 册。

41. 嘉庆《郴州总志》,《中国地方志集成·湖南府县志辑》第 21 册。

42. 嘉庆《桂东县志》,《中国地方志集成·湖南府县志辑》第 27 册。

43. 嘉庆《石门县志》,《中国地方志集成·湖南府县志辑》第 82 册。

44. 嘉庆《通道县志》,《中国地方志集成·湖南府县志辑》第 62 册。

45. 嘉庆《新田县志》,《中国方志丛书》第 320 号,成文出版社 1975 年版。

46. 嘉庆《宁远县志》,《中国方志丛书》第 288 号。

47. 嘉庆《恩施县志》,《故宫珍本丛刊》第 143 册。

48. 嘉庆《宜章县志》,《稀见中国地方志汇刊》第 38 册。

49. 嘉庆《武冈州志》,《稀见中国地方志汇刊》第 40 册。

50. 嘉庆《龙山县志》,《稀见中国地方志汇刊》第 41 册。

51. 道光《思南府续志》,《中国地方志集成·贵州府县志辑》第 46 册,巴蜀书社 2006 年版。

52. 道光《补辑石砫厅新志》,《中国地方志集成·四川府县志辑》第 47 册,巴蜀书社 1992 年版。

53. 道光《辰溪县志》,《中国地方志集成·湖南府县志辑》第 60 册。

54. 道光《凤凰厅志》,《中国地方志集成·湖南府县志辑》第 72 册。

55. 道光《永州府志》,岳麓书社 2008 年版。

56. 道光《宝庆府志》,岳麓书社 2009 年版。

57. 同治《宜昌府志》,《中国地方志集成·湖北府县志辑》第 49 册。

58. 同治《增修施南府志》,《中国地方志集成·湖北府县志辑》第 55 册。

59. 同治《绥宁县志》,《中国地方志集成·湖南府县志辑》第 56 册。

60. 同治《恩施县志》,《中国地方志集成·湖北府县志辑》第 56 册。

61. 同治《巴东县志》,《中国地方志集成·湖北府县志辑》第 56 册。

62. 同治《建始县志》,《中国地方志集成·湖北府县志辑》第 56 册。

63. 同治《来凤县志》,《中国地方志集成·湖北府县志辑》第 57 册。

64. 同治《咸丰县志》,《中国地方志集成·湖北府县志辑》第 57 册。

65. 同治《宣恩县志》,《中国地方志集成·湖北府县志辑》第 57 册。

66. 同治《桂阳县志》,《中国地方志集成·湖南府县志辑》第 28、29 册。

67. 同治《江华县志》,《中国地方志集成·湖南府县志辑》第 48 册。

68. 同治《武冈州志》,《中国地方志集成·湖南府县志辑》第 54、55 册。

69. 同治《新化县志》,《中国地方志集成·湖南府县志辑》第 58 册。

70. 同治《沅陵县志》,《中国地方志集成·湖南府县志辑》第 62 册。

71. 同治《芷江县志》,《中国地方志集成·湖南府县志辑》第 67 册。

72. 同治《永顺府志》,《中国地方志集成·湖南府县志辑》第 68 册。

73. 同治《桑植县志》,《中国地方志集成·湖南府县志辑》第 70 册。

74. 同治《保靖县志》,《中国地方志集成·湖南府县志辑》第 74 册。

75. 同治《直隶澧州志》,岳麓书社 2010 年版。

76. 同治《城步县志》,《中国方志丛书》第 115 号。

77. 同治《桂东县志》,《中国方志丛书》第 313 号。

78. 同治《续修慈利县志》,《中国方志丛书》第 290 号。

79. 同治《沅州府志》,岳麓书社 2011 年版。

80. 同治《增修酉阳直隶州总志》,《中国地方志集成·四川府县志辑》第 48 册。

81. 同治《增修黔江县志》,黔江土家族苗族自治县县志办公室编:《黔江旧志类编·清光绪以前》(内部资料),1985 年版。

82. 光绪《重修安徽通志》,《中国地方志集成·安徽省志辑》第 1—5 册,凤凰出版社 2011 年版。

83. 光绪《永兴县志》,《中国地方志集成·湖南府县志辑》第 25 册。

84. 光绪《新宁县志》,《中国地方志集成·湖南府县志辑》第 41 册。

85. 光绪《零陵县志》,《中国地方志集成·湖南府县志辑》第 45 册。

86. 光绪《乾州厅志》,《中国地方志集成·湖南府县志辑》第 46 册。

87. 光绪《永明县志》,《中国地方志集成·湖南府县志辑》第 49 册。

88. 光绪《东安县志》,《中国地方志集成·湖南府县志辑》第 50 册。

89. 光绪《邵阳县志》,《中国地方志集成·湖南府县志辑》第 50 册。

90. 光绪《会同县志》,《中国地方志集成·湖南府县志辑》第 64 册。

91. 光绪《龙山县志》,《中国地方志集成·湖南府县志辑》第 75 册。

92. 光绪《桃源县志》,《中国地方志集成·湖南府县志辑》第 80 册。

93. 光绪《长乐县志》,《中国地方志集成·湖北府县志辑》第 54 册。

94. 光绪《利川县志》,《中国地方志集成·湖北府县志辑》第 58 册。

95. 光绪《秀山县志》,《中国地方志集成·四川府县志辑》第 48 册。

96. 光绪《黔江县志》,《中国地方志集成·四川府县志辑》第 49 册。

97. 光绪《彭水县志》,《中国地方志集成·四川府县志辑》第 49 册。

98. 光绪《续修天柱县志》,《中国地方志集成·贵州府县志辑》第 22 册。

99. 光绪《靖州直隶州志》,岳麓书社 2012 年版。

100. 光绪《宁远县志》,《中国方志丛书》第 291 号。

101. 光绪《靖州乡土志》,《中国方志丛书》第 296 号。

102. 光绪《湖南通志》,上海古籍出版社 1988 年版。

103. 宣统《永绥厅志》,《中国地方志集成·湖南府县志辑》第 73 册。

104. 民国《溆浦县志》,《中国地方志集成·湖南府县志辑》第 63 册。

105. 民国《永顺县志》,《中国地方志集成·湖南府县志辑》第 69 册。

106.民国《蓝山县图志》,《中国方志丛书》第 110 号。

107.民国《湖北通志》,上海古籍出版社 1990 年版。

三、现代方志

1.保靖县征史修志领导小组:《保靖县志》,中国文史出版社 1990 年版。

2.长阳土家族自治县地方志编纂委员会:《长阳县志》,中国城市出版社 1992 年版。

3.《辰溪县志》编纂委员会:《辰溪县志》,生活·读书·新知三联书店 1994 年版。

4.《城步苗族自治县志》编纂委员会编:《城步苗族自治县志》,湖南出版社 1996 年版。

5.《桂东县志》编纂委员会:《桂东县志》,湖南人民出版社 1998 年版。

6.《东安县志》编纂委员会编:《东安县志》,湖南出版社 1995 年版。

7.段云鹏、周生杰、唐军主编:《麻阳县志》(1978—2005),中州古籍出版社 2008 年版。

8.《凤凰县志》编纂委员会编:《凤凰县志》,湖南人民出版社 1988 年版。

9.《桂阳县志》编纂委员会:《桂阳县志》,中国文史出版社 1994 年版。

10.《古丈县志》编纂委员会:《古丈县志》,巴蜀书社 1989 年版。

11.《湖南省志》编纂委员会编:《湖南省志》,湖南人民出版社 1961 年版。

12.湖北省来凤县县志编纂委员会编纂:《来凤县志》,湖北人民出版社 1990 年版。

13.湖北省鹤峰县史志编纂委员会编纂:《鹤峰县志》,湖北人民出版社 1990 年版。

14.湖北省恩施市地方志编纂委员会编:《恩施市志》,武汉工业大学出版社 1996 年版。

15.湖北省利川市地方志编纂委员会:《利川市志》,湖北科学技术出版社 1993 年版。

16.湖南省《泸溪县志》编纂委员会编:《泸溪县志》,社会科学文献出版社 1993 年版。

17.湖南省《会同县志》编纂委员会编:《会同县志》,生活·读书·新知三联书店 1994 年版。

18.湖南省道县县志编纂委员会编:《道县志》,中国社会出版社 1994 年版。

19.湖南省江华瑶族自治县县志编纂委员会:《江华瑶族自治县志》,中国城市出版社 1994 年版。

20.湖南省靖州苗族侗族自治县县志编纂委员会编:《靖州县志》,生活·读书·新知三联书店 1994 年版。

21.湖南省安化县地方志编纂委员会编:《安化县志(1986—2000 年)》,方志出版社 2005 年版。

22.湖南省石门县地方志编纂委员会:《石门县志(1978—2002)》,方志出版社 2007 年版。

23.何泽禄主编:《献中黔江》,广陵书社 2015 年版。

24.《吉首市志》编纂委员会编:《吉首市志》,湖南出版社 1996 年版。

25.《江永县志》编纂委员会编:《江永县志》,方志出版社 1995 年版。

26.《花垣县志》编纂委员会编:《花垣县志》,生活·读书·新知三联书店 1993 年版。

27.《龙山县志》办公室编:《龙山县志》,龙山县印刷厂 1985 年版。

28.《临武县志》编写组编:《临武县志》,中南工业大学出版社 1989 年版。

29.《蓝山县志》编纂委员会编:《蓝山县志》,中国社会出版社 1995 年版。

30.《涟源市志》编纂委员会编:《涟源市志》,湖南人民出版社 1998 年版。

31.麻阳苗族自治县编纂委员会编:《麻阳县志》,生活·读书·新知三联书店 1994 年版。

32.《麻阳苗族自治县概况》编写组、《麻阳苗族自治县概况》修订本编写组:《麻阳苗族自治县概况》,民族出版社 2008 年版。

33.《宁远县志》编纂委员会:《宁远县志(1978—2003)》,方志出版社 2007 年版。

34.黔阳县地方志编纂委员会:《黔阳县志》,中国文史出版社 1991 年版。

35.绥宁县志编纂委员会编:《绥宁县志》,方志出版社 1997 年版。

36.桑植县史志办公室编纂:《桑植县志》,海天出版社 1999 年版。

37.通道侗族自治县县志编纂委员会编:《通道县志》,民族出版社 1999 年版。

38.五峰土家族自治县地方志编纂委员会编:《五峰县志》,中国城市出版社 1994 年版。

39.《武冈县志》编纂委员会编:《武冈县志》,中华书局 1997 年版。

40.《咸丰县志》编纂委员会:《咸丰县志》,武汉大学出版社 1990 年版。

41.《宣恩县志》编纂委员会编纂:《宣恩县志》,武汉工业大学出版社 1995 年版。

42.许梓元主编、洞口县地方志编纂委员会编:《洞口县志》,中国文史出版社 1992 年版。

43. 溆浦县县志编纂委员会编:《溆浦县志》,社会科学文献出版社1993年版。

44. 新宁县县志编纂委员会编:《新宁县志》,湖南出版社1995年版。

45. 邢祁、李大年:《湖南乡镇简志·常德卷》,黄山书社1996年版。

46. 沅陵县地方志编纂委员会编:《沅陵县志》,中国社会出版社1993年版。

47. 《永兴县志》编纂委员会:《永兴县志》,中国城市出版社1994年版。

48. 《宜章县志》编纂委员会:《宜章县志》,黄山书社1995年版。

49. 《酉阳县志》编纂委员会:《酉阳县志》,重庆出版社2002年版。

50. 芷江侗族自治县县志编纂委员会编:《芷江县志》,生活·读书·新知三联书店1993年版。

51. 张振莘主编、湖南省大庸县地方志编纂委员会编:《大庸县志》,生活·读书·新知三联书店1995年版。

四、专著

1. 安介生:《雄关漫道》,长春出版社2012年版。

2. 曹树基:《中国人口史·明时期》,复旦大学出版社2000年版。

3. 曹树基:《中国移民史》第六卷(清、民国时期),福建人民出版社1997年版。

4. 陈正祥:《中国文化地理》,生活·读书·新知三联书店1983年版。

5. 崔榕:《国家在场与文化调适——湘西苗族文化的百年变迁研究》,中国社会科学出版社2017年版。

6. 邓广铭、王云海:《宋史研究论文集》,河南大学出版社1993年版。

7. 邓运员、刘沛林、郑文武著:《湘西传统聚落景观图谱研究》,光明日报出版社2016年版。

8. 杜薇:《百苗图汇考》,贵州民族出版社2002年版。

9. 范文澜:《中国通史简编》,新中国书局1949年版。

10. 费孝通:《中国绅士》,惠海鸣译,中国社会科学出版社2006年版。

11. 奉恒高主编:《瑶族通史》,民族出版社2007年版。

12. 符少辉、刘纯阳主编:《湖南农业史》,湖南人民出版社2012年版。

13. 傅角今:《湖南地理志》,湖南教育出版社2008年版。

14. 傅林祥等:《中国行政区划通史》(清代卷),复旦大学出版社2013年版。

15. 龚荫:《中国土司制度史》,四川人民出版社2012年版。

16. 顾诚:《隐匿的疆土——卫所制度与明帝国》,光明日报出版社2012年版。

17. 郭声波:《圈层结构视域下的中国古代羁縻政区与部族》,中国社会科学出版社2018年版;《彝族地区历史地理研究:以唐代乌蛮等族羁縻州为中心》,四川大学出版社2009年版。

18. 何光岳主编:《杨幺起义历史地理研究》,岳阳市档案馆1991年版。

19. 胡阿祥主编:《兵家必争之地——中国历史军事地理要览》,河海大学出版社1996年版。

20. 贾绍兴编著:《酉水船歌》,青海人民出版社2007年版。

21. 李抱一:《李抱一文史杂著》,湖南人民出版社2009年版。

22. 李新峰:《明代卫所政区研究》,北京大学出版社2016年版。

23. 李新吾、李志勇、新民:《梅山蚩尤:南楚根脉,湖湘精魂》,湖南文艺出版社2012年版。

24. 陆韧、凌永忠:《元明清西南边疆特殊政区研究》,人民出版社2013年版。

25. 吕思勉:《中国民族史》,世界书局1934年版。

26. 马少侨:《清代苗民起义》,湖北人民出版社1956年版。

27. 穆渭生:《唐代关内道军事地理研究》,陕西人民出版社2008年版。

28. 南炳文:《清代苗民起义(1795—1806)》,中华书局1979年版。

29. 倪延年:《中国新闻法制通史》,南京师范大学出版社2011年版。

30. 潘玉君等:《中国民族地理》,科学出版社2014年版。

31. [美]濮德培:《万物并作:中西方环境史的起源与展望》,韩昭庆译,生活·读书·新知三联书店2018年版。

32.《陕西军事历史地理》概述编写组:《陕西军事历史地理概述》,陕西人民出版社1985年版。

33. [美]施坚雅:《中国农村的社会和市场》,中国社会科学出版社1998年版。

34. 石邦彦:《明清时期湘西苗族史论集》,中央民族大学出版社1994年版。

35. 姚丽娟、石开忠:《侗族地区的社会变迁》,中央民族大学出版社2005年版。

36. 石建华、伍贤右:《湘西苗族百年实录》,方志出版社2008年版。

37. 石亚洲:《土家族军事史研究》,民族出版社2003年版。

38. 史念海:《河山集·第四集》,陕西师范大学出版社1991年版。

39. 谭必友:《清代湘西苗疆多民族社区的近代重构》,民族出版社2009年版。

40. 谭其骧:《长水集》,人民出版社2011年版。

41. 王桐龄:《中国民族史》,文化学社1928年版。

42. 吴荣臻主编：《苗族通史》，民族出版社 2007 年版。

43. 吴永章、田敏：《鄂西民族地区发展史》，民族出版社 2007 年版。

44. 伍新福：《中国苗族通史》，贵州民族出版社 1999 年版。

45. 伍新福、龙伯亚：《苗族史》，四川民族出版社 1992 年版。

46. 伍新福主编：《湖南通史》，湖南人民出版社 2008 年版。

47. 徐斌：《明清鄂东宗族与地方社会》，武汉大学出版社 2010 年版。

48. 杨国安：《明清两湖地区基层组织与乡村社会研究》，武汉大学出版社 2004 年版。

49. 杨绍猷、莫俊卿：《中国历代民族史·明代民族史》，社会科学文献出版社 2007 年版。

50. 杨庭硕主编：《清史稿·地理志·贵州研究》，贵州人民出版社 2010 年版。

51. 尤中：《中国西南的古代民族》，云南人民出版社 1980 年版。

52. 游俊主编，罗维庆、罗中编：《土司制度与彭氏土司历史文献资料辑录》，民族出版社 2014 年版。

53. [美]詹姆斯·斯科特：《逃避统治的艺术》，王晓毅译，生活·读书·新知三联书店 2016 年版。

54. 张富裕：《清代苗民起义》，中华书局 1959 年版。

55. 张建民主编：《历史时期长江中游地区人类活动与环境变迁研究》，武汉大学出版社 2010 年版。

56. 张金奎：《明代卫所军户研究》，线装书局 2007 年版。

57. 中华人民共和国民政部编：《中华人民共和国行政区划简册(2018)》，中国地图出版社 2018 年版。

58. 周宏伟：《湖南政区沿革》，湖南师范大学出版社 2009 年版。

五、地名资料

1. 保靖县人民政府编印：《湖南省保靖县地名录》，1982 年版。

2. 辰溪县人民政府编印：《湖南省辰溪县地名录》，1982 年版。

3. 慈利县人民政府编印：《湖南省慈利县地名录》，1982 年版。

4. 大庸县人民政府编印：《湖南省大庸县地名录》，1982 年版。

5. 恩施县地名办公室编：《湖北省恩施县地名志》，1984 年版。

6. 凤凰县人民政府编印：《湖南省凤凰县地名录》，1983 年版。

7. 古丈县人民政府编印:《湖南省古丈县地名录》,1982 年版。

8. 鹤峰土家族自治县地名领导小组办公室:《鹤峰土家族自治县地名志》,1982 年版。

9. 湖北省来凤土家族自治县地名办公室编:《来凤土家族自治县地名志》,1983 年版。

10. 湖北省咸丰县地名办公室编:《湖北省咸丰县地名志》,1984 年版。

11. 花垣县人民政府编印:《湖南省花垣地名录》,1982 年版。

12. 怀化市人民政府编印:《怀化市地名录》,1983 年版。

13. 会同县人民政府编:《湖南省会同县地名录》,1983 年版。

14. 吉首市人民政府编印:《湖南省吉首市地名录》,1982 年版。

15. 靖县人民政府编印:《湖南省靖县地名录》,1984 年版。

16. 利川县地名领导小组办公室编:《湖北省利川县地名志》,1984 年版。

17. 龙山县人民政府编印:《湖南省龙山县地名录》,1983 年版。

18. 泸溪县人民政府编印:《湖南省泸溪县地名录》,1983 年版。

19. 麻阳县人民政府编印:《湖南省麻阳县地名录》,1982 年版。

20. 黔阳县人民政府编印:《湖南省黔阳县地名志》,1984 年版。

21. 桑植县人民政府编印:《湖南省桑植县地名录》,1983 年版。

22. 石门县人民政府编印:《湖南省石门县地名录》,1983 年版。

23. 绥宁县人民政府编印:《湖南省绥宁县地名录》,1982 年版。

24. 通道侗族自治县人民政府编印:《湖南省通道侗族自治县地名录》,1984 年版。

25. 五峰县地名领导小组:《湖北省五峰县地名志》,1982 年版。

26. 新晃侗族自治县人民政府编印:《湖南省新晃侗族自治县地名录》,1982 年版。

27. 溆浦县人民政府编印:《湖南省溆浦县地名录》,1983 年版。

28. 宣恩县地名办公室编:《湖北省宣恩县地名志》,1983 年版。

29. 永顺县人民政府编印:《湖南省永顺县地名录》,1982 年版。

30. 永州地名志编辑部:《永州地名志》,香港天马出版有限公司 2005 年版。

31. 沅陵县人民政府编印:《湖南省沅陵县地名录》,1983 年版。

32. 芷江县人民政府编印:《湖南省芷江县地名录》,1982 年版。

六、论文

1. 安介生:《历史民族地理之"界域"研究——以地处川、青(藏)、甘之交的松潘地区为核心》,载安介生、邱仲麟主编:《有为而治前现代治边实践与中国边陲社会变迁研究》,三晋出版社 2014 年版。

2. 陈惠:《湘西北村落名称及其区域分布研究》,湖南师范大学硕士学位论文,2012 年。

3. 陈曦:《虚实之间:北宋对南江诸"蛮"的治理与文献记载》,《宋史研究论丛》2015 年第 1 期。

4. 戴楚洲:《浅论湖南土家族地区的土司和卫所制度》,《民族论坛》1992 年第 4 期;《湘鄂川黔土家族地区卫所制度初探》,《湖北民族学院学报(社会科学版)》1994 年第 3 期;《元明清时期张家界地区土司及卫所机构初探》,《民族论坛》1995 年第 1 期。

5. 邓辉:《介绍恩施的几枚土司印章》,《江汉考古》1983 年第 1 期。

6. 范植清:《试析明代施州卫所世袭建制及其制约机制之演变》,《中南民族学院学报(哲学社会科学版)》1990 年第 3 期。

7. 符永、韦晓晨:《苗疆边墙对湘西地名影响调查——以凤凰县苗、汉晒金塘村地名为例》,《民族论坛》2009 年第 5 期。

8. 胡挠:《关于羁縻珍州、高州及高罗土司的考证》,《中央民族学院学报》1983 年第 1 期。

9. 黄宏姣:《湖南湘西土家语地名的文化内涵》,《船山学刊》2003 年第 3 期。

10. 暨爱民、赵月耀:《"国家权力"的"地方"运作——以清代湘西苗疆"边墙—墟场"结构为例》,《吉首大学学报》2009 年第 1 期。

11. 嘉弘:《论明清封建皇朝的土司制度及改土归流》,《四川大学学报》1956 年第 2 期。

12. 江培燕:《清代湖北汛塘分布研究》,复旦大学硕士学位论文,2014 年。

13. 李雪莲:《从黔阳县地名看湘西南地域文化特色》,《铜仁学院学报》2012 年第 5 期。

14. 廖幼华:《宋代湘桂黔相邻地区寨堡及交通》,载《荆楚历史地理与长江中游开发——2008 年中国历史地理国际学术研讨会论文集》,湖北人民出版社 2009 年版。

15. 罗权:《清代四川寨堡研究》,西南大学博士学位论文,2015 年。

16. 罗维庆、罗中:《明代土家族地区羁縻卫所研究》,《中国边疆民族研究》第 3 辑,2010 年版;《明代卫所设置对土家族土司社会构建的影响》,《青海民族研究》2013 年第 1 期。

17. 孟凡松:《郡县的历程——明清武陵山区地方行政管理体制研究》,陕西师范大学博士学位论文,2009 年;《澧州地区卫所变迁初探——明清湖广卫所变迁个案研究》,陕西师范大学硕士学位论文,2006 年;《明洪武年间湖南卫所设置的时空特征》,《中国历史地理论丛》2007 年第 4 期。

18. 裴洞毫:《宋代夔州路寨堡地理考》,西南大学硕士学位论文,2009 年。

19. 彭立平:《明清九溪卫变迁研究》,吉首大学硕士学位论文,2015 年。

20. 彭秀枢、刘文武:《土家族地区土司制度概况》,《吉首大学学报(社会科学版)》1982 年第 1 期。

21. 秦树才:《清代云南绿营兵研究——以汛塘为中心》,云南大学博士学位论文,2002 年。

22. 秦树才、陈平:《绿营兵研究述评》,《学术探索》2010 年第 1 期;《绿营兵研究的回顾与前瞻》,《中国史研究动态》2010 年第 1 期。

23. 邱科:《改土归流前后湘西社会控制的变迁研究——以中央、地方政府的社会控制为主要内容》,吉首大学硕士学位论文,2013 年。

24. 施和金:《中国古代战争的时空分布》,《中国社会科学报》2010 年 4 月 13 日第 14 版。

25. 唐珊:《明代湘南地区卫所考略》,《学理论》2012 年第 12 期。

26. 田敏:《明初土家族地区卫所设置考》,《吉首大学学报(社会科学版)》2004 年第 4 期。

27. 王颋、祝培坤:《元湖广行省站道考略》,《历史地理》第 3 辑,1983 年。

28. 王晓洁:《湖南省靖州县地名研究》,湘潭大学硕士学位论文,2007 年。

29. 伍磊:《傅鼐湖南山区治理政策研究》,吉首大学硕士学位论文,2012 年。

30. 向渊泉:《湖南永顺出土土司官印》,《文物》1984 年第 7 期。

31. 谢晓辉:《延续的边缘:从宋到清的湘西》,香港中文大学博士学位论文,2007 年。

32. 谢心宁:《湘西土司》,《吉首大学学报(社会科学版)》1982 年第 2 期。

33. 杨昌沅、范植清:《略述明代军屯制度在鄂西山地的实施》,《史学月刊》1989 年第 6 期。

34. 杨果、郭祥文:《北宋湘西"寨"的兴替及其与区域开发的关系》,载《漆侠先生纪念文集》,河北大学出版社 2002 年版。

35. 杨洪林:《论明末清初施州卫的政治选择及其历史影响》,《西南民族大学学报(人文社会科学版)》2014 年第 5 期。

36. 张雄、彭英明:《湖广上司制度初探》,《江汉论坛》1982 年第 6 期。

37. 张应强:《边墙兴废与明清苗疆社会》,《中山大学学报》2001 年第 2 期。

38. 张振兴:《清朝治理湘西研究(1644—1840)》,中央民族大学博士学位论文,2013 年;《从哨堡到边墙:明代对湘西苗疆治策的演递——兼论明代治苗与土司制度的关系》,《吉首大学学报(社会科学版)》2014 年第 2 期。

39. 张中奎:《清代苗疆土地政策的嬗变与帝国权威的下移》,《吉首大学学报(社会科学版)》2014 年第 4 期。

40. 周妮:《从现代地名看苗疆地区土司军事活动——兼论苗疆地区土司军事建制及防御系统》,《贵州文史丛刊》2016 年第 2 期。

七、其他文献(辞典、文史资料、家谱等)

1. (清)冉崇文等纂:《冉氏家谱》,木刻本,现收藏于酉阳县图书馆。

2. [日]鸟居龙藏:《苗族调查报告》,贵州大学出版社 2009 年版。

3. 崔乃夫主编:《中华人民共和国地名大词典》第 5 卷,商务印书馆 2002 年版。

4. 段木干主编:《中外地名大辞典》,(台北)人文出版社 1981 年版。

5. 复旦大学历史地理研究所:《中国历史地名辞典》,江西教育出版社 1986 年版。

6. 国家民委《民族问题五种丛书》编辑委员会,《中国民族问题资料·档案集成》编辑委员会编:《中国民族问题资料·档案集成》第 4 辑;《中国少数民族自治地方概况丛书》第 61 卷《〈民族问题五种丛书〉及其档案汇编》,中央民族大学出版社 2005 年版。

7. 怀化大辞典编辑委员会编:《怀化大辞典》,改革出版社 1995 年版。

8. 马本立主编:《湘西文化大辞典》,岳麓书社 2000 年版。

9. 裴准昌主编:《中华人民共和国地名词典·湖南省》,商务印书馆 1992 年版。

10. 芮逸夫、凌纯声:《湘西苗族调查报告》,南天书局有限公司 1978 年版。

11. 石启贵:《湘西苗族实地调查报告》,湖南人民出版社 2008 年版。

12. 孙文良、董守义主编:《清史稿辞典》,山东教育出版社 2008 年版。

13. 田仁利校点、编著:《湘西土家族苗族自治州金石通纂》,湖南人民出版社 2015 年版。

14. 万里主编:《湖湘文化辞典》,湖南人民出版社 2011 年版。

15. 湘西自治州文物管理处、永顺县文物局、永顺县老司城遗址管理处编著:《老司城遗址、周边遗存调查报告》,岳麓书社 2013 年版。

16. 影印乾隆庚戌《酉阳土家族冉土司家谱·忠孝谱》,重庆市彭水苗族土家族自治县档案馆藏 2009 年版。

17. 郑梁生编译:《中国历史地名大辞典》,三通图书股份有限公司 1984 年版。

18. 郑天挺、谭其骧主编:《中国历史大辞典》,上海辞书出版社 2010 年版。

19. 中国人民政协会议四川省彭水苗族土家族自治县委员会文史资料委员会:《彭水文史》第 6 辑,1990 年版。

20. 中国人民政治协商会议湖南省溆浦县委员会文史资料研究委员会:《溆浦文史》第 2 辑,1988 年版。

21. 中国人民政治协商会议湖北省恩施市委员会文史资料委员会编:《恩施文史》第 21 辑,2009 年版。

22. 中国人民政治协商会议湖南省慈利县委员会文史学习委员会:《慈利文史》第 7 辑,1996 年版。

23. 中国人民政治协商会议怀化市委员会文史资料研究委员会:《怀化市文史资料》第 1 辑,1985 年版。

24. 中国人民政治协商会议四川省秀山土家族苗族自治县委员会文史资料委员会:《秀山文史资料》第 6 辑,1991 年版。

25. 中国人民政治协商会议湘西土家族苗族自治州委员会文史资料研究委员会:《湘西文史资料》第 22—23 辑,1991 年版。

26. 朱金甫、张书才主编:《清代典章制度辞典》,中国人民大学出版社 2011 年版。

后　记

　　本书是在我博士论文基础上，根据项目评审专家、论文评审专家与答辩专家等的意见，经过多次修改并最终完成的，虽然难免挂一漏万，存在不妥之处，但是无论如何，这是我学术之路的崭新起点。

　　"路漫漫其修远兮，吾将上下而求索。"回首求学历程，自 2012 年考取硕士研究生算起，今年已是我进入历史地理学学习的第 11 个年头。2010 年，在高中好友梁燕（当时就读于重庆师范大学历史系）的帮助与指导下，我开始循序渐进地接触历史学，并确定报考西南大学历史地理学。关于我从卫生事业管理专业跨考历史地理学的想法与决定，身边的亲人与朋友虽然有疑惑不解，但都一如既往全力支持。我也在这样的支持与鼓励下，放弃了已经获得的医院工作机会，成功考取西南大学历史地理学硕士研究生。

　　当我正式进入历史地理学研究生阶段的学习时，明显感到自己基础知识的缺乏，故而没有时间去怀疑与困惑，积极参与到硕士导师蓝勇教授主持的重庆市哲学社会科学规划重大项目"历史文献中的重庆"项目工作中，与同年级的硕士几乎每天早出晚归于校图书馆古籍部，与《四库全书》等古籍朝夕相处。后又参与了《长江三峡历史地图集》《重庆历史地图集》地图绘制、《重庆古旧地图研究》渝东南区县图说写作与"重庆文化分区研究"（渝东南部分）等项目工作。这些项目工作不仅祛除了我对历史地理专业最初的疑惑，巩固了原有的文史基础，还燃起了不少研究兴趣，坚定了自己的选择。学习期间，在导师与师兄黄权生等师友的指导与帮助下，初步学会了历史学论文的写作，确定以《渝东南地区少数民族地名文化研究》为硕士学位论文选题，并公开发表了 5 篇相关研究论文。正是这一系列学术训练与项目工作实践，夯实了我的历史地理学基础，萌发了我在历史地理学专业进一步学习与深造的想法。

2013 年 6 月，复旦大学安介生教授到西南大学历史地理研究所主持硕博士毕业答辩。作为自小生活在渝东南少数民族地区的我，对安老师所从事的历史民族地理研究产生了浓厚兴趣，当时即有了考取安老师博士的想法。遂从 2014 年硕士二年级下学期开始准备考试，虽然整个过程一波三折，但是，终获命运女神的垂青，让我在追求梦想的道路上又前进了一步。2015 年，我顺利进入复旦大学历史地理研究中心，成为安老师的学生。

一开始选题时，我曾经想要研究历史时期苗族医学地理，但是安老师认为在复旦大学史地所从事这方面研究尚存在诸多困难，建议我改做苗族地区其他方面的研究。因此，经过反复思考与交流，最后确定以"明清时期苗疆空间构建与社会变迁"为博士论文选题，希望以广义"苗疆"为研究范围，探讨历史上"苗疆"空间的具体范围、形成原因与变化等问题。

在选题确定之初，我花费大量时间浏览整个"苗疆"地区的地方志与历史文献，但逐渐发现，自己根本无法驾驭如此大的研究范围，遂决定放弃其他区域，从相对熟悉的两湖地区（包括湖南与湖北）入手。然而，具体研究什么空间及内容，在相当长的时间里成为困扰我继续写作的难题，甚至有一段时间深感"瓶颈期"的艰难，怀疑自己能否顺利完成博士论文的写作。幸运的是，最终在与导师不断交流与探讨的过程中得到启发，从政区、地理环境、民族人口、军事地理等方面入手，看到湘鄂山区（博士论文写作时，根据历史文献记载，将其称为"湖广苗疆"，本书在修改出版时对原文结构进行了部分调整，因而以湘鄂山区代替"湖广苗疆"）与湘鄂平原区之间存在的差异，确定了"空间"的形成与变化。在历史军事地理的研究中，我经过反复思考，最后决定从"有地可考"的湘鄂山区军事设置如寨堡、卫所、汛塘等出发，先进行具体方位考证，再进一步分析"军事空间"及区域社会治理等问题。

最初的考证工作更像是一种"冒险",我并不知道考证之后所得出的最终结论是否能构成体系,并反映出有价值的问题,只能按部就班地进行全面的史料收集与考证,尽力做好基础工作。幸运的是,经过前期努力,我逐渐发现了湘鄂山区军事"空间"的一些特性与变迁实质,并将研究内容进行扩展,最终成为博士论文的主体。同时,在我硕士期间地名学研究的基础上,经过对史料的梳理,尤其是《明实录》的通读,使我对历史地名学研究有了更深刻的认识与宏观的把握。读博四载,让我真实地感受到在学术研究上的一点点进步,从开题到最后完成初稿,每一次的反复修改,在自感相当漫长而辛苦的写作过程中,竟然有了一些"厚积薄发"的欣喜,自己的观点与想法逐步变得成熟,仿佛看到了成长的历程。至此,才觉得自己真正进入了"历史地理学"的大门。

回顾自己十余年来的学习与研究过程,离不开硕士导师、博士导师与学友们的指导、鼓励与帮助,我在此谨表深深的谢意!除导师与学友外,还要特别感谢陕西师范大学周宏伟教授,上海交通大学李玉尚教授,上海师范大学尹玲玲教授,复旦大学历史地理研究中心杨伟兵教授、樊如森教授(两位老师在博士论文预答辩时亦提出宝贵修改意见)在博士论文答辩时提出的宝贵修改意见与认可,感谢复旦大学历史地理研究中心张伟然教授、韩昭庆教授、朱海滨教授在论文开题与预答辩时提出的宝贵意见,也感谢论文外审专家们在匿名评审时提出的宝贵修改意见与认可。各位老师提出的宝贵修改意见使我博士论文的质量在一次次修改中得到不断提升。

同时,我还要感谢进入云南大学中国史博士后流动站后,博士后合作导师罗群教授及学院其他老师给予的关心、指导与支持,云南大学社科处杨绍军处长、陈小华副处长在各类项目申报过程中给予我的指导与帮助,让我得以在良好氛围中继续学术研究,将博士论文出版工作提上日程。感谢人民出版社编辑吴明静老师在本书出版过程中给予的帮助、支持与鼓励,特别是吴老师在得知我后续研究想法之后,提出让我完成一个书系写作的建议,鼓励并督促我沿着博士论文的脚步继续前行,因而最终有了"湘鄂山地研究书系"的产生。感谢我的硕士生滑学磊、杨江、杨鸿程在出版过程中承担的文字校对工作。

最后,我还要特别感谢我的母亲向国容女士与将我养育成人的外公向尚永先生、外婆彭永珍女士,尤其是母亲,在家庭条件并不富裕的情况下,坚定地支持我放弃来之不易的事业单位工作,跨专业考研并读博;感谢爱人杨飞在读博期间、博士后工作期间对我从事学术研究工作的支持与鼓励。

博士论文的出版不是结束,而是开始。虽然从事学术研究的过程中,总会在不经意间迷失方向,感觉迷茫,但从湘鄂山地出发,深入西南山地研究,早日完成"湘鄂山地研究书系"的写作,无疑是近期最为重要的方向。希望自己能以此开始,不忘初心,砥砺前行。

是为后记。

周　妮

辛丑岁末于昆明

责任编辑：吴明静
封面设计：汪　阳
版式设计：东昌文化

图书在版编目（CIP）数据

山川纵横：宋至清时期湘鄂山区政区与军事地理研究/周妮 著.—北京：人民
　出版社,2024.5
ISBN 978－7－01－025882－9

Ⅰ.①山… Ⅱ.①周… Ⅲ.①政区沿革-研究-湖南-宋代-清代 ②政区沿
革-研究-湖北-宋代-清代 ③军事地理-研究-湖南-宋代-清代 ④军事地理-
研究-湖北-宋代-清代 Ⅳ.①K926②E993.26

中国国家版本馆 CIP 数据核字（2023）第 155879 号

山川纵横：宋至清时期湘鄂山区政区与军事地理研究

SHANCHUAN ZONGHENG SONG ZHI QING SHIQI XIANG'E SHANQU ZHENGQU YU JUNSHI DILI YANJIU

周　妮 著

人民出版社 出版发行
（100706　北京市东城区隆福寺街 99 号）

中煤（北京）印务有限公司印刷　新华书店经销

2024 年 5 月第 1 版　2024 年 5 月北京第 1 次印刷
开本：710 毫米×1000 毫米 1/16　印张：26.5
字数：360 千字

ISBN 978－7－01－025882－9　定价：89.00 元

邮购地址 100706　北京市东城区隆福寺街 99 号
人民东方图书销售中心　电话 (010)65250042　65289539